凡例

一　本書は、慶應義塾大学商法研究会が行ってきた下級審商事判例研究の成果をまとめたものであり、すでに法学部機関誌「法学研究」に掲載された判例評釈のうち、平成元年より同五年までの判例に関するものを収録している。

二　各判例評釈の内容、引用条文・判例の表記等は、原則として「法学研究」掲載時のままとした（各判例評釈末の執筆者名の上に「法学研究」初出巻号数を付記してある）。ただし、初出時以後の判例学説の動向等については、各執筆者の責任において各評釈末、執筆者名のあとに追記した。

三　各判例評釈は、裁判年月日順に番号を付して配列した。

四　本書の「目次」は索引の役割を兼ねるように、各執筆者による表題に従い、第一編会社、第二編商行為、第三編保険、第四編手形・小切手、第五編証券取引に分類して配列してある。したがって「目次」は頁順ではなくて、表題順であり、最下段の数字は本書の頁数を示す。

五　検索の便をはかるため、巻末に「裁判年月日索引」と「条文索引」を付した。

目次

株主総会

取締役および取締役会

監査役

新株発行

合併

第四編　手形・小切手

第五編　証券取引

一　自動車保険における分割保険料の履行遅滞と保険者の責任

東京地判平成元年一月一七日民事二七部
昭和六二年(ワ)九六五八号、一部認容（控訴）
判例時報一三〇四号一三五頁、金融・商事判例八一九号二八頁

【判示事項】

自動車保険約款の保険料分割払特約により分割保険料の履行遅滞のために保険金支払債務の免責の効果が生じた場合、その後に生じた事故については、保険者は、後に遅滞に係る分割保険料の支払を受けたとしても、保険金支払義務を負うことはない。

【参照条文】

商法六二九条

【事　実】

被告Y_1は、昭和五九年八月一一日に、普通乗用自動車を運転中、安全確認を怠って交差点に進入し、原告Xの運転する原動機付自転車と衝突してXに傷害をあたえ、Xに対する損害賠償責任を負担した。Y_1は、被告Y_2保険

会社との間で自家用自動車保険普通保険約款（以下「本件約款」という。）に基づく保険契約（以下「本件契約」という。）を締結していたが、本件約款第一章賠償責任条項六条では、対人事故によって被保険者の負担する法律上の損害賠償責任が発生し、同責任の額について被保険者と損害賠償請求権者との間で判決が確定したときは、保険者であるY_2会社が被保険者に対して塡補責任を負う限度において、被害者がY_2会社に対して直接に損害賠償額の支払を請求することができる旨定められているので、Xはこの約定にもとづきY_2保険会社に対して損害賠償金の支払を請求した。

ところで、本件契約においては、保険料は一〇回に分割して支払う旨の保険料分割払特約が附されており、本件約款特約条項16保険料分割払特約五条には「分割保険料を払い込むべき払込期日後一か月を経過した後も、その払込みを怠ったときは、その払込期日後に生じた事故については保険金を支払わない」旨の規定が、また同六条には「払込期日後一か月を経過した後も、その払込期日に払い込まれるべき分割保険料の払込みがない場合には、保険契約を解除することができる」旨の規定がなされているが、Y_1は、昭和五九年四月二六日および同年五月二六日に各支払期日が到来する第六回および第七回分の分割保険料について未払のままになっていた。その後、Y_2会社代理店の担当者が昭和五九年七月七日に右第六回および第七回の分割保険料をY_1の母親から受け取ったが、同年六月二六日に支払期日が到来していた第八回分以降の分割保険料の支払はなされないままに経過し、同年九月を迎えた（その間、八月一一日に本件事故は発生している）。

同年九月になって、Y_2会社代理店の担当者は、同年一〇月で更新時期を迎えるY_1の保険契約について、残額の支払があれば更新後の保険料が一〇パーセント割引になる旨をY_1の母親に告げ、保険契約の継続の意思を確認した上で保険料残額の支払を受けた。なお、右の時点では、Y_2会社代理店の担当者は、本件事故が発生していたという事実を知らなかった。

XのY_2会社に対する損害賠償金の支払請求に対して、Y_2会社は、「Y_1は、第八回分の分割保険料の払込期日である昭和五九年六月二六日にはもとより、右期日後一か月を経過した後も分割保険料を支払わなかったものであり、本件事故はY_1が右のように第八回分の分割保険料の支払を怠っている間の昭和五九年八月一一日に生じたものであるから、Y_2会社は、Y_1が本件事故により負った損害賠償責任について、〔本件約款特約条項16分割払特約五条により〕保険金支払義務を負うものではない。」と抗弁した。

これに対して、Xは、右第八回分の分割保険料については、昭和五九年七月七日から一週間以内に、Y_1とY_2会社代理店との間において、取立債務とする旨の合意が成立したか、集金するまでは支払期限を猶予する旨の合意が成立したものというべき事実関係があり、「Y_1は、右合意成立後、第八回分の分割保険料の支払をなすべく準備して、Y_2会社代理店の担当者が取立てに来るのを待っていたのであるから、Y_1には右分割保険料の支払を遅滞したことについて責に帰すべき事由がない。」旨の再抗弁をした上で、さらに、Y_2会社の免責の主張は、以下のような事情に照らして、信義則に違反し許されないものと主張した。

「㈠　本件事故当時、払込期日後一か月を経過した後もなお未払となっていたのは、昭和五九年六月二六日に支払うべき第八回分の分割保険料のみであり、その金額もわずか七、〇三〇円に過ぎなかったが、その未払についてY_1は、前記のようにY_2会社代理店の担当者の言動を信頼し、同人が集金に来るのを待っていたという事情があった。

㈡　その上、Y_1は、本件事故に他車運転危険担保特約のある本件契約が適用になりうることを知らないまま、昭和五九年九月には保険料残額をY_2会社代理店の担当者に支払っているのであるが、同担当者は、右残額の集金に際し、未払期間中の免責については何ら説明をしなかった。

㈢　本来、保険約款は複雑であり、それを読み、かつ十分理解した上で保険契約を締結する者はいない。したがって、かかる事情の存する本件において、わずかばかりの保険料の未払を理由に免責を主張するのは、信義則に反するものというべきである。」

【判　旨】

XのY_1に対する請求は認容（ただし、七五パーセントの過失相殺）、Y_2会社に対する請求は棄却。

「Y_1とY_2会社代理店との間で昭和五九年七月七日から一週間以内に、第八回分の分割保険料について、持参債務から取立債務に変更する旨の合意ないし集金するまで支払期限を猶予する旨の合意が明示的に成立したとの事実は、本件全証拠をもってしても認めるに足りないし、また、第六回分及び第七回分の分割保険料の支払が、Y_1の取引銀行の預金口座の残高が不足し、本件契約において約された本件口座振替方法によってすることが不可能となったため、代理店の担当者はY_1宅に赴いて右分割保険料を集金したものであり、この集金は、顧客に対するサービスの域を超えるものではなく、右各合意が黙示的に成立したものと推認すべき事情ともいえない。」したがって、「昭和五九年六月二六日の経過とともにY_1の第八回分の分割保険料支払債務は遅滞に陥ったものであり、この遅滞はY_1の責に帰すべき事由によるものというべきであ」って、本件約款保険料分割払特約第五条および第六条の規定による「免責の効果と解除権の発生の効果とが生じたものというべきである。」

「右のように免責の効果等が発生した後において、Y_2会社代理店の担当者はY_1に対して、第八回の分割保険料の支払を求め、その支払を昭和五九年九月一二日に受けている」が、「本件特約第五条の規定は、同一の危険のもとにある保険契約者の被る損害を相互的に塡補することを目的とする保険制度がその機能を果たしうるためには、保険料が現実に払い込まれて保険団体資金が形成されることが必要不可欠であることから、保険料の払い込みがあるまでは保険者は危険負担をしないことを基本としつつも、保険料について分割払の方法がとられた場合における保険契約者又は被保険者の利益をも考慮し、第二回目以降の分割保険料の支払義務が保険契約者の責に帰すべき事由によって履行遅滞となったときにおいても、前示のような取扱を可能とする等のために当該保険契約が直ちに失効するものとせず、また、当該分割保険料の払込期日から一か月以内の期間に限って、この期間中に生じた保険事故については、この期間中に右分割保険料が支払われる限り、この支払が右事故の前にされたときはもとよりその後にされたときにおいても、保険者は右事故について保険金の支払義務を負うとの例外を定めたものであるが、この例外以外の場合については右基本によることを定めたものと解するのが相当である。したがって、第二回目以降の分割保険料の支払債務が、保険契約者の責に帰すべき事由により、その払込期日後一か月を経過し、右規定に基づく保険者の免責の効果が生じた場合には、右払込期日後に生じた事故については、その後に右分割保険料が支払われたとしても、当初に遡って遅滞にならなかったものとして免責の効果が排除され、保険者が保険金の支払義務を負うに至るものと解することはできない。」

「Y_2会社代理店の担当者は本件事故が既に発生したことを知らずに未払保険料を受領したものであると認められるのであり、したがって、同担当者が、本件事故を知っていながら、Y_1に対し、本件事故については本件契約に基づく保険金の支払がされないことを説明しなかったなどとはいえないから、いまだY_2会社の主張を信義則に反するものということはできない。」

なお、Y_1に対する請求についての判旨は省略する。

結論的には判決に賛成であるが、検討を要すべき微妙な問題が遺るもののように思われる。

【研　究】

一　本件で問題になっている保険料分割払特約五条は、約款の表題として「（分割保険料不払の場合の免責）」と定められているが、これはいわゆる「免責条項」すなわち危険負担が給付されている状況の下で、危険の個別化による免責事由を定める規定とは本質的に異なるものである。

免責約款といわれるものは、そもそも保険という制度が特定種類の通常の危険を基礎として危険率を算定し、それを基にして個々の保険契約が締結されうるものであることから、その危険率算定の基礎に組み入れられていない危険による損害を塡補するとすればそれは保険技術の範囲を逸脱し保険制度を破壊する、というところにその存在理由が認められるものである。したがって、そこでは、保険契約の内容として、免責事由による危険は被保険危険から除外されている。ところが、本件特約五条は、まさに保険契約の内容たる被保険危険のすべてにつき保険金を支払わない旨、つまり、契約上の危険負担の給付を停止する旨を定めるものである。

いわゆる「危険の個別化」としての免責条項ではなくて、契約の成立後も保険者が危険負担の給付を行わない旨を定める約款条項に、火災保険普通保険約款二条三項（旧二条二項）などのようないわゆる「責任開始条項」がある（拙稿「火災保険普通保険約款二条二項について」保険契約の法理三頁以下、特に三〇頁以下参照）。しかし、本件特約五条はこれらの約款条項とも異質のものである。というのは、右のいわゆる「責任開始条項」の機能が結局保険期間の始期を保険料（あるいは第一回保険料）の払込にかからしめるものであるのに対して、本件特約五条はそのような機能を有しえないものだからである。すなわち、保険料分割払の特約は決して保険期間を細分するものではなくて、一つの保険期間に対応する保険料を便宜上数回に分けて支払うことを技術的に合意しただけのものであり、したがって、払込期日ごとにあらたな保険期間が開始するというわけではない。保険料分割払のもとにおいても、当該契約上の保険期間は、第一回保険料の払込のときから、継続的に進行しているのである。

結局、本件特約五条は、債務不履行の効果に関する特約と解すべきことになる（拙稿「自動車保険における分割保険料の払込懈怠と保険者の保険金支払義務〔判批〕」判例評論四一四号二三二頁）。そして、この場合には、債務不履行の効果として危険負担給付の停止を特約しうる根拠は何か、という点が問題になる。

二　火災保険普通保険約款二条三項のようないわゆる「責任開始条項」の根拠は、双務契約の一般的な効果である同時履行の抗弁権（民法五三三条）である（拙稿・前掲保険契約の法理三頁以下）。すなわち、いわゆる「責任開始条項」は、保険契約の特殊性に基づく、保険者の同時履行抗弁権行使の方法であって、その効果の内容は一般法的効果そのものである。

これに対して、本件特約五条が債務不履行の効果を定めるものであるとすれば、債務不履行の一般法的効果は契約解除権および損害賠償請求権の発生であるから（民法四一五条・五四一条）、危険負担給付の停止という効果はこれと異なるものである。債務不履行のほんらいの効果としては、本件特約六条の定めている契約解除権がこれにあたるというべきであって、本件特約五条の効果は一般法的効果に対しては変則的なものといわなければならない。このような変則的効果を定める約款の妥当性の根拠は、結局、保険料分割払制度のもとにおける保険契約者の利益と、保険契約の特殊性とにもとめられるべきことになる。

分割保険料の債務不履行に基づく保険者の契約解除権を定める本件特約六条は、払込期日後一か月間の猶予期間を定めている。この点につき本判決は、「保険契約者にとっては、保険料未払により保険契約を失効させるよりも、未払保険料を支払って保険契約を存続させたほうが、存続後の事故に対して保険の適用があること、又は、保険料の無事故割引の適用を引き続き受けることが可能であること等の利益を享受することができる場合が多いため、未払保険料を支払い、保険契約を存続させる取扱がなされている」ものと認めている。すなわち、保険契約者の利益のために、約款上、契約の効力を存続させうる可能性を一か月間認めているものと解するわけである。

この場合に問題となるのは、この一か月の猶予期間中、保険契約の効力を存続させるか否かの選択が、もっぱら保険契約者の分割保険料の払込の意思の一点にかかっていることである。これは、その期間中に保険事故が発生した場合、実際上いわゆるアフ・ロス（事故後）契約の締結と同様のモラル・リスクに結びつく。本件特約五条による危険負担給付の停止はこのようなモラル・リスクを排除するためのものであり、射倖契約たる保険契約に対する特別の公序則がこの場合の妥当性の根拠となるものと解される。

三　本件原告は、保険会社の本件特約五条の援用につき信義則違反を主張しているが、その述べるところを見ると、本件特約六条が必ずしも保険契約者の利益のみではなく、保険会社の経営上の利益をも目的とするものであると主張するもののようである。しかしながら、いずれにしても猶予期間中にアフ・ロスのモラル・リスクがあるものと解するかぎり、保険会社の本件特約五条の援用が信義則違反にあたるということはありえない。

むしろ問題になるのは、理論的に、分割保険料が未払の間は、その期間をカバーすべき保険料の払込がないことになるのか、という点である。というのは、いわゆる保険料不可分の原則からすれば、一保険料期間の保険料はその全額が一体として全期間をカバーすべきものであって、保険料の分割払が約されている場合であっても、一回分の分割保険料がカバーすべき期間という観念は成り立たないものだからである。したがって、本件のように結局は保険料の全額が支払われ、契約の効力が継続したときには、あらためて本件特約五条の理論的な妥当性が検討されるべきことになろう。

ただ、特に自動車保険において保険料の分割払の実務が今日定着しており、実際にアフ・ロスのモラル・リスクがある以上、技術的な実務処理として本件特約五条・六条の効力を認めざるをえない。

（六八巻八号（平成七年八月））　倉沢康一郎

二　生命共済において、被共済者が第一順位の受取人に故殺され、当該受取人もこれと同時に死亡した場合の次順位受取人の共済金請求の可否

東京地判平成元年二月二日民事四〇部
昭和六三年(ワ)六四九二号、棄却（確定）
判例時報一三四一号一五二頁

【判示事項】

生活共同組合が生活共同組合連合会から委託を受けて行う生命共済において、被共済者が第一順位の受取人に故殺され、当該受取人も被共済者と同時に死亡した場合、生命共済者は、第二順位以降の受取人が存在する場合であっても、共済金を支払う義務はない。

【参照条文】

商法第六八〇条

【事　実】

訴外Aは、Y_1生活共同組合に加入するとともに、Y_1がY_2生活共同組合連合会から委託を受けて行う生命共済

（生命共済および交通災害保障共済）に加入した。生命共済の内容は、加入者が不慮の事故によって死亡した場合、共済給付金を支払うというもので、共済催受取人は、次の順位で定められていた。

①加入者の配偶者
②加入者と同一世帯に属し生計を一にする同人の子
③加入者と同一世帯に属し生計を一にする同人の孫
④加入者と同一世帯に属し生計を一にする同人の父母
⑤加入者と同一世帯に属し生計を一にする同人の兄弟姉妹
⑥前記②に該当しない加入者の子
⑦前記③に該当しない加入者の孫
⑧前記④に該当しない加入者の父母

Aは、訴外B（Aの夫）の故意による行為の結果、頭蓋骨骨折、頭部挫創、脳挫滅の傷害を受けて意識を失い、居住する自宅の焼失に伴ってBと共に死亡した。

Aには子および孫がなく、また同一世帯に属する兄弟姉妹もないことから、Aの母親Xは、Xのみが上記受取人に該当するとして、Y_1、Y_2に対し死亡共済給付金の支払いを求めて、本訴を提起した。

ところで、生活共同組合が行う生命共済事業は、消費生活共同組合法（第二六条の三「組合は、第十条第一項の事業のうち、組合員から共済掛金の支払を受け、共済事故の発生に関し、共済金の支払を交付する事業（以下「共済事業」という。）を行おうとするときは規約で、共済事業の種類ごとに、その実施方法、共済契約並びに共済掛金及び責任準備金の額の算出方法に関する事項を定めなければならない。」）に基づいて共済事業を行うことができる旨法定されているが、同法に定める「規約」に該当する個人生命共済事業規約第二四条(1)は、共済事故が共済金受取人の故意に基づく行為により発生した場合には、共済金を支払わない旨定めている。

Y_1、Y_2は、個人生命共済事業規約第二四条(1)に拠り、本件共済事故は、B（第一順位の共済金受取人）の故意に基づく行為によって発生したものであるから、共済金の支払義務はなく、また、同規約に定める受取人とは、前記①から⑧の受取人となり得る地位の者を指すと解すべきであると主張した。

一方、Xは、BがAと同時死亡の関係にあるため、Aの死亡時にBが前記①の受取人となる地位にはなく、前記規約第二四条(1)にいう受取人とは被共済者死亡時に現実に受取人資格を有する者を指すと解すべきであると反論した。

【判　旨】

Xの請求は、Y_1・Y_2いずれに対しても棄却

「個人生命共済事業規約第二四条(1)本文は、共済事故が受取人の故意に基づく行為により発生した場合には、共済金を支払わない旨定めているのであって、同規定は、第一順位の受取人となるべき者の故意に基づく行為により被共済者が死亡した場合には、その死亡当時に当該受取人が生存していたか否かにかかわりなく共済金を支払わないことを定めたものと解され、これは、故意に基づく行為により被共済者を死に至らしめた受取人に後順位の受取人がある場合であっても、変わりがないものと解される。故意に基づく行為により被共済者を死に至らしめた受取人が被共済者の死亡時に生存している場合は、当該受取人は勿論、後順位受取人も共済金の支払いを受けられないが、被共済者の死亡時に同人を死に至らしめた受取人がたまたま死亡していた場合には、次順位受取人がその支払いを受けられるとするのは、相当でないからである。」

【研　究】

本件判決の結論には賛成できない。

一　まず問題となるのは、共済規約に保険契約法の適用（類推適用）が認められるか否かであるが、保険と共済との関係を考えてみると、両者の間に本質的な差異はないということができ、共済契約を、保険契約類似の存在と解するのが妥当であるため、共済規約に対しても保険契約法の類推適用を認めるべきであると考える。

二　次に問題となるのは、本件生命共済契約を「他人のためにする共済契約」と構成することができるか否かという点である。他人のためにする保険契約は、契約の要素的な内容としては通常の生命保険契約（自己のためにする生命保険契約）に他ならないという立場（倉澤康一郎「保険金受取人の変更」文研論集八七号一一頁）に与するか否かは格別、このような問題が生じるのは、共済金受取人指定の順序が、加入者の生活圏からの隔りの程度に応じて規定されていると解されるためである。

すなわち、第一順位の配偶者は当然として、その後に続く受取人も「同一世帯に属し生計を一にする」という条件を満たす者が優先されており、受取人の範囲・順位は規約によって定型的に共済契約締結以前に決定されていることから、この規約を了承して共済に加入した生命共済契約者は、被共済者と近接する立場にある者だけに死亡事故による共済保護を与えるという意思を有しているのみであって、果たして自己以外の他人の利益のために共済に加入したと評価できるのか、疑問の余地なしとしないのである。仮に、第三者のためにする契約の一種である他人のためにする共済契約と構成するのであれば、指定可能の共済金受取人の範囲は無制限でなければならないはずであるが、本件規約の許では無制限の指定は不可能であり、「他人のため」と構成することは難しいのではないかと考える。

そうすると、本件規約のような受取人指定方法が採用されるのは、加入者の配偶者のみが受取人に該当することを前提とし、次順位以降の受取人が指定されるのは、第一順位の受取人が欠ける状態に至った場合に、商法第六七六条が適用されることになって相続人の範囲を巡る紛争が生じないようにするため、予め、第二順位以降の受取人を特定しておくという便法にすぎない、と解釈することが可能ではないか（或いは、本件判決も基本的にこのように考えているのだろうか）。すなわち、第一順位の受取人だけが真実の受取人であって、第二順位以降の受取人は、第一順位の受取人が欠落した際の受取人再指定の実際上の煩雑さを避けるための二次的・副次的指定であると解するのである。この立場でからは、両者の間に質的な断絶があることになる。

通常、生命保険契約締結の際は、本件共済契約のように受取人に序列をつけるという指定方法が採られることはあまりなく、特定の個人（例えば、「配偶者」というように）として指定したり、複数の相続人を受取人として指定し、各（同順位の）受取人の分割割合を定めるという方法が一般的である。この指定方法と比較すると、本件規約のように受取人に序列を付することは、相続人という序列を採用する商法第六七六条に近く、その特則として把握することが可能ではないだろうか。

三　本件を解決するために最も問題となるのは、本件故殺免責規約と商法第六八〇条第一項第二号との関連である。同第二号の根拠は、故殺という行為の反対会社（反公益性）、保険者に対する信義則違反にあるとする見解が一般的である。なお、保険事故の偶然性の欠如を根拠とする見解（判例）も存在するが、偶然性とは、被保険者の主観的不可知性をいうのであって、被保険者が誰に殺害されたとしても被保険者にとってみれば、その事態は想定できない事柄であるから、偶然性は依然として存在するということができ、その見解を採ることはできない。

なお、本号の制定経過を見ると、ロエスレル草案には本号に相当する規定はなく、商法修正第一草案では本号の文言のうち、「悪意」が「故意」となっていた違いがあるに過ぎず、商法修正案では現行規定と同様の文言となり、それについては、「一般ニ保険者ヲシテ其者ニ対シテ保険金額支払ノ責ヲ免レシムルコト正当ナリ」と立法趣旨の説明が極めて簡単に行われている。立法当時の常識がその基盤にあったというべきであろうか。

次の問題は、本号の解釈として、保険金取得の意思を必要とするか否かである。殺害者に保険金取得の意思がない場合、商法第六八〇条第一項第二号が適用されるかについては、判例はこれを肯定している（最判昭和四二年一月三一日・民集二一巻一号七七頁）。学説も、判例を支持するものが多い（大森忠夫「殺害者に保険金取得の意思のない場合と商法六八〇条一項二号の適用」判例時報四八六号一七〇頁）。一方、生命保険の機能（遺族の生活保障）を重視して判例の立場に反対する論者も存在する（西島梅治「保険法」〔新版〕三六八頁）。

また、比較法の観点からは、保険金取得の意思を不要とする立法例が多い。例えば、ドイツ保険契約法第一七〇条は、このような場合、受取人としての指定が無効になると想定している。この立場を立法論として採用すべきであるとする見解もある。

ところで、故殺免責規約の解釈においても、商法第六八〇条第一項第二号におけると同様に、共済金取得の意思を不要と解すべきかどうかについては、両者の相違から、本件規約の解釈として、共済金取得の意思を要件とすることが可能であり、妥当であると考える。これは、共済制度の性格から根拠付けることができよう。共済事業の性格を考えると、それが非営利事業であり、同一階層（職域・地域）の相互扶助を目的としていることが明らかである。共済事業は、相互扶助を実現するためのシステムとして、保険制度を借用しているのであって、それは目的達成のための手段に過ぎないと評価することができるのである。この目的からすれば、共済金を支払うことが、どうしても許容できないと共済団体構成員によって評価されるのは、共済団体内部の秩序を著しく破壊すると認められる事情が共済金受取人に存する場合に限定されるべきであって、それ以外の場合まで、共済金が受け取れないという結論は、共済団体構成員の素朴な原始的意思に反するのではないかと考えるのである。

この立場からは、成立し得る複数の免責規約解釈の方法がある場合は、より免責の範囲が狭められる解釈を採用すべしという結論になる。商法上の故殺免責規定の根拠が公益性・信義則にあるとするならば、共済規約の解釈において基準となるのは、団体構成員の個別意思の集合体としての団体内部の規範であるが、その内容は、前記のようにかなり素朴なものではないかと考えるのである。換言すれば、可能な限り免責事由は制限的に解釈すべきこととなるのである。

したがって、共済金取得の意思が明白な場合に限って、共済者は故殺免責を主張し得るという解釈が妥当であると解する。一方、この見解に対しては、相互扶助を目的とする共済関係においては、団体構成員相互の結束が強固であるから、そのような結束を少しでも乱すような行為者には重大な制裁を加えるべきであるとして、逆に善意契約性を強調すべきではないかとの反論が予想される。この立場からは、本件規約に関しても、商法における解釈と同様に共済金取得の意思を不要と解すべきことになる。このことの具体的なメリットは、例えば、共済金支払を免れることにより、共済加入者への分配金が増加するという点などにあるといえるが、共済契約は、保険契約のように合理的意思の合致を要するというように厳密ではなく、むしろ保険契約に比して一層寛容であると考えられるため、共済金取得の意思を不要とするような厳格な解釈を行う必要はないと解する。

四　右記の結論は、生命保険契約における自殺免責除外約款との均衡からも理由付けることが可能と考える。それは、商法第六八〇条第一項第一号は、被共済者が自殺した場合に保険金支払いの義務がない旨を規定し、主として公益性を根拠とするが、その関連において、契約締結後一定期間（例えば、契約締結後一年間）経過後の自殺を免責事由から除外する約定（約款規定）の有効性を論じる際に、保険金取得意思の有無を基準とすることによる。

自殺免責除外約款が有効と考えられているのは、保険契約締結後一定期間が経過していれば、被保険者は、死亡保険金の取得を目的として自殺したのではないことが定期的に立証されており、その場合に死亡保険金を支払うことが公益に反するとは認められないとの価値判断が正当性を持つと承認された結果であると考えられる（また、期間経過後であれば、自殺であったことが立証されたとしても保険者は、自殺免責を主張することができないものと解されている）。そうだとすれば、自殺免責除外約款と同様に故殺免責規約についても保険金（共済金）取得意思の有無を基準として約款条項（共済規約）を解釈することは、十分合理性があると考えることができる。また、実質的にも、公益的見地、信義則違反を理由とする免責事由としての共通性を認めることができよう。

これに対しては、保険金取得の意思を要件とするという立場を採用したとして、受取人による故殺の場合は、常に取得の意思があると推断すべきであると考える立場からの批判が想定される。この立場は、自殺と故殺との質的相違を自己の生命を的にする場合（自殺）と、自己以外の他人の生命を的にする場合（故殺）とで予防的見地から、自己の生命を的に不法の利益を図る者に比して他人の生命を的に不法の利益を図る者のほうが多いと推定されるため、そのような事態が発生することを防止する目的で、その相違を反倫理性の推断の程度に反映させ、いわば自殺に対するブレーキのほうは弱くてもよいから、自殺免責除外約款の正当性を認める余地はあるが、故殺の場合は更に強力なブレーキが必要だから、常に免責と構成すべきであると主張する。

この考え方は、基本的に生命保険関係のみでなく生命共済関係においても妥当すると考えられる。しかしながら、死亡保険（共済）において生命を的に不法の利益を図るという行為は、それが他人のものであれ自己のものであれ、承認され得ないことは明らかで、生命を利得の目的に設定すること自体がもはや許されないというべきではないかと考える。その意味において両者の間にそれ程の隔たりがあるとは思えない。したがって、故殺免責規約と自殺免責除外約款は、いずれも保険金取得意思の有無という同一の基準によって統一的に解釈されるべきものと解する。

五　故殺免責規約の効果の面から考察しても、共済団体内部の秩序は、故殺者にのみ死亡共済金を取得させなければ、確保できると考えられ、その他の受取人が共済金を受け取っても共済団体構成員の意思に反するとはいえないのではないか、と思われる。すなわち、故殺免責の効果は、一身専属的に及べば足りるのであり、他の者に及ぼす必要はないと考える。また（それが決定的な根拠になるという意味ではないが）、商法第六八〇条第一項第二号但書の趣旨にも合致するものと思われる。このことは、受取人指定の問題とも関連があるのであって、仮に、第二順位以降の受取人が被共済者を故殺した場合に、故殺免責の効果が、第一順位の受取人に及ぶということになれば、第一順位の受取人を指定した共済契約者の意思に反する結果になってしまう。契約者は自己に最も近しい立場の者に優先して共済金を受け取らせたいという（規約から反映された）意思を有しているにも拘らず、より遠い立場の者の行為の結果として近しい立場の者に共済金が支払われないことになれば、契約者の意思に反することになるし、そのような事態を想定したのであれば、本件共済に加入したのが疑わしいのではないかと考える。また、より近しい者に共済金を支払うことが共済団体内部の秩序を破壊するとも考えにくいのである。

六　本件のように夫婦間の無理心中で、しかも子がなく、被共済者の係累としては、故殺者の義母（被共済者の実母）しかいないような事案（故殺者・受取人間に血縁関係がなく、故殺者が受取人の利益を図ることの動機付けも薄弱）において、客観的に故殺者が保険金取得の意思を有していたと推定するのは、いささか無理があるのではないかと思われる。

以上の次第で、本件判決は支持することができない。

本件判決に関しては、山下友信教授の判例研究がある（ジュリスト一〇二一号一四四頁）。

（六九巻三号（平成八年三月））　八島宏平

三　閉鎖会社における、従業員が退職時に会社にその持株を額面価格で譲渡する旨の契約を有効とした事例

京都地判平成元年二月三日
昭和六〇年(ワ)二五八号株券引渡請求事件
判例時報一三二五号一四〇頁

【判示事項】

従業員持株制度をとる閉鎖的株式会社において、会社と従業員との間でなされた、従業員として取得した株式はその従業員の退職時に額面価格で会社に譲渡する旨の契約を有効とし、会社からの退職従業員に対する右株券の引渡請求を認容した事例

【参照条文】

商法二〇四条

【事　実】

原告X株式会社は、昭和二八年四月、訴外Aが代表取締役となり、資本金一〇〇万円で設立され、その後、昭和三七年、三八年、四〇年、四二年と、何回か増資を行っているが、株券は発行されていなかった。

ところで、被告Yは、昭和四一年一〇月一日、Aによって経理担当の者としてX会社に迎えられ、入社数カ月後には経理事務全般を担当するようになり、その後、昭和四二年一二月に経理課長、昭和四六年一二月に経理部長、昭和五二年一二月には取締役経理部長となっていた。なお、昭和四三年五月に訴外Aが退き、Aの子、訴外Bが代表取締役になったが、その以前から経理事務は、事実上、Yに任されており、昭和四二年の増資以降のX会社の増資に関する事務および株式に関する事務は、経理部および経理課の所管事項として、Yの責任で行っていた。そして、Yは、昭和五九年に退職したときは、X会社における功績が認められて、金二〇〇〇万円という当時のX会社およびYの在職年数に鑑みて破格の退職金などが支払われた。

ところで、昭和四〇年の増資の際は、X会社の従業員等（役員または従業員）約二〇名に対し、新株が無償で割当てられていたが、Yが実質的に経理課長の職務を担当していた昭和四二年に、Yは、Aに対し、X会社の資本金を一〇〇〇万円から二〇〇〇万円に増資する提案をして、新株の割当を開始し、Aが取引先等へ勧誘したが、新株の払込金額が多額のために、引受けるものが予定数に足りなかったことから、Yは、Aに対し、X会社の従業員等に新株を引受けさせるように提案し、Aの了解をえて従業員に対し勧誘を行ったところ、約四〇名の承諾をえて、それら、および従業員でないもの約一〇名（社外株主）に対して、新株が額面価格で割当てられ、予定通り倍額増資を実施した。また、Yは、昭和四二年の増資後、Aに対し、X会社の定款に、X会社の株式を譲渡するには取締役会の承認を要する旨を定めた後に株券を発行することを提案し、Aはこれを承諾して、昭和四三年八月に、X会社の定款に株式譲渡制限の規定が設けられ、さらに同年九月に、X会社株券が発行された。

そして、昭和六〇年四月ないし同年六月までの間に、X会社の従業員等全員が、すでに取得したX会社株式および将来取得する同株式は、従業員等の身分を喪失したときは当然にX会社に対し額面価格で譲渡される旨の念書を差出していた。なお、社外株主の株式は昭和五三年ころまでの間に、すべて額面価格でX会社に譲渡され、株主は従業員等のみとなり、昭和四八年、五六年の増資では、新株は従業員等のみに割当てられていた。また、X会社株券が発行された昭和四三年九月から昭和五八年一月までの間に、従業員等で退職した者は三七名いたが、これらの者はすべて退職のころ所持するX会社株券を会社経理課または改組後の経理部において返還し、引換に株券の額面価格相当の金員を受領しており、額面より高額の金員の支払を要求した退職者はおらず、さらに、従業員等の間でX会社株式の譲渡は退職者の株式を他の従業員等が額面で取得するのみで、他に従業員間で株式が譲渡された例はなかった。

このような事情の下において、X会社は、Yが、昭和五九年一二月二〇日、X会社の従業員等の身分を喪失したので、X会社が、右合意に基づいて本件株式を取得したとして、Yに対して、本件株券の引渡しを求めた。これに対して、Yは、X会社主張の従業員持株制度または売買契約は、投下資本の回収を不可能とし、Yに著しい財産的不利益を課するものであるから公序良俗に反し無効であり、仮にX会社が買取る旨の合意があったとしても、それは時価相当額で買取る旨の合意であるから、本件株券の代金は、額面価格合計額の三〇〇万円ではなく、時価合計額の八四〇〇万円であるとし、八四〇〇万円との同時履行の抗弁を主張して、本件株券の引渡しを拒絶した。

そこで、X会社は、さらに、Yの本件株式所有期間中、X会社は年一五パーセントないし三〇パーセントの配当を実施し、Yは本件株式をX会社に額面価格で譲渡しても、本件株式を保有したことにより充分な経済的利益を得たことになるから、本件従業員持株制度および売買契約は公序良俗に反しないと再抗弁して、本件株券の引渡しを求めたのが本件である。

【判　旨】

一　売買契約について

Yが初めてX会社株式を取得した昭和四〇年増資の前ころ、YとX会社代表者Aとの間で、Yが以後取得するX会社株式を、Y退職時にX会社が額面価格で買取る旨の始期付売買契約が成立したものとみるのが相当である。

これまでのX会社従業員等のうち、既に退職した者はYを除き退職時にX会社株券を額面価格でX会社に譲渡しており、他方、現在の従業員等全員がX会社との間の右合意を確認する文書を作成しているのであって、これまでの従業員等の内で一人Yのみが右合意の対象外であったとは考え難いばかりか、却って、YはX会社在職中を通じて株式事務の責任者としてX会社株式事務全般に深く関与しており、昭和四二年増資後の株式事務についても、株式事務の責任者として、退職する従業員の株券を額面で買取る等右合意の存在を前提として株式事務を行っているのである。従って、昭和四二年増資の際、当時のX会社代表者であったAとYとの間で、額面価格でX会社株式を取得した他の従業員と同様、以後Yが額面価格で取得するX会社株式は全て、Yが従業員等の身分を喪失したときX会社に額面価格で譲渡する旨の合意（始期付売買契約）の成立した事実は明白である。

二　公序良俗違反について

X会社とYとの間の右持株制度ないしは売買の合意は商法の規定する株式譲渡の自由を両者間の契約によって制限するものに外ならないが、株主も合意のうえ契約を締結する以上契約自由の原則が妥当すると解されるところ、商法もこのような契約の効力を全く否定するものではなく、右契約が株主の投下資本回収を不能ならしめ不合理な内容である場合に限り契約が無効になると解するべきである。

昭和五九年一一月二〇日現在でのX会社の株式が一株一万四四九二円であるというのであるけれども、これだけをもって特段の事情があるものとはいえず、一方、X会社は定款によりX会社の株式を譲渡するには取締役会の承認を要する旨定めており、右株式は元々市場における自由な売買が予定されているとはみられないこと、Yが本件株式を総て額面価格で取得していること、Yが初めてX会社株式を取得した昭和四二年から退職した昭和五九年までの間、X会社は比較的高率の年一五ないし三〇パーセントの配当を実施したことを総合するならば、YがX会社株式を時価で譲渡し得ないことが直ちに投下資本の回収が不可能であるとはいえず、むしろ取得価格は回収したうえで右高利回りの配当を受けた分だけYに利益が残ることになるから、右契約が不合理であり公序良俗に反するものとは言い難い。

以上によれば、X会社はYから本件株式を売買により取得したものであるから、本件株券の引渡はその代金の引換えになされるべきものと解すべきである。X会社の株式は一株五〇〇円で、本件株式の額面が総じて金三〇〇万円であることが認められる。そうすると、Yは、X会社から金三〇〇万円の支払を受けるのと引換えに、X会社に対し、X会社発行にかかる本件株券を引渡すべき義務があるものということができる。

【評　釈】

一　本件で問題となるのは、X会社とその従業員との間での、従業員として取得した株式は、その従業員の退職時に、額面価格でX会社に譲渡する旨の契約が有効であるか否か、ということである。

ところで、本判決の以前において、本判決に類似の判例として、代理委員会と従業員との間で締結された、退職従業員が会社の従業員以外の者への譲渡を禁止する旨の契約を、商法二〇四条一項に反せず、有効としたもの（東京地判昭和四八年二月二三日判時六九七号八七頁）、従業員の退職時に、株式を会社代表者に譲渡する旨の契約を、同様に有効としたもの（東京地判昭和四九年九月一九日判時七七一号七九頁）、退職時に、会社に返還譲渡する旨の契約を、同様に有効としたもの（神戸地尼崎支判昭和五七年二月一九日判時一〇五二号一二五頁）、退職時に、持株会に売渡すという契約を、公序良俗に反せず有効としたもの（東京高判昭和六二年一二月一〇日金融法務一一九九号三〇頁）がある。また、本判決以後においても、退職時に、一定の算式で計算された金額で会社に売戻すという始期付売買契約は、公序良俗に反しない（取得価格二万円、売渡価格三万円）としたもの（神戸地判平成三年一月二八日判時一三八五号一二五頁）、取締役会の指定する者に譲渡するという会社との合意は、商法二〇四条一項にも民法九〇条にも違反しないとしたものがある（名古屋高判平成三年五月三〇日判タ七七〇号二四二頁）。しかし、持株会理事長に管理信託し、退職時には配当還元方式により算定された価格で同会に売渡す旨の持株会規約は、配当性向が低く（年一割）、株式の価値のうちキャピタルゲインが極めて大きい場合には、株主の投下資本の回収を著しく制限する不合理なものといわざるをえず、公序良俗に反するとしたものもあるが（東京地判平成四年四月一七日判時一四五一号一五七頁）これは、その控訴審（東京高判平成五年六月二九日判時一四六五号一四六頁）で、逆転され、公序良俗に反せず、有効とされている。このように、判例は、閉鎖会社の従業員持株制度の下において、退職時に取得価格と同一価格で会社（または会社と同一視し得るもの）に、株式を売渡す旨の契約を、ほぼ一貫して有効としてきている。

二　学説は、このような会社と個々の株主との間での、株式譲渡を制限する契約の効力について、昭和四一年の商法二〇四条一項の改正以前の、株式譲渡の自由の絶対性が認められていた当時においても、各個の株主が会社との個別的な契約によって譲渡の自由を制限するとき、その契約の効力まで否定する必要はない、とする説（鈴木（竹）＝石井・改正会社法解説八一頁）と、株式譲渡の自由は株式会社の本質に基づく要請と解すべく、従って契約を以てもこれを禁止しまたは制限しえない、とする説（松田＝鈴木（忠）・条解株式会社（上）一一六頁）とがあった。しかし、昭和四一年の改正後、多くの学説は、契約による譲渡制限を必ずしも一律に無効とはせず、商法二〇四条一項本文および但書の規定の脱法手段として、原則として無効といわなければならないとしつつ、ただその契約内容が株主の投下資本の回収を不当に妨げない合理的なものであるときは、その効力を認めるべきもの、と解している（大隅＝今井・新会社法論（上）〔第三版〕四三四頁、石井＝鴻・会社法第一巻二二二頁、龍田節・会社法〔第四版〕二一四頁、北沢正啓・会社法〔第四版〕二〇八頁、上柳克郎・新版注釈会社法（3）七一頁、同「株式の譲渡制限――定款による制限と契約による制限」大阪学院大学法学研究一五巻一＝二号一一頁）。また、近時は、商法二〇四条一項は会社と株主との間の個別的合意に基づいて相対的な譲渡制限をなすことについては何もいっていないのであり、これらの合意についても契約自由の原則が妥当するはずであり、ただその内容が極めて不合理な場合には民法九〇条の定める公序良俗に反するものとして無効になる、とする学説もある（神崎克郎「従業員持株制度における譲渡価格約定の有効性」判タ五〇一号七頁、河本一郎ほか「座談会・従業員持株制度をめぐる諸問題（三・完）」民商九八巻三号三二一頁〔神崎発言〕、同三二三頁〔森本発言、河本発言〕）。

これに対して、昭和四一年の改正によって、会社のために譲渡制限の規定を設けたのであるから、会社が譲渡制限を行うには、商法二〇四条一項但書およびそれ以下の条文によらなければならず、当事者の一方が会社（または、会社からの独立性を欠く、株主代理委員会、会社代表者、持株会などの第三者）であれば、形式的には具体的な意思決定によっても、実質的には、附合契約的になされる結果となり易く、二〇四条の立法趣旨からみて、その脱法行為として無効となることが通常であると解するべきである（田中誠二・三全訂会社法詳論〔上〕三八七頁、江頭憲治郎「判批」ジュリ六一八号一六〇頁）とか、商法は、会社の持つ譲渡制限の需要と、投下資本回収確保の要請とのバランスを、二〇四条一項但書の、定款による譲渡制限の制度に結実させたのであるから、商法が考え出したこのバランスをまったく無視して、会社が契約で株式譲渡を制限し、このバランスを崩してしまうことは、二〇四条一項の趣旨に反し、契約は無効になると言わなければならない（前田雅弘・会社判例百選（第五版）三九頁）、とかの見解もある。

三　ところで、商法は、二〇四条一項但書で株式の譲渡制限を認めるとともに、二〇四条ノ二ないし二〇四条ノ五の規定を設けて、株主の投下資本の回収の方法を詳細に規定している。それは、株式の譲渡制限を認めても、株主の投下資本の回収の方法の保障が充分に考慮されていれば、二五年改正法の譲渡の自由の絶対性の趣旨にも反せず、社会的に弊害を生じることもないからである（田中・前掲三六一頁）、と考えられる。しかりとすれば、投下資本の回収方法が充分に保障されておりさえすれば、会社と従業員株主との間で株式の売買契約を結ぶこと自体は、必ずしも商法二〇四条一項但書に違反し、無効とするまでもないと考えられる。もっとも、その場合に問題となるのは売買価格であるが、投下資本の回収といっても、取得価格で譲渡するとすれば、その保有期間中の金利や物価上昇などを考えれば、実質的には、投下資本の回収としては不十分であろう。そして、株式は投機証券であり、出資したのと同じ金額を回収できればよいということではないのであり（藤田祥子「判批」法学研究六十七巻七号一三六頁）、取得価格と売却価格とを同一することを認めるとすれば、商法二〇四条ノ二以下で先買権を定め、適正な対価での売却を予定している規定を回避し得ることになり、その立法趣旨に反することになる（宮島司「判批」法学研究五十一巻三号一〇八頁）。そして、会社の株式を取得する従業員は、会社に対して確定額の金銭債券を有する者ではなく、会社に投資する者であり、会社の事業経営の危険を負担するとともに、その成功の利益を受ける者であり、従業員が取得した株式を会社にその取得価格で譲渡しなければならないということは、株式投資の利益を利益配当に限定することになる。しかし、そのことは、株式投資の本質に反することになり（神崎・前掲七頁）、いわゆるキャピタルゲインの取得を否定された株式譲渡は、実質的な投下資本の回収方法とはいえないであろう。また、株主たる間に利益配当を受けたことは、無配当あるいは株式が無価値となるという危険を負担したことに相応するということもできるであろう。そこで、商法は、譲渡制限がある場合の売買価格の決定について、「会社ノ資産状態其ノ他一切ノ事情ヲ斟酌スルコトヲ要ス」と定めているのである（商二〇四条ノ四第二項）。そして、このことは、商法は、譲渡制限がある場合にも、合理的ないし公正な価格で株式を処分できることを要求していることを示すものであるといえよう。

なお、定款による譲渡制限がなされている場合にも、契約自由の原則が妥当するとすれば、投下資本の回収は専ら約定によりなされ、商法二〇四条ノ二以下の先買制度は無視されることになり、譲受人の選択、譲渡価格、譲渡時期に関して右規定以上に、譲渡をきびしく制限する結果を認めることになる（小野寺千世「判批」ジュリ一〇一六号一二三頁）、との批判がある。しかし、株式投資の本質に反しない、合理的な価格での売買契約が、会社・株主間において、自由な合意でもって締結されるのであれば、その契約は、商法二〇四条一項に反することにはならないと考えられる。そして、その契約が、投下資本の回収を不当に妨げる非合理的な内容のもので、商法二〇四条一項の趣旨に反する無効の契約となるとすれば、さらに民法九〇条をあえて持出すまでもないと考えられる。

そしてさらに、一口に従業員持株制度といっても、上場会社のそれと、典型的な閉鎖会社のそれとでは、同日に論じることはできないのであり、閉鎖会社では、実際上、従業員株主は、会社に譲渡する以外に、その持株を譲渡することは困難であろうから、むしろ会社が買取る旨を契約しておくことは、従業員株主にとっては、必ずしも不利とはならない、というより、むしろ会社が買取るという保障が前提で、従業員は会社の株式を取得するのであろうから、特に閉鎖的会社においては、合理的ないし公正な価格で買取る旨の合意がなされている限り、その契約は意味をもつであろう。もっとも、そもそも本件のX会社の如き、典型的な閉鎖会社が従業員持株制度を採用することが、果たして適当なのかが問題となるところであろう（河本ほか・前掲三四四頁〔森本発言、前田発言〕）。

四　本件においては、X会社の株主は従業員等のみであり、本件における契約は、従業員等全員が、個々に、X会社に念書を提出するという形で、画一的になされているのである。判旨は、株主も合意の上契約を締結する以上契約自由の原則が妥当するとするが、果たして各従業員の自由な意思表示により合意が形成されたのか疑問が残る。そして、額面価格で取得したX会社株式を、額面価格でX会社に譲渡する旨の契約が、合理的なものといえるか否かが問題となるが、これは前述の通り、合理的とはいいえないと解されるのであり、本件契約は無効というべきである。本件において、Yは、株式の価値が増大していることによる、いわゆるキャピタルゲインを獲得できていないことになる（なお、判旨は、昭和五九年一一月一〇日現在でのX会社の株式が一株一万四四九二円であるというのであるけれど、としており、これにYの持株数の六〇〇〇株を乗じると八六九五万円余となるが、Yの主張する如く時価が八四〇〇万円とすれば、それは額面価格の合計額三〇〇万円の二八倍になる。他方、Yが昭和四二年から五九年までの一八年間に受けた利益配当は、Yが当初から一株五〇〇円の株式を六〇〇〇株有していたとし、一五パーセントと三〇パーセントとの平均の二二・五パーセントの配当を毎年受けていたとすれば、その合計額は一二一五万円となり、額面価格合計額の約三倍でしかない）。

本件のような場合の契約を合理的なものとするためには、株式の評価方法についても約定しておくべきであったであろう。もっとも、平成六年の商法改正で、閉鎖会社にも従業員持株制度のための自己株式の取得が認められたが（商法二一〇条ノ二第二項二号）、その要件として、株主総会の特別決議が必要なこと（同五項）などが、定められている。その場合にもなお譲渡価格が問題となるが、その算定方式としては、大阪高決平成元年三月二八日（判時一三二四号一四〇頁）が、譲渡制限株式の評価につき、利益および配当の増加傾向を予測するゴードン・モデル式によるのが適当というべき、としているのが参考とされるであろう。

五　本件判旨は、商法もこのような契約の効力を全く否定するものではなく、としつつ、Yの、本件契約が公序良俗に反して無効とする抗弁に応じて、右契約が不合理であり公序良俗に反するものとは言い難い、としている。しかし、この結論に賛成し難いことは前述の通りである。

（六八巻五号（平成七年五月））　**近藤龍司**

四　譲渡制限付株式の先買契約の撤回

大阪高判平成元年四月二七日民事八部
昭和六三年(ネ)第一〇〇七号、平成元年(ネ)第六四四号
株式譲渡承認有効確認等請求控訴、同反訴請求事件
判例時報一三三二号一三〇頁、判例タイムズ七〇九号二三八頁

【判示事項】

譲渡制限付株式の譲渡につき会社から指定された買受人が株主に対し売渡請求をした後これを撤回することの可否

【参照条文】

商法二〇四条一項・同条の二ないし四

【事　実】

X_1会社（原告・控訴人）は、定款に株式の譲渡につき取締役会の承認を要する旨の定めがある。X_1会社の株式であるY（被告・被控訴人）は、Aに株式を譲渡することについての承認及び、それが承認されない場合には、他の譲渡の相手方を指定することを、X_1に請求した。X_1会社の取締役会は右株式譲渡の承認を拒否して、代わりに、譲受人としてX_2を指定し、Yに通知した。X_2はこれを受けて、商法二〇四条の二の規定に従い、所定の金額

を供託したうえ、Yに対し自己に株式を売り渡すべき旨請求した。

しかし、YX_2間で売買価格についての協議がなされたにも拘らず、調わなかったため、Yは、裁判所に対し株式売買価格決定の申立をした。それと同時に、X_2はYに対し売渡請求の撤回を通知し、前記供託金を取戻した。そして、X_1もYに対し、YからAへの当初の譲渡を承認する旨の通知をなした。

さらに、Yに対し、X_1はAへの譲渡承認が有効である旨の確認の訴を、X_2は売渡請求の撤回が有効である旨の確認の訴をそれぞれ提起したのが本件である。

第一審においてはX_1X_2の請求はいずれも棄却された。X_1X_2はともに控訴し、控訴審において、X_2は売渡請求の行使に基づくX_2Y間の売買契約上の権利義務は存在しない旨の確認請求に訴えの交換的変更をし、YはX_2に対し、反対に右売買契約上の権利義務の確認の反訴を提起した。

控訴裁判所は、Yの反訴請求については、二重起訴に当たり、訴えの利益を欠くとして却下し、Xの請求については、確認の利益を欠くとして、原判決を取り消し、訴えを却下した。さらに、X_2の請求についても次のような判決理由によって棄却した。

【判　旨】

一　「以上の法規の立法主旨と定めによれば、むしろ当初譲受人参入阻止機能は会社の不承認（商法二〇四条の二第二項）で完結し、その後の手続は株式譲渡自由の制限の代償として、株主の投下資本回収の利益保護のために、確実、公正、安全な手段として先買権者による売渡請求による法定手続としての売買制度を提供するものであって、同条の三第三項、同条の四第六項の譲渡承認擬制は、譲渡制限により利益を受けるべき会社側に立つとみるべき先買権者の懈怠あるとき、さらに売主が契約解除を偶々選択したときにも、なお株主の本来有する投下資本の回収自由の実現を容易にするための補充的手段として、株主の当初の右回収予定手段の実現をはかることとして、その便法として擬制をなすにすぎないものと解するのが自然であって、法が右会社の譲渡承認を譲渡制限株式の投下資本回収の本来的手段と位置付、右売渡手続の完結経過により同承認をとることを目的としているものと解することは法規の右構成に照らし不自然というべきである。のみならず、控訴人（X_2）主張のように右売渡手続完了までを当初譲受人参入阻止のための会社のための制度であり、会社の不承認、売譲請求のすべてが右阻止目的の手段手続とみることは右法規の構成と整合するともいえず、会社の利益に偏しすぎる。」

二 「前記法規の定めによれば、先買権者の同条の三第一項の売渡請求によって、同条の四により定まるべき『売買価格』による法定手続を内容とする売買（民法上の概念による）なる法律関係が一方的に成立（形成され、擬制ではない）し、これは実質的には、同条の二第一項の買受人指定請求が指定者（先買権者）に対する株主の株式売却の申込みにあたり、先買権者の右売渡請求が同承諾にあたるというべきである。」「先買権者の売渡請求は法定売買を一方的に成立させる効果を生ずる形成権であるところ、その性質上一旦行使によりその効果が生ずれば右売渡請求権は消滅するのみならず、相手方を一方的に不安定な地位におくことは許されないから、一方的に放棄したり撤回をなす余地がないというべきである。」

三 「このような買売意思の消長により、右新たな別個の手続である法定売買上の買主の地位が影響されることはありえないのであって、しかも、右手続は会社ないし先買権者のためというよりも、むしろ株主の権利保護の制度であることに照らせば、たとえ当初譲受人が会社の不承認後に買売意思を喪失していたとしても、法定売買手続を進めることを不当視すべきものではなく、株主の右手続上の権利行使を以って特段の事情のない限り、右当初譲受人の買売意思喪失のゆえに権利の濫用視すべきものではない。」

四　「商法二〇四条の三第二項の供託は、売渡請求の意思表示のなすべき期間中の存続を要求するにとどまり、売渡請求により形成される売買契約の有効存続の要件とはせず、右売買契約設立後は、爾後定まる代金債務の担保と位置付でおり、何らかの事情で取戻されたとしても（なお、右供託は保証供託の性質を併用するため任意の取戻は許されない）。一旦成立した売買に影響を及ぼさず、代金債務の爾後の不履行が生じたときの買主の解除権行使か強制履行請求かの選択にかからしめているものと解すべきである。」

【評　釈】

本件の基本的論点は、株式の譲渡につき取締役会の承認を要する場合において、その承認が会社により拒否され、指定された先買権者が一旦なされた売渡請求を撤回した場合に、改めて会社が当初譲受人への譲渡承認をすることができるかどうかである。Xらはできると主張する（その理論は全面的に戸塚説〈戸塚登「譲渡制限付株式の先買権の本質」商事法務一一三一号二頁以下〉に依拠する）。本判決はXらの主張の根拠に対し、逐一に反論し、その主張を否定したものである。

Xらが主張する理論の荒筋は次のようなものである。すなわち、商法二〇四条の二第二項の会社の譲渡承認拒否に始まり、同二〇四条の四の代金支払い又は解除までの一連の手続は、会社にとって好ましくない株主の参入を阻止することを目的とする制度である。株主の株式譲渡自由の原則による投下資本の回収を容易にして株式会社制度の発展を期そうとするのであれば、譲渡承認による当初譲受人、株主間の売買契約を第一義的に尊重すべきであるので、右制度の趣旨及び右法の手続（同法二〇四条の三第三項、同条の四第六項がいずれも右会社の承認に回帰する旨定める）に照らして、むしろ先買権者の売渡請求はその後の会社の譲渡承認を解除条件とする株式の買受け申込と解すべく、法が「売買価格」などと定めるのは未成立の売買の成立を擬制するにすぎない。そして、また、右先買手続を通じて当初譲受人を買主として待機せしめることが右先買権手続における株主の資格要件であるから、当初譲受人が買受け意思を失えば、先買手続は同人参入阻止不要のため終了し、右擬制にかかる売買契約も失効する。さらにまた、右先買手続の制度目的に照らせば、右手続終了（株価決定の確定）までの間会社は前の不承認を撤回して改めて承認をなし、先買権者も売渡請求を撤回して先買権を放棄することはいずれも許され、有効である。また、当初譲受人の買受け意思喪失後も先買権者が買取りを強制されるのは不当ないし株主の権利濫用であるとの主張である。

この中に、譲渡承認による当初譲受人・株主間の売買契約を第一義的に尊重すべきこと、当初の譲受人を買主として待機せしめることや、あるいは、当初譲受人が買受け意思を失えば、先買手続は失効することの表現から、上述の主張の前提には、株主が譲渡承認を請求する際には、株式売買契約ないし条件付売買契約が存在しているとのこと、また、当初譲受人の株式買受け意思の持続のことを基本的立場としているということがあると考えられる。しかし、現行の譲渡制限つき譲渡承認の制度には、はたして、このような前提があるのかどうか、まつさきに解明すべき問題である。この前提問題を解決すれば、他の争点もほとんど同様の理論によって説明できると考え、本稿はここに力点をおくこととする。

通説は一貫して、承認請求の前提として、株主と当初譲受人の間に債券契約が成立している必要はないとしている。その理由は、譲渡が承認される保証もないのにこれを求めることには無理がある。承認請求をするには譲渡の相手方と株式の種類・数のみを示せば足りるため、承認を得てから交渉に入ることも可能である。逆に承認があったからといって、承認された者と売買契約を締結する義務が生ずるわけでもない。さらに、解釈上、買受人の指定請求を含まない単純な承認請求のみをもなしうると解されている（今井宏・新版注釈会社法(3)八一頁、上村達男「譲渡制限株式先買契約の効力」ジュリスト九五七号九六頁、龍田節「譲渡制限株式の譲渡」法学論叢九四巻三・四号八九頁）。これらの理由や説明は、それ自体正しいものであって、肯認できる。しかし、制度の本質的な理解からの反論が加えられれば、なお、説得力は決定的になるものと思われるから、その本質論の問題に触れることにする。

株式譲渡は株式の移転を目的とする準物権契約であって、通常、株式の売買その他の債権契約上の債務の履行としてなされる。したがって、原因たる債権契約と株式譲渡そのものと区別して理解しなければならない（髙鳥正夫・新版会社法一一二頁）。さらに、対会社効力の関係をも含むと、株主の変動——広義的株式譲渡——は通常、上述の売買等の債権契約行為、株式譲渡の準物権的行為に加え、対会社関係の資格取得行為たる名義書換の三段階の法律関係に分けることができる。それでは一体株式譲渡制限とは、どの段階に関する制限であるのか、これは、株式の譲渡制限とはなにかという問題と直結するのである。

従来、株式の譲渡制限とは準物権行為としての株式移転行為に関するものであると、一般に説明されてきた（龍田・前掲九〇頁）。しかし、これは単純に、「譲渡制限」に対する文言的理解か、あるいは、旧法の規定に対する理解かにすぎない。株式の譲渡制限に関する立法は幾度もの変遷があり、その都度制度の意味は異なっていたはずである。

明治二三年の旧商法では、「株式ヲ譲渡シ又ハ売渡スト雖モ其譲受人又ハ買売人ノ姓名ヲ株券及ヒ株主名簿ニ記載シ且譲渡又ハ売渡ニ就テ会社ノ承認ヲ得ルマテハ無効トス」とされていた。明治三二年の新商法は、「株式ハ定款ニ別段ノ定ナキトキハ会社ノ承認ナクシテ之ヲ他人ニ譲渡スルコトヲ得」とした。その後、昭和一三年改正法は、株式の譲渡につき、「定款ヲ以テ其ノ譲渡ノ制限ヲ定ムルコトヲ妨ケス」と定めた。これに対し、昭和二五年の改正法は、株式の譲渡は定款の定めによっても禁止または制限はできないとした。そして、昭和四一年の改正後の現行法は、定款をもって取締役会の承認を要する旨のものに限り、譲渡制限を許容することになる。旧商法のように、会社の承認を株式譲渡の効力要件とした場合、あるいは明治三二年法及び昭和一三年法のように、定款の規定によって効力要件とした場合には、譲渡制限は文字通り、株式の譲渡行為――準物権的行為――に関する制限であると理解することができる。

ところで、現行法の下においては、株式譲渡制限をそのように理解することができないということは、すでに指摘がなされている。それによると、現行商法二〇四条第一項但書の規定によって、定款に株式の譲渡につき取締役会の承認を要する旨の定めができ、それが一般にいわれるところの「株式譲渡制限」である。しかしながら、制度の内容についての具体的規定である、商法二〇四条二以下は、会社は譲受人の株式譲渡を承認するか、あるいは、先買権者の指定権を行使して、他に譲渡の相手方を指定するか、いずれかを選択できるということを規定している。すなわち、株式譲渡の相手方の選択権は株主にではなく、会社に付与されることであるから、株式の「譲渡制限」というよりも、「譲受制限」と呼ぶ方が正しいといえる（倉澤康一郎・会社判例の基礎六八頁）。故に、この規定自体には、株式の譲渡についてはなんら制限がなされていないことは明らかである。

それでは、現行法の譲渡制限はどう理解すべきか。本来、株式の譲渡は当事者の譲渡意思表示と株券の交付により完成する（商法二〇五条一項）、定款に株式譲渡制限の定めがある場合にも、同様である。ただし、譲渡制限の定めがある場合に、株式の譲受人が株主名簿の名義書換を請求するには、取締役会の承認を得なければならないということが異なってくるのである。

譲渡制限のない場合には、株式譲受人の株主名簿の名義書換請求に対し、会社は原則として拒否できない。反対に、譲渡制限がある場合には、株式譲受人の株主名簿の名義書換請求に対して、会社は拒否することができる。いわば、会社の名義書換拒否権の取得が現行株式譲渡制限制度の具体的効力なのである（山本爲三郎「定款による株式譲渡制限制度の法的構造」『現代企業法の諸相』一五六頁以下）。

このような見解にしたがうと、現行の株式譲渡制限制度は、名義書換の請求の段階における制限であって、売買等の債権行為及び、株式譲渡行為とは、全く関係ないことは明白である。特定人に名義書換をすることの請求に対する、会社の拒否するかしないか、という意向表明にすぎないのであるから、それは株式の売買契約の成否にかかわりなく、なされることができるはずである。したがって、株主の譲渡承諾の請求の際に、株主・当初譲渡予定者間の売買契約の成立を要件とすることには、反対である。

このように、株主の株式譲渡承諾の請求において、株式の売買契約の存在を要件としない、との前提が確立すれば、他の争点は次のように説明ができる。

まず、先買権者の株主に対する売渡請求は株式売買契約の申込になるか、承諾になるかという点について。Xらが主張する反対説によれば、株主と当初譲受人との間に売買契約（条件付）が存在し、それが先買手続終了まで持続すると考える。そうであれば、先買手続の過程に、新たな売買契約の成立を認めることになると、同一株式について二重契約となり、説明困難な問題が生ずる。したがって、この立場は、先買権者の売渡請求を売買契約の承認と解することによって、先買手続の終了前に、売買契約の成立を認めることについて極力避けなければならないのである。

これに対し、株式の売買契約の存在を譲渡承認請求の要件としなければ、素直に、通説のとおりの構成ができる。すなわち、商法二〇四条の二第一項にもとづく、会社に対する株主による先買権者指定請求が、取締役会の指定する者に株式を売却するという趣旨の売買の申込に当たり、先買権者の売渡請求がその承認に当たる。そして、先買権者の売渡請求権は形成権である。そのため、その行使により売買契約が成立し、先買権者は買主としての義務を負う、株主は売主としての義務を負うこととなるので、一旦、売渡請求がなされた以上は、先買権者がこれを撤回することはできないことになる（今井・前掲一〇二頁、上村・前掲九六頁、前田雅弘「譲渡制限株式の先買権者による売渡請求の撤回」商事法務一三〇〇号六八頁、鈴木竹雄＝竹内昭夫・会社法（新版）一五〇頁、蓮井良憲・注釈株式会社法（上）九六頁、判例は、大阪地判昭和六三年三月三〇日判例タイムズ六七四号一九三頁）。

次に、譲渡承認請求と先買手続は一体の制度であるとの主張の点について。この点について、Xらの主張は、現行商法二〇四条一項に規定する株式譲渡制限は、会社にとって好ましくないと思われる者の参入阻止の制度であり、商法二〇四条の二以下に規定する、譲渡承認請求と先買手続はその具体策である。そして、この制度はあくまでも参入してくることが現実化する場合に適用し、参入の危険性がない場合には発動する必要はない。そのためにに、前述のように、譲渡承認請求の際には株式売買契約の成立、先買手続終了まで買受け意思を持続することを要件とせざるをえない。それは、株式譲渡制限の制度を売買たる債権行為における制限と考えるからである。そして、譲渡承認請求と先買手続は一体の制度として、参入阻止に当たるものと考える。そうでなければ、その効果は得られないからである。

ところで、上述検討の通り、現行譲渡制限制度の機能は名義書換請求の側面に関するものであるから、売買契約については不問とするものである。よって、商法二〇四条の二ないし同条の四の規定の立法趣旨や制度の意義を判旨のように解することができる。

すなわち、当初譲受人参入阻止機能は、株主の譲渡承認請求制度にあり、会社の不承認で完結する。その後の先買手続制度は株式譲渡自由の制限の代償として、株主の投下資本回収の利益保護のために確実、公正、安全な手段として先買権者による売渡請求による法定手続としての売買制度を提供するものである。譲渡承認請求とその後の先買手続は、それぞれの趣旨・意義が区別されるものと解することができ、それが自然である。

次に、当初譲受人に売買契約の成立を要件にしないと、あるいは、当初譲受人買受け意思喪失後に、先買手続を失効させないと、先買権者が株式の買取りを強制されることになり、これによって、株主には事実上の株式買取請求権が与えられる結果となる。これは不当である。その行使は権利濫用に当たるのではないかの問題である。

この点については、まず、先買権者の指定が先買権者を株式の買取りに強制するということは生じない。それは、先買権者の指定があっても、先買権者は株主に対し、株式の売渡請求をするか否か、いわば、株主の株式売買契約の申込に対する承認の応否について、全く自由意思の下で判断することができ、それを強制されないことは明白である。

さらに、上述検討通り、現行譲渡制限制度は、名義書換の側面においてのみ効力を有するものであり、売買行為・譲渡行為の側面については制限するものではない。そのため、株主の株式譲渡は自由であり、その中には、会社による先買権者指定の譲渡方法を利用して、株式譲渡をする自由も含まれる。

そして、会社にとっての好ましくない者の参入阻止の利益と、株式にとっての投下資本回収の確保の利益との、両者の利益衡量において、現行制度の合理性がみいだせるのであるから、このような使い方を不当とはいい難い（前田・前掲八〇頁）。

現に、この制度の立法段階においてすでに、このような使い方はありうるとの予測がなされており、それは容認すべきとの考えにあった（河本一郎・「大小会社区分立法等の問題点について(5)」商事法務一〇一七号一五頁）。

なお、当初譲受人の買受け意思喪失の場合に、株主による先買手続の権利行使は権利濫用に当たることについて、この主張は、先買権者の先買手続の権利行使の前掲要件は、買受け意思の持続であるとしているから、要件消滅になると権利行使はできない。それでも権利を行使すれば、権利濫用になるという論法である。しかし、前述の通り、株主の譲渡承認請求と先買手続の権利行使のいずれにも、そのような要件は要しないので、この論法は前提存在せずのために成立しない。したがって、ここには権利濫用の問題は生じない。

最後に、判旨**四**の問題について、X_2は商法二〇四条の三第二項に従い、一旦供託金を供託したが、その供託を取戻している。それは、どのような効力になるか。判旨によると、売渡請求により形成された売買契約にはなんの影響をも及ぼさず、後は債務の履行の問題に移行するものであり、債務不履行が生じたときには株主の解除権行使を認めるだけのことである。ただ、この場合の解除権行使について、商法二〇四条の四第六項を類推して、解除された場合の当初譲受人への譲渡承諾擬制はできるのかどうか、判旨は触れていないが、考慮する余地があるものと考える。さらに考えるべき問題は、代金債務の爾後の不履行を待たずして、供託の取戻し行為自体を債務不履行と解し、その時点で株主に解除権を認め、そして商法二〇四条の四第六項を類推適用することはできないかということである（肯定的見解、東畑良雄・判例タイムズ七三五号二四一頁）。しかし、判旨のように、この供託を代金債務の担保と位置付けと解すると、否定的見解しか認めないことになる。

以上の検討のように、判旨**一**、**二**、**三**はともに正当である。よって判旨に賛成する。

（六九巻七号（平成八年七月））　　黄　清渓

五　株券が発行されていない同族会社において株式の贈与がなされた場合とその効力発生時期

東京地判平成元年六月二七日民事第八部
昭和六一年(ワ)第九二七七号株式総会決議取消等請求事件、一部容認・一部却下（控訴）
金融・商事判例八四〇号三三頁

【判示事項】

設立後三〇年の時点で株券が発行されていない同族会社において、創業者である父親から専務取締役の三男に株式を贈与する合意があり、その約一年半後贈与税の申告がなされたときは、株券の交付がなくても意思表示のみによって株式移転の効力が生じ、遅くとも右税法上の申告手続きがなされた時点においてその履行が完了したものというべきである。

【参照条文】

商法二〇四条二項、民法五四九条

【事　実】

Y_1会社は昭和二七年四月Y_2によって設立された書画骨董の売買等を営業とする株式会社であり、発行済株式総数四万株の同族会社で、株券は発行されていない。Y_1会社は昭和六一年五月、定時株主総会を開催し、決算承認、Y_2らを取締役及び監査役に選任する決議をした。XはY_2の三男で、Y_1会社の専務取締役としてY_2を助け実質的な経営を行っていたところ、右総会決議は、Xが昭和五七年七月Y_2から贈与を受けた一万四五〇〇株につき、Y_2を株主として議決権を行使させたものであるなどの瑕疵があるとして、同決議の取消（予備的に無効確認）と、右贈与を受けたY_2名義の株式についてXへの名義書換及びXが同株式を含むY_1会社の株式二万一八四〇株を有することの確認を求めたのが本件である。

ところで本件請求の前提となるY_2からXへの株式の贈与であるが、Y_1会社の代表取締役であるY_2は、将来XをY_1会社の代表者とし、また他の株主であるXの姉らによる会社経営に対する干渉を排除するため、昭和五七年七月頃自己の所有するY_1会社の株式中、一万四五〇〇株をXに贈与して、XにY_1会社の株式の過半数以上を取得させることとし、Xと共に税理士を訪問し税法上の手続きを依頼した（この時点でXは既に七三四〇株を所有しており、これについて争いはない）。しかしこの依頼に対し税理士により一度に贈与の手続きをとると税金が多くなるとの指摘がなされ、その結果以下のような税法上の申告手続きがなされたことが認定されている。

① 昭和五八年三月、Y_2から昭和五七年一一月にXが一五〇〇株、そしてXの妻及びその子三名がそれぞれ一三〇〇株、一三〇〇株、一五〇〇株、一三〇〇株、合計六九〇〇株の贈与を受けたとして贈与税を申告。

② 昭和五八年五月、上記贈与を前提とし、さらにXの妻及びその子二名がY_2から同年一月にそれぞれ二〇〇株、合計六〇〇株の贈与を受けたとして、そのような内容の株主構成である旨表示し、Y_1会社の昭和五八年三月三一日までの事業年度の法人税を確定申告。

③ 昭和五九年三月一四日、上記①②の贈与の他、昭和五八年四月にXが二一六〇株、妻及びその子がそれぞれ

二五〇〇株、二三四〇株、合計七〇〇〇株の贈与を受けたとして、三名につき贈与税を申告。（以上のようにXの妻子も贈与を受けたような処理がなされているが、これはXが税金対策として行ったものであり実質的にはXが本件株式全部の贈与を受けたものと解しうる。また上記申告に際して贈与契約書は一切作成されていない。）

但し、上記③の申告以降Y_2が本件贈与を否定する言動をとり始め、これにより税理士は書面によらない贈与契約は無効であるとしてXに対し税金の取り戻しを強く勧告し、その結果Xは昭和六〇年三月頃から上記贈与の申告を修正、更正し、最終的に贈与税の還付を受けていることが認められている。

また、本件株主総会についてであるが、これにはX以外の五名の株主（Y_2及びXの姉ら）が出席し出席者全員が一致して本件各決議がなされたものとして手続きが進められたこと（本件株主総会にはXの代理人として弁護士が出席していたが、議決権行使の代理権は与えられていなかったので、Xは出席しなかったものとして議事録が作成されている。）が認められている。

さらに弁論の全趣旨によると、Y_1会社には商法の規定による株主名簿は存在しなかったことが認められている。

【判　旨】

一部認容・一部却下

一　Y_2からXへの贈与によるY_1会社の株式一万四五〇〇株の名義書換請求、及びXの同株式を含むY_1会社の株式二万一八四〇株を有することの確認の訴えについて

「認定した事実によると、Y_2とXとの間において、昭和五七年七月に本件株式の贈与の合意が成立し、遅くとも、昭和五九年三月一四日に本件株式が原告及びその妻子に移転したとして贈与税の申告がなされた時点においい

て、その贈与の履行は終了したものということができる（贈与は、合意のみにより効果を生じる契約であるが、株式の贈与については、通常は株券の交付があって初めてその履行が終わったということができる。しかし、本件株式については設立後三〇年の時点で株券が発行されていなかったのであるから、株券の交付がなくても意思表示のみで移転の効果が生じるものと解すべきことになる。しかし、右において認定した事実からすれば一定の時期に株式の贈与があったものとして税法上の申告手続きがなされた時点において履行が完了したものとするとの了解の下に、本件株式の贈与契約がなされたものというべきである。）……以上において判示したところによると、本件株式は昭和五九年三月一四日までにXに贈与されていたことになるところ……Y_1会社には商法の規定による株主名簿は存在しなかったことが認められ、この点とY_2がY_1会社の代表取締役であったことからすると、その時点以降はY_2との関係においても、またY_1会社との関係においても、本件株式はXに帰属していたものというべきである。従って、本件株式につき、Y_1会社に名義書換を求めるXの請求及びY_2に対する請求中、Y_2との間で本件株式がXに帰属することの確認を求める部分は理由があることになる。しかし、Xの保有していると主張するY_1会社の株式のうち、本件株式以外の七三四〇株については、Y_2もこれを認めているのであるから、本件訴え中、この部分に関する部分は確認の理由がなく、不適法ということになる。」

二　本件株主総会決議の取消の訴えについて

「本件株主総会当時、Xが本件株式を含め、合計二万一八四〇株を有していたことは前示のとおりであるから、本件株主総会は発行済株式の総数の過半数を有する株主が出席していなかったことになる。したがって、本件株主総会は商法第二三九条第一項に規定する定足数を満たしていないことになるから、その余の点につき判断するまでもなくこれを取り消すべき瑕疵があることになる。」

判決の結論に賛成する。但し株式の譲渡方法に関して判決のよって立つ前提には検討の余地がある。

【研　究】

一　本判決は、株券発行のための合理的期間が経過したにもかかわらず（本件の場合設立後三〇年であるから、合理的期間が経過していることはいうまでもない）株券の発行がされていない会社における株式の移転方法について、意思表示のみによる移転を認めたものである。これは信義則説ないし合理的時期説に従い意思表示のみにより、会社に対する関係でも有効に株式を譲渡できるとした最大判昭和四七年一一月八日判決の立場（但し同判決をこのように解釈することには疑問がある）に従ったものとされている（以下便宜上株式の譲渡の場合に限定して検討を進める）。しかしながら、株券発行前の株式の譲渡につき当事者間の効力と会社に対する効力とが相対的に解されている現状において、いかなる論拠を持って株券の交付によらない株式譲渡を認めるのかについてもまた、当事者間、対会社間と区別して研究されねばならない課題であろう。そもそも当事者間で譲渡が有効であって初めて（善意取得の場合は除く）会社に対する効力が問題となってくるのである。

また、商法は株式の譲渡を株券の交付による（第二〇五条）と定めている以上、それ以外の譲渡方法を認めるにはそれなりの根拠が必要であるはずだが、学説は商法二〇四条二項の存在をもって、当事者間では株券の交付によらない譲渡が可能である事を当然の事理としているようである。確かに「会社に対しその効力を生せず」という文言の解釈は難題であるが、この条項の存在だけで、二〇五条は株券発行後についてのみを規定し、株券発行前は当事者間で一律に意思表示によって譲渡しうるものと解するのはいささか早急ではないだろうか。そもそも株券が発行されていない場合の譲渡方法については商法は何らの規定もしていないのである。

本判決はこのように商法の明文をもって解決し得ない問題をいかに解決すべきかについての一つの糸口となる

べき事案である。ここで問題になるのは商法二〇四条二項と二〇五条との関係についての解釈であろう。

二　株券不発行の場合の意思表示による株式の譲渡の可否についての判例の変遷は、最大判昭和四七年一一月八日を一つのターニングポイントとする。

すなわちそれ以前の判例は、例えば、最判昭和三三年一〇月二四日（民集一二巻一四号三一九四頁）において、「株券発行前の譲渡方式に一定されたものがないことによる法律関係の不安定を除去しようとする考慮によるものであって、すなわち、会社株主間の権利関係の明確かつ画一的処理による法的安定性を一層重視したるによるものと解すべき」として会社の承認があっても会社に対する効力を否定するのに対して、最大判昭和四七年一一月八日（金融商事判例三四〇号二頁）は、「商法二〇四条二項の法意を考えてみると、それは、株式会社が株券を遅滞なく発行することを前提とし、その発行が円滑かつ正確に行われるようにするために、会社に対する関係において株券発行前における株式譲渡の効力を否定する趣旨と解すべきであって、右前提を欠く場合についてまで、一律に株券発行前の株式譲渡の効力を否定することは、かえって右立法の趣旨にもとるものといわなければならない」と判示し、「少なくとも、会社が右規定の趣旨に反して株券の発行を不当に遅滞し、信義則に照らしても株式譲渡の効力を否定するを相当としない状況に立ちいたった場合においては、株主は、意思表示のみによって有効に株式を譲渡でき、会社は、もはや、株券発行前であることを理由としてその効力を否定することができず、譲受人を株主として遇しなければならないものと解するのが相当である」として従来までの見解を変更した。

これら二つの判例の事案において共通しているのは、問題となった株式譲渡が、会社の成立後通常株券を発行しうる合理的期間経過後になされ、かつ、昭和三十三年判決においては、会社において株式譲渡の承認をし、また昭和四十七年判決においては、「株式台帳」に株式譲渡の旨を記載し、その後において譲受人を原始株主とする株券を発行している、といった会社側の積極的な行為が存在するという点にあろう。そしてこの会社側の積極的な行為に対する解釈の違いが、両判決の結論の違いを導いたと言えるのではないだろうか。

諸学説はこの判例変更を、商法二〇四条二項の立法趣旨の解釈の違いによるものとしている。ただ気になるのはこの立法趣旨の解釈が、株券未発行の場合の株式譲渡の会社に対する効力の有無についてだけ考慮されている点である。言い換えるなら、当事者間では株券未発行の場合でも株式を有効に譲渡しうることを当然の前提として両判決を解釈しているのである。これは判例の解釈のスタートラインとして妥当であろうか。

三　そもそも昭和三三年の判例が採る立場、商法二〇四条二項の趣旨は権利関係の明確かつ画一的処理による法的安定性の重視である点を徹底するならば、当事者間においても株券によらない譲渡を否定すべきである。株式という権利が原則的には不特定多数人間を転輾流通する権利であることを考えれば、権利関係の画一的処理というのは譲渡当事者間にも言えることである。諸学説のいうように当事者間では意思表示によって譲渡しうるとすると、二重譲渡、三重譲渡における譲受人相互間での対抗関係を定める規定がない以上非常に不都合であると言わざるを得ない。また昭和三三年の判決においても、当事者間の効力については何らの言及もない（最高裁判決と同じ立場である控訴審判決では、その理由中で「当該当事者における効力の有無はしばらく措き」と述べ、当事者間の効力についても検討の余地のあることを示している）。しかし商法二〇四条二項が「会社に対して効力を生せず」と規定している以上、当事者間で株券の交付によらない株式譲渡の可能性をまったく否定することはできない。それでは立法当時、一体いかなる場合を想定してこの条項が設けられたのであろうか。

商法二〇四条二項は昭和一三年改正によって新設された規定であるが、この年は株式の譲渡方法に関する規定が大きく改正された年でもある。すなわち、明治三二年の新商法以来株主名簿の記載と株券の記載が会社及びその他の第三者に対する対抗要件となるという立場をとってきた商法が（明治四四年改正商法第一五〇条「記名株式ノ移転ハ取得者ノ氏名、住所ヲ株主名簿ニ記載シ且其氏名ヲ株券ニ記載スルニ非ザレハ之ヲ以テ会社其他ノ第三者ニ対抗スルコトヲ得ス」）、昭和一三年改正によって裏書による株式譲渡を認め（昭和一三年改正商法第二〇五条一項「記名株式ノ譲渡ハ株券ノ裏書ニ依リテ之ヲ為スコトヲ得但シ定款ニ別段ノ定アルトキハ此ノ限ニ在ラズ」）、その後昭和二五年改正においては株式の譲渡方法を株券の裏書または株券と譲渡証明書の交付によるものとしたのである（昭和二五年改正商法二〇五条一項「記名株式ノ譲渡ハ株券ノ裏書ニ依リ又ハ株券及之ニ株主トシテ表示セラレタル者ノ署名アル譲渡ヲ証スル書面ノ交付ニ依リテ之ヲ為ス」）。

この改正の経緯は法の株式に対する認識に大きな変化があったことをうかがわせる。すなわち株式流通の円滑化のために株式を証券に結合させたものが株券であるとの理解の下、株式というものは本来株券と共に流通するべきものとの認識が確立したのである。この株式と証券との結合の徹底は、昭和二五年改正では遅滞なく株券を発行することを要する旨の規定（第二二六条一項）が新設されたことからも明らかである。

このように法が理念として株式と株券との結合を徹底しようとしていたにもかかわらず、現実には株券が発行される前に株式を譲渡するという現象が多々起きていたことは事実である。昭和一三年改正による商法二〇四条二項の新設がこのケースを念頭に置かれたものであることは想像に難くないのであるが、実際いかなる譲渡方法がとられていたかといえば、株式払込金額収書に白地譲渡証書を添えて交付するという方法である。この譲渡方法は一種の商慣習として確立していた。本来は株券の発行を待って株式譲渡を為すべきであるところ、このような商慣習が存在したため、株券発行前の株式譲渡の効力が問題となったのである。つまり株券未発行の場合における当事者間での株式譲渡は、商法二〇四条二項の規定によって認められたのではなく、同条項の新設以前から商慣習によって認められていたのであり、この場合に会社に対する効力を画一的に処理するために商法二〇四条二項が設けられたのであると解するのが、沿革的には正しい解釈であろう。こう考えるならば、商法二〇四条二項の存在をもって、当事者間では意思表示によって株式を譲渡できるとする解釈は妥当ではない。

但しこの株券の交付によらない譲渡を認める商慣習も、原則として株券の発行がすみやかになされる現代においては、もはや廃絶されたのである。印刷事情等から株券の発行がすみやかになされることが常でない当時において、株券が発行される前に株式を譲渡することが認められないことは、株式の自由譲渡性を奪うことにもなりかねなかった。しかしながらすみやかなる株券発行が可能な現代において、商法二二六条一項に定める遅滞なき株券発行がなされる限りにおいては、株券の交付によらない株式譲渡を認めることは反対に株式の円滑な流通を阻害することになりはしないだろうか。株券の発行に遅滞がない限り、株式というものは株券の発行を待って、かつ株券の交付という手段によって譲渡すべきであることは、解釈を待つまでもないのである。

それでは株券発行に遅滞がある場合はどうであろうか。現代における株券発行前の譲渡は、株券の発行に遅滞がある場合についてのみ問題となる。さらに厳密に言うなら、上場会社などでは通常遅滞なく株券が発行されるわけであるから、対象となる事例は株券の発行がなされない小規模閉鎖的会社（株式譲渡制限を定める会社という意味ではない）に限定されることとなろう。実際問題として問題となった判例の事案はいずれも、小規模閉鎖的な会社において一定期間を経過した後になされた株式譲渡のケースである。このような特殊なケースにおける株式の譲渡の可否を、判例は二〇四条二項の現代的な解釈という形で判断しているのである。それでは具体的にいかなる判断がなされたのであろうか。

四　昭和三三年判決は、会社が成立してから三年余を経過したにもかかわらず株券が発行されていないケースであるが、二〇四条二項の趣旨を前述のように捉えた上で、「このように株式譲渡の自由を事実上制約し得る可能性を会社に付与するような解釈を採ることは株式の自由譲渡性を規定した法の精神に照して許されるべきでないとすることは確かに一理あることで、株式の経済的機能との関連においても考慮の余地がないとはいえないであろう」と指摘しながら、それでも「さればといって、その故に前記法意が軽視されてはならない」とする。すなわち、たとえ株券の発行に遅滞があったとしても、それは会社との効力において何らの影響も与えないと解したのである。さらにこの事案で注目すべきは、会社が譲渡を承認した事実が認定されているにもかかわらず、それすらも会社に対する効力の有無に影響を与えないとした点であろう。これに対して当事者間の効力の有無については明確な言及がないことは前述の通りであるが、当該譲渡が、株金払込領収証の交付による株式譲渡の慣習が残る中で、その慣習による譲渡方法をとっていなかったことから、むしろ株券未発行の場合の株式譲渡方法を論じることを避けたものと考えられる。何故なら訴え自体は会社に対する効力を争ったものであり、この点につき判示すれば足りるからである。ただ、具体的な解決については「株券発行交付の請求権があることは当然で、その他会社に対して損害賠償の請求権をも妨げないのであるから、これらの権利の行使につき多少の不便不利があるとしても……」と述べていることから考えると、たとえ株券発行に遅滞があったとしても、株券発行請求をして株券の発行を受けてから株式を譲渡すべきとの趣旨であると推察される。

一方昭和四七年判決であるが、これは会社設立（厳密には有限会社からの組織変更）から四年余が経過し、また会社が譲渡の承認に加え株主台帳に記載し株券を発行したという事情が認められる事案である。商法二〇四条二項の趣旨の解釈が、「法律関係の画一的処理による法的安定性」から、「株券の遅滞なき発行」へと変化したことは、株券の発行が容易となった現代において納得できないこともない。法の予定する遅滞なき株券発行を実施している会社だけが保護の対象となるのは当然である。但しこのことのみをもって、それ以外の場合には一律に株券の交付によらない譲渡が認められるとするのはいかがなものだろうか。

当該判決の解釈について諸学説は、信義則説と合理的時期説とに大別される。信義則説は「会社が不当に株券の発行を遅滞しながら、株式譲渡の効力を否定するのは信義則に反するとして会社に対する効力を認めるものである（大隅＝今井「会社法論上」四三八頁・田中誠二「会社法詳論上」四〇九頁）」。一方合理的時期説は、「株券発行準備のために必要な合理的期間後の株式譲渡は会社に関する関係でも有効とするものである（石井＝鴻「会社法第一巻」二三三頁・龍田節「会社法」二〇九頁・前田庸「会社法入門」一三三頁）」。両説は共に株券の発行に遅滞があることに端を発し、その発行遅滞をいかに解するかにつき差異はあっても、そのこと自体から会社との関係でも効力を認めるという結論を導いている。しかしながら本判決において重視すべきはむしろ、会社による譲渡の承認、株主台帳への記載、及び株券の発行という事実ではないだろうか。もしこれらの事実が認定されなかった場合に同じような結論が導かれていたかについては、疑問を感じずにはいられない。先にも述べたが、昭和三三年、四七年の二つの判決は、譲渡の承認等の会社による積極的な行為をいかに解したかによって結論を異にしたものであり、その根拠は株式の譲渡にどれだけ画一的な法的安定性を要求するかの価値判断なのである。

ここでもう一度、株券の発行遅滞という事実に戻ってみる。信義則説に立つにしろ、合理的時期説に立つにしろ、株券の発行遅滞という事実を会社に対する効力のみに係らしめている点に疑問があることは先に述べたとおりであるが、これが何らの意味を持たないと考えているわけではない。先程から両判例ともに当事者間の譲渡の効力については何ら言及していないと述べてきたが、昭和四七年判決の理由中には気になる記述がある。「少なくとも、会社が右規定に反して株券の発行を不当に遅滞し、信義則に照らしても株式譲渡の効力を否定するを相当としない状況に立ち至った場合においては、株主は意思表示によってのみ有効に株式を譲渡でき、会社は、もはや、株主発行前であることを理由としてその効力を否定することができず……」というくだりである。前半で検討されている不当遅滞、信義則違反というのは、一体どこに係ってくるのであろうか。これら要件が満たされて初めて、当事者間で意思表示による譲渡が可能となる趣旨には読めないだろうか。判旨は当事者間の効力と、会社に対する効力とを厳格に区別してはいないが、会社に対する効力は当事者間での譲渡が有効に成立して初めて生じる問題である。株券発行前の株式譲渡は当事者間では全て有効であるという立場をとりえない以上、株券の交付によらない譲渡方法を、株券発行に不当遅滞がある場合には意思表示によるものと判断したのが四七年判決であると考える。この判断の根拠は、それが商慣習として認められるか否かはさておき、この譲渡方法が利用されているという取引界の現状によるのであろう。

さらにここでいう不当遅滞の「不当」とは、単純に期間の経過のみをもって判断されるべきではなく、会社の規模に応じての判断が必要であろう。何故なら主として株券発行前の株式譲渡が問題となるのは小規模の閉鎖的な会社であって、この場合には、株券不発行という理念としての株式会社における病理現象が、一概に不当な状態と言えないからである。例えば会社成立後何十年も株主が誰も株式譲渡を欲しない場合において、その期間の経過のみをもって株券の発行請求をすることなく、いきなり意思表示により株式譲渡し得るとするのは、乱暴な議論と言わざるを得ない。この矛盾は商法の規定が会社の規模に関わりなく一律に定められていることが原因であるが、実はこの点については商法改正試案において解決が試みられている。商法改正試案では、定款でもって株主の請求があったときに限り株券を発行する旨を定めることをうるものとするとともに（試案三5）、株券が発行されていないときは、株式は意思表示のみにより譲渡することができ、その第三者に対する対抗要件は、株主名簿の名義書換によることとしている（試案三6）。

五　以上株券発行前の株式譲渡について検討を加えてきたわけであるが、この論拠に従い本判決を検討してみる。本事例においては株券の交付なしに株式の贈与がなされているのであるが、これは株式の譲渡は株券の交付によるという原則論に従えば無効と言わざるを得ない。そこでそれ以外の方法による贈与、すなわち意思表示による贈与が可能となるような事由が存在するかを検討する必要がある。認定事実によると、本件会社は設立後三〇年間株券を発行していない同族会社であった。判決は「本件株式については設立後三〇年の時点で株券が発行されていなかったのであるから、株券の交付がなくても意思表示のみで移転の効果が生じるものと解すべきことになる」としているが、厳密にいえば、本件のような会社においては株券発行が不当に遅滞していることまでも判断すべきである（このような会社の株式においては取引の迅速性を考慮する必要性はないのであるから、株券の発行を受けてから譲渡するのがあるべき姿であることは自明の理である）。本件は株券発行請求があったにもかかわらず発行を不当に遅滞しているようなケースとは異なるが、贈与人自身が当該会社の代表取締役であることから会社と対立関係に立つわけではなく、また会社の機関として自ら株券不発行の当事者であるのだから、この場合には当事者間で意思表示のみによって株式を贈与しうると解することができよう。具体的な移転の時期は、意思表示の内容の解釈によるのであるが、当該判決においては、少なくとも税法上の申告手続がなされた時点において履行が完了したものとの判断がなされている。この点は事実認定によるので、判決の判断をもって妥当とする。最後に、会社に対する効力であるが、この点について判決は「弁論の全趣旨によると、被告会社には商法の規定による株主名簿は存在しなかったことが認められ、この点と被告Y_2が被告会社の代表取締役であったことからすると、その時点以降は、被告Y_2との関係においても、また、被告会社との関係においても、本件株式は原告に帰属していたものというべきである」と判示している。贈与当事者の関係は前述の通りであり、それに加えて会社との関係でも有効と認められたのは、株主名簿が存在しないことと、当該会社の代表取締役が贈与人自身であったことを理由としているのである。後者はすなわち、会社の承諾があるのと同視しうるという判断であろう。これは昭和四七年判決と共通する。つまり本判決においてもやはり、会社との関係は、株券の発行遅滞ではなく、個々具体的な会社の行為が後に株式譲渡の効力を否定することを許すか否かに係っているのである。昭和四七年判決においてもこの意味において信義則という言葉を用いていることは明らかである（これに対して信義則説における信義則は、株券発行遅滞の不当性の判断において用いられている）。会社が承諾した（及び承諾と同視し得るような行為をなした）場合に、会社に対しても効力を認めるという判断は、現行法上妥当であろう。本件判決は昭和四七年判決に加えて、いかなる場合に当事者間での株券交付によらない譲渡（贈与）が認められ、また会社に対する効力が認められるのかという、法律の欠缺する問題について、要件を定型化する上で重要な意味を持つものと考える。

（六九巻五号（平成八年五月））　廣瀬理恵子

六　株式会社の監査等に関する商法の特例に関する法律により計算書類につき会計監査人の監査を義務づけられている会社において右監査を欠いたままなされた計算書類の承認決議が取り消された事例

東京地判平成元年八月二二日
昭和六三年(ワ)第八二九五号株主総会決議取消請求事件
金融・商事判例八四四号一六頁

【判示事項】

株式会社の監査等に関する商法の特例に関する法律により計算書類につき会計監査人の監査を義務づけられている会社が右監査を受けていないことは、会計計算上の重大な手続き違背であるから、右監査を欠いたままなされた計算書類の承認決議は、決議の方法に違法があり、取消事由に該当する。

【参照条文】

商法特例法二条、商法二四七条一項一号

【事　実】

被告Y会社は、不動産賃貸及び不動産売買並びに仲介を主たる目的として、昭和三四年六月一五日に設立された資本の額三億円、発行済株式の総数六〇万株、額面株式一株の金額五〇〇円の株式会社である。原告X_1～X_4はいずれも被告Yの株主である。

Y会社の株主数は一二名であるが、発行済株式六〇万株はほとんどが極めて近い親族によって保有されている。Y会社はAが営んできた個人企業を昭和三四年に株式会社としたものであり設立時にはAの長男Bが代表取締役、Aとその他二名の者が取締役、Aの長女X_1が監査役となった。Bは本件訴訟当時まで代表取締役の地位にあり、Aは昭和六一年二月五日に死亡するまで取締役の地位にあり、昭和四八年七月からX_2が取締役として加わり、それ以来Aが死亡するまでA・B・X_2の三取締役構成となった。Aの死亡直後の昭和六一年三月の第二八期定時株主総会でC（Bの子）が新たに取締役に選任され、ついで昭和六二年三月の第二九期定時株主総会でX_2は取締役に再任されず、代わって昭和四二年七月以来監査役の地位にあったD（Bの妻）が取締役に選任され、又設立以来監査役であったX_1も同総会において再任されず任期満了により退任し、代わってE（Bの子）が監査役に選任された。

Y会社は前記のように資本金三億円の中規模の会社であるが、株主数も少なく同族会社であったところから、Aの生存中は、BがAに相談しながら専らその経営に当たり、取締役X_2、監査役X_1、同Dは名目的な存在であった。しかし、Aの死亡後、Bと他の共同相続人であるX_1～X_4との間でAの遺産相続をめぐって対立が生じ、Y会社の役員はすべてB及びその妻と子で占められ、X_1・X_2等は排除された。

Y会社は、昭和六三年三月二四日Y会社の本店において第三〇期定時株主総会を開催し、以下のような各決議を成立させた。

㈠　Y会社の第三〇期事業年度（昭和六二年二月一日から昭和六三年一月三一日まで）の営業報告書、貸借対照表、損益計算書及び損益処分案（以下、この四通の書類をまとめて、「計算書類」という。）を原案どおり承認する旨の決議。

㈡　Y会社の第二九期定時株主総会においてされた第二九期事業年度の計算書類を承認する旨の決議並びに取締役及び監査役の選任決議をそれぞれ確認（追認）する旨の決議。

この第二九期定期株主総会においては、この他に定款変更の決議、会計監査人選任の決議、監査役の報酬の限度額を定める決議などがなされたが、これらの説明は省略する。

そこで、X_1～X_4等は、これらの各決議には次のとおり瑕疵があると主張して、その決議の取消を求めて訴えを提起した。

㈠　計算書類について適法な監査を受けていない。

（一）　第三〇期の計算書類の承認決議について。

①Y会社の第二九期末の貸借対照表によれば、Y会社の負債は二四四億六九八三万九一一六円であった。したがって、第二九期に関する株主総会が開催された昭和六二年三月二七日から株式会社の監査等に関する商法の特例に関する法律（以下、「商法特例法」という。）における大会社に関する規定の適用を受けることとなった。しかるに、Y会社は、商法特例法二条の規定に違反して、第三〇期の計算書類について会計監査人の監査を受けていない。

②また、Y会社は、定期株主総会の八週間前までに計算書類を会計監査人に提出していない。これは、商法特例法一二条に違反している。

（二）　第二九期の計算書類の承認決議について。

Y会社の第二九期の計算書類については、監査役の適法な監査を受けていない。すなわち、Y会社の監査役は、X_1とDの二名であったが、X_1に対しては計算書類の提出自体がなく、またDも正式な監査を行っていない。

㈡　本件各決議に際しては、Y会社の取締役に説明義務違反がある。

これに対して、Y会社は、

㈠　第三〇期の計算書類について適法な監査が行われていないことは認めるが、会計監査人の監査を受けていないことは、計算書類の承認決議の取消事由とはならない。すなわち、右監査を受けていないことを理由に右承認決議を取り消しても、会計年度が終了した後に会計監査人の監査（例えば期中監査）を受けることはできない実情があるからである。

また、商法特例法一六条一項によれば、大会社の計算書類につき会計監査人が適法意見を述べ、監査役も右の意見を相当とするときは、株主総会において計算書類の承認決議をする必要がなくなる。したがって、会計監査人から違法意見が出た場合などに初めて株主総会の承認決議が必要となってくる。このこととの対比でみると、会計監査人の監査を受けていない場合には、株主総会による承認決議があれば、計算書類は確定するものと解すべきであり、会計監査人の監査を受けていないことはそのような場合の承認決議の取消事由とはならない。

㈡　第二九期においてはDとX_1が監査役であったこと、X_1に対しては計算書類の提出がなかったことは認める。第二九期の計算書類に対する監査意見書はDの名義で作成されているが、もう一名の監査役であるX_1の地位は名目的なものであり、同人は会社に出勤して監査事務に当たることをしなかったため、やむをえずDが監査意見書を作成したものであり、右の処置は適法である。

㈢　かりに株主総会の決議に瑕疵があったとしても、原告らの主張する株主総会の決議の瑕疵はいずれも重大ではなく、かつ、決議に影響を及ぼさないから、商法二五一条の規定によって棄却されるべきである。
として、裁量棄却の判決を請求した。

【判　旨】

請求一部認容。

被告は、承認決議を取り消しても会計年度が終了した後には会計監査人の監査をうけることができないこと、株主総会で計算書類の承認決議がされたときは、会計監査人の意見のいかんを問わずに計算書類が確定するものと解すべきことを理由に、計算書類につき会計監査人の監査を経ていないことは承認決議の取消事由とはならない旨主張するが、そもそも会計年度が終了した後であっても関係帳簿等が存するかぎり会計監査人の監査は可能であると考えられ、また、監査特例法上の大会社が計算書類について会計監査人の監査を受けていないことは、会計計算上の重大な手続違背であることは明らかであって、右の違法は、同法一六条一項の規定の趣旨により会計監査人が違法意見を述べた場合でも株主総会の承認決議により確定することができることとの対比から株主総会の承認決議があれば治癒されるという性質のものではないと解すべきである。したがって、右の手続の違法は、株主総会の承認決議の方法の違法（商二四七条一項一号）としてこれを取り消し得べきものとすることにより是正するのが妥当であると考えられる。

【研　究】

一　この判決は、商法特例法により計算書類につき会計監査人の監査が義務づけられている会社において、その監査を欠いたままなされた計算書類の承認決議が取り消された事例であり、この問題について説示した最初の裁判例である。

商法特例法では、資本の額が五億円以上または最終の貸借対照表の負債の部に計上した金額の合計額が二〇〇億円以上、のいずれかに該当する株式会社に対して会計監査人の監査を受けるべきものとした（二条）。そして、同条適用の経過措置である二一条は、次のように規定する。株式会社の資本の額が五億円以上になったとき、あるいは株式会社の最終の貸借対照表における負債の合計金額が二〇〇億円以上となったときは、その日を含む事業年度の決算期に関する定時総会の終結の時までは従来どおりの取り扱いを受けるが、次の事業年度から二条ないし一九条の適用を受けることになる。

本件においては、Y会社の第二九期末の貸借対照表の負債総額は二〇〇億円を超えていたのであるから、第二九期株主総会終結後より商法特例法における大会社に関する規定の適用を受けることになり、第三〇期計算書類は、会計監査人の監査を受けなければならない。

この点に対してY会社は、会計監査人の監査を受けていないことを理由に承認決議を取り消しても、①会計年度を終了した後に会計監査人の監査を受けることはできない実情があること、②商法特例法一六条一項との対比でみれば、会計監査人の監査を受けていない場合でも、株主総会の承認決議があれば、計算書類は確定するものと解すべきことを理由として、会計監査人の監査を受けていないことは承認決議の取消事由とはならないと主張した。

そこで争点となっているのが、会計監査人の監査を受けていない計算書類の承認決議の効果である。

二　本件のような会計監査人の監査を欠くという事例ではないが、商法二八一条二項に違反して、監査役の監査を受けないままなされた株主総会の計算書類承認決議の効力が争われた判例として、最高裁昭和五四年一一月一六日大二小法廷判決（民集三三巻七号七〇九頁）が、監査役の監査を経ないでなされた計算書類の承認決議には決議取消事由があるとした。

学説は、以下のように分かれる。監査役による事前審査報告の義務は、株主の利益のために認められる命令的規定であり、株主が自らその利益を放棄することは何ら差支えないというべきであるから、計算書類が会社の最高機関たる株主総会で承認された以上有効であるとする説（曽野和明「少数株主による総会招集の許可申請と定時総会」商事法務研究一五九号一三～一四頁）、商法が代表取締役等によっていわば主観的に作成された計算書類につき、監査役（ないし会計監査人）のいわば客観的な監査を求めていることの意味は、決してひとり株主の利益のためという点に限定されうるものではなく、会社債権者の利益やひいては国民経済的な秩序利益にすら関わっているという点にあるといえ、監査役の監査を経ないでなされた計算書類の決議の瑕疵は、決議の対象そのものの瑕疵であり、内容に関する瑕疵といえないことはないとする説（新山雄三「最判昭和五四年一一月一六日判決評釈」判例評論二六七号四二頁。商法二八一条の立法趣旨を達成するためにも、決議無効原因とする余地はあるという見解もある（加美和照「決議無効確認の訴と決議取消の主張」ジュリスト一一六号八九頁））がある。しかし、多数説は、監査役の事前審査の要請は、株主の利益保護のための強行規定であって、その要件を満たさずに計算書類の決議がなされても、それは決議の方法が違法なものとして決議取消事由があるとする（鈴木竹雄「少数株主の定時総会招集請求権について」『商法研究Ⅲ会社法(2)』七三頁、山村忠平「監査制度」田中耕太郎編『株式会社法講座第三巻』一一九一頁、服部榮三「少数株主による総会の招集」鈴木・大隅編『商法演習Ⅰ（会社(1)）改訂版』一〇一頁、河本一郎『現代会社法〈新訂第六版〉』三三九頁。なお同旨、菱田政宏『会社法（改訂版）』二九〇頁、味村治・加藤一昶『改正商法及び監査特例法等の解説』二五二頁。鮫島真男「株主総会決議の瑕疵庇〔11〕――決議の取消し、無効、不存在」登記研究五〇二号一一一頁、久留島隆「監査役が自ら法令違反を作出した場合における株主総会決議取消の訴えと裁量棄却事由の関係」法学研究六四巻一〇号三八頁)。

監査役の監査を受けていないことを知らずに計算書類の承認決議に賛成した株主を利益放棄の意思があったと扱うことができないはずであるし、また承認決議に反対した株主は、いうまでもなく利益放棄の意思があったと扱うことはできないので、総会決議の成立をもって利益の放棄があったとみることはできない(鈴木・前掲「少数株主の定時総会招集請求権について」七三頁、栗山徳子「株主総会の決議につき決議の方法に法令違反の瑕疵が存する裁量棄却の事由ありとして取消の訴が棄却された事例」税経通信四一巻六号二五〇頁)。監査役の監査を要求する規定は命令規定ではなく、強行規定であると考える。それ故、監査役の監査を経ない計算書類の承認決議は瑕疵を帯びると解されるが、会社債権者保護のために、資本金(責任財産)、計算、計算の公開(開示)の制度は有限責任制度許容のための不可欠の前提条件となっているが、監査役制度はその前提条件に含まれるとはいえない(森淳二朗「監査役または会計監査人の監査なき計算書類の承認決議の効力(本件判例解説)」法学セミナー四三四号一二六頁)。それ故、監査役の監査を受けずになされた承認決議は、多数説のように決議取消の対象となると解される。

三　本件のように、会計監査人の監査なき計算書類の承認決議の効力は、監査役の監査を欠く計算書類の承認の効力に準じて解せるのであろうか。会計監査人の監査がない計算書類の承認決議の効力をどのように考えるかは、まず会計監査人の監査がいかなる意味をなすかを、株式会社において会計について監査権限をもつ(業務監査権限も有するが)監査役と比較しながら検討していきたい。

まず、現行商法の下で認められている会社(合名会社、合資会社、株式会社及び有限会社)において、経営に対するコントロールがいかなる構造によってなされているかは、人的会社と物的会社では異なる。人的会社である合名会社の各社員は、会社債権者に対して直接に連帯無限の責任を負う（商八〇条）と同時に、原則として会社の業務を執行し会社を代表する権限を有する（商七〇条、七六条）。それ故、経営のコントロールは本質的に社員相互間において自足的・自立的に行われるべきものであり、定款によって社員の経営関与権が制約されている場合であっても、社員権の内容として経営をコントロールする権限が認められる（商六八条、民六七三条）ことになる（倉澤康一郎「監査機構」竹内昭夫・龍田節編『現代企業法講座3　企業運営』三二六頁）。

物的会社の中でも所有と経営の分離の状況が必然的に生じる大規模会社にあっては、事実上社員が企業所有者の地位から疎外されており、各社員の経営コントロールは直接には機能しえないことになり、その権限を他の会社機関に任せることが必要になってくる（宮島司『現代企業社会と法』三八頁）。小規模物的会社である有限会社においては監査役が定款上の任意機関とされているのに対して、大規模物的会社を想定して制度化された株式会社においては、それが法定の必要的機関とされている理由はそこにある（倉澤・前掲「監査機構」三二七頁）。つまり、会社の機関構造をみてみると、物的会社の典型である株式会社の監査役というものは、株主の代表としてその地位についているのである。

しかし、大規模物的会社を想定して制度化された株式会社でも、会社の規模がより大きくなるに従い、十分有効な監査を実施することが困難となる。それ故、原則として所有と経営が分離している大規模な会社では、株主は経営に関与しないので、会計処理のために採用された方針が相当であるか否か、及び数額が真実であるか否かを判断することは極めて困難である。このため大規模会社においては、貸借対照表及び損益計算書の承認はとかく形式的になり、そのような株主総会における承認が、取締役・監査役の責任回避のための隠れみのとされるおそれがある（元木伸『改正商法逐条解説［改訂増補版］』三一二頁、元木伸・稲葉威雄「改正商法等の解説」税経通信三六巻一二号七二頁）と指摘されていた。さらに、会計監査人による監査を大会社に強制した理由として、大会社にあっては、株主・債権者・取引先・従業員その他の利害関係人が多く経理内容も複雑であるから、その計算書類について独立した職業的な専門家の監査を受けることが望ましいとされていたが、より実質的理由としては、これらの会社をめぐる経理不正・粉飾決算を防止するために、株主総会前に公認会計士監査を強制することで不適正な計算書類が総会で確定されることを予防するためである（酒巻俊雄『改正会社法の論理と課題』二〇頁。他に、龍田節『新版注釈会社法(6)株式会社の機関(2)』五一三―五一四頁、川内克忠『基本法コンメンタール第四版会社法2』二三三頁）ということもいわれている。大規模会社に必然的な状況と、前述の立法理由が相俟って、会計監査人が設けられたのである。

監査役と会社の関係は、監査役が会社から業務と会計の監査を委託されるものであるから、準委任である（商二八〇条、二五四条三項）。他方、会計監査人と会社との関係は、昭和五六年商法特例法改正以前においては、会計監査人は会社の機関ではなく、会社との契約により事務の委託を受けた者にすぎないと解する説が多数説であった。昭和五六年改正以前は、会計監査人は代表取締役が請負契約あるいは準委任契約の相手方とされていた故、会計監査人の選任機関が株主総会でないこと、会計監査人が通常複数の会社の監査を引き受けること、及び強い独立性を有する外部監査人であることなどがその理由とされていた。しかし、昭和五六年の改正によって、会計監査人の選任機関が株主総会になっても、多数説は会社との契約により事務の委託が受けた者にすぎないとしている（準委任契約）。

昭和五六年の改正で、会計監査人の選任が取締役会から株主総会に移ったことで、やはり会計監査人の「法的地位」という点に変更をきたしているのではないだろうか。すなわち、旧特例法上、会計監査人が取締役会で選任されていた場合においては、会計監査人は会社の会計状況を診断し、その問題点をチェックするという、いわば企業の健康診断を行う役割が与えられているといった色彩が強かったが、改正法の下においては、その選任が取締役会の手を離れ株主総会の選任に移ったことにより、会計監査人は、株主総会の付託を受けた、株主全体の代理人として監査の業務にあたるものという性格が強くなった（元木伸『改正商法逐条解説〔改訂増補版〕』二八二頁。倉澤康一郎『商法の基礎〔三訂版〕』二〇五頁参照）、と考える。

さらに、「内部監査」或いは「外部監査」ということがいわれるが、会計監査人の資格は公認会計士または監査法人に限定されているので（商法特例法四条）、専門的な職業倫理に基づきその監査を行うものとして、会計学的には、「外部監査」の機関である（倉澤・前掲「監査機構」三四一頁）。しかし、「内部監査・外部監査」という範疇よりも、会計監査人という地位が取締役会・代表取締役に対して独立・平等なものとされているかというところに意義があるのではないだろうか（浦野雄幸『株式会社監査制度論・監査役監査の位置づけ』三四一頁、龍田節「会計監査人の選任と責任」会計ジャーナル六巻六号一四四頁）。会計監査人の権限は、株主総会を除く会社の他の機関の意思を根拠とするものではなくて、会社法上固有の権限として、オリジナルなものである（倉澤・前掲「監査機構」三四二頁）。

そして、会計監査人の任期（商法特例法五条の二）、欠員が生じた場合の処置（六条の四）、権限及び職務（七条）などが法定されたことによって、それを会社の常設「機関」として扱っていると考えられる。その会計監査人の諸規定は、取締役に対する独立性、監査役との同列性を実質的に保障している（酒巻俊雄「監査役・会計監査人」ジュリスト七四七号一二二頁）のである。

以上のように会計監査人を会社の機関と解すると、商法特例法上の大会社にあっては、会計監査ということに関して監査役と会計監査人という二つの機関が併存することになる。この両者の関係はどのようになっているのであろうか。

会計監査人の監査の対象は、事柄の性質上会計監査に限られる。会計監査人は、商法特例法一三条二項に定める事項、すなわち会社の会計に関する事項についての監査であり、その監査結果は監査報告書に記載することになる。

監査役の監査の対象は、「取締役の職務の執行」全般に及ぶ（商二七四条一項）。すなわち、監査役は、取締役が会社の運営、企業の経営のために行う事項についての業務監査のみならず、日常作成される会計帳簿（商三二条一項）や毎決算期に作成される計算書類及びその附属明細書についての会計監査をも行う（商二八一条二項）。監査役が、会計監査人の監査の方法と結果を相当であると認めたときは、監査報告書には会計監査について記載する必要はない（商法特例法一四条二項）。これは監査役が会計監査人の監査報告書を通じてのみ監査をすればよいということではなく、監査役は、自己の職務権限と責任に基づいて、会計監査人とは独立して監査しなければならない。このことより、会計監査人と監査役の監査は同一の事柄を対象とするので、会計監査に関する限り、その職務は競合し、権限の上でも両者は同一である。

四　会計監査人による監査がなされる会社（大会社）では、監査役の監査と会計監査人の監査とが優越性を持たずに、重畳的に行われる（倉澤康一郎『会社法改正の論理』三七、二六八頁参照）。

大会社にあっては、商法特例法一六条によって、各会計監査人の監査報告書にそれらが法令・定款に従って会社の財産及び損益の状況を正しく示したものである旨（商二八一条ノ三第二項三号）の記載があり、かつ、各監査役の監査報告書にその事項についての会計監査人の監査結果を相当でないと認めた旨の記載がないときは、定時総会の承認を求めることを要しない、としている。すなわち、会計監査人と監査役の両者が適正意見をそれぞれの監査報告書に記載する限り、貸借対照表と損益計算書については、定時総会の承認はいらず、取締役会の承認だけで確定し得る。このような構造になっている大会社において、会計監査人の監査を受けていない計算書類の承認決議の効力が問題となる。

会計監査人の監査を欠く計算書類の承認決議の効力については、法的安定という点から計算書類の承認の決議について重大な手続き違反であるとする取消説（加藤一昶・黒木学『改正商法と計算規則の解説』一二〇頁、味村治・加藤一昶『改正商法及び監査特例法等の解説』二五二頁、椎原國隆（本件判例批評）金融・商事判例八五二号三二頁、田中誠二『三全訂　会社法詳論（下巻）』七七〇頁）と、計算書類が適法な監査を受けていることはその確定のための要件であるから、適格者の作成した監査報告書でカバーされない計算書類は、承認決議の対象としてそれ自体が違法であり、さらに、三月の経過によって争えなくなるとすることが、会計監査人の監査を要求する本法の趣旨に合致するかは大いに疑問があるとして、むしろ決議の無効原因と解する説がある（龍田節「会計監査人の選任と責任」会計ジャーナル六巻六号一四六頁、同『新版注釈会社法(6)株式会社の機関(2)』五二一、五三七頁）。

前述の監査役と同様に、総会決議の成立をもって利益の放棄があったとみることはできない。さらに、総会決議成立による利益放棄を認めてしまうと、貸借対照表及び損益計算書の承認が形式的になり、そのような株主総会における承認が、取締役・監査役の責任回避の隠れみのにされてしまうという制度趣旨を没却させてしまうことになる。それ故、会計監査人の監査は強行規定であると解される。

そして、会社債権者保護のために、資本金（責任財産）、計算、計算の公開（開示）の制度は有限責任制度許容の為の不可欠の前提条件とされているが、会計監査制度はその前提条件に含まれるとはいえない。株式会社が有限責任制度を前提とすることから、債権者の債権の担保となるものは会社資産に限られる。それ故、会社財産が維持されなければならないが、自己の債権を回収するための唯一の源資である会社財産の状況に関する正確な情報が開示される必要がある。計算書類によって資産状況が開示されるとしても、監査役や会計監査人によって監査されたものが開示されることから、間接的な意味で、債権者は監査役や会計監査人とかかわりがある。その債権者保護制度の具体的な規定としては、計算書類の備置・閲覧（商二八二条）、貸借対照表の公告（商二八三条三項）がある。会社債権者は、会社経営の関与（債務者の意思決定に対する債権者の関与）が基本的に認められないが、資本の減少（商三七六条）や合併（商四一六条一項）といった場面で例外的に異義申立権が認められるのみである（永井和之『基本論点商法〔改訂第三版〕』八頁、同『基礎理論　商法』一七四頁）。著しく不当な経営によって会社財産が減少した場合には、債権者は取締役の第三者に対する責任（商二六六条ノ三）によって損害を回復することになる。

さらに、商法特例法上の大会社では、監査役の監査と会計監査人による監査とが優越性を持たずに、重畳的に行われる。専門家による監査を設けたことは、会社の計算書類において、監査役の監査以上に適正性をはかる為である。それ故、そのことをもってしてすぐに会計監査人を会社債権者のための直接的制度とみることはできない。結局、会計監査人は、直接的には株主保護のための制度であると考える。債権者にとっては、会計監査人は間接的（派生的）な意味での保護制度となろう。その意味で、債権者にとって会計監査人は、法理論的には間接的にならざるを得ない。

次の検討事項として、監査役あるいは会計監査人の監査の意義である。計算書類は監査役と会計監査人に提出されるが、その計算書類が会社の財産や業務の状況を公正かつ真実に示しているか監査し（商二八一条ノ三、商法特例法一三条）、両者の監査結果（意見）が監査報告書に書面という形であらわされることになる。すなわち、それは両者による意見表明である。その監査報告書（謄本）は、本店及び支店に備え置かれると共に（商二八二条、商法特例法一五条）、定時総会の招集通知に添付される（商二八三条二項、商法特例法一五条）。両者による監査（監査報告書）は、株主が株主総会を通してコントロールをする際の「判断材料」である。それ故、監査役や会計監査人の監査が計算書類作成の内容になるのではない。例えば、会計監査人が違法性を発見した場合でも、違法性を発見したことが内容になるのではなく、違法性を発見したことをきっかけとして、是正すると内容になる。つまり、会計監査人の監査というのは、その内容に対するきっかけにすぎない。このように考えると、商法二五二条の決議無効原因が内容の違法だけを無効としているので、会計監査人の監査を欠く計算書類の承認決議は商法二四七条の取消の対象と考えるのが妥当であろう。

五　Y会社の第二九期株主総会で第二九期事業年度の計算書類を承認する旨の決議がなされたというが、その当時当該会社においては、X_1およびDの二名の監査役がいた。しかしながら、その計算書類についてはDの監査しか受けていなかった。複数の監査役がいるのに、一部の監査役の監査しか受けていない計算書類を承認する決議の効力をどのように解するべきか。複数の監査役がいる場合には、監査役全員の監査を受けなければならないと解される。それは、各監査役は単独に監査機関を構成して、それぞれが独自に職務権限を行使することができるから（酒巻俊雄『会社法改正の論理と課題』一三六頁、菅原菊志「監査役の資格と選任・解任」商事法務研究会編『監査役ハンドブック』八四頁。なお、酒巻俊雄「監査役監査と会計監査人監査」会計一一九巻六号八七一頁）、各自独立して監査をする必要がある。それ故、本件においては、第二九期計算書類においてDのみの監査しか受けていないのであるから、監査役の監査を受けたことにはならないであろう。問題となるのは、商法二八一条二項に違反して、監査役の監査を受けないままなされた株主総会の計算書類承認決議の効力であるが、前述のように監査役の監査を経ないでなされた計算書類の決議の瑕疵は、決議取消の対象となると考える。

もっとも、本件判旨では、第二九期事業年度の計算書類に対する承認決議については、「適法な監査を受けていないこと及び説明義務違反があることを選択的に主張するものと解されるので、便宜説明義務違反について判断する」としている。そして、被告会社の議長によって原告の質問権を制止する行為は、商法二三七条ノ三の規定に違反するものと評価するのが相当であるとしている。役員が株主の質問権の行使を無視すれば、直接に法令違反となる（河本一郎『現代会社法〈新訂第六版〉』三四一頁）。説明義務違反は決議取消の対象となる（鈴木竹雄・竹内昭夫『会社法［第三版］』二五七頁、岩原紳作『新版注釈会社法(5)』三一九頁）。

結局、適法な監査を受けていないこと或いは説明義務違反のどちらの瑕疵を選択しても、第二九期事業年度の計算書類に対する承認決議は、決議取消の対象となる。

（六八巻九号（平成七年九月））　池　島　真　策

七　合併に際して閲覧に供すべき相手方会社の貸借対照表は原則として前期の決算貸借対照表で足りるとし、また合併比率の不当不公正自体は合併無効事由とはならないとした事例

東京地判平成元年八月二四日
昭和六三年(ワ)第六五四一号合併無効確認請求事件
判例時報一三三一号一三六頁

【判示事項】

一　合併に際して株主及び債権者の閲覧に供すべき相手方会社の貸借対照表は、通常は前期の決算貸借対照表で足りるが、決算期後合併契約までの間に増資のような合併条件に影響を与える重要な財産の変動があった場合には、これを明示しなければならない。

二　合併比率が不当かつ不公正であるとしても、合併契約の承認決議に反対した株主は株式買取請求権を行使できるから、それ自体が合併無効事由となることはない。

【参照条文】

商法四〇八条ノ二・四〇九条・四一五条

【事　実】

被告Y株式会社は昭和六二年四月三〇日、同社が約八五パーセントの出資比率を有する訴外A株式会社との間でこれを吸収合併する契約を締結した。合併契約の内容として、①Y会社が六〇〇万株を発行し、これをA会社の株主に、その持株一株につき一株の割合で割当交付すること、②A会社は昭和六二年三月三一日における貸借対照表、財産目録その他の計算書を基礎としてその資産・負債及び権利義務の一切を合併期日たる同年一〇月一日においてY会社に引継ぎ、Y会社はこれを承継すること等が盛り込まれていた。

その後、同年六月二六日、Y会社の定時株主総会でこの合併契約書の承認決議がなされており、その結果、一一月二五日には報告総会が行われ、同日、合併についての変更登記が行われている。また、A会社は前期の決算日たる昭和六二年三月三一日以降、合併契約の締結日たる昭和六二年四月三〇日までの間に二度にわたって増資を行っており、また同期間内に資産の評価替えを行っている。なお、この間、Y会社は合併承認決議のための株主総会の会日（六月二六日）より二週間前からA社の前年度末における貸借対照表を本店に備え置き、閲覧に供していたが、そこには増資により増加した資本金額が注記されていた。

このような事情のもとに、Y会社の株主Xは次のような主張を以て本件の訴を提起した。(1)Y社が、A社の行った増資及び資産の評価替後の貸借対照表を作成して本店に備え置かなかったことは商法四〇八条ノ二の規定ないしその趣旨に反し、合併は無効である。(2)本件合併比率について、①両社の一株あたりの純資産額を基準として比較すればA社とY社の合併比率は九対一の割合とすべきであり、②一株当たりの利益を基準とすれば二対一とすべきであり、③A社と類似性の強い上場会社の株式価額と一株あたりの利益の比率を基準にし、A社の株式の価値を算出してY会社の株式の市場価格と比較すれば、三・六対一とすべきであるから、いずれの試算によっても本件合併における合併比率は著しく不当かつ不公正であり、したがって合併契約は違法であって、合併は無効である。(3)本件合併承認決議は、A社の株主でもあるY社の株主が議決権を行使したことにより著しく不当な合併比率の承認がなされたのであって、特別利害関係人が議決権を行使したための著しく不当な決議に当るから、承認決議には決議取消事由がある。

【判　旨】

「……商法四〇八条の二は、会社は合併契約書承認総会の二週間前から自社及び合併の相手方会社の貸借対照表を本店に備え置くべきこと並びに株主及び会社債権者の閲覧請求権及び謄本・抄本交付請求権を規定しているところ、この貸借対照表は、直近ないし最終の貸借対照表でなければならないが、とくに改めて作成しなければならないものではなく、通常は前期の決算貸借対照表で足りると解される。もっとも、決算期後合併契約書作成までの間に、合併条件に影響を与える重要な財産の変動があった場合には、計算書の添付や注記等によってこれを明示しなければならないというべきである。これを本件についてみると、単なる資産の評価替えについては重要な財産の変動にあたらないから明示の必要はないが、本件増資については重要な財産の変動にあたるといわざるをえないところ、《証拠略》によると、Y会社が本店に備え置いたA会社の前記決算貸借対照表には『なお、資本金は、その後の増資により二〇二億円となっております。』と注記されていたことが認められ、この事実によると、本件増資についてはこれが注記によって明示されていたということができ（る）。」

「……合併比率が不当であるとしても、合併契約の承認決議に反対した株主は、会社に対し、株式買取請求権を行使できるのであるから、これに鑑みると、合併比率の不当又は不公正ということ自体が合併無効事由になるものではないというべきである。」

「……本件合併における合併比率は両合併当事会社の株式の価値を相当な方法によって算定し、一対一と定められたものと認めることができるから、同合併比率が著しく不当であるということはできない。」

【評　釈】

一　本件の判旨は多岐にわたっているが、本稿では紙幅の関係上、商法四〇八条ノ二において要求される貸借対照表として、いかなるものが必要とされるかという問題だけを取り上げる。

商法四〇八条ノ二は合併決議を行う株主総会の会日の二週間前から合併当事会社の貸借対照表を本店に備え置き（同条一項）、株主および債権者に閲覧、謄本・抄本の交付を可能ならしめている（同条二項）。これは、株主が株主総会において合併契約書を承認すべきか否かの判断をし、また会社債権者が合併に対して異議を申し立てるか否かの判断をするための資料の一つとして、主として合併契約の相手会社の財産状態を知ることができるようにするため、昭和三七年の商法改正で新設された条文である。しかし、この貸借対照表の作成基準等については規定が存しないためいかなる貸借対照表であればよいかという点で解釈上争いがある。

学説は一般に次の三つに分類されている。第一説は、最終の決算貸借対照表でよいが、決算期後に重大な変更があるか、当事会社の評価基準や作成時期が大幅に異なっているなどの事情がある時は新たに作らなくてはならないとし、ただ、その相違がそれほどでもなければその旨の注記で足りるとする（上田明信「商法の一部を改正する法律の解説（六）」財政経済弘報九五〇号五頁、石井照久・会社法下巻三四三頁、鈴木竹雄＝竹内昭夫・会社法〔第三版〕五一二頁、田中誠二＝山村忠平・五全訂コンメンタール会社法一四六六頁、北沢正啓・会社法〔第四版〕六七九頁、前田庸・会社法入門〔第四版〕六〇五頁、垣内正「本件判批」判例タイムズ七六二号二三三頁、近藤弘二「本件判批」判例評論三八〇号二二四頁）。なお、現在の実務はこの見解に沿って行われているとされる（商事法務研究会編・会社の合併と分割［三東三司］二〇頁、稲葉威雄・大小会社区分立法に関する諸問題［別冊商事法務七三号］一五〇頁）。

第二説は、適切な基準のもとで評価替えの許される合併貸借対照表でなければならないが、合併契約書作成の時期が当事会社の決算期に接近しているような場合にはその決算貸借対照表をそのまま、または必要な修正を加えて合併貸借対照表に流用しても良いとする（大隅健一郎他・合併手続―実務家のために一一〇頁、大隅健一郎＝今井宏・注釈会社法（8）Ⅱ五一頁、大隅健一郎＝今井宏・会社法論下巻Ⅱ一三五頁、今井宏・新版注釈会社法（13）八九頁、戸塚登・基本法コンメール〔第五版〕会社法3五二頁、藤原祥二「合併と株主」会社の合併ハンドブック新訂第二版二五八頁）。なおこの説では、流用された場合、その流用された貸借対照表が合併貸借対照表に外ならないことになる。

また、第三説は、合併比率算定の基礎となる企業価値を示す合併貸借対照表であって、決算貸借対照表とは継続性が絶たれ、含み資産や創設のれんを計上するなど資産の評価替えを行ったものでなければならないとするものである（久保欣哉「株式会社の合併とのれんの計上」青山法学論集五巻二号一八頁以下、蓮井良憲・新版注釈会社法（8）一九四頁、中村建「本件判批」金融・商事判例八三八号四一頁、王舜模「本件判批」法律のひろば四三巻八号六三—六五頁）。

二　まず第一説と第二説の分類について考えてみると、学説上この貸借対照表は前期の決算貸借対照表との継続性を維持する必要はなく、適正な評価基準に基づいて、資産の評価替えをするなり自家発生のれんを計上することなども認められていると解することにほぼ異論はなく（王・前掲六二頁参照）、第一説も最終の貸借対照表でなければならないとしているわけではないから両者を積極的に区別できるかどうかは疑問である。たとえば、田中誠二・再全訂会社法詳論下巻一一〇四頁は「この貸借対照表は、合併承認決議に役立つためのものであるから、必ずしもそのために特に作成する必要はなく前期の貸借対照表で差支なく、ただ、重大な変更がある場合その他特に必要な事情ある場合に限り新たに作成することを要すると解する。」としていて第一説に立つように見えるが、同・三全訂会社法詳論下巻一一四五―一一四六頁ではこの文章に加えて「しかし、この場合は合併条件を定めるための基礎となる貸借対照表すなわち合併貸借対照表であるべきであるから、決算貸借対照表とは別であるが、ただ合併貸借対照表として用いうる限りで最終の決算貸借対照表の流用を認めるというのである。（また）その範囲は限られたものであ（る）。」となっており、前の版の記述も後者の意図であったのではないかと考えられる。実質的には、両者はウエイトの置き方の相違ないし、表現の問題にすぎないように思われる（基本的に変わらないとするものに田村諄之輔「会社合併における計算上の問題」商事法務一二七二号八五頁、垣内・前掲二三三頁等）。

三　第三説の根拠としては、①本条は合併契約書の承認決議の前提として株主に承認すべきか否かの判断資料（特に合併比率が自己にとって不利なものにならないかどうかを判定するための資料）を提供する趣旨で定められたものであるから、合併比率が公正妥当なものであるか否かの判定を株主が行うには当事会社の企業価値を示す合併貸借対照表の吟味が可能でなければならず、決算貸借対照表は期間損益計算における各期の損益計算書の結びの輪の役割を担うものではあっても真の企業価値の表示の役割を有するものではない（久保・前掲一七―一八頁）とか、②少なくとも合併比率が貸借対照表上の資産をもとに、その資産の評価替えをして定められたような場合に限り、その比率決定の材料となった資産価額を表示した合併貸借対照表が開示されるべきで、単に、前期の決算貸借対照表では足りないと解する余地があり、このように解さないと、資産の評価替えを利用して、不公正な合併比率が恣意的に決定される危険が助長される（中村・前掲四一頁）といった主張がなされている。この説に対する批判としては、①その提唱者たる久保教授の、合併時に「あたう限りの手を尽くして公正な企業価値を測定」した別個の貸借対照表を作成することが法律上要求されているとする主張に対して、作成のための費用・労力に見合うものが期待できるかという疑問を呈するもの（江頭憲治郎「本件判批」ジュリスト一〇三四号一四一頁）、②本条はその合併が株主の利益になるかどうかを一応判断する資料を提供するものにすぎないから、合併比率決定の材料となった資産価値を表示した合併貸借対照表を作成・開示しなくても合併無効の原因となることはないと解すべきであるとするもの（近藤・前掲二二四頁）、および、③合併貸借対照表を作成しても決算貸借対照表とそれほど大差がない場合もあるし、現行法上、合併比率の算定につき合併貸借対照表を基準にすべきことは強制されていないといったもの（森淳二朗「本件判批」法学セミナー四二九号一二五頁）がある。

四　前述したように、あくまでこの貸借対照表の備え置きを強制することの意味は株主、債権者に合併についての賛否の決定ないし異議の申し立ての資料を提供するところにある。その点、通常の決算貸借対照表は、ゴーイング・コンサーンとしての企業を前提として会計期間ごとの費用と収益を対応させるための期間損益計算上、各損益計算書の結びの輪としての意味を持つものであり、特に会社の資産について、いかなる意味においてもその現在の価値を表すものではなく、本条の意図する資料として充分なものとは言い難い。一方、この合併貸借対照表はこのような各会計年度の損益計算書の結びの輪となる性格を有しないことが明らかであると同時に、存続会社ないし新設会社の受け入れ価額を表すものとならなければならない必然性もない（立法論としては田村諄之輔「合併法制改正の問題点」商法の争点二一一頁、稲葉威雄・大小会社区分立法に関する諸問題［別冊商事法務七三号］一五〇頁参照）。要するに本条で要求される貸借対照表は期間損益計算上のそれとの連続性も、存続会社のそれとの連続性も直接には要求されていないのであって、その目的のための単発的な貸借対照表であってかまわないはずである。したがって、ここでは資産の評価益の計上を禁止している商法二八五条以下の評価基準についての規定の適用を認めるべき理由はなく、資産の評価替えや創設のれんの計上も認められてよい（確定という手続きを踏んでおらず監査も受けていないから信用性という面では問題がある。この場合に、立法論として監査の必要を説くものに、大谷禎男「商法・有限会社法改正試案の解説（10）」商事法務一〇八七号三五頁）。

しかしながら、本件で問題となっている貸借対照表はあくまで合併の相手方たる会社の貸借対照表であるから、元々その作成者は合併の相手たる会社である。またこちらの側の判断で相手会社から提出された貸借対照表の項目について勝手に修正（特に資産の評価替え）をすることも、作成に対する責任の面からと、相手会社が同条によって備え置いている相手会社自身の貸借対照表と内容が異なることになってしまうという面から是認できないであろう。さらに、相手方に対して資産の評価替えや創設のれんの計上を行った貸借対照表を作成しろ、と強制できるとする根拠も見当たらないように思われるから、第三説は取りえない。

また、もともとここで要求されているのが貸借対照表だけである以上それから直接に入手しうる情報は限られたものであり、これだけを以て合併に対する態度を決めるための完結した資料となる訳ではない（垣内・前掲二三三頁参照）。したがって、備え置く側の会社が既に入手しているはずの、合併契約の内容を決定するために用いた資産、負債および資本の数値を表す貸借対照表が備え置かれればよいものと考える。その後の相手会社の財産状態の変化等はむしろ原則として（新たな貸借対照表を相手方の会社が作成送付してこない限り）それを注記するという形で株主、債権者に明示すべきである。

五　判旨は、通常は前期の決算貸借対照表で足りるが、決算期後合併契約書作成までの間に、合併条件に影響を与える重要な財産の変動があった場合には計算書の添付や注記等によってこれを明示しなければならないとしており、第一説の立場に立つもののようである（中村・前掲四〇頁）が、その上で、①単なる資産の評価替えについてはこの「重要な財産の変動」に当たらないから明示の必要はないが、②増資については重要な財産の変動にあたり、ただ、増資の事実と増資後の資本金額が注記されてされているからこれを以て条件を満たしているとする。

この文脈は①と②の二つの事実を同じディメンジョンにおいて捉えているものと理解されるが、疑問である。すなわち、増資は商法上も取締役会の権限で期中に行いうるし、会計上も客観的に生じた事実を事後的に把握するだけであるから、決算という手続きの際でなくても認識しうる性質のものであるが、資産評価のような「取引」は会計上（簿記上）の取引ではあっても、相手方のあるものではないから、このような「取引」が行われたと認識するためには権限を持つ者の判断と一定の手続きが必要である（たとえば期間損益計算上、評価損の計上は決算時に決算整理という形で行われる）。かつまた、評価益の計上は現行商法の期間損益計算の枠内では明らかに違法なものであり、本判決中で「資産の評価替え」と言っている事実も、その意味においては法律的に評価されるべきものではない。これは単に合併比率算定のためか、終結貸借対照表作成のため、もしくは存続会社の帳簿受入れ価額の算定のための、事実としての行為を指しているにすぎないであろう（合併時の引継ぎ会計の実態として、受入れ資産の一部を再調達価額で、それ以外の資産を帳簿価額で引き継ぐという会社が多いようである（醍醐聰「会社合併・分割時の引継会計」企業会計三二巻七号四四―四六頁）が、これはそのまま引き継がれることを前提とした終結貸借対照表上、または存続会社側の会計処理についてである）。ここで事実認定について付度しても始まらないが、実際には合併条件、特に合併比率の算定の基礎としてのA会社の資産の一部を時価評価したこと（本件判旨の判例時報一三三一号一三九頁四段目二二―二六行目の事実）を指すものと思われる。そうするとこれは判旨の言うところの「決算期後の重大な変更」に当たるか否かというようなものではなく、まさに合併条件の算定のための計算自体を意味するものであるから、商法四〇八条ノ二が表示させんとしている主たる情報ということになる。したがって、判旨のこの部分には賛成できない。

なお本件の増資についてであるが、本条が要求しているものがあくまで貸借対照表である以上、その貸借のバランスという形式を以て表示されるべき内容が伝達される必要があるから、単に、増資後の資本金額だけを表示しただけでは不十分であり、相手勘定、具体的には有償増資であるか無償増資であるか、有償増資の場合には現金によるのか現物出資によるのかというような事項も盛り込まれている必要があるものと考える（中村・前掲四〇頁。なお森・前掲一二五頁は、増資と増資後の資本額の注記のみでは承認決議に際しての判断資料としては不十分だが、合併無効事由となる重大な手続的瑕疵があったということはできないとする）。したがって、判旨のこの部分についても賛成し難い。

〔付記〕なお、本件の控訴審判決にあたる東京高裁平成二年一月三一日判決（資料版商事法務七七号一九三頁）は一審判決を支持し控訴を棄却しており、上告審たる最高裁平成五年一〇月五日判決（資料版商事法務一一六号一九七頁）も控訴審判決を支持し上告を棄却している。

（六九巻四号（平成八年四月））　島原宏明

八　発行新株全部を引き受けた者と会社との間の新株引受契約につき、他の株主がなす無効確認請求は不適法

大阪高判平成元年一〇月二七日
平成元年(ネ)第六七七号新株引受契約無効確認請求控訴事件
金融・商事判例八三五号一九頁、判例タイムズ七一二号二二六頁、金融法務事情一二四四号二七頁

【判示事項】

新株の発行が不公正なものであって、株主がこれにより不利益を受ける場合は、商法二八〇条の一〇の新株発行の差止や、場合によっては同法二八〇条の一五の新株発行無効確認の訴え等により、その救済を求めるべきであって、他人の引き受けた新株発行引受契約全部の無効確認を求めることは、特段の事情のない限り原則として許されない

【参照条文】

商法二八〇条の一〇・二八〇条の一二・二八〇条の一五

【事　実】

詳細な事実関係は不明であるが、おおよそ以下のようである。Y_1株式会社は昭和六三年一月、公募の方法で新

株を発行した。引受の申込をなしたのはY_2のみであり、Y_2に全新株が割り当てられた。これに対してY_1会社の株主Xは、Y_1・Y_2間の新株引受契約の無効確認を求めて本件訴訟を提起した。原審がXの請求を不適法なものとして却下したので（大阪地判平成元年三月一四日・昭和六三年（ワ）第六七七六号）、Xより控訴。

本訴請求の適法性についてのXの主張は次のとおりである。

「著しく不公正な方法による新株発行の場合には、不公正な発行であることにつき、悪意で新株を引受けた者に対し、民法四二四条の詐害行為取消と類似した関係として、新株引受契約無効確認の訴えを認めるべきである。

また、株主は、その出資した財産の管理を会社に委託する者であり、会社財産の管理運用の実際に当たる取締役は、株主に対し信託受託者の地位にあるから、取締役が正当な理由もなく、自己または第三者の利益のために株主に不利益を及ぼすような行為をした場合には、信託法三一条で受託者が信託の本旨に反する処分をした場合に、受益者が相手方または転得者に対しその処分を取消うるのと同様に、取締役が新株発行により特定の株主の会社支配を奪うことを意図するなど不公正な方法による新株発行をした場合には、株主が不公正な発行による新株を引受けた者に対しその引受無効確認の訴えをすることを認めるべきである。」

【判　旨】

「新株の発行が不公正なものであって、株主がこれにより不利益を受ける場合は、商法二八〇条ノ一〇の新株発行の差止や、場合によっては同法二八〇条ノ一五の新株発行無効確認の訴え等により、その救済を求めるべきであって、他人の引受けた新株発行引受契約全部の無効確認を求めることは、特段の事情のない限り原則として許されないものと解すべきである。けだし、新株発行引受契約の無効確認の訴えは、もともと新株を引受けた者又は株式につき株主としての権利を行使した者の救済を図るために認められたものであって、右以外の一般の株主が、新株の発行が不公正なものであることを理由に、他人の引受けた発行新株全部の引受契約の無効確認を求めることは、(1)新株を引受た者又はその株式につき株主としての権利を行使した者についてのみ引受契約の無効又は取消の権利行使の制限を定めた商法二八〇条ノ一二の規定や、さらには株主は、六か月以内に新株発行の無効確認の訴えが提起できる旨定めた商法二八〇条ノ一五の規定の趣旨等に照らし、商法の予定していないところであると解すべきであるし、(2)また、場合によっては、商法二八〇条ノ一五の訴えにより、発行された新株全部の無効が確認されたと同様の結果を招くことにもなりかねないのみならず、(3)これを実質的にみても、新株発行により権利を害される株主は、前述の如く、新株発行の差止や新株発行無効確認の訴え等によりその救済を求めることができるから、特段の事情もないのに、それ以外に、さらに、他人の引受けた新株全部の引受契約の無効確認を、無制限に許して、その引受人の権利を、その意思に反して、喪失させることは、何時までも、新株引受人や会社の地位ないし権利関係を不安定にして、極めて不合理であるからである。」

「Xは、種々の理由をあげて、本件訴えは適法であると主張するが、右主張はいずれもX独自の見解であって、採用することはできない。

（なお、仮に、本件訴えが適法であるとしても、……（中略）……本件における全証拠によるも本件新株発行が不公正な方法でなされたことを認めることはできないから、本件新株発行引受契約は当然無効とは言えないし、その他本件新株発行が当然無効と言えないことは、（原判決に記載のとおりであり）……（中略）……、結局、本件控訴を棄却すべきである。）」

【研　究】

一　本件訴訟においてXが求めているのは、新株の発行差止でもなく、また、商法二八〇条の一五による新株発行の無効判決でもない。Y_1会社・Y_2間の——従って、Xは直接の当事者ではない——新株引受契約の無効確認である。しかもその理由が、本件新株発行が不公正な方法によってなされたからだという。他の裁判例に見あたらない本件の特殊性はこの点にある。

二　著しく不公正な方法による新株発行の結果、不利益を被るおそれのある株主は当該新株発行の差止を請求することができる（商法二八〇条の一〇）。さらに、発行差止の仮処分命令の違反は、商法二八〇条の一五の訴えにおける無効原因となるとするのが判例である（最判平成五年一二月一六日・民集四七巻一〇号五四二三頁）。新株発行自体の効力については、このような社団法的な規整がなされている。一方、個々の引受人と会社との間に締結される個別の新株引受契約は、個人法上のものであり、意思表示や契約の一般原則に基本的に支配される。商法二八〇条の一二はこれを前提とした規定である。そして同条の意義は、個々の引受契約の効力についても、その無効・取消の主張を制限するという方法により、社団法的な調整を施そうとする点にある。

三　このような新株発行に関する規整の全体構造の中で、本判決はXの主張に対して、「新株の発行が不公正なものであって、株主がこれにより不利益を受ける場合は、商法二八〇条ノ一〇の新株発行の差止や、場合によっては同法二八〇条ノ一五の新株発行無効確認の訴え等により、その救済を求めるべきであって、他人の引受けた新株発行引受契約全部の無効確認を求めることは、特段の事情のない限り原則として許されないものと解すべきである。」との判断を下している。そして、その理由として、「新株の発行が不公正なものであることを理由に、他人の引受けた新株発行引受契約全部の無効確認を求める」ような訴えは、(1)商法二八〇条の一二および二八〇条の一五の規定の趣旨に照らして商法の予定するものではない、(2)場合によっては商法二八〇条の一五と同様の結果を招きかねない、(3)二八〇条の一〇や二八〇条の一五の救済を超えるものであり、新株引受人や会社の地位ないし権利関係を不安定にするもので不合理である、以上の三点を挙げている。

ここで挙げられている理由は、結局、前述のような新株発行に関する商法の規整の中では、不公正発行を理由とする新株引受契約の無効確認の訴えは認められない、とするものである。けれども不公正発行が新株引受契約の無効事由にならないのであれば、このような理由づけをするまでもない。従って本判決は、不公正発行を引受契約の無効事由と一応考えているか、あるいは、そのように考えることができることを前提にしていることになる。それでは、このような前提自体の正当性に関する実質的な考察をなすことなしに、制度の中での位置づけのみを理由にして、不公正発行による新株引受契約の無効確認訴訟の不適法性を導き出すことができるだろうか（なお、森淳二朗「最新判例演習室・商法」法学セミナー四二七号（一九九〇年）一一二頁参照）。

四　本判決の挙げる理由について検討を加えてみよう。まず(1)であるが、本判決は、不公正発行を理由として既存株主が新株引受人・会社間の引受契約の無効確認を求めることは、「新株を引受た者又はその株式につき株主としての権利を行使した者についてのみ引受契約の無効又は取消の権利行使の制限を定めた商法二八〇条ノ一二の規定……（中略）……の趣旨等に照らし、商法の予定していないところであると解すべきである」とする。しかしながら同条から、右無効確認訴訟の排除を直ちに導き出せるとはいえないであろう。確かに、Y_1会社とY_2が締結したような個別の新株引受契約の無効・取消の主張は、同条により制限される。けれども同条の規制対象となる無効・取消事由は、錯誤、詐欺、強迫そして株式申込証または新株引受権証書の要件欠缺に限られる。これ以外の無効・取消事由については同条は関与していないのである（近藤弘二・新版注釈会社法(7)（一九八七年）三一七―三一九頁参照）。例えば、Y_2の債権者が詐害行為取消権（民法四二四条）の要件を充たせば――それは商法二八〇条の一二の規制対象ではないから、債権者はY_1・Y_2間の新株引受契約の取消を主張しうることになる。従って、不公正発行が個別の新株引受契約の無効事由になるか否かがやはり問われなければならないはずである(近藤弘二「著しく不公正な方法による新株発行の効力――新株発行の個別的無効再論――」青竹正一ほか編・現代企業と法(一九九一年)三三〇頁参照)。

また本判決は、右のような無効確認を求めることは、「六か月以内に新株発行の無効確認の訴えが提起できる旨定めた商法二八〇条ノ一五の規定の趣旨等に照らし、商法の予定していないところであると解すべきである」ともいう(同旨、田中誠二・三全訂会社法詳論・下巻(一九九四年)一〇一三頁)。そして、「新株の発行が不公正なものであって、株主がこれにより不利益を受ける場合は、……(中略)……、場合によっては同法二八〇条ノ一五の新株発行無効確認の訴え等により、その救済を求めるべきであ」る、としている。本判決が不公正発行を新株発行自体の無効原因と解しているか否かは判然としないが、これを無効原因とする所説がある(坂本延夫「金融商事判例研究」金融・商事判例七六五号(一九八七年)五一頁、篠田四郎「金融商事判例研究」金融・商事判例八四九号(一九九〇年)四六頁、丸山秀平・株式会社法概説[改訂版](一九九四年)三三〇頁。相対的な無効原因とする所説も有力である:洲崎博史「不公正な新株発行とその規制」(二・完)民商法雑誌九四巻六号(一九八六年)七四〇―七四一頁(ただし、七四三頁注(55)参照)、吉本健一「新株発行の瑕疵について」阪大法学三九巻二号(一九八九年)三二一―三四頁、山下友信「新株発行事項の公告・通知の欠缺」会社判例百選〈第五版〉(一九九二年)一五五頁、北沢正啓・会社法[第四版](一九九四年)五二八―五二九頁。なお、神戸地判平成五年二月二四日・判例時報一四六二号一五一頁参照)。仮にこの所説を前提にすると、商法二八〇条の一五第一項は権利関係の早期安定を目指して提訴期間を六か月以内に限定しているが、不公正発行による新株引受契約の無効の主張には右のような期間限定はないから、この主張をも認めると二八〇条の一五との間で権衡上面白くないといえそうである。さらに、「不公正な発行」というのは会社の新株発行手続に関する事由であるから、この場合にはすべての引受契約が無効となるはずだと考えれば、そしてこれは(2)の理由にも繋がってくるが、より一層二八〇条の一五との関係で問題があるともいえそうである。しかしながら、新株発行自体の効力につき商法に定められた訴訟で争いうるからといって、個別の新株引受契約の効力に関しても右訴訟によるべきだというのでは、概念を混同していると批判されても仕方あるまい。個別の新株引受契約の効力と新株発行行為自体の効力とは次元を異にするから、たまたま商法二八〇条の一五と同様の結果が出現したとしても異とするに足りない（近藤・前掲・現代企業と法三三〇頁参照）。同条の対象となる不公正発行と新株引受契約の無効事由とされる不公正発行とでは、程度・範囲が異なるとすれば、なおさら同条の存在は不公正発行を理由とする引受契約無効の主張の障害にはならないはずであり、さらに検討を要しよう。このように、(1)や(2)の理由では本件訴訟を不適法と断じることはできないと思われる。それにはもう一段の根拠づけが必要である。

判決の挙げる(3)の理由は、当事者の権利関係を不安定にするとの実質的な根拠であるが、これも商法二八〇条の一二がすべての無効・取消を対象にしていない以上（例えば、無能力を理由とする無効・取消や前述した詐害行為取消）、なぜ本件のような訴訟が許されないのか、さらに説明する必要があるだろう（近藤・前掲・現代企業と法三三〇—三三一頁参照）。

以上の検討から、本判決の挙げる理由では、本件訴訟の不適法性を基礎づけることは不充分だと思われる。

五　そこでX主張のように、不公正な方法により新株が発行された場合には、個別の新株引受契約を無効とできるかが問題となる。

個別の新株引受契約は、前述のように基本的に個人法上のものである。そこで意思表示や契約の一般原則に服する。一方、Xの主張する本件引受契約の無効の基礎は、新株発行方法の不公正にある。この発行方法の不公正が右の一般原則のいずれかに当てはまることは、通常考えられない。この点、不公正発行は商法二八〇条の一五の無効事由とはならないが、「この場合の救済手段につき特別の規定がない以上、一般原則により、不公正な方法による発行であることにつき悪意で新株を引き受けた者およびこの者から同様に悪意で新株を譲り受けた者に対する引受無効を原因とする新株式の会社への返還請求訴訟と、会社に対する返還された株式の消却を求める訴訟によるほかはないであろう。」とする所説もある（近藤弘二「新株発行の差止と無効」会社法演習Ⅲ（一九八四年）一五〇頁）。しかしながら、なぜこの場合に新株引受契約が無効とされるのか理由が明確でなく、この所説には疑問が多い（石山義衛「新株発行の差止」㈠日本法学四二巻三号（一九七七年）五八―六一頁、山下友信「新株発行事項の公告・通知の欠缺」会社判例百選（第四版）（一九八三年）二二五頁、洲崎・前掲七四三頁注(59)、森・前掲一一二頁参照）。発行方法の不公正が新株発行差止原因になるのは、社団法的な考慮が働くからで、それが個人法上の契約理論に採り入れられるためには相当の根拠づけが必要であろう。

そこでXは、民法四二四条および信託法三一条を引き合いに出す（この点につき、近藤・新版注釈会社法(7)三四七頁は、不公正発行は商法二八〇条の一五の無効事由には当たらないが、「それは、もっと個人法的な信託の本旨に反する処分の取消（信託31）や詐害行為取消（民424）と類似する引受無効確認の訴によるべきである。」とされている。同旨、近藤・前掲・現代企業と法三二八―三二九頁）。しかし詐害行為取消の制度は、債務者の責任財産保全のためのものである。株主（X）との関係で債務者に当たる会社（Y_1）にとっては、新株の発行により責任財産が増加こそすれそれが減少することはない（なお、XとY_2は互いにY_1会社の株主であるというだけであり、債権者と債務者の関係に立つものではない）。まして詐害行為の効果は取消権であり、契約の無効ではない。民法四二四条と類似した関係として新株引受契約無効確認の訴えを認めよというが、いかなる点で類似するのか両者共通の基礎を示す必要があろう。

不公正な新株発行を信託違反とする構成にも同様の問題がある。取締役と株主を信託受託者と受益者の関係に比し、新株の不公正発行を信託の本旨に反する財産処分と見るのも、信託法上の本来の意味からすれば、相当無理のある当てはめである（本来、個人法的契約法理の下にある信託関係を、会社機関構造の中で組織法的に変容させるには、信託法理の基礎に遡った考察が必要であろうが、現段階ではかなりの困難があると思われる。この点、石山・前掲五八頁は、アメリカ法において一般的にみられる会社の契約法的な理解と、わが国における会社法の団体法的理解との相違を考慮すべきだとされ、篠田・前掲四五頁は、アメリカ法と異なりわが国においては信託法を援用すべき理由はない、とされる）。また、信託法三一条の効果は処分の取消であり（つまり、処分自体は有効なものとして成立することが前提となる）、なぜこれが処分無効に転化するのかも疑問である。

このように、不公正発行を新株引受契約の無効事由と解するのは困難であるといえよう。

六　新株発行が不公正か否かは、社団法上の観点からなされるものである。一方、個別の新株引受契約の効力は、商法二八〇条の一五により新株発行が無効とされることによる無効の場合を除いて、基本的に個人法上の問題――意思表示や契約の一般原則に支配される問題である。従って、発行差止による以外に不公正発行への対処方法がないとすることが仮に不都合だとすれば（洲崎・前掲七三九―七四〇頁、小林量「新株の発行が著しく不公正な方法によるものとして無効とされた事例」私法判例リマークス九号（一九九四年）一一九頁参照）、不公正発行を個別の新株引受契約の無効事由と捉えるよりは、むしろ、二八〇条の一五の無効事由と解する方向で考えるのが筋であるように思える（もっとも通説は、不公正発行は二八〇条の一五の無効事由ではないと考えているようである：近藤・前掲・会社法演習Ⅲ一四九—一五〇頁、同・新版注釈会社法(7)三四七頁、同・前掲・現代企業と法三二八頁、青竹正一「新株の不公正発行に対する救済措置」服部榮三先生古稀記念・商法学における論争と省察（一九九〇年）一八頁、小橋一郎・会社法・改訂版（一九九一年）三三三頁、神崎克郎・商法Ⅱ（会社法）［第三版］（一九九一年）三四七頁、河本一郎・現代会社法［新訂第六版］（一九九四年）二五五頁。最近の判例でもある：最判平成六年七月一四日・金融・商事判例九五六号三頁（本件Y_1会社が昭和六一年一二月に行った新株発行に対して本件Xが無効判決を求めた事例）。このように考えると、本件原告Xがなぜ引受契約無効確認を求める方法を採ったのかは不明であるが、本件新株発行が不公正な方法でなされたか否かを問わず（もっとも本判決は不公正発行ではないとしている。さらに、判例タイムズ七一二号二二七頁の本件解説によると「Xの提起した新株発行の差止の仮処分は、理由がないとして却下されているようである。」）、本件訴訟には無理があったと評するしかあるまい。以上、検討してきたように、本判決の理由づけには問題があると思われるが、本件訴訟を不適法とした結論には賛成したい。

（六八巻六号（平成七年六月））　山本爲三郎

＊　本稿における商法二八〇条の一〇、同二八〇条の一二、同二八〇条の一五は、それぞれ、会社法二一〇条、同二一一条、同八二八条一項二号二項二号にあたる。

九　株主割当の際の失権株を、慣例に従い、従業員持株制度のために額面額で取得した会社代表者と、商法二八〇条の一一第一項および二六六条一項五号の責任

大阪地判平成二年二月二八日
昭和六三年(ワ)第五四一四号損害賠償等請求事件
金融・商事判例八四八号一三頁、判例時報一三六五号一三〇頁、判例タイムズ七三七号二一九頁

【判示事項】

株主割当の際の失権株を、慣例に従い、従業員持株制度のために額面額で一時的に取得した後同額で従業員に譲渡した会社代表者は、株式の価額が額面額を大幅に上回ると認められるが、商法二八〇条の一一第一項の「著シク不公正ナル発行価額ヲ以テ株式ヲ引受ケタル者」に該当しないし、二六六条一項所定の損害賠償責任もない、とされた事例

【参照条文】

商法二六六条一項五号・二六七条・二八〇条の一一第一項・二八〇条の一一

【事　実】

非上場のZ株式会社（被告補助参加人）は、昭和六〇年三月一九日の取締役会において、株主割当の方法で新株の発行を行う旨決議した。その割合は保有旧株式一株につき新株式一株であり、発行数は二〇万株、発行価額は額面の五〇〇円、払込期日は同年六月三〇日であった。失権株の処理については後の取締役会の決定事項とされたが、実際に五四九九株の失権株が生じ、この全部をZ社代表取締役Yが一株五〇〇円で引き受け、その払込みも完了した（昭和六〇年六月二五日の取締役会決議に基づく処置）。

Z社には従業員持株に関する内規があり、新株発行に際して失権株が生じた場合には、所定の基準に合致する従業員に失権株分の新株を額面金額で引き受けさせることにしており、本件失権株の処理も右内規を前提に行われた。そして前述の五四九九株のうち五四九二株は、その後六か月以内に、内規に基づき四四名の従業員に額面金額で分配譲渡されている（なお、右内規によれば、従業員が内規に基づき取得した株式は譲渡が禁止され、やむをえない事情により従業員がその譲渡を申し出た場合や退職する場合には、右株式を額面金額でZ社が指定する従業員に譲渡することとされている）。

一方、本件新株発行後の昭和六〇年一二月一一日のZ社第三四期株主総会において、営業報告書の内容についての報告の際、昭和四〇年以来Z社の株主であるX株式会社（本件新株発行後の持株数は一万〇二六六株）の代表者から本件失権株の処理につき質問がなされたが、これに対してZ社取締役は右処理の実情を説明し、その後第三四期貸借対照表・損益計算書および利益処分案承認議案の審議に入り、出席株主（発行済株式四〇万株のうち三七万六三七三株の株主が出席）の絶対多数により右議案が承認可決されている。また、翌年の第三五期株主総会において、第三五期貸借対照表・損益計算書および利益処分案承認議案の審議の際、X社代表者から本件失権株の処理についての異議申立書とこれに対するZ社の回答書の内容を示しての質問があり、これに対して議長および監査役が右処理の実情を説明し、その後出席株主（発行済株式四〇万株のうち三八万九三三八株の株主が出席）の絶対多数によりこれらの議案が承認可決されている。

右のような事情のもと、X社は次のような主張をなした。Z社株式一株の時価は、本件新株発行直前の時点において二万〇一六六円を下らず、倍額増資後は一万〇三三三円となるから、本件失権株に関する新株発行は著しく不公正な発行価額によるものである。しかも、本件失権株に関する新株の引受人であるYは、Z社の代表取締役でもあり、商法二八〇条の一一第一項の公正な発行価額との差額支払義務を負う。また、YはZ社の代表取締役でありながら、その任務に違反して、株主総会の特別決議がないのに不公正な価額で本件失権株に関する新株を発行し、Z社に対して公正な発行価額との差額に相当する損害を被らせた。従ってYは、商法二六六条一項五号に基づきZ社が被った右損害金を支払う責任がある。

このような主張に基づき、X社はYに対して商法二六七条（二八〇条の一一第二項）による株主代表訴訟を提起したが、本判決は［判旨］のような理由を述べその請求を棄却した。

【判　旨】

「本件新株が新株発行総数の内極めて少数（二・七％）であること、Z会社においては従来より有償の株主割当増資に際し失権株が生じた場合、取締役が責任をもって失権株分の新株の引受人を確保するのが慣例になっていたこと、本件新株は従業員の経営参加意識の増進と士気の昂揚を目的に定められた社員持株に関する内規に則って従業員に分配譲渡するために、一時的にY名義で引き受けたがその後間もなく内規に従い従業員に額面金額で分配譲渡されていること、このような処理はZ会社の発展のために有用かつ合理的であり、この程度の裁量権は取締役会に与えられていると考えられること、Z会社の株主総会で特別決議をするに足りるだけの数の株主が本件新株発行を承認しているものと考えられること、本件新株発行によってX ら旧株主が直接的には損害を受けてはいないこと等の事情に鑑みると、Z会社の株式の価額が額面金額を大幅に上回ることはX主張のとおり認められる（証拠略）けれども、本件の事実関係においては、Yが商法二八〇条ノ一一所定の『著シク不公正ナル発行価額ヲ以テ株式ヲ引受ケタル者』に該当すると認めることはできない。また、同様の理由によりYに商法二六六条一項所定の損害賠償義務があると認めることもできない。」

「なお、念のために付言するに、Z会社の新株発行において従来行われてきた右のような失権株の処理について明確に反対する株主が出現してきた以上、Z会社が今後とも新株発行に際し本件のような失権株の処理を維持しようとするのであれば、商法二八〇条ノ二第二項の定めに従い、新株発行前の株主総会において、失権株が生じた場合にそれに相当する分の新株を従業員に割当て発行することにつき特別決議を得ておく必要があるであろう。」

【研　究】

一　本件は、株主割当による新株発行にあたり生じた失権株をもとになされた新株発行につき、その引受人および取締役の責任が追及された事例であるが、従来にないものとして注目に値する（なお、本判決に対してXは控訴したが、その後控訴は取り下げられたようである（「本件解説」判例タイムズ七三七号（一九九〇年）二一九頁））。もっとも、会社内紛の中で新株発行を巡る法律関係が訴訟で争われることは多く、失権株に関する新株発行が争点になる事例も意外ではない。しかも、新株発行の効力は商法二八〇条の一五の無効訴訟でしか争えない上に、その無効原因を判例が著しく制限的に解している現状においては（山本爲三郎「新株発行の効力に関する一考察」田中誠二先生追悼論文集・企業の社会的役割と商事法（一九九五年）三六九頁以下参照）、本件のように新株引受人や取締役の責任を問う訴訟が増えてくることも考えられる。それだけに、本判決に対してはその理論構成、結論ともに期待されるところが大きい訳であるが、残念ながら問題点の多い判決といえよう。

二　株主割当の新株発行において、引受権を有する株主が申込期限までに株式の申込をなさなければ失権する（商法二八〇条の五第四項）。失権株に相当する分については取締役会に自由な処分権限がある（倉沢康一郎・新版注釈会社法(7)（一九八七年）一八六―一八七頁。なお、本件は株主割当と失権株分の唯一人に対する第三者割当だけの事例であるから、商法二八〇条の三による発行条件の制約はない（商法二八〇条の三の三参照））。取締役会は、新株の発行を打ち切ってもよいし、改めて引受人を募集することもできる（失権株分の新株発行に関しては取締役会決議が要件となる（渋佐慎吾「増資における失権株の処理と変更登記申請の添付書類」商事法務一一六〇号（一九八八年）九三頁）。後者において、定款で株主に新株引受権が認められている場合でも、株主に引受の機会を与えた上での失権株であるから（引受権を行使した株主に関しては持株比率の維持が確保されている）、その分については重ねて株主割当にする必要はなく、公募によることも可能である（黒川裕正「株式の譲渡制限会社における失権株の処理のための株主総会の特別決議の要否」商事法務一二五七号（一九九一年）四一頁参照）。

本件においては、失権株分の引受権をYに与えている。原則として、取締役会の右のような処置は適法である。ただし、株主以外の者に対する発行となるから、特に有利な発行価額によるときには、株主総会の特別決議が必要とされる（商法二八〇条の二第二項）。本件の場合が有利発行にあたるか否かは本判決は断言していないが、「Z会社の株式の価額が額面金額を大幅に上回ることはX主張のとおりと認められる」との認定からすると、本件額面発行は特に有利な発行価額によるものであったと判断してよかろう（畠田公明「最新判例批評」判例評論三八八号（一九九一年）四七頁・四九頁、南川和範「民事判例研究」法学新報九八巻九・一〇号（一九九二年）一九四頁)。

なお、本判決はZ社の株式価額はX主張のとおり額面額を大幅に上回るというが、あるいは本件の真の争点はこの点にあったのかもしれない。本件のような非上場会社株式の評価額は評価方法により大きく異なることがあり(Xのなした株式評価の方法は明らかでない)、しかもいわゆるバブル経済による地価高騰期の事件だけに、評価方法とその妥当性(Z社株式の事実上の流通性が問題となろう)に関してもう少し説明の欲しいところである(篠田四郎「判例研究」名城法学四〇巻三号(一九九一年)七九―八〇頁参照)。いずれにしても、本判決はZ社の株式価額はその額面額を大幅に上回ると認定しており、右の点は指摘するにとどめざるをえない。

三 前述のように本件失権株分については、本判決の認定からは有利発行と解されるが、一方で本判決は、「本件新株発行によってXら旧株主が直接的には損害を受けてはいない」という。すなわち、「本件失権株五四九九株は新株の割当を受けたA外二者が所定の申込期間内に新株の引受申込をしなかったために生じたものであるから(証拠略)、本件失権株の代わりに発行された本件新株発行によってXら旧株主は直接的には損害を受けていない」。第三者に対する有利発行がなされたのだから、既存の株主は経済的利益を害されているはずである。しかし本判決は、問題となっているのは失権株相当分だから、会社に払い込まれる金額および発行新株の総数は、Aら本来の引受人が引き受けた場合と同じであり、既存株主に損害は発生していないと考えているようである。けれども、株主割当のみの場合と異なり、第三者にも新株が発行されたのであるから、公正な発行価額との差額分に当たる持分価値が、既存の株主(失権株主の利益だけが害されているわけではない)から当該第三者へ当然移転しているはずである。そして、これは保有株式価値の低下であり、既存株主にとって直接の損害である(菅野佳夫「銀行実務と民事裁判252」判例タイムズ七四五号(一九九一年)一〇〇―一〇一頁、前田雅弘「商事法判例研究」商事法務一三五七号（一九九四年）四〇—四一頁参照）。本判決にはこの点に関する勘違いがあるのではなかろうか。

四　株主総会の特別決議を経ないで有利発行が行われれば、それは著しく不公正な発行価額によるものとして、取締役と通じて引き受けた者の商法二八〇条の一一の責任が発生することになる（近藤弘二・新版注釈会社法(7)（一九八七年）三〇九頁、菅野・前掲九六頁、南川・前掲一九一頁参照）。この点、実質的に既存株主の利益が害されていない場合には、二八〇条の一一の不公正な発行価額ではなくなると解する余地もある、との主張もある（森本滋・新版注釈会社法(7)（一九八七年）六八頁）。けれども本件では、前述のように既存株主は直接損害を受けていると考えられる。また、以下で検討するように、本判決の挙げる理由では、既存株主が実質的に損害を被っていないとはいえない、と思われる。

五　本判決はXの請求を退ける理由として、「本件新株が新株発行総数の内極めて少数（二・七％）であること、Z会社においては従来より有償の株主割当増資に際し失権株が生じた場合、取締役が責任をもって失権株分の新株の引受人を確保するのが慣例になっていたこと」を挙げているが、これらはもとよりYの責任を否定する理由にはならない。失権株が少なかったからといって、それは全体としての損害額が少ないことを意味するに過ぎず、責任がなくなってしまうわけではない。後者についても、取締役会が失権株についての処分権限を有するのは前述のとおりであるが、本件ではその権限が適法に行使されたか否かが争われているのである。この点の判断をなさずに「慣例」を強調するだけでは、ポイントがずれているとの批判を受けても仕方なかろう（菅野・前掲九九頁参照）。なお、「失権株の処理が有利発行になるにもかかわらず、従来、総会特別決議を経たことはない」という意味での慣例であれば、まさしくそのような慣例の当否が問題になっているのである。有利発行ならば商法二八〇条の二第二項が適用されるのであり、違法行為も慣例化すれば適法化されるというわけでもないだろう（菅野・前掲一〇〇頁、前田・前掲四〇頁、江頭憲治郎「商事判例研究」ジュリスト一〇四八号（一九九四年）一〇七頁参照）。また本判決は、「なお、念のために付言するに」と前置きし、従来の失権株の処理について明確に反対する株主が出現してきた以上、今後同様の処理を行う場合には、商法二八〇条の二第二項の特別決議が必要であるとする。けれども、反対者の有無により同条項の適用が左右されるわけではなかろう。

本判決はさらに、本件事実のもとでは、「Z会社の株主総会で特別決議をするに足りるだけの数の株主が本件新株発行を承認しているものと考えられる」とする。しかしながら、経済的利益を害されることになる既存株主の意思に、有利発行の是非を係わらしめようとするのが商法二八〇条の二第二項であり、ここで要求される特別決議は一度もなされていない。本件新株発行後の定時総会における計算書類承認の際に、失権株処理に関する質疑があった上で、絶対多数によって計算書類の承認がなされたことをもって、有利発行についての特別決議があった、あるいは商法二八〇条の二第二項の適用が排除されると判決が考えているのならば、それはかなり乱暴な論旨であろう。つまり、右総会では有利発行の件は議題になっていないのに、それについての特別決議があったとするのには無理がある（篠田・前掲八〇頁、前田・前掲四〇頁、江頭・前掲一〇七頁）。二八〇条の二第二項排除構成に関しても、Z社が実質的な一人会社であればともかく、認定事実からするとそうではあるまい。また、絶対多数の株主が経営陣の会社運営に明確に反対していない時には、商法の株主保護の手続規定の適用は排除される、というような「絶対多数会社理論」は存在しないのである。

六　「本件新株は従業員の経営参加意識の増進と士気の昂揚を目的に定められた社員持株に関する内規に則って従業員に分配譲渡するために、一時的にY名義で引き受けたがその後間もなく内規に従い従業員に額面金額で分配譲渡されていること」も、Yの責任否定理由の一つとして挙げられている。確かに右のような目的を有する従業員持株制度は、株主にとっても間接的に有益だといえよう（ただし、本件持株制度の適法性については検討の余地が大きい（菅野・前掲九八—九九頁、畠田・前掲五一頁参照））。しかしそうだからといって、従業員持株制度のためならば、株主は自己の経済的損失を常に忍受しなければならないという理由はない。会社の経営危機を回避するには従業員持株会に新株を割り当てるほかなく、そのために時価より著しく低い価額での発行も有利発行とは評価されないような特殊な場合があるのであれば格別、少なくとも本件ではそのような特別事情は見受けられず、既存株主は前述のような経済的損害を被っていると思われる。そして、直接損失を被る株主に有利発行の是非を判断させようというのが、商法二八〇条の二第二項の趣旨である。従業員持株制度のためのものであっても、有利発行ならば株主総会の特別決議は必要なのである（前田・前掲四〇頁、江頭・前掲一〇七頁）。

Yは額面金額で本件失権株分の新株を引き受けている。ただし引き受けた株式のうち大部分は、従業員持株制度に関する内規に基づき、額面金額で従業員に譲渡している。従って、Yには基本的に利益が生じていない。しかし譲渡価格をいくらにするかはY側の問題であり、Yが利益を獲得しようが損失を被ろうが、既存株主の損害に変わりはなくYの責任には関係しない。Yは内規に基づく処理をなしたのであろうが、商法二八〇条の二第二項も二八〇条の一一第一項も強行法規である。内規による排除はできないといわなければならない（菅野・前掲九九頁参照）。

なお、Z社の持株制度によれば、従業員は株式を譲渡する場合にも他の従業員に額面金額でなさなければならず、有利発行による利益を誰も実現できない仕組みになっている。誰が得をするわけでもないのに、責任だけYに負担させるのは酷だとの判断が本判決にはあるのかもしれない。けれども、繰り返すようではあるが、実際に誰が得をしたのかが問題なのではなく、有利発行によって既存株主に違法な損害を与えた者の責任が問われているのである。Z社のような従業員持株制度を採用している株式会社では、従業員（従業員持株会）に引受権を与える限り、いかにそれが有利発行となろうとも、商法二八〇条の二第二項も二八〇条の一一第一項も適用されない、との解釈を採りえないのは明らかであろう。

七　Yは従業員持株制度のために本件失権株分の新株を引き受けたのであり、実質的な引受人に該当しない、との主張がある（南川・前掲一九八―一九九頁）。しかし、Yの動機はどうあれ、Y自身が引受人であることに疑いはないように思われる。払い込みはYの計算によるものであるようだし、引受時には譲渡先従業員は決まっていないのである。実際、七株については依然としてYが所有しているか、あるいは第三者に譲渡されているが、この分に関してはYが（実質的な）引受人であるといって差し支えないし（この点は、大半あるいは全株式につき購入希望従業員がいない場合を想定すればより明白であろう）、譲渡先が見つかった分と見つからない分とで契約当事者が異なるというのも奇妙である。やはり本件では、Yが引受人としての責任を負うと解すべきである。

八　本件は失権株の処理が有利発行になる事例であるが、失権株の処理だからといって特別な解釈をなさなければならないわけではない。有利発行である限り、株主総会の特別決議が必要であり、それがなければ既存株主の損害につき引受人や取締役の責任が問題となる。

ただし、この責任の性質には注意を要する。有利発行によって既存株主の有する株式の資産的価値が害される。商法二八〇条の二第二項の特別決議がなされておれば、右損害に対する責任は原則として問えなくなるが、本件はそもそもこの特別決議を欠く事例である。そこで、違法な手続きにより有利発行をなした取締役に対して、商法二六六条の三第一項に基づき、既存株主は自己の損害の賠償をなしうる（東京地判昭和五六年六月一二日・判例時報一〇二三号一一六頁、京都地判平成四年八月五日・金融・商事判例九一八号二七頁、東京地判平成四年九月一日・金融・商事判例九二七号九頁参照）。場合によっては、取締役の既存株主に対する不法行為責任も成立しよう。しかしながら、有利発行によっても会社に損害は生じない（杉田貴洋「新株の有利発行と既存株主の経済的利益の保護」法律学研究二六号（一九九五年）五二―五四頁、吉本健一「新株の有利発行と取締役の責任」判例評論四三九号（一九九五年）六―七頁）。会社は引受人に対して、公正発行価額に相当する請求権を有するのに、特に有利な価額の払い込みで満足しているわけではない（例えば、一万円で新株を引き受ける契約が締結されたのに、五〇〇円の払い込みがあるだけでそれ以上の請求がなされない、というような場合とは根本的に異なる。）もしそうだとすればこれは資本充実の問題にもなると思われるが、会社としては予定した増資額の払い込みが予定どおりあるのであり、資本充実に反する新株発行がなされたのではない――会社債権者保護のための資本額が減るわけでも、予定した資本額が満たされないわけでもないのである。従って、商法二六六条一項五号に基づき、公正発行価額との差額を会社に賠償すべき責任を、取締役は負担しないと考える（なお、総会特別決議を経ない有利発行と相当因果関係のある会社損害につき、取扱役が責任を負担するのは当然である――右差額は会社の損害を構成しないだけである）。この点、新株の公正価額発行義務は取締役会の経営判断に基づくものであり右差額は会社の損害だ、との主張がある（前田・前掲四一頁。同旨、龍田節「商事法判例研究」商事法務一四二五号（一九九六年）三八頁）。けれども、一万円の商品あるいは一万円で取得した自己株式を五〇〇円で売却した場合（九五〇〇円の損失が会社に発生する）と異なり、新株発行により会社は損害を被らない（会社に五〇〇円払い込まれるだけ）。右のような公正価額発行義務があるとすれば、会社に対してではなく既存株主との関係で認められるべきものであろう。

商法二八〇条の一一第一項は、取締役と通じて著しく不公正な発行価額で株式を引き受けた者に、公正発行価額との差額を会社に対して支払う義務を負わせている。これは、会社に発生した損害を塡補させる趣旨の規定ではなく、引受人と既存株主間の多数にわたる法律関係を単純化・合理化するための規定と解すべきであろう。二六六条の三第一項の責任と二八〇条の一一第一項の責任との調整の問題は残るが（吉本・前掲八頁参照）、少なくとも本件では後者のみが追及されており、本件認定事実のもとではこれは認められるべきであったと考える。

九　以上のように考えても、失権株分について発行を打ち切るか、公正な価額での引受人を見つけだすかすれば、上記取締役等の責任は発生しない。どうしても失権株分についても新株を有利発行したいというのであれば、予想される失権株数を明示した上で、判旨が付言していうようにあらかじめ株主総会の特別決議を得ておくこともできよう（菅野・前掲九七頁、畠田・前掲五〇頁、南川・前掲一九九―二〇〇頁参照）。商法上の手続きを踏まず既存株主に損害を与えた取締役等が、既存株主に対する責任を負担するのは当然といえる。

一〇　なお、本件では株主代表訴訟を提起されている取締役側に、会社が補助参加している。会社が被告側に補助参加しうるか否かは、代表訴訟制度における重要問題である（小林秀之＝原強・株主代表訴訟（一九九六年）二五七―二五九頁参照）。しかし本件では争点とされなかった（河本一郎「会社役員の責任と株主代表訴訟」ジュリスト一〇四〇号（一九九四年）三九―四〇頁によると、訴訟関係者にはこの点の問題意識がなかったようである）。指摘するにとどめる。

（六九巻一一号（平成八年一一月））　山本爲三郎

＊　本稿における商法二六六条一項五号、同二六七条、同二八〇条の二第二項、同二八〇条の一一は、それぞれ、会社法四二三条一項、同八四七条、同一九九条二項三項・二〇一条一項・三〇九条二項五号、同二一二条一項一号にあたる。

一〇　明告を欠く高価品の紛失による運送人の責任とフランチャイザーの名板貸責任

東京地判平成二年三月二八日
昭和六二年(ワ)第一〇六八七号損害賠償請求事件（控訴）
判例時報一三五三号一一九頁、判例タイムズ七三三号二二一頁、金融・商事判例八五二号一五頁

【判示事項】

一　明告を欠く高価品の紛失による運送人の責任について

㈠　運送人が過失によって運送品を紛失した場合には、特段の事情がない限り、運送契約上の債務不履行による損害賠償責任のほかに、不法行為による損害賠償責任をも負うが、不法行為による損害賠償責任についても商法五七八条の適用がある。

㈡　運送委託人が運送人に対し高価品の運送を委託するに当たり高価品であることを明告しなかったとしても、運送人が当該運送品が高価品でありかつその価額を認識していた場合には、運送人は商法五七八条によって損害賠償責任を免れることはできないが、運送人が認識した内容は、当該運送品が高価品であるとの認識を漠然と有していただけでは足りず、当該運送品の種類及びそのおおよその価額を正確に認識していたことを要する。

(三) 運送品の紛失につき運送人に重過失があった場合には、商法五八一条の趣旨により同法五七八条の適用はない。

二 フランチャイザーの名板貸責任について

フランチャイジーたる赤帽運送業者が、フランチャイザーたる所属組合の指導・許諾の下で、商号に所属組合から貸与を受けた登録商標「赤帽」を冠し、「赤帽」の商標を記載した同一仕様の車両等を使用し、「赤帽」の商標を前面に出した広告をすることによって、全国的な組織のイメージを形成していても、個人商号及び電話番号をあわせて表示しているなどの事実の下では、自らの契約の相手方が個々の運送業者であると認識できるに足る表示であると認められるから、所属組合に商法二三条に基づく名板貸責任は成立しない。

【参照条文】

一につき、商法五七八条、五八一条

二につき、商法二三条

【事　実】

古美術商を営む原告Xは、「赤帽埼玉日進運輸」の商号で貨物運送業を営む被告Y_1との間で、訴外Aが所有しXが預かり保管していたデッサン一枚（縦一メートル・横六〇センチ、本件絵画）を含む展示即売会の残品約二〇〇点を、会場たる百貨店からA方まで運送することを委託する契約をした。Y_1所有の軽貨物自動車（本件車両）は、本件絵画のような大型の美術品の運送に適したものではないが、美術品を一般貨物として運送依頼することにより運送料金を安く抑えることができるため、Xは従前から継続的にY_1に美術品の運送を依頼していた。本件では、会場への美術品の搬入には軽貨物自動車三台を要したが、搬出の際にはXの指示により二台でこれにあた

一〇

り、また積込みにあたっても、Xは本件絵画を最後に積み込むように指示し、本件絵画は荷物室の一番上の部分に寝かせて積載された。本件車両の後部扉の構造は、上部からと下部からの二枚扉の両開き形式であり、下部扉には上部扉が被さり、右二枚の扉が中央部で完全に嵌合しないと施錠できない構造になっていた。ところが、積込み作業終了後、Y_1が後部扉を閉めようとしたところ、運送品の一部が車両後部にはみ出していたため、下部扉を閉めることができない状態であった。しかし、すでに午後九時を過ぎており、Xも急いでいたため、運送品を積み直すこともなく、下部扉と車両本体とを鎖でつなぎ、上部扉を下に降ろしただけの状態で出発したところ、走行中に上部扉が開き、これにより本件絵画が車両から落下し紛失した。そのため、XはAに対して、本件絵画紛失の損害賠償として本件絵画の価額一二〇〇万円、「お詫び代」として一〇〇万円の合計一三〇〇万円を支払った。そこで、XはY_1に対して、債務不履行または不法行為による損害賠償請求権に基づき、この損害賠償金及び信用失墜による慰謝料三〇〇万円の計一六〇〇万円とこれに対する本件絵画紛失の日から年五分の割合による遅延損害金、さらに弁護士費用一六〇万円の支払を求めて本訴を提起した。

これに対して、Y_1は、本件絵画が高価品であるにもかかわらず、Xは、本件運送契約締結時までに運送品中に本件絵画があることを告げておらず、運送品引渡の際にも「大切な絵」と告げただけで、絵画の種類及び価額について告げていないから、商法五七八条により一切責任を負わない旨及び過失相殺を抗弁として主張した。一方、Xは、高価品の種類及び価額の明告がなかったとしても、Y_1は高価品であることを知っていたから、商法五七八条の適用はないと解すべきであるし、本件事故はY_1の重過失により惹起されたというべきであるから、商法五八一条により同法五七八条の適用は排斥されると再抗弁した。

他方、被告Y_2（赤帽軽自動車運送協同組合）及び被告Y_3（全国赤帽軽自動車運送協同組合連合会）は、いずれも中小企業等協同組合法に基づいて設立された組合であり、Y_1はY_2の会員であり、Y_3はY_2をはじめとする全国の赤帽軽自動車運送協同組合によって構成されている。Y_2・Y_3は、いわゆるフランチャイズシステムにより全国的な運送事業を展開し、その組合員は、①商号の頭に登録商標「赤帽」の記載を掲げること、②「赤帽」及びY_3の名称の表示で統一された同一色・同一種類の指定車両を使用すること、③その使用する請求書等には、Y_2の名称が記載されている統一用紙を使用することが義務づけられているほか、④職業別電話帳の広告では、「赤帽」の商標を冠した運送業者が多数存在すること、⑤新聞紙上、テレビ・ラジオ等では、赤帽による運送が全国ネットで信頼できることなど、⑥利用者向けのパンフレットでは、赤帽による輸送が全国ネットワークであること、赤帽による運送が信頼できるものであり、万全の態勢で輸送すること、二四時間体制であり、Y_2・Y_3に電話をかければ何時でも運送の受付に応じることなどを宣伝していた。そこで、Xは、Y_2・Y_3に対しても、名板貸責任、共同不法行為責任及び使用者責任による損害賠償を請求した。

　これに対して、Y_2・Y_3は、仮にXが本件運送契約の主体をY_2・Y_3であると誤信したとしても、組合員の指定車両・運賃請求書・領収書・電話帳等の表示については、いずれも各組合員個人の商号及び電話番号が表示されているから、営業主体を識別することができる表示であり、また、XとY_1の取引は本件事故までに二年半に及び、その間にはXの花器が運送中に破損した事故があったが、XはY_2・Y_3に損害賠償を請求することなく、Y_1のみとの間で和解が成立したことからすれば、Y_1の経営実態を十分に把握できたはずであり、Xが本件運送契約の主体をY_2・Y_3と誤信したことには重大な過失があるから、商法二三条の適用はないと抗弁した（他の責任原因も存しないと主張）。

【判　旨】

請求一部認容

一　Y_1の責任

(一)　運送契約上の債務不履行責任と不法行為責任の競合及び不法行為責任に対する商法五七八条の適用の可否について

「運送人が過失によって運送品を紛失した場合には、運送人は、特段の事情がない限り、運送契約上の債務不履行による損害賠償責任のほかに、不法行為による損害賠償責任をも負うものと解すべきである。そして、……Y_1には運送人に一般的に要求される注意義務に違反して本件絵画を紛失した過失があるものというべきであるから、Y_1は、Xに対し、本件運送契約上の債務不履行による損害賠償責任を負い、かつ、不法行為による損害賠償責任をも負うべき筋合いである。」

「Xは、Y_1に対し、本件運送契約上の債務不履行による損害賠償のほかに、これと択一的に不法行為による損害賠償をも請求するものであるところ、Y_1には、右判示のとおり、本件運送契約上の債務不履行による損害賠償責任のほかに、不法行為による損害賠償責任が成立するので、Y_1の主張する抗弁（高価品の種類及び価額についての明告の欠如―筆者注）が本件運送契約上の債務不履行による損害賠償請求に対する関係で抗弁たりうるほか、不法行為による損害賠償請求に対する関係でも抗弁たりうるかについて検討するに、Xが本件運送契約の当事者であり、本件運送契約上の債務不履行による損害賠償請求を行使することができる以上、不法行為による損害賠償請求に対する関係でも、抗弁たりうるものと解すべきである。けだし、商法五七八条は、確かに運送契約上の損害賠償責任の減免を定めた規定ではあるが、不法行為による損害賠償請求に対する関係では常に抗弁たりえないとすると、運送契約上の損害賠償請求を行使すると同条の規律を受けざるをえない運送契約の当事者が、不法行為による損害賠償請求を行使することを選択すると、同条の規律を免れる結果となり、同条の趣旨を没却することとなるからである。」

㈡　高価品であることを認識していた場合の運送人の責任について

「思うに、運送委託人が運送人に対し高価品の運送を委託するに当たり高価品であることを明告しなかったとしても、運送人が当該運送品が高価品であり、かつ、その価額を認識していた場合には、運送委託人は運送人に対し高価品の種類及び価額を明告しないでも、なんら運送人の利益を害することはないから、運送人は、商法五七八条によって損害賠償の責任を免ぜられることにはならないというべきである。しかしながら、運送人が認識した内容は、当該運送品が高価品であるとの認識を漠然と有していたというだけでは足りず、当該運送品の種類及びそのおおよその価額を正確に認識していたことを要すると解すべきである。けだし、運送人が認識した限度で損害賠償責任を負うとの考え方によると、運送人と運送委託人との法律関係が運送人の漠然とした内心の認識内容に左右される不安定、かつ、曖昧なものとなり、法的安定性ないし明確性に欠けるからである。

本件についてこれをみるに、……Y_1は、Xから本件絵画等の運送を委託されるに当たり、Xの指示説明などから本件絵画がかなり高価な絵画であるとの認識を有するに至ったものと推認することはできるが、……Y_1は、本件絵画が数百万円のものか、あるいは数千万円のものかについては、極めて漠漠たる認識を有していたにすぎないことが認められ、Y_1は、運送を委託されるに当たり本件絵画の価額について必要な認識を有していたとはいえない……。」

㈢　運送人に重過失がある場合における商法五七八条の適用の可否について

「本件絵画は、嵌合も施錠もされていない上部扉が本件車両の走行中の振動等によって上方に開き、これによって本件車両から落下し紛失したものと推認される。Y_1は、貨物運送業を営む者として、運送品を自動車に積み込んだときは、積込口の扉を施錠するか、少なくとも扉を完全に嵌合させ、もって走行中に開扉することのないように確認すべき注意義務があったのであり、かつ、右のような注意義務を尽くすことは、わずかな注意をしさえすれば容易にできたことであるから、Y_1には重過失があったものというべきである。

右のとおり、Y_1には本件絵画の紛失につき重過失が認められるから、商法五八一条の趣旨により同法五七八条の適用はなく、Y_1は、本件事故により生じた損害について、本件運送契約上の債務不履行による損害賠償責任及び不法行為による損害賠償責任の双方を負うものというべきである。」と判示した上で、三割の過失相殺を認め、Y_1に対し、一三〇〇万円の七割である九一〇万円及び慰謝料五〇万円の計九六〇万円とこれに対する本件絵画紛失の日から年五分の遅延損害金、さらに弁護士費用九五万円の支払を命じた。

二　Y_2・Y_3の責任

「Y_1を含めたY_2の組合員は、その商号にY_2Y_3両組合から貸与を受けた登録商標「赤帽」を冠し、また、「赤帽」の商標の記載のある同一仕様の車両、運賃請求書等を使用し、「赤帽」の商標を前面に出した広告をすることによって、全国的な組織のイメージを与え、マスコミ・企業・荷主等に対する信頼性を向上させることができ、それがフランチャイズシステム特有のメリットであることは明らかである。しかしながら、右商標の使用が、商法二三条の名板貸に該当するというためには、組合員の「赤帽」の商標を使用しての運送業の営業が右商標を貸与しているY_2Y_3両組合そのものの営業あるいはその一部と見られる外観が存在することが必要であるところ、各組合員個人が使用している商号の表示は、「赤帽」の商標が最も目立つように冠され、一見すると紛らわしい点があり、先に認定した広告の方法等とも合わせ考えると、運送契約締結の際における個別業者の説示の仕方如何によっては、運送契約の責任主体が「赤帽」の商標権者であるとの誤解を与えることも考えられないでもないが、Y_2の組合員と取引をしようとする一般第三者の立場から、全体として右表示方法を見れば、右商号の表示は、……組合員個人の商号を表示したものと見ることができ、Y_2Y_3両組合の事業の表示とは区別することが可能であり、自らの契約の相手方が事業者である組合員個人であると認識することに格別の困難はないものと認められる。

仮に、右表示がY_2Y_3両組合の事業の表示であると認めることができるとしても、……Xは、本件事故までにY_1と二年以上取引を継続しており、途中に商号の異なる他の赤帽業者が代わって運送したり、花器破損事故の損害の処理を通じて、当初はともかく、本件運送契約締結時においては、Xは、Y_1の個人経営の実態を十分認識するに至っていたこと、すなわち、Y_2Y_3両組合が営業主でないことを知っていたことは、推認するに難くないところである。……

したがって、右いずれの観点からも、Y_2Y_3両組合は、Xに対し、本件運送契約上の責任を名板貸によって負うことにはならないというべきである。」（共同不法行為責任・使用者責任についても否定）

【研　究】

Y_1の責任については反対である。Y_2・Y_3の責任については、判旨に疑問もあるが結論的には賛成する。

一　本判決は、いわゆる請求権競合説に立って運送契約上の債務不履行責任と不法行為責任の競合を肯定した上で、その双方につき包括的に商法五七八条の適用の可否を判断している。そこで、債務不履行責任と不法行為責任の関係が問題となるが、この点については、請求権競合説と法条競合説の対立があり、運送法の分野においては、特に五七八条の規定が不法行為責任にも及ぶかという問題として同様の議論がなされていることは周知のとおりである。しかし、運送法の分野において、請求権競合説に立ちながらこれに修正を加える見解や法条競合説が有力に主張されるのは、商法に固有の解釈として、運送人の責任を緩和する商法の特則の趣旨の徹底またはそれとの調和を図ろうとするからにほかならない。したがって、債務不履行責任と不法行為責任の関係はそれ自体大問題であるが、少なくとも商法上の問題としては、運送人の責任に関する特則の適用範囲の問題に置き換えることができるといってよかろう（倉澤康一郎「判批」判例評論二五八号四三頁）。そこで、運送人の債務不履行責任に関する規定としての五七八条の法理とその適用範囲から検討した上で、同条と不法行為責任の関係を考察することにする。

二　商法五七八条は、貨幣・有価証券その他の高価品については、荷送人が運送を委託するにあたり、その種類及び価額を明告しなければ、運送人は損害賠償責任を負わない旨規定している。高価品とは、容積または重量に比して著しく高価な物品をいうが（最判昭和四五・四・二一判例時報五九三号八七頁、通説）、本件絵画が高価品にあたることは当事者間においても争いはない。この規定の立法趣旨については、高価品は普通品よりも損害発生（特に滅失）の危険が高く、しかもその損害賠償額が巨額にのぼるため、高価品であるとわかっていれば、特別な注意をなして損害発生を防止し、またそれに応ずる割増運送賃を請求できるであろうが、明告がなかったために、巨額の損害賠償責任を負わされては運送人に酷だからであると一般に説明される。

ところで、本判決は、運送品の紛失につき運送人に重過失があるときは、商法五八一条の趣旨により五七八条の適用が排除されるものとしている。この点に関し、東京高判昭和五四年九月二五日（判例時報九四四号一〇六頁）は、傍論ではあるが、不法行為責任にも五七八条が適用されるとしても運送人に重過失がある場合には運送人は免責されえないとし、その根拠として五八一条を援用している。しかし、五八一条は、運送人が損害賠償責任を負うことを前提とした上で、損害賠償額の制限に関する五八〇条の適用範囲の限界を画するものであるのに対して、五七八条は、そもそも運送人は責任を負うかについての規定であるから、その次元を異にする（倉澤・前掲四四頁、落合誠一「判批」『商法（総則・商行為）判例百選〔第二版〕』二〇五頁、石原全「本件判批」金融商事判例八六二号四六頁）。まして、五七八条の適用排除は明告がなくても運送人は免責されないという効果を生ぜしめるにすぎず、五七八条の適用が排除されて初めて損害賠償の範囲に関する五八一条が適用されることになるのであるから（小島孝「運送人の責任」『商法演習Ⅱ』七一頁）、五八一条をもって五七八条の適用排除の根拠とすることは本末転倒であるといわざるをえない（小町谷操三『運送法の理論と実際』三九六頁参照）。したがって、五八一条によって五七八条の適用を排除することは論理矛盾を生ぜしめるにすぎず、運送人に重過失ある場合には免責されないとの結論を導き出すとしても、その根拠は、五七八条の適用範囲の問題として、同条に固有の解釈に求めなければならない。

この点につき、運送人が故意により高価品を滅失・毀損した場合には、高価品の明告がなくても運送人は免責されないと解するのが通説である。故意による滅失・毀損については高価品と普通品とを区別する必要はないし、明告があれば発生しなかったであろう損害とはいえないからである。もっとも、五七八条は高価品の不明告という事実さえ存在すれば運送人に免責の効果を生ぜしめるものであるから、免責の可否につき高価品の不明告と損害発生との因果関係ないし蓋然性を問題とすべきではないとして、高価品の不明告は阻却可能な免責事由と解し、運送人に故意がある場合には運送人は不明告による免責の利益を享受しえないとする見解もあるが（清河雅孝「本件判批」商事法務一三五二号四〇頁、同「高価品の明告懈怠と免責範囲の調節」川又良也先生還暦記念『商法・

経済法の諸問題』二九八頁）、運送人に故意があれば免責されないという結論において違いはない。これに対して、運送人が重過失により運送品を滅失した場合については、五七八条がそのまま適用され、運送人は免責されると解すべきである。なぜなら、明告がない以上、運送人は普通品としての注意義務をもって運送にあたれば足り、高価品としての損害賠償責任を負わせる基礎が存しないからである（ほぼ同旨、箱井崇史「本件判批」早稲田法学六八巻一・二号九九頁）。

そもそも、五七八条が高価品に固有の特則を定めていることに鑑みれば、商法は、その前提として、運送品が普通品か高価品かによって契約類型それ自体の区別を想定しているものと考えることができる。普通品としての運送契約と高価品としての運送契約が同一の契約類型に属するものでありながら、それを基礎とする債務不履行責任の処理が異なるというのは考え難いからである。また、このことは、実務上も普通品と高価品とでは運送賃体系が異なることや、五七八条に相当する明治二三年旧商法五〇〇条が、明告のみならず高価品に対応する特別運送賃の受領を運送人の責任の要件としていたことからも推知することができる。しかし、運送品が高価品であっても、普通品としての運送契約を締結することが妨げられるわけではない。普通品としての運送契約を締結するか、高価品としての運送契約を締結するかの選択は、当事者の任意に委ねられるべきものであって、ある物品を運送品として特定して運送契約を締結する限り、契約に瑕疵は存しない（倉澤・前掲四四頁）。運送人は、割増運送賃を請求せずに高価品としての運送を引き受けることもできるし、荷送人が運送契約締結時に高価品であることを明告しても、荷送人が何らかの理由で普通品としての運送契約を欲している場合には、高価品としての運送契約が強制されるわけではない。そして、普通品としての運送契約を締結したか、高価品としての運送契約を締結したかということは、その効果として運送人に要求される注意義務の程度ないし具体的内容に影響を及ぼす。すなわち、高価品としての運送契約が締結されれば、運送人は、契約上の効果として、高価品に相応する特別な注意義務をもって運送することを要するが、運送品が高価品であっても、普通品としての運送契約が締結されれば、運送人には普通品としての注意義務が要求されるにすぎない。とすれば、五七八条が明告なき場合に運送人の免責を認めるのは、運送人には高価品としての損害賠償責任に対応する注意義務が要求されないことに起因すると解すべきである。高価品の明告がなく普通品としての運送契約が締結された以上、運送人は普通品としての注意義務に対応する損害賠償責任しか負わないが、高価品については普通品としての損害賠償額を算定することはできないからである。このように、高価品の明告の本来的機能は、運送人に高価品としての特別の注意を要求することにあり、明告すべき内容に運送品の価額が含まれているのも、単に巨額の損害賠償責任が生じうることを運送人に予知せしめることにその趣旨があるのではなく、それによって運送人の注意を喚起する点にその主眼があるというべきである。したがって、高価品の明告があれば、高価品としての運送契約に基づき運送人は特別な注意義務をもって損害を防止できたであろうに、明告がなかったために普通品としての注意義務しか負わない運送人には、過失の軽重を問わず損害賠償責任を負わせることはできないのである。このように考えていくと、高価品の明告の法的性質は、単に運送人に高価品であることを認識せしめるための事実の告知にすぎないものではなく、高価品としての運送契約の意思表示であると解する余地も十分にあると思われる。もしこのような解釈が可能であれば、明告が運送契約成立前になされるべきことは当然ということになる。

三　次に、本判決は、高価品の明告がなくても、運送人が高価品であることを認識していた場合は、運送人は免責されないとしている。この点につき、学説上は、運送営業のような大量取引においては偶然の知・不知という主観的事情を問題とすること自体が不適当であるし、明告を促進する趣旨からも、運送人の偶然の知見をもって明告に代えるべきではなく、普通品として運送を委託した荷送人の危険負担とすべきであるとする見解もあるが（西原寛一『商行為法』三〇四頁、谷川久「物流企業の責任」『現代企業法講座４』一九六頁）、運送人が高価品であることを知っている以上、損害額を予知しうるから、運送人は免責されないと解するのが多数説である（竹田省『商行為法』一七六頁、大隅健一郎『商行為法』一四一頁、石井照久＝鴻常夫『商行為法』一五五頁、平出慶道『商行為法〔第二版〕』四八五頁、清河・前掲川又還暦二九三頁など）。もっとも、運送人が責任を負うためには、運送人は高価品について具体的にどの程度認識していることが必要であるかということについては、従来論じられることはなかった。本判決は初めてこの問題に言及し、運送品が高価品であるとの認識を漠然と有していただけでは足りず、運送品の種類及びそのおおよその価額を正確に認識していたことを要すると判示した点が注目される。

なるほど、高価品の価額に関する明告の機能が運送人に巨額となりうる損害賠償額を予知せしめることにあり、明告がない場合には予期せぬ巨額の損害賠償責任から運送人を解放するということが五七八条の趣旨であるとすれば、運送人の認識をもって明告に代えることもあながち不可能ではなかろう。このような理解によれば、五七八条は、民法四一六条二項において特別損害の賠償につき債務者の予見可能性を要件とするのと同様の配慮を、運送人保護のために政策的に、高価品の滅失・毀損によって生ずる通常損害にまで及ぼし、その予見可能性の契機を荷送人の明告に求めたものと位置づけることもできよう。しかし、五七八条が運送人に高価品であることと及びその価額を認識せしめることをもって高価品としての損害賠償責任の根拠としているのであれば、荷送人の明告は運送人にそれを認識せしめるための例示にすぎないこととなるが、同条は明告の有無と運送人の免責の可否を要件と効果の関係として結び付けるものであり、運送人の責任を明告という荷送人の行為にかからしめていることは明らかである。すなわち、同条が単に「知らぬが仏」を規定したものとは到底解しえない。また、明告によって運送人が巨額の損害賠償責任を予知できるといっても、運送人の損害賠償責任は運送にあたって要求される注意義務の違反に起因するものであるから、前述のように、明告の機能を運送人の注意義務と結び付けなければ運送人の損害賠償責任を根拠づけることはできない。したがって、運送人に高価品としての損害賠償責任を負わしめるためには、運送契約の効果として運送人が高価品としての注意義務を負うことが前提とならなければならない。しかし、運送人が偶然高価品であることを知ったところで、それによって運送契約が高価品としてのそれに転化するはずがない（小町谷・前掲三九三頁、同『商行為法』三七五頁は、明告がない限り、荷送人はその運送品を普通品として託送したものと解さざるをえないとする）。割増運送賃についても、それは運送契約において当事者間で合意されるべき契約の要素であって、高価品であることが判明すれば当然にその請求権が発生するというものではないから（倉澤・前掲四三頁）、なおさら運送人が高価品としての注意義務を負わされる筋合いはない（谷川・前掲一九六頁）。もっとも、責任肯定説によれば、運送人に高価品の認識があった場合、運送人に高価品としての特別な取扱が要求されるわけではないとしつつ、普通品としての注意義務すら怠ったときには、運送人は高価品としての損害賠償責任を免れないと主張されるが（平出・前掲四八五頁）、普通品としての注意を欠いていても運送人の免責を認めるのがまさに五七八条の趣旨であるから、単に運送人が巨額の損害賠償責任を予知していたというだけで免責を否定するのでは、五七八条を空文化せしめることになりかねない。したがって、本判決は、運送人の認識に正確性を要求し、運送人が責任を負う場合を厳格に解するとはいえ、その根本において五七八条の解釈を誤っているといわなければならない。

四　以上に述べてきたように、本件では、五七八条により運送人の債務不履行責任は否定されるべきであるが、他方において、同条が不法行為責任にも及ぶかが問題となる。

この点につき、法条競合説（請求権非競合説）は、契約法と不法行為法は特別法と一般法の関係にあり、前者は後者を排除して優先的に適用されると解するものであり、両請求権の選択行使を漠然と許容することは損害賠償法体系を崩し、運送企業の適切な運営を妨げるとされ、特に商法学者には支持者が多い（西原・前掲三〇五頁、大隅・前掲一四二頁、小島・前掲七三頁、谷川・前掲一七五頁など）。これに対して、請求権競合説は、債務不履行責任と不法行為責任は要件と効果を異にするから、両請求権は別個の権利であり、その選択行使を認めることが被害者たる債権者の保護に資すると解するが、その結果、五七八条は運送人の債務不履行責任のみを免責するにすぎず、不法行為責任までは免責されないことになる。しかし、それでは五七八条は全く有名無実となってしまうため、現在では純粋な請求権競合説を支持する商法学者は皆無に近い。そこで、基本的には請求権競合説に立ちながら、これを修正し、五七八条や五八〇条のように、運送人の債務不履行責任を減免ないし緩和する規定は不法行為責任にも適用されると解する見解が有力である（竹田・前掲一七八頁、鈴木竹雄『新版商行為法・保険法・海商法（全訂第二版）』四三頁、田中誠二「商法における請求権競合の問題」『商事法研究第二巻』二六〇頁、同『新版商行為法（再全訂版）』二二七頁、平出・前掲四九五頁、倉澤・前掲四四頁など）。また、運送品の取扱に通常伴うような原因による滅失・毀損については、荷送人は運送人の不法行為責任を黙示的に免除していると解することができるが、運送人が故意または重過失により運送品を滅失・毀損した場合のように、通常契約に予想された範囲を逸脱する行為があったときには、不法行為責任が発生すると解する折衷説もある（戸田修三『商法の争点II』二四五・二四七頁）。

一方、判例は大審院以来一貫して請求権競合説をとるが（大判大正一五・二・二三民集五巻二号一〇四頁、最判昭和三八・一一・五民集一七巻一一号一五一〇頁、東京高判昭和四二・一〇・三一判例タイムズ二一六号二二〇頁、最判昭和四四・一〇・一七判例時報五七五号七一頁、東京地判昭和五九・一一・三一判例時報一一一四号一九頁、東京高判昭和六〇・三・二五判例タイムズ五五三号二三八頁、東京地判平成三・九・二五判例時報一四三二号一三七頁。なお、前掲最判昭和四四・一〇・一七が折衷説によらないことを明言して以来、その後の判例もこれを踏襲している）、近時の下級審判例には、五七八条の趣旨を没却せしめないよう何らかの修正を加える傾向も見受けられる。すなわち、修正競合説に立脚して、不法行為責任にも五七八条の適用を認めたり（東京地判昭和四一・六・二一下民集一七巻五・六号四三五頁、東京地判昭和五〇・一一・二五判例時報八一九号八七頁、東京地判昭和五七・五・二五金融商事判例六五八号三二頁）、判例の主流である純粋な請求権競合説に立脚しつつ、不法行為責任に基づく損害賠償額の算定において、明告を懈怠した荷送人の過失を認定して、過失相殺による柔軟な解決を図る判例（前掲東京高判昭和五四・九・二五、東京高判平成元・二・二八金融商事判例八一九号一八頁、神戸地判平成二・七・二四判例タイムズ七四三号二〇四頁。なお、過失相殺による解決に賛成する見解として、田邊光政『商法総則・商行為法』二七七頁、運送人に故意・重過失がある場合には過失相殺を認める見解として、清河・前掲川又還暦三〇五頁）が少なくない。本判決も、このような判例の流れをくむものである。もっとも、本判決は、修正競合説を採用し、不法行為責任に対する五七八条の適用を認めるが、運送人の重過失を認定した本件では同条の適用を排除した上で、債務不履行責任・不法行為責任の双方につき一括して過失相殺による解決を図っており、商法の趣旨を生かしつつ妥当な利害調整を試みようとする裁判所の苦心が窺える（なお、本判決は、「特段の事情がない限り」請求権が競合する旨判示しているが、「特段の事情」としてどのような場合を想定しているのか不明である）。

思うに、運送営業は大量の運送品を迅速に運送することをその特質としているため、運送品を滅失・毀損する可能性が少なからず内在しており、そのような可能性は不法行為責任についても同様である。むしろ、運送品の所有権侵害の可能性は運送を引き受たことによって生ずるのであるから、運送人が常に不法行為責任の危険にさらされるとすれば、運送営業そのものが成り立ちえなくなる。そのため、商法は運送人の責任について特則を設け、運送人を保護することによって、運送営業の合理化に寄与しているのである。したがって、運送人の責任を商法上の債務不履行責任に一元化しようとする法条競合説にも十分な説得力があるものといわなければならない。一方、請求権競合説による場合、商行為法上の規定は運送契約に基づく法律関係を規律するものであり、まして前述のように五七八条の根拠を契約法理に求める以上（なお、倉澤・前掲四四頁対照）、商法上の運送人の責任に関する特則はあくまでも債務不履行責任に関するものであるというべきであるから、直ちに不法行為責任に適用することはできない。しかし、明告なき場合には普通品としての注意義務しか要求されないがために運送人は免責されるにもかかわらず、他方において不法行為責任は免れないとすれば、権衡を失することは明らかであろう。また、不法行為責任については商法に規定がないために民法に委ねられるとしても、一般法たる民法が特別法たる商法における特別な配慮を退けることはできないはずである。したがって、請求権競合説に立脚した場合でも、商法の規定は不法行為責任にも適用されると解すべきである。この点につき、平成四年に国際海上物品運送法が改正され、新設された二〇条の二第一項は不法行為責任にも商法五七八条を準用しているが、今後はこの規定を陸上運送にも類推適用することができるものと考えられる。

このように解すれば、もはや過失相殺による解決の余地はないのであるが、過失相殺による解決につき若干の批判を付け加えておく。そもそも、五七八条は、運送営業の特殊性に鑑み、最も合理的と思われる危険配分を定めたものであり、法による利害調整の所産というべきものである（原茂太一「判批」金融商事判例六〇〇号五八頁、吉原和志「判批」ジュリスト七四六号一二七頁）。そして、明告懈怠が荷送人の過失にあたるとすれば、五七八条は運送人の債務不履行責任につき一〇〇パーセントの過失相殺を法定したものということもできる（倉澤・前掲四四頁、清河・前掲川又還暦三〇五頁）。だからこそ、過失相殺は不法行為責任のみをその対象とせざるをえないのであるが（清河・前掲川又還暦三〇五頁）、明告懈怠を理由とする過失相殺は一見妥当な解決のように見えても、それは五七八条の予定する利害調整の均衡を崩すことになる（吉原・前掲一二七頁）。また、百歩譲って過失相殺による解決が許されるとしても、前掲東京高判昭和五四年九月二五日が、運送人の重過失を認定した上で、明告懈怠のみを理由として四割の過失相殺を認めたのに対して、本判決においては、明告懈怠に加えて、運送業者の選択及び運送車両の台数・積込方法に関する指示につき、Ｘの過失を認定しているが、三割の過失相殺しか認めていないため、本判決は過失相殺割合の基準にも大きな問題を残したといえよう（石原・前掲四六頁、大橋敏道「本件判批」ジュリスト一〇五七号一一一頁）。

ところで、本件では、運送人の不法行為責任に関してもう一つ重要な問題がある。本来請求権の競合が問題となるのは、同一給付に向けられた複数の請求権が同一当事者間に併存する場合であり（四宮和夫『請求権競合論』一頁）、運送法においては、荷送人が運送契約の当事者であると同時に運送品の所有者である場合である（前掲大判大正一五・二・二三）。したがって、本件のように荷送人と運送品の所有者が異なる場合には、その前提を欠く。ところが、本件では、荷送人たるＸは不法行為に基づく損害賠償請求権をも行使しているため、その根拠は何かということが問題とされなければならないにもかかわらず、本判決はその点に一切触れていない。この点につき、損害賠償者の代位に関する民法四二二条は公平の見地から不法行為の場合にも類推適用されるから（能見善久『注釈民法⑽』七一八頁）、ＸはＡに損害賠償したことにより、Ａの有する不法行為法上の損害賠償請求権を代位取得したと解することができるが（石原・前掲四三頁、箱井・前掲八九頁）、そうすると本判決における損害賠償額の算定において問題が生ずる。というのも、本判決は、XがAに支払った損害賠償額のみならずXが古美術業界で信用を失墜したことによる損害をも、不法行為に基づく損害を構成するものと判示しているが、後者はXに固有の損害であるからである（清河・前掲本件判批三九頁も、本判決では、Xの損害発生時は、本件絵画の紛失時であり、Aに対し損害賠償金を支払った時ではないとされているので、損害賠償請求権の代位取得という構成にはやや無理があると指摘する）。また、Xの行使する不法行為法上の損害賠償請求権はAから代位取得したものとすれば、これに対して商法の規定を適用できるかということも問題となる。本件のように、荷送人が運送品の所有者ではない場合、荷送人は債務不履行に基づく損害賠償請求権を、所有者は不法行為に基づく損害賠償請求権を、それぞれ別個に取得することになるから、単純な請求権競合とは区別されるべきことになるが、この場合、契約法は契約当事者しか拘束しないから、契約法と不法行為法の衝突は生じないことになる（四宮・前掲三頁）。とすれば、AがY_1に対して有していた不法行為法上の損害賠償請求権を代位取得したXに対しても、Y_1は五七八条による免責を主張できないことになりそうである（箱井・前掲九三頁。ちなみに、前述した国際海上物品運送法二〇条の二第一項も、「……商法五七八条の規定は、運送品に関する運送人の荷送人、荷受人又は船荷証券所持人に対する不法行為による損害賠償の責任に準用する」と規定しており、運送契約上の債権者以外に運送品の所有者がいる場合を想定していない）。この点につき、前掲東京地判昭和五七年五月二五日は、荷送人と運送品の所有者が異なる場合、荷送人が所有者である場合と画然と区別して取り扱い、その二つの場合で結果に差異が生ずることは決して妥当な解釈ではないから、運送人との関係においては、荷送人と所有者を一体のものとみなして、請求権競合の場合と同様に扱うべきである旨判示し、保険会社が運送品の所有者から保険代位によって取得した運送人に対する不法行為法上の損害賠償請求権に対して、五七八条の適用を認めた。この判決に対しては、運送品の所有者と荷送人の間に運送取扱に準ずる契約が存在する場合には、所有者は運送委託の意思を通して自らが運送契約秩序に組み込まれることを承諾していたと解することができるから、その限りで賛成できるとする見解もある（原茂太一「判批」金融商事判例六六二号五七頁以下、山下友信「判批」判例評論二九〇号五〇頁以下）。しかし、荷送人と運送品の所有者を実質的に一体化しなければ商法の規定を適用できないのかは疑問である。というのも、没個性的な運送営業においては、運送品の所有者が誰であるかということは運送人の関知するところではないから、それによって法的処理を異にすべきではないし、運送人の不法行為責任の可能性も運送契約の存在を前提とするから、運送人の責任の処理はすべて商法の規定に吸収され、運送品の所有者が誰であるかを問わず、一律に商法の規定の適用を認めることもできるのではないかとも思われるからである（箱井・前掲九四頁）。いずれにせよ、さらに慎重な議論の積み重ねが必要であろう。

五　以上に述べてきたように、本件では、運送人Y_1の不法行為責任についてはなお検討の余地があるが、Y_1が免責されるとすれば、名板貸人の責任は名板借人に責任が生ずることを前提とするから、名板貸責任の要件を検討するまでもなく当然にY_2・Y_3の責任も否定されることになる。一方、Y_1が責任を負うとしてもそれは不法行為責任であるから、名板貸人は名板借人の不法行為についてまで責任を負うかが問題となるが、取引的不法行為または取引関係を前提とする不法行為については名板貸責任を問いうると解されているので、これを前提として、フランチャイザーの名板貸責任について若干の批評を加えることとする。なお、本件のようにフランチャイズシステムを背景とする場合には、実際上名板貸責任の成立する可能性が高いことは否定できないが（石原・前掲四七頁、箱井・前掲一〇〇頁参照）、名板貸責任の成否は商法二三条の要件を具備しているかということのみを問題とすればよく、それ以上にフランチャイズシステムに固有の解釈を加味する必要はないと思われる。

商法二三条は外観を信頼して取り引きした第三者の保護を目的とするものであるから、同条により名板貸人が責任を負うための要件として、①名板貸人が自己の氏・氏名または商号を使用して営業をなすことを名板借人に許諾したこと（名板貸人の帰責事由）、②名板貸人が営業主体であるという外観が存在すること、③取引の相手方が営業主体を誤認したことが必要である（米沢明『商法総則要論〔第二版〕』一〇四頁以下、永井和之「名板貸人の責任」『商法の争点Ⅰ』一六頁）。

まず、①の要件については、使用許諾の客体となる名称は、名板貸人の氏・氏名・商号に限らず、芸名・雅号・通称なども含まれると解されており（米沢・前掲一〇四頁）、フランチャイズ契約において使用許諾されるような、周知性のある営業を象徴する名称は通称化されているものと評価できるから（宮島司『企業結合法の論理』三二五頁）、本件における「赤帽」という商標もこれに含まれると解してよい。本件では、フランチャイザーたるY_2・Y_3は、フランチャイジーたるY_1に対して、自己の商標である「赤帽」を使用して運送営業をなすことを許諾していたのであるから、①の要件をみたすことに問題はない。

次に、②の要件は、①と③の要件とは別個の要件として指摘されないのが通常である。そのためか、本件の判例評釈においても、本判決は③の要件について判断しているものと評価されている（石原・前掲四七頁、箱井・前掲一〇〇頁、大橋・前掲一一一頁）。しかし、③が営業主体の誤認という取引の相手方の主観的要件であるのに対して、②は一般的な誤認可能性という客観的要件である。そして、本判決では、「右商標の使用が、商法二三条の名板貸に該当するというためには、組合員の『赤帽』の商標を使用しての運送業の営業が右商標を貸与しているY$_2$Y$_3$両組合そのものの営業あるいはその一部とみられる外観が存在することが必要である」という文言からも明らかなように、まず②の要件を問題としており、さらに付随的に③の要件を検討している。すなわち、本判決は②と③の要件を分かち段階的に判断しているのであるから、本判決に対する評価としては両者を明確に区別すべきである。しかるに、一般に②が独立した要件とされないのは、名板貸人の責任の根拠を表示による禁反言則に求める結果、①の要件を具備し、名板貸人の名称がその同一性を失わずに名板借人の商号の中で使用されてさえいれば、それ以上に営業主体を誤認せしめるような外観の存在を問題とする必要はないということではあるまいか。そうだとすると、本件においては、Y_1が「赤帽埼玉日進運輸」という商号を使用している以上、さらに外観の存在を実質的に判断することは蛇足ということになろう。一方、外観法理に基づき②を独立した要件としても、二三条は名板貸人が自己の名称の使用を他人に許諾することをもって外観への与因としているのであるから、外観の有無もその与因との関連において判断されなければならないはずである。したがって、名板貸における外観の有無は、名板貸人の名称を使用した名板借人の商号それ自体が名板貸人の営業と誤認せしめるような外観を形成しているかということから判断されるべきであるから、本判決のように、広告の内容や方法、名板借人の商号の表示方法といった附加的事情まで考慮されるべきものなのか疑問である。むしろ、③の要件における取引の相手方の誤認とは、名板貸人が営業主体でないことにつき善意・無重過失であることが必要であると解されているから（最判昭和四一・一・二七民集二〇巻一号一一一頁）、フランチャイズシステムを背景とする附加的事情は、取引の相手方の重過失の有無の判断材料とすべきではないかと思われる。もっとも、本判決は、③の要件の検討において、本件運送契約以前の事情からXの誤認を否定しているので、結局のところ、本件ではこの点が名板貸人の責任を否定する決め手となるであろう（石原・前掲四七頁、箱井・前掲一〇〇頁）。

（六九巻一一号（平成八年一一月））　**来住野　究**

一一　既存債権の支払のために振り出された手形が除権判決により無効になった場合と既存債権の権利行使の方法

東京地判平成二年四月二四日
平成元年(ワ)第三三〇八号否認権行使事件
金融・商事判例八六二号二七頁

【判示事項】

既存債権の支払のために振り出された手形が除権判決により無効となっても、除権判決前に右手形についての善意取得者の権利を剝奪する効力を有するものではないから、既存債権の支払を求めるにあたっては、右手形を交付することを要するものと解するのが相当である。

【参照条文】

手形法三八条・三九条・七七条、民事訴訟法七八四条・七八五条

【事　実】

A会社は、Y_2に対し商品を販売し、会計六千二百万円余の売掛債権（本件債権）を取得した。Y_2会社はA会社に対し、右売掛金のうち金五千万円の支払のため額面合計五千万円の約束手形（本件手形）二通を振り出して、

これを同社に交付した。

ところが、A会社は、その二通の約束手形を紛失してしまったため、簡易裁判所に対し、本件手形の公示催告の申立をし、本件手形を無効とする旨の除権判決の宣告がなされた。

これより先、A会社はY_1会社に対し、この手形の原因債権である金五千万円の本件債権を、本件手形の除権判決が確定することを条件として譲渡し、この債権譲渡の事実を内容証明郵便でY_2に通知した。

その後、A会社は、不渡手形を出して倒産し、破産宣告を受け、破産管財人Xが就任した。

Xは、A社がY_1に対してなした右債権譲渡は、破産債権者を害することを知りながら行なったものであるという理由で、この債権譲渡は破産法七二条一号、四号の否認事由に当るとして、否認権を行使して、右本件債権をXが所有することの確認を求め、Y_2に対しては右本件債権の支払いを求めたところ、Y_2は、その支払いと本件手形の交付とは引換えに行われるべきものであるとして、引換給付の抗弁を主張した。

本判決は、Xの否認権行使を容認するとともに、Y_2に対する請求については、Y_2の抗弁を認め、引換給付の判決をしたものである。

【判　旨】

Y_2会社がA社に対し、本件債権の支払いのために、本件手形を振出し交付したことは当事者間に争いがなく、Y_2は本件債権の支払については本件手形の交付との引換給付とすることを求めている。

これに対してXは、本件手形は既に除権判決によって無効とされているから、Y_2には二重払の危険はないと主張する。

しかしながら、本件手形に関する除権判決は、将来に向かって本件手形を無効とする一方、Xに対し手形所持人としての形式的資格を回復するに過ぎず、除権判決前に本件手形の交付を受けて、その手形上の権利を善意取得した者がある場合に、その善意取得者の権利までをも剝奪する効力を有しないものである。従って、本件手形上の権利が消滅時効によって消滅しているなどの特段の主張立証のない本件においては、本件手形を所持する善意取得者から支払呈示を受けて手形金請求を受ける可能性があり、その場合には振出人であるY_2としてはこれを拒絶できないものである以上、除権判決の存在から直ちに、手形振出人に二重払いの危険がなくなるものとは言えない。それゆえ、Y_2が本件債権を弁済するに当たっては、右債権の支払いのために振り出した手形の返還を求める利益があり、その支払いと手形の交付とは引き換えに行なわれるべきものであるから、引換給付の抗弁は理由がある。

【研　究】

判旨の結論に賛成、理論構成に反対。

一　原因債権の支払い確保のために手形を振出した場合は、原因債権は手形債権が決済され、あるいは受取人が遡求権の行使を受けなくなるまでは併存し、振出人は両債権の二重行使の危険にさらされる。従って、原因債権が行使された場合には、債権者は手形の返還と引換えに支払う旨の抗弁を提出できるというのが確定された判例法である（最高裁昭和三五年七月八日判決民集一四巻九号一七二〇頁）。

本判決の事案においては、手形所持人が手形を紛失し、除権判決がなされているが、法律上除権判決は証券を無効にし、申立人に所持人の資格を付与する効力を有するものと規定されている（民訴法七八四条・七八五条）ところ、本件の場合にもなお、本判決は前出最高裁判例に従い、原因債権を行使された債務者は手形の返還との同時履行の抗弁権を有すると判示している。

従って、除権判決がなされている手形関係においてもなお、原因債権を行使された債務者は手形の返還と引換にする旨の同時履行の抗弁をなしうるかが、本件判旨の基本的争点である。そして、この問題の解決に当たっては、除権判決の効力、特に手形の善意取得者がいる場合に除権判決がこれにいかなる影響を及ぼすのか、原因債権の支払のために手形を振り出したことによって、既存債権と手形債権が併存するのかどうか、そして、両債権の併存が認められる場合、その債権行使については、先後の順序があるのか否か、さらには、原因債権の行使において債務者は手形の返還請求ができるのか否か、といった問題が関連してくることになる。

二

除権判決確定前に、手形を善意で取得した者が公示催告期日までに権利の届出をしなかった場合、除権判決によって、善意取得者は、その権利を喪失するであろうか。

この問題について、最高裁昭和四七年四月六日判決（民集二六巻三号四五五頁）は、「除権判決が確定したからといって、その確定前に喪失手形を悪意または重大な過失なくして取得し、その振出署名者に対して振出人としての責任を追求しえた者の実質的権利までも消滅させようとするものではない」と判示した。それまでの判例においては、影響する、影響しない、対立の立場があったが、この最判以降、判例の大勢は、善意取得者の手形権利は除権判決によっても影響をうけないものとすることとなる。

学説においてもこの問題については、同じような対立がある。まず、証券喪失者の利益を重視するもので、除権判決前に有効な喪失証券を善意取得した者といえども、権利の届出をしなかった場合には、除権判決によってその権利を失うと解する見解がある（大隈健一郎「株券に関する除権判決の効果」法学論叢六〇巻四〇号一二頁、大森忠夫「株券に関する除権判決」民商法雑誌三一巻一号一一〇頁、鈴木竹雄「除権判決」商法Ⅰ・総論手形法四二六頁、菱田政宏「手形の毀損・抹消・喪失」伊沢孝平還暦記念論文集・判例手形小切手法四六九頁等）。

これに対し、善意取得者の権利を保護しようとするもので、除権判決前に善意取得した者は、権利の届出をしなかった場合でも、除権判決によってその権利を失うことはないと解する説がある（河本一郎「株券の除権判決」株式会社法講座II八〇二頁、高窪利一・手形・小切手法通論二一四頁、高鳥正夫・手形法小切手法（改訂版）一九二頁）。

両者の対立は、どちらの利益を保護すべきかについての利益衡量に関する見解の相違に由来する。いうまでもなく、公示催告、除権判決制度の趣旨を尊重することにより除権判決を得た証券喪失者の利益を重視するのは前説であり、公示催告手続が周知方法として不完全であることを根拠として、取引の安全の保護を強調し、善意取得者の利益を優先させるのが後説である。昭和四七年最判が出されて以後は、最判の主旨を支持する学説、すなわち、後説をとるものが大多数である（シンポジューム手形・小切手法七三頁以下）。

除権判決の効力については、除権判決以後喪失証券を無効とし、申立人に証券を所持するのと同一の地位を回復させるに止まるものであって、除権判決前に遡って証券を無効とするものではなく、また、申立人が実質上権利者たることを確定するものでもない、という限定的除権判決の効力との考えから、公示催告の公示力が不完備の制度現況の下で、手形取引の動的安全を強調して、善意取得者はその権利を失わないと解する立場が妥当であろう。この点については本判決も同様な立場をとっているものと思われる。したがって、問題はないかに見える。

しかし、判旨に対しては、疑問がないではない。判旨は除権判決を得ている場合にも、善意取得者はその所持する手形をもって、支払呈示をし、手形金を請求することができると述べているが、この点が問題である。除権判決前に手形を善意取得した者は、手形の権利者として認められるが、その権利行使の方法はどうあるべきか、検討を要する問題である。

除権判決によって、手形証券が無効となり、善意取得者の形式的資格を欠くこととなった状況の下でも、善意取得者は自己が除権判決前に実質的権利を取得した旨を主張、立証すれば請求をなしうる。すなわち、手形不所持の善意取得者の手形権利行使は、実質的権利の証明で十分との考えがある（庄子良男・シンポジューム手形・小切手法七四頁）。

これに対しては、善意取得者は除権判決によって、手形証券が無効とされたために、権利行使の資格を失うとの考えがある。その理由は、呈示証券の所持という権利行使の要件が成立しえないからである。この立場によると、善意取得者が、債務者に手形金の請求をする唯一の方法は、公示催告申立人に対する除権判決正本の引渡を請求し、それをもって行使するだけである。但し、その場合でも、判決正本の名義人は申立人であるから、そのまま請求することは認められない。従って、債務者に対する実質関係を立証した上で請求するしか方法はない（倉澤康一郎・シンポジューム手形・小切手法七四頁）。

除権判決を得た後の、善意取得者の権利行使の方法をめぐっては、以上のような対立がある。前者は寛容的立場であり、後者は厳格的立場である。しかし、その中には、本判旨のように、善意取得者が除権判決によって無効と宣言された手形をもって行使できるとする見解はみうけられない。無効手形と認めながら、他方で権利行使の根拠とすることの矛盾について、説明するのは難儀である。

三　原因債務の履行に関して手形が授受された場合、原因債務がどうなるかは、授受の当事者の意思いかんにかかる事実問題であるが、一般には、手形が原因債務の支払に代えて授受される場合、支払のために授受される場合、および担保のために授受される場合の三つに分けられる。

第一の場合には、更改または代物弁済のために手形が授受されたものと解して、原因債権は消滅し、手形債権がこれにとって代わる。

第二、第三の場合には、原因債権は消滅することなく存続すると解される。すなち、原因債務の支払のため、および担保のために手形が交付された場合には、原因債権と手形債権とは併存し、一方の債権の満足により他方の債権も消滅することとなる。

そして、支払に代ってという当事者間の意思が明白な場合には、手形交付の結果、原因債権が消滅することを認めてさしつかえないが、これが明らかでない場合には、原因債権と手形債権とが併存すると解すべきである。このことは、学説、判例において、一般に認められているところで（最高裁昭和三五年七月八日民集一四巻九号一七二〇頁、上柳克郎・手形法小切手法判例百選（四版）一〇二頁）、特に問題はない。

しかし、原因債権と手形債権とが併存する場合の権利行使の順序が問題になる。両者併存する場合には、そのいずれを先に行使するかは債権者の自由選択とするものが判例の大勢である（最高裁昭和二三年一〇月一四日判決民集二巻一一号三七七頁）。本件判旨もこの立場に従ったものといえよう。

手形債権と原因債権が並存する場合、いずれの債権をも先に行使できるとして、債権者が本件の場合と同じように、原因債権を先に行使する場合に、手形の返還を要するか否かが次の問題となる。というのは、債務者は原因債務を弁済しても、手形が債権者から善意第三者に移転してしまうと、その者からの手形による請求に対しては、二重払をしなければならない危険があり得るし、また、手形返還を受けないと、債務者に対して手形上遡求義務を負う前者がいても、これに対して遡求権を行使できなくなる不利益もあるからである。債務者のかかる危険や不利益を考慮しなくてよいのか、問題である。

この点に関して、古くは大審院の判例（大審院判決昭和一三年一一月九日新聞四三四九号一〇頁）が、債権者が原因債権を先に行使する際には、債務者に手形と引換にのみ支払うという同時履行の抗弁を認めることを判示している。その後、数多くの最高裁判例に承認され（最高裁昭和三三年六月三日判決民集一二巻九号一二八七頁、同昭和三五年七月八日判決民集一四巻九号一七二〇頁、同昭和四〇年八月二四日判決民集一九巻六号一四三五頁）、判例の立場は確定したといえよう。近時の学説もこの立場を支持している（上柳克郎・前掲一〇二頁、塩田親文・民商法雑誌四四巻二号二九〇頁、鴻常夫・法学協会雑誌七九巻四号五三六頁、古瀬村邦夫「原因債権の行使と手形の返還」商法演習Ⅲ一八八頁）。

本件判旨も従来の判例の立場を踏襲したものである。

ところで、本件判示には次のような不都合が生じ、問題となる。すなわち、本件のように、手形証券に対し除権判決がなされた場合には、債務者に手形の引換給付の抗弁を認めても、債務者の二重払危険防止の効果は得られないという問題である。

手形善意取得者の地位は除権判決により影響されないことはすでに検討した通りである。善意取得者には手形の権利行使を認めざるをえない。そしてその権利行使の方法は、実質的権利の立証によるか、判決正本の引渡法によるかの見解の対立があるが、しかし、どの立場も除権判決により無効とされた手形を持って請求できることは認めていない。ところが、判旨によれば、手形債務者に除権判決を得た無効手形の引換抗弁権を与えても、債務者がその無効手形を取り押えても、善意取得者は依然として手形権利を行使できることになり、二重払危険防止の効果が全くないことは明らかである。

なぜ、判旨はこのような不都合な結論を招来したのか。それは、当事者間に、両債権が並存する場合について、債権者は順序なく、いずれの債権をも先に行使しうるという、従来の判例、学説の考え方に過信した結果である。

二つの債権が併存する場合には、ややもすると、二重払いの危険に陥ることが生ずる。この場合の権利行使についての最重要課題は二重払の危険に陥ることを避けることである。

両債権が併存する場合、債権者が手形債権を先に行使すると、手形の受戻証券性（三九条一項）により、債務者は手形交付の請求ができるから、手形債権自体による二重払の危険は防止せられる。そして、手形債権が行使されると、原因債権も消滅するから、原因債権により生じる二重払いの危険も同時に防止せられる。

これに対し、原因債権が先に行使される場合には、手形法三九条一項のような手形受戻の強制規定がないため、手形の回収ができず、二重払の危険がつねにつきまとうことになる。その手当として、債務者に手形の引換抗弁権を認めたのが従来の判例、学説の考えである。

原因債権と手形債権とが併存している場合に、債権者はいずれの債権を先に行使すべきかを考えるとき、二重払危険の防止の見地から、従来の判例及び学説も行使の順序について、当事者の意思が明白な場合にはそれに従い、意思が明白でないときは、手形交付の目的が、「支払のため」であるのか、「担保のため」であるのかによって区別し、「担保のため」の場合には、債権者に原因債権か手形債権かのいずれの権利を行使してもよいとし、これに対し、「支払のため」の場合には、手形債権を先に行使すべきと解してきた。このように解することでできるだけ債務者の安全保護に務めようとしている。

しかし、このような解説では不十分である。手形授受の際の当事者の意思がどうであっても、すべての場合において、当然に手形債権を先に行使すべきである（堀口亘「既存債権と手形債権」手形研究一五五号五頁、イタリア手形法六六条参照）。

その理由は、原因債権の履行に関し手形が交付された場合、一方で債権者は手形の交付を受けることにより、原因債権に対する付加的担保を与えられるとともに、割引の可能性その他の利益を有することとなるのであるから、原因債権よりも手形債権を重視するものである。他方で債務者としては手形を交付したことにより、原因債権に加えてより厳しい債務を負担することとなるため、これまた手形債務に重点をおくものといえよう。換言すれば、債権者としてはまず手形債権を行使することを期待する。債務者としては先に手形債務を請求されてもやむえない。当事者間に手形が交付されたことにより、原因債権はいわば従属的地位に立ち、手形債権が行使されるまで猶予されたものと解すべきである。したがって、債権者が原因債権を先に行使することを認めるのは、手形授受の趣旨に反することになる。

以上のように考えれば、当事者間に原因債権を先に行使すべき明白な意思がある場合は別段として、その他すべての場合には、債権者は手形債権を先に行使すべきである。それにもかかわらず、原因債権から行使してきた場合には、債務者としては、手形債権を先に行使すべき旨の抗弁を主張できることとする。除権判決を経た場合においても、手形債権と原因債権との関係は同様である。債務者は、申立人に対し手形債権を先に行使すべき旨の抗弁を主張できる。そして、申立人が除権判決正本をもって手形債権行使した場合、申立人には判決正本の引渡請求ができると同時に、支払免責の効力（四〇条三項）が受けられるから、二重払の問題は全く生じない。

従って、判旨の債務者Y_2に抗弁を認めるとの結論には賛成であるが、しかし、それは手形の引換給付の抗弁ではなく、手形債権を先に行使すべき旨の抗弁として認めるべきである。

四　ところで、除権判決の申立人が手形債務者から手形の再発行を請求できるとの見解がある。この見解に従うと、手形の再発行を請求しておいて、他方、原因債権に基づく権利行使を認めることになり、その場合、手形回収の抗弁を認めずに、後に手形の善意第三取得者から手形権利行使がなされると、まさしく、債務者に二重払が発生する場面になる。さらに、除権判決前に手形善意取得した者が申立人に再発行手形の引渡請求をして、その手形をもって権利行使してきた場合にも、同じように二重払いの場面が生じる。

この問題について、主に白地手形に関するものであるが、再発行請求権の容認を判示した判例もないではない。名古屋高判昭四八年三月一九日（下民集二四巻一＝四号一四六頁）判決がそれである。しかし、最判昭五一年四月八日（民集三〇巻三号一八三頁）判決は、喪失白地手形について除権判決を得た者は、手形の再発行を請求する権利を有しないとの判示をし、つづいて、最判昭五一年六月一八日判決（金融法務八〇二号三四頁）も再発行請求権を否定すると判示した。それによって判例法はほぼ確立したといえよう。学説にも再発行肯定・否定の対立がある。しかし、それは白地手形が除権判決された場合について、再発行ができるか否かの議論であり、本件の如く、完全手形については、あまり争論が引き起こされておらず、判例もみあたらない状態である。

その中にあって、除権判決を得た申立人は、判決正本により自分が権利者であることを主張し（民訴七五八条）、証券による債務の履行を請求しうると共に、一般に証券再発行を求めることができると主張する学説がある（高窪一利・前掲書二一四頁）。

除権判決を得た者が従来の証券に代わる新証券の発行を債務者に対して請求できるかについては、株券（商法二三〇条二項）および抵当証券（抵当証券法二一条）に関し、それぞれ再発行請求できる定めがおかれている。そこで、これを厳格に解すれば、この特定証券以外の証券では明文規定がないために、再発行の請求は許されないという見解をするのが再発行否定の立場である。

株券、抵当権の規定は、一種の例示規定であって、その規定を類推して、他の証券にも必要により証券の再発行の請求を許してもよいと考えるのが再発行肯定の立場である。

手形証券の如く、流通期間が比較的短く、しかも、一回限りの権利行使で消滅してしまうような証券では、再発行の請求を認める意義は乏しい。そして、除権判決制度の限界と合せて考えると、手形については再発行できないとの見解が妥当である。

もし、判旨が再発行肯定説に立脚した理論構成であるならば、この点についても反対とする。

なお、本判旨では、Y_1に対する否認権行使に関する部分もあるが、見出しのタイトルとは異なる論点であるため、割愛する。

（七〇巻五号（平成九年五月））　黄　清渓

一二　集団扱生命保険契約における告知義務違反に基づく契約解除権と除斥期間の起算点

福岡地判平成二年五月二二日民三部
平成元年(ワ)七六六号保険金請求事件、棄却（控訴）
判例時報一三七五号一三二頁

【判示事項】
集団扱生命保険契約において保険者の告知義務違反を理由とする契約解除権が除斥期間経過により消滅していないとされた事例

【参照条文】
商法六七八条二項、六四四条二項

【事　実】
訴外Aは、昭和六〇年七月一九日、Y生命保険相互会社（被告）との間で、被保険者をA本人、死亡保険金受取人X（原告）、死亡保険金を二五〇〇万円とする集団扱普通定期保険契約を締結し、同日第一回保険料に相当する金額を支払い、その後も継続して保険料を支払っていたところ、昭和六二年七月二一日脳出血によって死亡した。そこで、保険金受取人であるXが、昭和六二年八月八日、Y社に対し保険金支払請求手続をとったが、被告Y社は、本件保険契約の保険約款に、保険金は請求日の五日後に支払われるとされているにもかかわらず、支払に応じなかったため、訴えを提起したのが本件である。

これに対し、Y社は、昭和六二年九月二九日、本態性高血圧であるにもかかわらずこれが告知されていなかったとして、Xに対して本件保険契約を告知義務違反に基づき解除の意思表示をなしていると抗弁した。

本件の主たる争点は、告知義務違反を理由とする契約解除権が除斥期間の経過により消滅しているか否かである。X側は、第一に、Yは、昭和六二年八月一五日頃告知義務違反という解除原因を知ったのであるが、その後一か月以上経過した同年九月二九日に意思表示をしたのであるから、解除権は消滅していると主張し、第二に、特約二条では、「契約成立日から二年」という契約解除権の除斥期間が定められているが、この起算日である「契約成立日」は、本件のような集団扱の場合にも、普通保険約款上定められている契約成立日（即ち、責任開始日）と同様に解すべきであるから、Aの死亡が昭和六二年七月二一日である以上、実質的契約成立日である責任開始日（第一回保険料払込日である昭和六〇年七月一九日）から二年を経過した後であるので、解除権は消滅していると主張した。

これに対し、Y会社は、第一の点については、告知義務違反の事実を知ったのは、医師から事情を聴取し、診察証明書の交付を受けた昭和六二年九月二二日であるから、知った日から一か月を経過していないと主張し、第二の点については、集団扱の場合には、特約において「契約成立日」は第一回払込日の翌月一日と定められており、本件保険契約では昭和六〇年八月一日がこれに該当する日であるから、同年七月二一日の死亡から未だ二年を経過していないと主張した。

【判　旨】

請求棄却

一 「AがY会社甲営業所の外務員Bに血圧の高いことを告げたとの点については、……これを認めるに足りる証拠はない。また仮令生命保険会社の外務員に告げたとしても、一般に外務員にはこのような告知を受領する権限なく、同外務員にその権限があるとの特別な事情については主張立証がない。

更に、AがY会社の診査医に対して高血圧の事実を告げたとの点についても、これを認めるに足りる証拠はない。」

二 「Y会社がAの昭和六〇年七月一〇日から同年一一月二五日まで通院したC外科・胃腸科医院の医師Dから診療証明書（診断書）の交付を受け、入・通院状況を確認したのが昭和六二年九月二二日であることが窺われるので、Yにおいて告知義務違反という解除原因を知ったのも同じ頃と思われる。したがって、Yのした契約解除の意思表示は、解除原因を知ってから一か月を経過していないので、Yの解除権は未だ消滅していないというべく、他にX主張事実を認めるに足りる証拠はない。」

三 「確かに、Yの普通定期保険普通保険約款第一条第二項・第三項において、第一回保険料に相当する金員を受領した日をもって責任開始日とするとともに契約成立日としていることが認められるにもかかわらず、普通定期保険集団扱特約第二条においては、前記普通保険約款の規定にかかわらず、普通保険約款に規定するYの責任開始期の属する月の翌月一日を契約成立日とすることが定められていることが認められるので、集団扱分のみ取扱いが異なるということができる。この取扱の差が告知義務違反を理由とする契約解除権の除斥期間の起算点に関係してくることとなる。しかも、この除斥期間の起算点も、昭和六一年七月五日の普通定期保険普通保険約款改正により、「契約成立の日」とある部分が、「責任開始の日から」に改められたことが認められ、この改正以後は、集団扱特約による契約成立日のずれも、除斥期間の起算点に関しては、差異を生じなくなった。また、Y以外の生命保険会社においては、あらためて契約成立日を問題にせずに、すべて責任開始日を基準に処理しようとするところや契約成立日を定めてはいても、期間の計算に関しては責任開始日とするところが多く、契約成立日としていたのを責任開始日に改正したところもあり、責任開始日を基準にしながらも、集団扱特約において、責任開始日を翌月一日とするところが一社あるにすぎない。

これらの事情を考えると、Aが責任開始日を基準に起算すると二年以上経過し、契約成立日を基準とすると二年を経過していない微妙な時期に死亡したという本件において、Xが実質的な本件保険契約締結（成立）の日に着眼して集団扱の取扱いの差異をなくし、他社の取扱いとの均一化を強調して、契約成立日を責任開始日に読み替えるよう主張することは、心情的には理解することができ、この主張を理由のないものとして直ちに排斥しがたいところであると考えられる。しかし、翻って考えてみるのに、告知義務違反を理由とする契約解除権の除斥期間は、元来、「契約ノ時ヨリ五年」（商法第六七八条第二項、第六四四条第二項）と定められているのを保険者において期間の利益を一部放棄した形で普通保険約款に規定したものであるから、本件保険契約において、除斥期間の終期を定めるにあたり、普通保険約款及び集団扱特約にいう『契約成立日から二年間』、即ち昭和六二年七月末日までと定め、各社・各種保険と比較して二年間という期間に多少のずれが生じたとしても、これ直ちに不合理であると断ずることは困難である。集団扱いにおける責任開始日と契約成立日のずれが保険者側の集金事務の便宜のために設けられたであろうことは、推察するに難くないが、集団扱特約の適用を受ける保険契約者には、保険料において集団扱いの保険料率が適用されることが認められるので、この点を考慮すれば一概に不合理ということもできない。」

【研　究】

一　本件判旨では、告知義務が履行されていないことを前提として、この告知義務違反に基づく契約解除権が特約に定める除斥期間を経過したものとはいえないから消滅してはいないとしている。このように本件の主たる争点は、告知義務違反を理由とする契約解除権が除斥期間の経過により消滅しているか否かにあるが、判旨第一点では、告知義務が履行されていないとしつつも、告知受領権者とはいったい誰なのかという興味深い点についても一応の裁判所の考え方が示されている。この点に関する従来の判例は、外務員に対する告知は、例外的に外務員に告知受領の権限が与えられている場合を除き、保険者に対する告知としての効力を有しない（大判昭和七年二月一九日刑集一一巻八五頁、東京地判昭和二六年一二月一九日下民集二巻一二号一四五八頁、東京地判昭和三七年二月一二日判時三〇五号二九頁）とされていたし、診査医は告知受領権を有するとして確定しているから（大判大正五年一〇月二一日民録二二巻一九五九頁、福岡地小倉支判昭和四六年一二月一六日判タ二七九号三四二頁）、本判決もこの点に関しては従来の判例の態度を踏襲したものと評価し得る。

前述したように、本件の主たる争点は、告知義務違反を理由とする契約解除権が除斥期間の経過により消滅しているか否かというところにあり、特に「この特約による取扱いを行う保険契約は、普通保険約款の規定にかかわらず、普通保険約款に規定する会社の責任開始期の属する月の翌月一日を契約成立日とします」として集団扱特約が特別の定めを置いているところから、これをいかに解すべきかが問題とされている。具体的には、集団扱特約の解釈として、保険者の解除権の除斥期間の起算点、すなわち二年以内の保険金の支払事由（被保険者の死亡）のその期間の起算点が責任開始日（昭和六〇年七月一九日）なのか、それとも契約成立日（昭和六〇年八月一日）なのかというところにある。本件では、Aの死亡は昭和六二年七月二一日であるから、前者すなわち責任開始日であるとすると、二年以上経過後の死亡ということとなり、Y保険会社は保険金を支払う責任を負うこととなり、後者すなわち契約成立日であるとすると、二年以内の死亡ということになり、Y保険会社は保険金の支払を免れるということとなる。

告知義務違反を理由とした契約解除権の除斥期間に関連した判例はあまり多くなく、わずかに解除原因を覚知したときから一か月を経過した後になされた解除は無効であるとしたもの（大判大正五年七月一二日民録二二巻一五〇一頁）や、商法六四四条二項あるいは商法六七八条二項の「解除ノ原因ヲ知リタル時」とは何時なのかについて争われたもの（大判昭和一四年三月一七日民集一八巻一五六頁、大判昭和一六年九月三日法学一一巻四一八頁、大阪地判昭和四七年一一月一三日判タ二九一号三四四頁）、保険事故の発生の時期いかんを問わず五年の除斥期間が経過すれば解除権は消滅するとしたもの（満了直前に死亡し、保険者は五年の期間満了後に告知義務違反を知ったという事例。東京地判昭和一三年二月二一日新報五〇五号八〇頁）などがあるだけである。したがって、本判決の主たる争点については、この点に関する初めての裁判所の判断という位置付けをすることができよう。

二　判旨第一点については、前述したように、従来の判例は、診察医には告知受領権があるとするが、一般の外務員には告知受領権はないとしている。診察医に関しては学説上もほぼ異論なく告知受領権を認めており、告知の受領については保険者を代理する権限を有するものとしている（田辺康平・現代保険法四二頁、金沢理・保険法講義六一頁、石田満・商法Ⅳ二九五頁。ただし、倉澤康一郎・保険法通論一三六頁は、本来告知受領権は契約締結権と結び付くべきものであるということから、告知受領権を有するとすることには懐疑的な態度を示されている）。ただ、診査医に対する告知が保険者に対する告知と同視され、また診査医の知または過失による不知が保険者のそれと同視されることの理論的根拠については、判例・学説ともに争いがある。判例の中には、診査医は「保険者の機関として申込人の健康状態を調査する任務を有するから、身体状況に関し危険測定に重要な事実の告知を受けることができるのは当然」として機関性に求めるもの（大判大正八年九月九日新聞一六一〇号二〇頁）や、「保険者は、その医師の診断上の過失については自らその責めを負う意思を有するものと解すべき業務の性質上当然」として保険者の意思に求めるもの（大判大正一一年二月六日民集一巻一号一三頁）などがある。学説には判例と同様、機関と解するもの（田中誠二・新版保険法一〇一頁、野津務・保険法における信義誠実の原則一一四頁）や保険者の意思を推測するものもあるが、診査しかつ危険測定に関する事情を聴取しこれを保険者に報告することを委託する行為のうちに、黙示の告知受領の代理権の授与行為が含まれているということに求めるものなどもある（大森忠夫・保険法二八三頁、西島梅治・保険法第二版三七四頁、石田・前掲書二九六頁）。しかし、診査医が保険者の機関であるというのは法的な意味での機関でないから、あくまでも一種の比喩に過ぎないものであろうし、また保険者の意思を推測する考え方に対してはあまりに擬制にすぎるとの批判をなしうる。さらに、黙示の告知受領の代理権をもって構成する学説は、理論的には、告知は準法律行為（観念通知）であるから、申込の意思表示の受領権限とは別個に告知受領の権限だけを授与するということも可能であると主張するのであろうが、告知受領権者は承諾の意思表示をなし得る者、すなわち契約の締結権ある者であるべきである。なぜなら、告知義務は保険者の承諾の意思表示の動機に関連するものだからである。立法論としてであればともかく、黙示の授与も擬制に過ぎる。

外務員に関しての判例は既に述べた通りであるが、学説も判例と同様に、その根拠としては、告知は、これにより締約の応否を決するためのものであるから、その性質上、締約につき決定権を有する者（代理人を含む）でなくてはならないという点に求める（ただ、学説の中には、外務員には告知したにもかかわらず、外務員がこれを会社に伝達しなかったために告知義務違反となるのでは、契約者保護の点で問題があるとの理由から、有効な告知とはならないけれど、それは知・不知の問題とは別だから、こちらで解決しようとするものも登場する（大森・前掲書二八五頁、西島・前掲書三七七頁。倉澤教授は、損害賠償の問題で解決すべきが筋であるとされる。倉澤康一郎・保険契約法の現代的課題四五頁）。ここでは、これ以上立ち入らない。

以上述べてきたように、判旨第一点については、外務員に関しては述べる通りでよいとしても、診査医に告知すれば足ることを前提とした後段部分には問題がある。

三　判旨第二点では、保険者が「解除の原因を知った時」とは何時の時点かが問題とされている。本件約款一五条二項一号は、「会社が解除の原因を知った日から起算して一か月以内に解除しなかったとき」告知義務違反を理由とする解除権は消滅するとしており、商法六七八条二項も同様に規定している。この点、学説上は、保険者が「解除の原因を知った時」とは、保険者が解除原因が存在するのではないかという疑いをもっただけではこれに当たらず、解除権行使のため必要と認められる諸要件を確認することが必要とされている（大森・前掲書一三四頁、西島・前掲書九一頁）。判例の立場は必ずしも明らかではないが、保険者が告知義務違反の客観的要件を知った時、すなわち重要な事実の不告知または重要な事項に関する不実告知を知った時をもって解除の原因を知った時と解するようである（前掲・大阪地判昭和四七年一一月一三日）。本件判旨の表現からすれば、「Yにおいて告知義務違反という解除原因を知った」としているのであるから、基本的には従来の判例の立場を踏襲しているものと思われる。

四　問題は判旨第三点であり、これが本件の主たる争点ともいえる。商法は、告知義務違反を理由とする保険者の解除権について、保険者が解除の原因を知った時から一か月間これを行使しないとき、または契約成立の時から五年を経過したときはこれを行使することができないと規定している（商法六七八条二項、六四四条二項）。そして、この期間は除斥期間であり、特約によりこの期間を短縮することは、保険契約者の側に商法に定めるよりも不利益を及ぼすものではないから、有効であると解されている（大森・前掲書一三二頁、西島・前掲書九一頁、伊沢・前掲書三六三頁。東京地判昭和一三年二月二一日新報五〇五号八〇頁）。片面的強行規定であるので、延長することはできないが短縮はできるとの理由からである（石田・前掲書七二頁。なお、損害保険法制研究会・損害保険契約法改正試案理由書（一九九五年確定版）によれば、片面的強行規定であることを明記するようである――商六六三条の三）。本件判旨も、こうした学説・判例の考え方に従い、本件約款が除斥期間を二年に短縮していることを有効とする前提で論じている。

そして、本件における問題は、初めに述べたように、この除斥期間の起算点がいつかというところにある。というのも、本件で問題とされた普通定期保険普通保険約款では、個人保険の場合には、第一回保険料に相当する金額の支払がなされた時が責任開始の日とされ、さらに責任開始の日が契約成立日とされており（約款一条三項）、両者の間にずれがないため問題とはならないが、本件の集団扱特約では、「この特約による取扱を行う保険契約は、普通保険約款の規定にかかわらず、普通保険約款に規定する会社の責任開始期の属する月の翌月一日を契約成立日とします」（特約二条一項）とされており、告知義務違反を理由とする解除権については、「契約成立日……からそれぞれ起算し、二年以内に保険金の支払事由または保険料払込みの免除事由が生じないで、その期間を経過したとき」「解除権は……消滅します」（約款一五条二項）とされているため、契約成立日と責任開始日とのズレが生じてしまい、まさに本件のような時間的関係のある場合には、契約成立日であると文言通りに理解した場合には解除権が消滅していないという状況となってしまう。

本件判旨はきわめて歯切れが悪い（このことを指摘するものとして、西島・後掲本件判批二一一頁）。本事件当時の約款規定が当時においても改正されざるを得なくなったこと、他の保険会社の約款や特約の場合にはこうした問題は発生しないこと、などを長く述べXに同情の念を示し、心情的には理解できるとはしつつも、結論的には、当時の約款の無条件適用をしているからであるといえる。本判決は、「契約成立日を責任開始日と読み替えるよう主張することは、心情的には理解できる」としながらも、「元来、『契約ノ時ヨリ五年』（商法第六七八条二項、第六四四条二項）と定められているのを保険者において期間の利益を一部放棄した」ものであるから多少のズレは不合理でないとし、さらに保険料も集団扱いで割引されているのだからこれもまた不合理ではないとして、当時の約款をそのまま適用する根拠としてくる。要するに、本件判旨は、本件約款の内容には不合理な部分が認められるが、これをそのまま適用しても必ずしも不合理とはいえない理由があるとするのである。

この点、前者の問題については、商法よりも三年も短くしたのだから多少のずれはしかたないというが、最大一か月のずれが生ずることを考えると、はたして丼勘定的にこのように言い得るかは疑問であるし、割引保険料の存在をもって不合理性を否定することも、告知義務違反を理由とする契約解除権の除斥期間についての保険契約者の側の不利益を甘受させる根拠とはなり得ない。割引保険料はいわば経営戦略上の問題であり、事務負担の軽減からでた付加保険料部分についての割引であろうから、この存在をもって、契約解除権の存否にまで影響を及ぼすとするのは問題である。

五　元来、普通定期保険集団扱特約は、同一団体に属する者と保険者の間の多数の個別的な契約について、保険料の給与控除と一括銀行振込、保険料集金手数料分の割引など、集団的な取扱をする特約であるに過ぎない。あくまでも、個々の保険契約者との間で個々の保険契約が成立しているのであるから、法律関係は、基本的には個人保険と同じものである（西島・後掲本件判批二一一頁、糸川厚生「団体生命保険契約」ジュリスト七四六号一二二頁）。ところで、個人保険の場合、「会社は、次の時から保険契約上の責任を負います」「第1号　保険契約の申し込みを承諾した後に第一回保険料を受け取った場合　第一回保険料を受け取った時」「第2号　第一回保険料相当額を受け取った後に保険契約の申し込みを承諾した場合　第一回保険料相当額を受け取った時」としてあるのが通常である。第1号は責任開始条項と呼ばれ、第2号は責任遡及条項と一般に呼ばれており、いずれにしても、保険契約の諾成契約性の下で、契約成立時点と責任の開始時点（保険期間の始期）のずれを調整するものであるが、ここでの契約成立時点はまさに法律行為としての保険契約の成立時点が問題とされる（拙稿「生命保険契約の成立」金融・商事判例九八六号四二頁）。そしてまた、商法六七八条二項にいう「契約の時より」とは「契約成立の日」を意味するであろうから、ここでもやはり法律行為としての保険契約の成立が問題とされていそうである。もちろん、同条は強行規定ではないから、告知義務違反をめぐる契約当事者の利害の公平な調整となるのであれば特約をもって別段の定めをなすこともできないわけではない。したがって、多くの約款では責任開始日とされているのである。

問題は、本件当時の約款本体では「契約成立の日から」とされており、集団扱特約では、その「契約成立日」について「普通保険約款に規定する会社の責任開始期の属する月の翌月一日を契約成立日とします」とされているという点である。先にも述べたように、集団扱いといえど、個々に保険契約が成立するのであるから、法律行為としての契約の成立日は個々に異なっているはずである。集団扱いの保険といえど、集団扱いの対象となる個別契約はバラバラに申し込みと承諾が行われるため、法律行為としての契約成立日が不統一であるのは当然だからである。そうであるとすれば、本来、法律行為としての「契約成立の日」などは画一的にある一定の日として定め得る性質のものではないと考えられよう。特に、集団扱定期保険の約款が、個人保険の場合と異なる定めを設けたのは、保険期間の統一と保険料払込方法の統一を図るという目的だけのためであるとすれば、保険会社の事務処理上の基準日が統一されていさえすればよいのであるから、必ずしも責任開始期の属する月の翌月の一日にこれを統一する必要はない（西島・後掲本件判批二一一頁）。このように、集団扱特約における「契約成立日」は、保険契約上の権利義務の発生や消滅の時期を判定する基準の日という、本来的な法律行為としての契約成立日を意味するものではなく、毎月の保険料の未収か既収かを画一的に判定するための事務処理上の基準日とされたものと言い得るに過ぎない。それゆえ、たとえ「契約成立の日」との文言が使用されていようとも、収保管理上の便宜のために設けられた基準日を、告知義務違反を理由とした解除権の除斥期間の起算点に用いることはできないであろう。少なくとも、告知義務違反を理由とした解除権の除斥期間の起算点については、特約二条の適用はないと考えるべきである。したがって、この場合には、解釈論としても、約款の一般原則に戻り、責任開始日をもって契約成立日であると解するのが本来の言葉の意味からしても正当である。そして、この約款の一般原則は、保険料相当額受領の時に契約も成立するとして、保険料相当額の払込みを契約の成否と関連づけるべきであるとする考え方によって裏付けされる。

六　本件は控訴されたが、裁判所の強い和解勧告によって、控訴審の第一回口頭弁論期日に、Xの側から和解の申し出があり、結局、死亡保険金の二割と既払い保険料の合計金額で、裁判上の和解が成立したようである。判旨に歯切れの悪い部分が多かったのは、裁判官自身がオール・オア・ナッシングの判断が困難であったことの証ともいえる（西島梅治・保険法第二版八九頁でも、本件のような事例の場合、結局は示談的処理が多いとの指摘がなされている）。なお、本件についての判例研究としては、西島梅治・判例評論三九一号と石田満・ジュリスト一〇四五号があり、西島教授は結論賛成、石田教授は反対の態度を表明されている。

（七二巻三号（平成一一年三月））　宮島司

一三　株主二名、持株数各二分の一の株主に対する招集通知を欠く株主総会決議は不存在であるとされた事例

大阪高判平成二年七月一九日民五部
平成元年(ネ)二五四六号株主総会決議不存在確認請求控訴事件
判例時報一三七七号一二三頁

【判事事項】

本件株主総会における招集通知もれの瑕疵は、全判示のように各五万株保有の株主二名の株式会社である被控訴人において、株数及び株主のいずれにおいても二分の一を占める五万株保有の株主一名を、株主でない者と扱い、これに招集通知をしなかったものであり、被控訴人のし意的な判断に基づくものと考えられるから、かかる瑕疵ある招集通知による本件株主総会は、法律上株主総会と評価できないものであり、したがって、そこでの本件各決議も法律上存在するものと評価することができない。

【参照条文】

商法二五二条・二三二条

【事　実】

Yは発行済株式総数一〇万株、株主二名の株式会社で、Xはそのうち五万株の株主であるところ、Yは定時株主総会を開催して役員選任の決議をしたが、YはXの株主権の存否を訴訟で争っていたことを理由に、Xに対し株主総会の招集通知をしなかった。右訴訟は、XがAから五万株の株式の譲渡を受けたと主張して、A及びYを共同被告として株主の地位確認を求めた事件であり、Yらは譲渡の事実を認めたものの通謀虚偽表示により無効であると争ったものである（同訴訟はYの勝訴が確定した）。Xは、右総会決議はXへの招集通知もれにより存在しないとして、その不存在確認を求めた。第一審はXの請求を棄却した。本判決は、Xへの株式譲渡について、前記訴訟におけるYの答弁から株主名簿上Xのために名義書換がなされていたことが窺えるところ、Xに対する総会招集通知漏れの程度は発行済株式総数の二分の一を占め、Y側は経営をめぐる対立から意図的にXへの招集通知をしなかったものであるから、総会決議は法律上存在しないとして、原判決を取り消し、Xの請求を容認した。

【判　旨】

株主総会の招集通知もれの瑕疵は、商法二四七条の総会決議取消事由に該当するが、右決議の取消につき、方法、当事者、出訴期間の点で制限が設けられ、総会決議の法的安定性を確保する手段がとられているけれども、株主総会の招集通知は、株式会社の構成員である株主全体の会議体を成立させるための基礎的な手続であるから、招集通知もれの程度が高く、そのために株主総会ひいてはその総会での決議が法律上不存在と評価される場合には、総会決議の法的安定性のための制約を離れて、招集通知もれを事由に総会決議不存在を訴求することができる。

これを本件についてみるに、本件株主総会における招集通知もれの瑕疵は、全判示のように各五万株保有の株主二名の株式会社である被控訴人において、株数及び株主のいずれにおいても二分の一を占める五万株保有の株主一名を、株主でない者と扱い、これに招集通知をしなかったものであり、右扱いが全判示二の事実及び以下に判示の事情に徴して、被控訴人のし意的な判断に基づくものと考えられるから、かかる瑕疵ある招集通知による本件株主総会は、法律上株主総会と評価できないものであり、したがって、そこでの本件各決議も法律上存在するものと評価することができない。

【研　究】

一　本件は、各五万株保有の株主二名からなる株式会社である被控訴人において、株数及び株主のいずれにおいても二分の一を占める五万株保有の株主一名を株主でない者と扱い、これに招集通知をしなかった、というものである。そして、本判決は、決議不存在となる瑕疵はないとした原判決（京都地判平成元年一一月二一日）を取り消し、X（控訴人）の請求を認容した。本件判決は、持株数及び株主数割合だけでなく、主観的事情をも考慮に入れ、判断を下している。

しかし、本件判旨の読み方であるが、まず持株数と株主数を基準にした上で、主観的事情を斟酌して判決を下したのか、或いは、持株数・株主数及び主観的事情を総合的に斟酌して判決を下したのか、本件判決理由からは不明である。どちらの判断によったかにより、判例研究の検討方法（構成）も変わってくるであろうが、今回は、招集通知漏れの瑕疵を検討した後で、主観的事情という要件の必要性を検討していくことにする。それ故、この判例研究では、本件の株主総会の招集通知漏れを中心として検討していくことにする。

二　機関である株主総会が、その権限事項につき会社の意思を形成するためには、決議という形で一個の意思を決定することになる（倉澤康一郎『会社判例の基礎』（昭和六三年）一一二頁）。この総会決議が成立するには、招集及び決議に関する法的手続の履践が必要である。しかし、決議の手続的瑕疵とは、株主総会と称する会議体で何らかの決議がなされたが、それが機関としての行為とは法的に評価されないということである（倉澤・前掲書一一六頁）。例えば、総会開催の事実が全くなく議事録だけが作成されたり、又は登記されている場合である。さらに、厳格な総会手続を著しく欠いている場合である。このような場合にまで、一応有効な決議として扱ったり、まして三ヵ月後には有効と確定して争えなくなるということは不当な結果を招くことになる。そこで、不存在確認の訴えについては、昭和五六年の改正以前においても、従来から通説・判例（最判昭和三八年八月八日、最判昭和四五年七月九日）は、一定の場合に決議不存在確認の訴えを認めていた。決議不存在とされた事例としては、①総会の開催の事実が全くなく、または決議そのものが事実存在しないのにもかかわらず、登記や議事録に決議が存在したかの如く虚偽の記載がある場合、②一応総会及び決議と目すべきものは事実上存在するが、その成立過程の瑕疵が著しく、法律上決議があったとは評価できない場合であるとされる（今井宏「決議の瑕疵」民商法雑誌八五巻三号（昭和五六年）四三五頁。これらは、……招集手続又は決議の不存在という手続上の瑕疵ではあるが、その極端の場合であるので、二四七条の取消の訴えにより三月の出訴期限により有効となることを認めることはできない（田中誠二・山村忠平『五全訂コンメンタール会社法』七三四頁）、としている）。

しかしながら、特に②のような場合の決議不存在は、決議取消の訴えとの関係で、困難な場合を生じる。例えば、株主総会の招集通知漏れは、決議取消事由でもある（二四七条）。それ故、いかなる程度の通知漏れが取消事由あるいは決議不存在となるかを、峻別することは容易でない。（倉澤康一郎『会社判例の基礎』（昭和六三年）一一六頁、小島孝「第二五二条〔決議不存在・無効確認の訴え〕」上柳克郎・鴻常夫・竹内昭夫編『新版注釈会社法(5)株

式会社の機関(1)』（平成七年）三九八頁、龍田節『会社法』（平成五年）一七一頁参照。同旨、西原寛一「株主総会」石井照久他編『経営法学全集第4巻・株主』三二二頁、北沢正啓『会社法〔第四版〕』三四四頁）。

　このようなことから、本件のような事例の場合、特に株主二名、持株数各二分の一の株主に対して招集通知を欠いた場合には、決議取消の対象になるのか、あるいは決議不存在とするのかが問題となる。

　一部の学説では、総会招集通知のなかった株式数や株主数が非常に多くても、決議取消事由になるという見解がある（菱田政宏「代表取締役が取締役会の決議によらないで招集した株主総会の決議の効力」ジュリスト一六三号（昭和三三年）六一頁、同『商事判例研究三〇年度』（一三事件評釈）六六頁）。

　しかし、このように解することは妥当であろうか。具体的事例を通して考えてみると、例えば、九九％を所有している九九九人に通知して、一％を所有している一人に招集通知を出さなかった場合を、決議取消と解するなら、反対に、一、〇〇〇人の株主がいる株式会社において、九九％を所有している一人の株主に通知して、一％を所有している九九九人に招集通知を出さない場合も、同様に、決議取消と解することは、困難であろう。

　招集通知を受けない株主の員数が多数であればその持株数は僅少であっても、株主全員から成る会議体としての株主総会の性質上、決議不存在となると同時に、その株主数は僅かであっても持株数が多数にのぼるときは、資本団体としての株式会社の機関としての株主総会の性質上、やはり決議不存在の原因となる（大隅健一郎・今井宏『新版会社法論　中巻Ⅰ』（昭和五八年）一二六頁、小島孝「第二五二条〔決議不存在・無効確認の訴え〕」上柳克郎・鴻常夫・竹内昭夫編『新版注釈会社法(5)株式会社の機関(1)』（平成七年）四〇〇頁。同旨、龍田節『会社法』一七〇—一七一頁、弥永真生『会社法』（平成八年）八五頁）、と解すべきであろう。

　招集通知漏れは、株主数と持株数を基準にして、決議不存在と判断することになるが、では、どの程度の通知があったときに総会の成立を認めることができるかが問題となる。この点に関して、招集通知が全くないか、これと同視できる場合には決議不存在になると解すべきであるという見解（奥山恒朗「総会決議の不存在」『別冊ジュリスト会社判例百選（新版）』一二六頁、堀口亘「総会決議の不存在」『別冊ジュリスト会社判例百選（第4版）』七七頁、谷川久「第二四七条［決議取消の訴］」大森・矢沢編『注釈会社法(4)株式会社の機関』（昭和四三年）一八七頁）や、招集通知は総会そのものの成立の基礎であるという重要性に鑑み、通知漏れが僅少で社会通念上大体において株主全体に招集の通知があったといいうる場合には、総会の成立を認めうるが、そうでない限り決議は不存在となるという見解（大隈健一郎・今井宏『新版会社法論　中巻Ⅰ』（昭和五八年）一二六頁、小島孝「第二五二条［決議不存在・無効確認の訴え］」上柳克郎・鴻常夫・竹内昭夫編『新版注釈会社法(5)株式会社の機関(1)』（平成七年）四〇〇頁）がある。

いかなる程度の通知漏れが、取消事由あるいは決議不存在となるかの明確な基準点を見いだすことは困難であるので、判例の積み重ねが必要となろう。招集通知に関する具体的事例を見てみよう。①総株主数六、九八六人（総株式数一〇九万株）のうち五三人（持株数八六、二三九）にのみ通知した場合（大判昭和一二年九月一七日）、②発行済株式総数二万株のうち、一名（持株数二、〇〇〇株）に対してのみ招集手続が取られたにすぎない場合（東京地判昭和二九年二月一九日）、③株主数九人（株式総数五、〇〇〇株）のうち株主六人（持株数二、一〇〇株）に通知しなかった場合（大阪高判昭和三一年二月二一日、最判昭和三三年一〇月三日）、④株主総数一〇人のうち発行済株式総数の半数を所有する四人に通知しない場合（松山地裁今治支部判昭和四三年二月二三日）、⑤株主七名のうち一名（発行済株式の四分の一以上を所有）に通知しない場合（大分地判昭和四七年三月三〇日）、⑥発行済株式総数二万株の会社で株主の過半数（持株総数一万二千株）に招集通知がない場合（大阪地判昭和四七年六月二八日）、⑦発行済株式総数の四割に当たる株式を有する株主に対して招集通知がない場合（東京高判平成四年一月一七日）、⑧発行済株式の四分の一を保有する一名の株主に対して通知がない場合（名古屋地判平成五年一月二二日）等がある。

以上の判例で注目すべきものは、④の大分地判昭和四七年三月三〇日や⑦の名古屋地判平成五年一月二二日である。両判決では、招集通知漏れが一名であっても、発行済株式数に対する持株数の割合が四分の一以上であれば、決議不存在としている。つまり、招集通知漏れの割合から判断すると、発行済株式総数の四分の一以上に対して招集通知が発せられていない場合は、決議不存在としている。このことから本件にあてはめれば、株主二名、持株数各二分の一の株主に対して招集通知を欠いた場合には、持株数或いは株主数の割合の判断から、決議不存在確認の訴えを肯定しても良いのではないだろうか（しかし、発行済株式総数の二分の一の株主に招集通知が発せられなかった場合に（外国の裁判所で選任された破産管財人に日本国内での株主総会取消訴訟の原告適格が認められると判示したうえで）、当該総会決議は取消となるという判決もある（東京地判平成三年九月二六日）。この判決に反対、畠田公明「本件判例批評」判例評論四〇八号二二九―二三〇頁）。

三　本件では、株主総会の招集通知漏れの程度のほかに、被控訴人Y側における反対派閉め出しの意図をも斟酌して決議は不存在としている。それ故、不存在となるかどうかを判断する際に、招集通知漏れの程度以外の事情（以下、「主観的事情」とする）をも勘案すべきかどうか、問題となる。

主観的事情をも加味して判断したと思われる判例として、株主総会の決議をなしたものが株主でもある代表取締役とその実子二名であることをあげ、その決議は親子間の相談に等しいとしたもの（大阪高判昭和三一年二月二一日）、出席株主がすべて原告である反対派の身内の者であるとしたもの（松山地裁今治支部判決昭和四三年二月二三日）等がある。

確かに、主観的事情を勘案することに否定的な見解もある（大隈健一郎「株主総会の決議が不存在と認められた事例」法学論叢六五巻六号（昭和三四年）一一二頁、畠田・前掲二二九頁）。しかし、手続の瑕疵と不存在の瑕疵とは、区別が明確でない。手続の瑕疵をすべて決議取消の対象としたのでは、著しい手続の瑕疵があって、法的に総会決議とはいえないものまでも、三カ月という提訴期間が過ぎてしまえば、有効として争えなくなることは妥当でない（倉澤康一郎『会社判例の基礎』一一七頁参照）。また、例えば、会社が経営者株主と反経営者側株主とに分かれて対立している場合に、経営者が反対派株主には株主総会の招集通知を出さないで、反対派株主の知らない間に、自派株主だけで株主総会を開催して、自派の都合のよい決議をしてしまったとしよう。この場合には、反対派株主としては、株主総会が開催されたことを知らないで決議取消の訴えの提起期間である三カ月を徒過してしまうことがある。このような場合にも、自派株主が株主数において仮に過半数を占めるからといって、その瑕疵の主張について前述のような制約をそのまま適用したのでは、不都合である。（前田庸「いわゆる決議不存在確認の訴」鈴木忠一・三ケ月章『実務民事訴訟講座５』（昭和四四年）三二頁）。したがって、主観的事情を勘案することを必ずしも否定すべきではないように思われる。

学説においても、通知を受けなかった株主の数、その持株数、通知漏れの発生に至る諸事情などを総合して、決議の効力を決めていく必要があるとするものが少なくない（髙鳥正夫『会社法の諸問題〔増補版〕』（昭和五六年）三二一頁。他に、谷川久「第二四七条〔決議取消の訴〕」大森・矢沢編『注釈会社法(5)株式会社の機関』（昭和四三年）一八七頁、奥山恒朗「総会決議の不存在」別冊ジュリスト二九号（昭和四五年）一二六頁、堀口亘「総会決議の不存在」別冊ジュリスト八〇号（昭和五八年）七七頁、鮫島真男「株主総会決議の瑕疵〔13〕」登記研究五〇四号一五八頁）。また、

「このような主観的な意図（反対派を排除しようとの意図）を斟酌することには反対もあるが、単なる過失により通知しなかった場合とは区別すべきであるとすれば、……、招集側にそのような意図があれば決議は不存在に間違いな」い、とするものもある（谷口安平「株主総会決議の不存在」鈴木・大隈他編『新商法演習Ⅰ　会社（1）』（昭和五二年）二六七―二六八頁）。

以上のようなことを考えていくと、一般的には、招集通知の瑕疵の程度を株主数だけで判断せず、持株数をも判断基準として、招集通知があったとはいえないような場合には、決議不存在と認められると解される。そうでない場合でも、経営上の対立等に由来する主観的事情をも勘案して、決議取消の主張について認められている制限が妥当でないと考えられ得るときは、決議不存在確認の訴えを認めるべきであろうと考える。

（七〇巻六号（平成九年六月））　池島真策

一四　自動車損害賠償保障法一〇条にいういわゆる「構内自動車」が道路上を走行中に発生した事故に対する政府の自動車損害賠償保障事業の適用の可否（積極）

名古屋高判平成二年一〇月三〇日民事第一部
昭和六三年(ネ)第三五一号損害賠償請求控訴事件、原判決取消（上告）
金融商事判例九二五号九頁、訴務月報三七巻三号五八六頁

【判示事項】

一　友人の父親が経営する板金工場内で専ら使用されていたフォークリフトを無断運転した者が道路上で起こした事故について、運行支配を有している父親は、フォークリフトの保有者として、運行供用者責任を負う。

二　いわゆる構内自動車が道路上で起こした事故は、自動車損害賠償保障法七二条に基づく政府の自動車損害賠償保障事業の適用を受ける。

【参照条文】

自動車損害賠償保障法三条・一〇条・七一条・七二条

【事　実】

Y［被告・被控訴人］は、「Y板金工作所」という商号で板金業を営み、本件工場内で荷物の積み降ろし作業に使用するフォークリフト（以下、本件車両と略記する）を所有し、これを本件工場内において占有・管理し、もっぱら本件工場内において使用していた。本件車両は、自動車損害賠償保障法（以下、自賠法という）一〇条にいういわゆる構内自動車であるため、自動車損害賠償責任保険（共済）（以下、自賠責保険という）が付保されていなかった。

Yは、昭和五七年五月一日午後七時三〇分過頃、所要のため本件工場を出たが、この日は本件車両のエンジンキーを抜くのを忘れた。Yの妻Aは、本件工場に隣接する事務所で事務関係の残業をした後、午後一〇時過頃、本件工場の西側シャッターから出て帰宅したが、B_1（Yの長男）［本件事故当時一七歳］が間もなく戻るものと思い、シャッターに施錠をしなかった。このため、本件車両は、同日から翌五月二日までエンジンキーが付けられたままの状態で、施錠がされていないシャッターにより外界から隔絶された本件工場内に保管されていた。

B_1は、昭和五六年秋以降、本件工場内にある部屋（以下、本件部屋という）で、留守番のため寝泊まりしていた。本件部屋は、B_1とその仲間である訴外Cらの溜まり場となっていた。

B_1は、本件部屋を外出する際、自宅にいたB_2（Yの三男）［本件事故当時一五歳］に本件工場の留守番を依頼し、そのため、B_2は遊びに来ていた友人訴外D_1［本件事故当時一五歳］とともに、五月一日午後一〇時二〇分頃、本件部屋に行った。そこには、B_1の友人である訴外Cがすでにいた。翌五月二日午前一時四〇分頃、最後まで残った者も本件部屋から帰宅しようとして本件工場に降りてきたとき、エンジンキーのついた本件車両を発見し、訴外Cがそれを運転してシャッターから本件工場外へ出た。途中、訴外CはEと運転を交代し、B_2を除く訴外C、訴外D_1らも本件車両に乗り込み、運転を再開した。B_2は訴外D_1らに乗らないように注意したものの、誰も聞く者はなく、道路に出てから左折後、再び訴外CがEと代わって運転を始めたが、二度目の左折地点で、本件車両の左側を小走りで伴走していた訴外D_1を本件車両の左側側面で道路左側ブロック塀に強圧・転倒させ、脳挫傷により死亡させた。

X（国）〔原告・控訴人〕は、自賠法七二条一項に基づき被害者D_1の父母D_2、D_3に保障金を給付した後、D_2、D_3のYに対して有する同三条に基づく損害賠償請求権を代位取得した旨主張し、Yに対し上記給付額相当の金員の支払を求めて本訴を提起した。

第一審判決（名古屋地判昭和六三年六月一〇日、判時一三一七号一一〇頁、判タ六八二号一九一頁、金判九二五号一三頁、交民集二一巻三号五八九頁、訟務月報三七巻三号五九九頁）は、Yの自賠法三条の運行供用者責任を否定し、Xの請求を棄却した。ただし、政府の自動車損害賠償保障事業（以下、政府保障事業という。〔自賠法七二条〕）の適用の可否については、傍論部分で、肯定する旨を述べた。これに対し、Xが控訴した。なお、控訴審判決後、上告されたが、最高裁は、平成五年三月一六日第三小法廷判決において、詳細な理由を示すことなく、本件事故への政府保障事業の適用を肯定し、上告を棄却した。

【判　旨】

原判決取消

一　自賠法「一〇条は同法三条の適用を除外していないから、このような自動車〔構内自動車――筆者注〕が事故を起こした場合に、その保有者が当該自動車の運行支配を有していると認められる限り、同法三条により運行供用者責任を負担すべきことはいうまでもない」。「訴外CとEの運転は、Yからすれば、無断運転に該当する」

が、「Yの本件車両に対する運行支配は、本件事故の時点でもなお及んでいたものと認めるのが相当であ」り、訴外D_1は自賠法三条にいう「他人」に該当し、したがって、「Yは本件事故につき、運行供用者責任を負担するものといわねばならない」。

二　「なるほど、人身損害が生じた場合に、自賠法七二条一項後段によって、政府の自動車損害賠償保障事業の適用を受けうるのは、責任保険の被保険者及び責任共済の被共済者以外の者が、同法三条の規定によって、損害賠償の責に任ずる場合であるが、その括弧書きによって、その責任が同法一〇条に規定する自動車の運行によって生ずる場合が除かれているから、本件車両のように、構内自動車の運行によって生じた損害の場合は、その適用が除外されていると解されるかのようにみえる。しかしながら、構内自動車といえども、本来の用途から外れて、道路上を運行している際に事故を起こした場合には、自賠法に反して責任保険または責任共済の契約を締結しないまま、自動車を運行の用に供した場合と異なるところがないから、結局、構内自動車の運行によって生じた損害について、政府の保障事業の適用を受けられないのは、この種の自動車が工場内等で運行されている場合の事故に限られ、道路上の事故の場合は、一般の自動車による事故の場合と同様に、右保障事業の適用を受けうるものと解すべきである。そして、このように解することがまた、道路上における自動車の運行によって生じた、不特定の第三者の損害をできるだけ救済するため、自賠法により設けられた、政府の自動車損害賠償保障事業の目的・趣旨にも合致するものといわねばならない。

したがって、本件車両には自賠法七二条が適用されないという、Yの主張は、採用できない」。

【研　究】

結論に賛成するが、その理由には反対する。

一　本判決は、いわゆる「構内自動車」（自賠法一〇条）が道路上を走行中に事故を惹起した場合に政府保障事業（自賠法七一条以下）が適用されるか否かについて高裁レベルで初めて判断が下されたものである。本稿においては、構内自動車の運行に起因する事故についての運行供用者責任の発生の有無を簡単に検討し、その事故に対する政府保障事業の適用の可否に中心をおいて考察を試みる（異論の余地があるところだが、紙幅の都合上、運行供用者責任が成立することを前提に考察をすすめる）。

二　本件事故の特徴は、「構内自動車」が構内ではなく「一般道路上を走行中に」事故を惹き起こした点にある。構内自動車（自賠法一〇条）とは、道路以外の場所のみにおいて運行の用に供する自動車をいう（鈴木潔＝川井健＝小川昭二郎＝宮原守男編『注解交通損害賠償保障法』一〇二頁〔平野善次郎筆〕、木宮高彦＝羽成守＝板東司朗『注釈自動車損害賠償保障法』一〇八頁〔板東司朗筆〕）。そして、ここにいう「道路」とは道路法二条一項に規定する道路、道路運送法二条八項に規定する自動車道およびその他一般交通の用に供する場所をいい、道路交通法二条一号にいう「道路」の意義と同じであるとされている（木宮＝羽成＝板東・前掲書一〇八頁〔板東筆〕）。構内自動車であれば、付保義務等について定める自賠法五条および七条から九条の三までの規定は適用されないことになり（自賠法一〇条）、適用除外車の一つとされる（他の適用除外車には、国が自衛隊の任務遂行に必要な業務に用いる自動車、日米安保条約に基づき米軍がその任務遂行に必要な業務に用いる自動車、国連軍の地位協定に基づき国連軍がその任務遂行に必要な業務に用いる自動車等がある〔同法施行令一条参照〕）。保険実務上は、自動車を構内でのみ運行の用に供するという保有者の意思のもとに、未登録車の場合はそのまま構内で使用すると構内自動車となり、既登録車の場合は道路運送車両法一五条・一六条のま《﹅》つ《﹅》消登録手続きを経た上で使用するとそれになるという取り扱いがなされている。構内自動車は、保有者の、一般自動車道を走行しない自動車として使用するという意思を根拠に、「自動車皆保険（共済）」の原則（自賠法一二条、五四条の五）を基礎づける付保義務（同法五条、八七条一号。なお、五四条の二）が免除されるものである。

三 構内自動車の運行により事故が惹起された場合に、その保有者は運行供用者責任（自賠法三条）を負担するのであろうか。

本判決は、「本件車両は、……本件工場の構内において、荷物の詰み降ろし作業に用いられる自動車であるため、自賠法一〇条により、自動車損害賠償責任保険の契約の締結を強制されるものではないが、同法一〇条は同法三条の適用を除外していないから、このような自動車が事故を起こした場合に、その保有者が当該自動車の運行支配を有していると認められる限り、同法三条により運行供用者責任を負担すべきことはいうまでもない」とし、肯定する。最高裁判所は、昭和四八年七月六日第二小法廷判決〔上告棄却〕（判時七一五号五〇頁、判タ三〇〇号二〇七頁）において、Y会社〔被告・控訴人・附帯被控訴人・上告人〕の作業内で、従業員Aはショベルローダーを事業用に使用中にそれで甲を轢いて死亡させたので、その夫、子であるXら〔原告・被控訴人・附帯控訴人・被上告人〕が自賠法三条に基づきY会社に対し損害賠償を求めた事件について、次のように述べ、構内自動車について自賠法三条の適用を肯定した。甲は「ショベルローダー（道路運送車両法二条二項にいう自動車）（以下本件ローダーという。）に轢かれて死亡したものであるところ、本件ローダーは、自動車損害賠償保障法二条一項にいう自動車であることが明らかであり、そして、同条二項にいう運行とは、道路運送車両法二条五項にいう運行よりも範囲が広く、工場敷地内や公園等道路以外の場所のみで自動車を当該装置の用法に従い用いる場合をも含むものと解すべきであるから、……本件ローダーをY会社の作業所内のみにおいて用いたものであるとしても、……Y会社は、その所有の本件ローダーを自己のため運行の用に供していたものであり、かつ、その運行によって右甲の生命を害したものであることが明らかであって、Y会社は、これによって生じた損害につき、自動車損害賠償保障法三条所定の責に任ずべきものといわなければならない。もっとも、同法一〇条によると、道路以外の場所のみにおいて運行の用に供する自動車については、同法五条の規定（自動車損害賠償責任保険）の適用はないけれども、そのことと同法三条の損害賠償責任とは別個の問題であって、右の自動車について同法三条の適用が排除さるべきいわれはない」、と。また、裁判例を挙げると、東京地判昭和四三年一二月二六日交民集一巻四号一五四八頁は、被告らの、被告車は専ら工場内のみに使用する特殊なものであるから自賠法の適用はないとの主張に対し、自賠法の適用のある「自動車」を定義する同法二条一項とそれを受ける道路運送車両法二条二項は、「農業耕作用の小型特殊自動車を自賠法の適用除外としている外は制限を付していないのであるから、工場内で使用する特殊なものであることを以て自賠法の適用がないとの見解は独自の見解であって、当裁判所の採用するところではない」と述べ、「自賠法一〇条の適用除外は、同条が『第五条及び第七条から前条までの規定は……適用しない。』と明示しているとおりであって、自賠法三条の適用を除外するものではない」、と判示した（他に、新潟地判昭和四七年一〇月三一日交民集五巻五号一四八三頁がある）。このように、構内自動車の運行中の事故に対する運行供用者としての責任は免れないとされる（鈴木＝川井＝小川＝宮原編・前掲書一〇三頁〔平野筆〕、木宮＝羽成＝板東・前掲書一〇七頁〔板東筆〕）。

思うに、自賠法一〇条は自動車がいかなる場所で運行されようともそれ自体に内蔵されていた抽象的危険が運行によって実現されることに着目し運行供用者に厳格な責任を課す（同法三条）ことによって未然に事故の発生を防止するとともに、民法の使用者責任（七一五条）および動物占有者の責任（七一八条）の欠陥を補完・維持しようとして、自賠法三条の適用を排除しなかったのであろう（したがって、同法七二条一項後段括弧書きの「その責任」とは「第三条の規定による責任」と解される)。このように、構内自動車の運行による事故についても保有者は運行供用者責任を負うと解される。

しかし、構内自動車については自賠法五条の適用がないため、構内自動車に自賠責保険の付保されない場合が予測され、その場合は構内自動車の運行に起因する事故の被害者は自賠責保険による救済を受けることはできない。そのため、被害者は政府保障事業(自賠法七一条以下)による救済を求めることになる。

四 政府保障事業とは、判例(最三小判昭和五四年一二月四日民集三三巻七号七二三頁、判時九五二号四七頁、判タ四〇六号八三頁等(甲自動車(付保車)と乙自動車(無保険車)の二台の車両の運行により生じた交通事故の被害者が甲自動車について自賠責保険により損害塡補を受けることができる場合に、さらに、乙自動車についても政府保障事業に対し保障請求することができるか否かが争われた事件に対し、最高裁は保障請求を否定した〕。以下、昭和五四年最高裁判決という)によれば、自賠責保険制度がひき逃げ事故または無保険車による事故等の、「保険の制度になじまない特殊の場合における被害者を救済することができないので、等しく交通事故の被害者でありながら自賠責保険によっては全く救済を受けることができない者が生じるのは適当でないとして、社会保障政策上の見地から特に、とりあえず政府において被害者に対し損害賠償義務者に代わり損害の塡補をすることによって、上記のような特殊の場合の被害者を救済する」制度であり、したがって、「政府の保障事業による救済は、他の手段によっては救済を受けることができない交通事故の被害者に対し、最終的に最小限度の救済を与える趣旨のものであると解するのが相当であ」るとする(裁判例として、東京地判昭和五〇年三月二五日判時八〇一号六一頁、判タ三二七号二九〇頁、交民集八巻二号四三一頁、東京地判昭和六一年五月二七日判時一二〇六号五六頁、判タ六〇八号四四頁、訟務月報三三巻五号一一五五頁等がある)。

このように、政府保障事業は、自賠責保険による被害者救済の間隙を、「最終最低」保障という形式で「補完」する制度であるとするのが判例・通説といわれている。自賠法は、政府保障事業による保障対象を、ひき逃げ事故（七二条一項前段（自賠責保険が付保されていても機能しない場合））、無保険車事故等（同条同項後段（自賠責保険が本来的に機能しない場合））と定め（さらに、保険〔共済〕契約者または被保険〔被共済〕者の悪意による事故（一四条参照）も政府保障事業の保障対象とされている）、かつ、被害者が他の法令による社会保険給付（金）を受けた場合または自賠法三条による賠償義務者から損害賠償を受けた場合は、その給付相当額ないしは金額の限度において、保障金額は控除される（七三条一項二項）と定める。

それでは、自賠法七二条一項後段括弧書が、自賠責保険の本来的に機能しない、適用除外車（同法一〇条）による事故を政府保障事業の保障対象から排除するのは、いかなる理由によるのであろうか（従来の学説はこの点につき意識して論じていない）。以下のような二つの考え方があると思われる。

まず、第一の考え方は、適用除外車が付保義務の対象車両ではないことに求める（この考え方を以下では便宜上形式説と表記する）。すなわち、自賠法七二条一項後段は、政府保障事業の対象とする事故として、「責任保険の被保険者及び責任共済の被共済者以外の者が、第三条の規定によって損害賠償の責に任ずる場合」（無保険車の運行による事故等）と定めている。この場合と同条同項後段括弧書の定める、第三条の責任が適用除外車の運行によって生じる場合との差異は、加害車に付保義務（五条、八七条一号）が課せられているか否かにある。したがって、適用除外車の運行による事故が政府保障事業の保障対象から除外されるのは付保義務がそれに課せられていないからであると考えることになる。次に、第二の考え方は、政府保障事業の「最終」保障（自賠法七三条）という法的性質に求める（この考え方を以下では便宜上実質説と表記する）。すなわち、実質説では、昭和五四年最高裁判決が述べるように、政府保障事業を「社会保障政策上の見地から」「他の手段によっては救済を受けることができない交通事故の被害者に対して、最終的に……救済を与える趣旨のもの」と捉え、適用除外車の運行による事故の場合には政府保障事業以外の他の手段により被害者は救済され得るから、適用除外車による事故は政府保障事業の保障対象から除外されたと考えることになる。

ところで、適用除外車が加害車となる事故は、(I)先に挙げた、国が自衛隊の任務遂行に必要な業務に用いる自動車等の事故の場合と、(II)構内自動車の事故の場合（(II)の場合は、さらに、被害者と加害車の保有者との関係から、被害者が(i)従業員の場合と(ii)それ以外の一般の第三者である場合とに分類できる）との二つに分類できる。本件事故は(II)(ii)の構内自動車の事故であって被害者が一般の第三者の場合である。以下では、上記の形式説、実質説がそれぞれの立場に立って、適用除外車による事故全般を含め、被害者の救済の有無をどのように説明し、また法律構成をするのかの考察を試みる。

五　形式説によれば、適用除外車に付保義務が課せられていないので、適用除外車の運行による事故の被害者は政府保障事業による保障を受けることはできない。確認しておくが、構内自動車が本来の用途から外れ道路上を運行したとしても、構内自動車には依然として付保義務は課せられないのである。しかし、右の自衛隊の自動車等の事故(I)による被害者は、国家賠償法一条以下に則り救済を求め得る。同様に、在日米軍および国連軍の自動車による事故の場合は、行政協定によって、国が責任を負う（運輸省地域交通局自動車保障課監修『自動車損害賠償保障法の解説』一六七頁）。国の責任が認められた場合、国は十分な賠償資力を有しているので、被害者の保護に欠けることはない（木宮＝羽成＝板東・前掲書一〇七頁〔板東筆〕参照）。また、構内自動車の運行により従業員（構内自動車の保有者との関係では雇用関係にない第三者であっても、他の事業者に雇用されている者を含む。以下同じ）

が業務上被害を被った場合(II)(i)には、場所の如何を問わず、労働者災害保障保険法（以下、労災保険法と略記する）にしたがって保険給付が行われ（同法七条一項一号、一二条の八以下参照）、被害者の保護に欠けることはない（木宮＝羽成＝板東・前掲書一〇七頁〔板東筆〕参照）。

問題は、構内自動車の工場内および道路上の運行により第三者が人身損害を被った場合(II)(ii)である。第三者は、一般に、政府保障事業以外の他の手段による保護を受けることもなく、また、政府保障事業による救済を受けることもないので、事故発生の場所を問わず、構内自動車の保有者に対し損害賠償を求めることになる。自賠法制定当時の昭和三〇年頃は、自動車の普及台数も少なく、したがって、不特定多数の者が構内自動車の運行によって人身損害を被る事例がきわめて少なかったのであり、通常構内自動車の保有者は人身損害を賠償する資力に欠けることもなかったので（木宮＝羽成＝板東・前掲書一〇七頁〔板東筆〕参照）、被害者である第三者は政府保険事業の適用がなくとも損害は塡補され得たのである。

しかしながら、自賠法制定時から四〇年以上を経過した今日においては、資本主義が高度に発達を遂げそれに伴い自動車が大量に生産され、かつ、中古車市場も成熟したことも要因となって、社会の隅々にまで自動車が普及し、十分な賠償資力をそなえていない個人企業主さえも構内自動車を保有するに至ったために、第三者が道路上の構内自動車の運行により損害を受ける可能性が比較的に大きくなり、第三者がその保有者に損害賠償を求めても画餅に帰するという事態が十分予想されるようになった。また、被害者である第三者の立場からすれば、加害車が付保義務の対象車であるか否かは意味がなく、構内自動車は自賠責保険が付保されていないという点は一般自動車が無保険である場合と同じであるのに、付保義務の対象車両であるか否かによって、被害者である第三者に政府保障事業による救済の有無が決定される（形式説）のは妥当ではないと考えられる。

このように考える者は、次の実質説に立つものと解される。

六　実質説に立てば、政府保障事業は、加害車が付保義務の対象車両であるか否かにかかわらず（自賠法七二条一項後段は、「責任保険の被保険者……以外の者が、第三条の規定によって損害賠償の責に任ずる場合」と定めるのみで、付保義務の有無は問題にしていない）、他の手段による救済がないときに「最終」保障として機能するものである（自賠法七三条参照）と解して、適用除外車による事故の場合には政府保障事業以外の他の確実な被害者救済手段が認められると判断し、適用除外車による事故を政府保障事業の対象外としたのが七二条一項後段括弧書であるとする。実際に、先の自衛隊の自動車等の事故(I)による被害者は、国家賠償法一条以下等の方法にしたがい、賠償資力に欠けることはない国から損害の賠償を得るので、右にいう他の救済手段が認められる。また、構内自動車の運行により従業員が業務上被害を被った場合(II)(i)にも、事故発生の場所の如何を問わず、労災保険法による保険給付という他の手段が認められるので、「最終」保障である政府保障事業は働かない。

やはり問題は、構内自動車の工場内および道路上の運行により第三者が人身損害を被った場合(II)(ii)にある。この場合は、被害者は政府保障事業以外の他の救済手段による保護を受け得ないので、結論から述べれば、七二条一項後段「括弧書」は適用されず、原則に戻り七二条一項後段が適用されると解する。

自賠法制定当初の七二条一項後段には、「責任保険の被保険者でない者（国、日本専売公社、日本国有鉄道、日本電信電話公社、都道府県、地方自治法第百五十五条第二項の市、第十条の政令で定める者及び自家保障者を除く。）が、第三条の規定によつて損害賠償の責に任ずる場合も、被害者の請求により、政令で定める金額の限度において、その受けた損害をてん補する。」と規定され、同じく当時の自賠法一〇条には、「第五条及び第七条から前条までの規定は、国、日本専売公社、日本国有鉄道、日本電信電話公社、都道府県、地方自治法（昭和二十二年法律第六十七号）第百五十五条第二項の市その他政令で定める者が運行の用に供する自動車及び道路（道路法（昭和二十七年法律第百八十号）による道路、道路運送法（昭和二十六年法律第百八十三号）による自動車道及びその他の一般交通の用に供する場所をいう。以下同じ。）以外の場所のみにおいて運行の用に供する自動車については、適用しない。」と規定されていた。そして、同法一〇条の「政令で定める者」とは、自賠法施行令一条に定められた者、すなわち、外国の外交官、国連機関、駐留軍及び国連軍等であって、構内自動車の運行供用者は含まれていない。要するに、自賠法制定当初は、構内自動車による事故が惹起され運行供用者責任（三条）が発生すれば、政府保障事業による損害塡補の可能性があったのである（運輸省自動車局監修『改訂一九七〇年度版自動車損害賠償保障法の解説』一一四―一一五頁は、構内自動車について、「たとえば工場内や、自動車運転練習場内のみで運転され、一般交通の用に供されている道路上にはでてこない（従って、ナンバープレートもついていない）自動車であるが、この種の自動車の被害者は、保障事業に請求できる。……たまたま、工場内に立ち入った外部の者が、そのような自動車にひかれた場合は、保障事業が、その損害をてん補する。その場合にも、当人が他の事業者に雇用されて労災保険等の給付が受けられたり、加害者側の工場から損害賠償金を受けとったときは、……やはり請求がその限度で排除されることになる、と述べる）。ところが、昭和四五年改正法は、文言上は構内自動車による事故を政府保障事業の対象から除外した（七二条一項後段括弧書参照）。そうだとすると、改正法の趣旨を、被害者が第三者である事故も含めて、構内自動車の惹起した事故に対しては政府保障事業の適用はないとするものだと解することも可能であろう。しかし、被害者が従業員である場合と違って被害者が第三者の場合は、七二条一項後段括弧書の適用は排除され政府保障事業は働くと解する。今日においては、かつて自賠法が定めていた自家保障制度（旧五五条。昭和四五年に同制度は廃止された）によって被害者となった第三者が救済されることはなく、また、その第三者は、構内自動車を保有する企業等が常に賠償資力を担保するに十分な資力を有すると限らないため、事故発生時の場所が道路上か工場内かを問わず、政府保障事業以外に他の救済手段は一般に存在しないという状況が生じる。したがって、構内自動車の運行により第三者に人身損害が惹起され運行供用者責任が発生し、かつ、自賠責保険が付保されていない場合（任意に自賠責保険契約を締結している場合もある）は、七二条一項後段括弧書の適用はなく、「責任保険の被保険者……以外の者が、第三条の規定によって損害賠償の責に任ずる場合」に該当すると解し、政府保障事業を適用すべきである。

以上の考察から、実質説が妥当と思う。

七　自賠法七二条一項後段括弧書の根拠をめぐるこれまでの形式説・実質説と政府保障事業の法的性質論とはどのように関係するのであろうか。紙幅の関係上深くは立ち入れないが、政府保障事業の法的性質論（これに関する近時の文献として、原口宏房「報告4　政府保障事業制度の法的性格について」交通法研究二四号四八頁以下がある）をめぐって争いが生ずる原因は、政府保障事業が「自動車保有者」の拠出した財源によって運営されている（実質的側面）のに、条文上は「政府」（自賠法七一条、七二条一項二項等）が保障事業を行っている（形式的側面）という矛盾点にある。そこから、後者の側面を重視し政府保障事業を社会保障制度として理解する立場（異質説＝判例および保障実務、岡田春樹「政府保障事業と自賠責保険」田辺康平＝石田満編『損害保険双書二巻』二四五頁、同「自賠責保険と政府保障事業」田辺＝石田編『新損害保険双書二巻』九八頁、倉澤康一郎「昭和五四年最判解説」判タ四三九号一〇九頁以下、西島梅治「判批（昭和五四年最判）」民商法雑誌八三巻一号一〇九頁以下、同「民事責任と保険による救済の限界（上）」商事法務八八二号三二九―三三〇頁等）と、前者の側面を重視し自賠責保険制度の延長線上にあるものとして位置づける立場（同質説＝日本交通政策研究会・日交研シリーズB―10「政府の保障事業の問題点」

〈金澤教授発言〉八頁以下、金澤理『交通事故と保険給付』二八一頁以下、宮原守男「政府の保障事業」交通法研究五号五四頁、五六頁、原口宏房「政府保障事業」金澤理＝西島梅治＝倉澤康一郎編『新種・自動車保険講座二巻 自動車保険』一二七頁、同「政府保障事業における問題点と改善策」ジュリスト総合特集8交通事故七八頁、同「政府保障事業」石田満＝海老名惣吉編『自動車保険の基礎知識』一四二頁、同「判批」ジュリスト昭和五四年重要判例解説九六頁、鈴木＝川井＝小川＝宮原編・前掲書二四七頁以下〔原口宏房筆〕、木宮高彦＝羽成守「政府の保障事業の実態と問題点」『交通事故賠償の現状と課題・交民集創刊一〇周年記念論集』三七八頁以下。なお、星野英一「最判解説」法協九八巻六号八六八頁以下は、政府保障事業の「最終最低」保障という立場を固執するのは適当ではないと述べる。）とに別れ、それが、政府保障事業の制度趣旨あるいは保障請求権の法的性質の理解、自賠責保険と政府保障事業との運用における被害者に取り扱い上の差異となってあらわれる。すなわち、政府保障事業の保障範囲・保障水準、保障金額決定の性質、保障金請求権の性質（時効の起算点や遅延損害金の発生等）等が決定される。しかし、従来の政府保障事業の法的性質論という問題は、政府保障事業制度と自賠責保険制度とが性質において同じか否かという問題であって、それは道路上における構内自動車の事故に政府保障事業が適用されるか否かという問題とは次元を異にする。

八　さて、本判決に立ち戻ろう。まず、本判決が、本件事故に政府保障事業の適用を肯定したことについては、道路上の自動車の運行の際に生じた、不特定の第三者の損害を救済する観点からは、評価できる。

しかし、本判決は、「結局、構内自動車の運行によって生じた損害について、政府の保障事業の適用を受けられないのは、この種の自動車が工場内等で運行されている場合の事故に限られ」る、と判示し、自動車の運行による事故の発生場所が工場内等であるか道路上であるかによって、政府保障事業の適否を判断する趣旨を述べる

（その他、構内自動車の運行による事故の発生場所が道路上か道路外の工場内かによって政府保障事業の適否を区別する立場として、宮原守男「政府の自動車損害賠償保障事業の現状と課題」塩崎勤編『現代民事裁判の課題⑧』五九九頁〔構内自動車が「道路上を運行する場合には自賠責保険（共済）への加入が要件となるので、道路上で無保険で事故を起こしたときには『無保険事故』となる」と述べる〕、運輸省地域交通局自動車保障課・前掲書八二―八三頁、一六七頁、大工強「判批」判タ八五二号八五頁がある）点には賛成できない。なぜなら、自賠法七二条一項後段括弧書は、政府保障事業の適用を排除する要件として、「自動車」とその「運行」とを要素としており、場所は要素ではなく、また、自賠法二条二項の「運行」の定義を見ても場所は要素ではなく、自賠法上「その要素でない場所をもって、要素である自動車の種類・属性を変更することはできないはず」（上告理由）だからである。かりに、場所により自動車の種類・属性が変更されるとするならば、一般の自動車（既登録の無保険車）が工場内に侵入しそこを運行中に第三者に人身損害を被らせた場合、その自動車は構内自動車に変更されその被害者には政府保障事業が適用されないことになってしまう。

また、本判決は、構内自動車の「本来の用途から外れて、道路上を運行している際に事故を起こした場合には、自賠法に反して責任保険または責任共済の契約を締結しないまま、自動車を運行の用に供した場合と異なるところがない」という理論に基づき、本件事故につき政府保障事業の適用を肯定した点についても、疑念を抱く。というのは、まず、第一に、「自賠法に反して責任保険または責任共済の契約を締結しないまま」という件《くだり》は「付保義務を履行しないで（自賠法五条、八七条一号）無保険のまま」という意味と解されるが、すでに考察したように、加害車が付保義務が課せられている自動車か否かは政府保障事業の適用要件ではないからである。第二に、かりに、「自賠法に反して責任保険または責任共済の契約を締結しないまま、自動車を運行の用に供した場合」と類似する点を探すと、それは「構内自動車の本来の用途から外れて道路上を運行した場合」に認められるのであって、「その上でさらに事故を起こしたこと」までは不要ではないかと考えるからである。事故の発生の有無は無保険車としての運行の類似性には影響を及ぼさないはずである。

むしろ、構内自動車の運行により第三者に人身損害が生じ政府保障事業以外に他の救済手段がない場合には、事故の発生場所にとらわれることなく、また、加害車に付保義務が課せられる自動車であるか否かとは無関係に、第三者に政府保障事業による救済を肯定すべきであろう（実質説）。自動車の市場価格が比較的廉価になったことに伴いその保有者が必ずしも賠償資力を備えているとは限らなくなったという今日的な状況に鑑みれば、自動車事故被害者の法的救済の間隙は可及的に埋めるべきである。

九　本判決に対してYは上告したが、最高裁第三小法廷は平成五年三月一六日に上告棄却の判決を下した（平三㈵二六〇号、損害賠償請求事件、判時一四六二号九九頁、判タ八二〇号一九一頁、金判九二五号三頁、訟務月報三九巻一一号二三一一頁）。曰く、「自賠法一〇条にいう『道路……以外の場所のみにおいて運行の用に供する自動車』であっても、その本来の用途から外れて道路上を走行中に事故が発生して、自動車損害賠償責任保険の被保険者以外の者の自賠法三条の規定による損害賠償責任が生ずる場合には、右事故につき、自賠法七一条に規定する政府の自動車損害賠償保障事業の適用があるものと解するのが相当である。」と。この判決の文言を次のように解したいと思う。すなわち、この「本来の用途から外れて道路上を走行上に事故が発生して」との表現は、事故の特殊性を述べているだけにすぎない。また、加害車が付保義務の課せられている自動車であるか否かとは無関係に、「構内自動車であっても、……自賠責無保険者に運行供用者責任が発生すれば、政府保障事業が適用される」ことを明らかにしたものである、と。

十　以上の考察から、本判決の結論には賛成するが、その理由には反対する。

（七〇巻四号（平成九年四月））　肥塚肇雄

【附記】右拙稿を脱稿した以降の政府保障事業に関する動向、自賠法改正、判決例および文献等を記す。

一　政府保障事業の業務は従来運輸大臣が管掌していたが（旧自賠法八三条。なお、同法八六条）、今般の自賠法の改正により（平成一三年六月二九日法律第八三号）、国土交通大臣が管掌することとなった（改正自賠法八三条。なお、同法八六条）。国土交通省設置法四条八五号の規定によれば、政府の管掌する政府保障事業が国土交通省の所管事務の一つに定められており、国土交通省組織令一二条五号および一三四条二号の規定によれば、政府保障事業の事務は自動車交通局保障課が管掌することと定められている。また、今般の自賠法改正前（平成一〇年一〇月一六日法律第一三一号）においては、自賠法八四条は、一項の規定で、金融再生委員会が自賠法による権限を金融監督庁長官に委任すると定められ、二項の規定で、政府保障事業を含む運輸大臣の権限事項を地方運輸局長に行わせることができると規定されていたが、改正自賠法八四条の規定は、一項で、内閣総理大臣は、自賠法による権限を金融庁長官に委任すると定められ、二項で、政府保障事業を含む国土交通大臣の権限事項を地方運輸局長に行わせることができると定められた。

二　自賠法は、二〇〇一（平成一三）年に全面的な改正が行われ（平成一三年六月二九日法律第八三号）翌年二〇〇二年四月一日に施行された。右拙稿が書き改められるべき箇所は、①「……付保義務等について定める自賠法五条および七条から九条の三までの規定を適用されない……」（一六四頁）→修正「……自賠法一〇条は、付保義務等について定める自賠法五条および七条から九条の五までの規定を適用されない……」。②「……『自動車皆保険（共済）の原則』（自賠法一二条、五四条の五）を基礎づける付保義務（同法五条、八七条一号。なお、五四条の二）が免除されるものである。」（一六四―一六五頁）→修正「……『自動車皆保険（共済）の原則』（自賠法一二条）を基礎づける付保義務（同法五条、八六条の三）が免除されるものである。」③「……加害車に付保義務（五条、八七条一号）が課せられているか否かにある。」（一六八頁）→修正「……加害車に付保義務（五条、八六条の三）が課せられているか否かにある。」

三　本件判決後の政府保障事業に関する判決例としては、本件判決の上告審判決（①最三小判平成五年三月一六日判時一四六二号九九頁等）を除いて、次のものがある。②鳥取地判平成三年一月三〇日民集五〇巻三号三九四頁、判タ七五五号一九六頁、金判九九六号一一頁、交民集二四巻一号一二六頁、③広島高裁松江支判平成四年一月三一日民集五〇巻三号三九八頁、金判九九六号七頁（②判決の控訴審判決）、④仙台地判平成四年三月一二日訟務月報三八巻八号一五〇五頁、⑤最三小判平成五年四月六日民集四七巻六号四五〇五頁、⑥最三小判平成八年三月五日民集五〇巻三号三八三頁（③判決の上告審判決）、⑦横浜地判平成九年四月二四日訟務月報四四巻一一号一八七一頁、⑧那覇地判平成一〇年一二月二一日交民集三一巻六号一九六一頁、⑨神戸地裁姫路支判平成一五年一月三一日交民集三六巻五号一一七四頁、⑩大阪高判平成一五年九月三〇日判時一八四八号七四頁、交民集三六巻五号一一六一頁（⑨判決の控訴審判決）、⑪神戸地判平成一五年一〇月一六日判時一八四八号一〇七頁、交民集三六巻五号一三九七頁、⑫大阪高判平成一六年五月一一日交民集三七巻三号五七三頁（⑪判決の控訴審判決）、⑬最一小判平成一七年六月二日判時一九〇〇号一一九頁、判タ一一八三号二三四頁（⑩判決の上告審判決）。

四　1．政府保障事業に関する文献として、次のものがある。川井健＝宮原守男＝小川昭二郎＝塩崎勤＝伊藤文夫編『新版注解交通損害賠償法一巻』二九五頁以下〔原口宏房筆〕（青林書院、一九九七年）、松谷佳樹「政府の自動車損害賠償保障事業」飯村敏明編『現代 裁判法大系⑥〔交通事故〕』四二一頁以下（新日本法規出版、一九九八年）、伊藤文夫『自動車事故民事責任と保険の交錯』四二頁註一四、三二七―三二九頁（保険毎日新聞社、一九九九年）、肥塚肇雄「自賠責保険とその周辺――自賠責保険に関する立法論的考察を中心として――」損害保険研究六二巻三号二六頁（二〇〇〇年）、伊藤文夫「政府の自動車損害賠償保障事業をめぐる若干の問題」自動車保険研究プロジェクト『変革期の自動車保険』（日交研A―二九六）四一頁以下（日本交通政策研究会、二〇〇一年）、自動車保険研究会プロジェクト『〔研究会〕自賠責保険の改革』（日交研シリーズB―八四）一二頁、一三頁〔伊藤文夫発言〕（日本交通政策研究会、二〇〇一年）、伊藤文夫「自動車保険の現状と若干の問題――人身事故賠償・補償を中心として――」法律のひろば五四巻一二号二四頁以下（二〇〇一年）、自動車保障研究会編・国土交通省自動車交通局保障課監修『逐条解説 自動車損害賠償保障法』二〇九頁以下（ぎょうせい、二〇〇二年）、伊藤文夫「自動車損害賠償保障等の改正について」（社）農協共済総合研究所・医研レポート三六号八頁（二〇〇二年）、伊藤文夫「自動車損害賠償保障法等の改正について」日本賠償科学会編・賠償科学二八号八五頁（二〇〇三年）、伊藤文夫「政府の自動車損害賠償保障事業」塩崎勤＝園部秀穂編『新・裁判実務大系五巻 交通損害訴訟法』三三七頁以下（青林書院、二〇〇三年）、木宮高彦＝羽成守＝坂東司朗＝青木荘太郎『注釈 自動車損害賠償保障法〔新版〕』二九七頁以下（有斐閣、二〇〇三年）、肥塚肇雄「政府の自動車損害賠償保障事業による被害者救済上の問題点」保険学雑誌五八三号七九頁以下（二〇〇三年）、李圭勲「自動車損害賠償保障事業（政府保障事業）に関する考察」明治大学大学院・商学研究論集一八巻二七一―二八七頁（二〇〇三年）等。

2. 政府保障事業に関する判例評釈等としては次のものが発表された。杉浦直紀・訟務月報三八巻八号一五〇五―一五〇七頁（一九九二年）、笠原久江・訟務月報三九巻一一号二三一二―二三一六頁（一九九三年）、大内俊

身・ジュリスト一〇三九号一〇三頁（一九九四年）、窪田充見・平成五年重要判例解説・ジュリスト臨時増刊一〇四六号九三—九四頁（一九九四年）、浦川道太郎・私法判例リマークス九号七四—七七頁（一九九四年）、田上富信・民商法雑誌一一〇巻四・五号八八五—八九五頁（一九九四年）、遠藤一治・NBL五五四号五一—五五頁（一九九四年）、大工強・平成五年度主要民事判例解説・判タ臨時増刊八五二号八四—八五頁（一九九四年）、水野謙・法学協会雑誌一一一巻一一号一七二二—一七四一頁（一九九四年）、長坂純・判タ八七〇号六七—七三頁（一九九五年）（人身賠償・補償研究四巻（判例タイムズ社、一九九七年）所収）、大内俊身・法曹時報四七巻六号二〇九—二二四頁（一九九五年）、齋藤憲次・平成六年度主要民事判例解説・判タ臨時増刊号八八二号一一〇—一一一頁（一九九五年）、竹谷喜文・訟務月報四〇巻九号二一六八—二一七五頁（一九九四年）、野山宏・ジュリスト一〇九五号一六三—一六四頁（一九九六年）、加藤新太郎・NBL六二九号六八—七一頁（一九九七年）、加藤新太郎・平成八年度主要民事判例解説・判タ臨時増刊九四五号一二二—一二三頁（一九九七年）、信澤久美子・判タ九二六号九四—九九頁（一九九七年）（人身賠償・補償研究五巻（判例タイムズ社、二〇〇二年）所収）、丸山一朗・損害保険研究五八巻四号二七一—二八五頁（一九九七年）、吉村良一・民商法雑誌一一六巻二号二八七—二九九頁（一九九七年）、後藤勇・私法判例リマークス一五号七八—八一頁（一九九七年）、堺充廣・判タ九三五号五一—五八頁（一九九七年）（人身賠償・補償研究五巻（判例タイムズ社、二〇〇二年）所収）、石松勉・岡山商大論叢三三巻二号一四七—一八六頁（一九九七年）、徳本伸一・判例評論四五五（判時一五八二）号二八—三三（一九〇—一九五）頁（一九九七年）、野山宏・法曹時報五〇巻四号一二一一—一二五〇頁（一九九八年）、座談会・交民集二八巻索引・解説号四八一—四八七頁（一九九八年）、北河隆之・交民集二九巻索引・解説号三六四—三七二頁（一九九九年）、信澤久美子・交通事故判例百選〔四版〕別冊ジュリスト一五二号一九六—一九七頁（一九九九年）、松久三四彦・交通

事故判例百選〔四版〕・別冊ジュリスト一五二号一八〇―一八一頁（一九九九年）、山下典孝・交通事故判例百選〔四版〕・別冊ジュリスト一五二号一九四―一九五頁（一九九九年）、堺充廣・判タ臨時増刊一〇三三号二二二―二二四頁（二〇〇〇年）、野山宏・最高裁 時の判例II―私法編1〔民法〕・ジュリスト増刊五七―五八頁（二〇〇三年）、大内俊身・最高裁 時の判例II―私法編1〔民法〕・ジュリスト増刊三二四頁（二〇〇三年）、齋藤修・判例評論五四九号（判時一八六七号）一四―一八（一七六―一八〇）頁（二〇〇四年）、田澤奈津子・民事研修（みんけん）五七四号四九―五六頁（二〇〇五年）、松本利幸・判タ一一四九号一三―二〇頁（二〇〇四年）、・丸山一朗・損害保険研究六六巻四号一九三―二〇六頁（二〇〇五年）等。

（平成一七年七月稿）

一五　株式の譲渡制限を定款に定める会社において、株式の譲渡につき株主全員の承諾があったときは、その譲渡は会社に対する関係においても有効であるとした事例

東京高判平成二年一一月二九日
平成二年(ネ)第二三八五号株主総会決議不存在確認等請求控訴事件（上告）
判例時報一三七四号一一二頁、金融法務事情一二九二号二八頁、商事法務一二五〇号判一六二九頁

【判示事項】

定款に譲渡制限の定めがある場合において、特定の株式の譲渡につき株主全員の承諾があったときは、取締役会の承認がなくとも、その譲渡を会社に対する関係においても有効に行うことができると解すべきである。

【参照条文】

商法二〇四条一項

【事　実】

X（原告・控訴人）は昭和六三年八月当時Y株式会社（被告・被控訴人）の代表取締役であったが、同月一日、当時Y会社の株式全部を保有する株主であり、Xの夫であった訴外Aとの間で、同人からY会社の発行済株式総

数一万株のうち五〇〇〇株の贈与を受ける合意をした。Y会社の定款には株式譲渡につき取締役会の承認を要する旨の定めがあるが、Xは右株式譲渡につき取締役会の承認を得なかった。同月一一日、Y会社は五〇〇〇株券二枚を発行してAに交付し、Aは五〇〇〇株についてのXへの名義書換が終了した後、その記載がされた株券一枚をXに交付した。

Y会社は平成元年五月一三日株主総会を開催し、B ら七名を取締役にCを監査役に選任する旨の決議がなされたとの登記が平成元年五月一八日になされたが、Xに対する招集通知もXの出席もないまま、株主としてAが出席したのみであった。

そこで、Xは首位的に右決議の不存在確認、予備的に決議の取消を求めて訴訟を提起した。原審は、取締役会の承認を得ていない株式譲渡はY会社に対して効力がないと判決した（判時一三七四号一一三頁参照）。それに対し、Xは原審における主張に加え、仮にAからXへの株式譲渡がY会社に対する関係でも効力を生ずるためには取締役会の承認が必要であるとしても、AはXに株式を贈与しながら会社の経営等につき意のままにならないとわかると、形骸化していた取締役会にXの代表取締役解任と右株式譲渡の不承認をさせて、株式贈与の効果を失わせようと謀ったものであり、こうしたAの意を受けたY会社が本件株式譲渡の承認を拒否する正当な利益を有しない取締役会の不承認を理由としてXを株主と認めないのは著しく正義に反し、権利の濫用であって許されないと主張した。

【判　旨】

原判決取消、請求認容。

一　「商法二〇四条一項但書が定款の定めにより株式譲渡に取締役会の承認を要するものとすることを認めたの

は、株主の個性や株主の持株割合のいかんにより重大な影響を受ける小規模の株式会社において、好ましくない株主の出現を防止することによって会社経営の安定を図り、もって譲渡株主以外の株主の利益を保護するためであって、どのような株主が会社にとって好ましくないかの判断を取締役会に委ねたものであると解される。……ところで、株主は、会社の存立の基礎をなす存在であり、その意思を会社の運営に反映させるための機関である株主総会は、株式会社における最高の機関であって取締役会の上位にあること及び右に述べた商法二〇四条一項但書の趣旨によれば、同規定が株式の譲渡の承認を取締役会の権限としたのは、その処理を迅速かつ円滑に行うためであって、事柄の性質上それを株主の意思に委ねることが不適当であるためではないと考えられることからすると、定款に譲渡制限の定めがある場合において、特定の株式の譲渡につき株主全員の承諾があったときは、取締役会の承認がなくとも、その譲渡を会社に対する関係においても有効に行うことができると解するべきである。そして、このことは一人の株主が全株式を保有する、いわゆる一人会社の場合においても同様であるということができる。」

二　「右株主総会は、発行済株式総数の二分の一を有するXに対する招集通知を欠き、その出席もないままに行われたものであって、このような株主総会は、その手続に著しい瑕疵があり、株主総会として存在したといえるだけの外形を有するものと解することができないから、法律上不存在であるというべきである。」

【研　究】

判旨二には賛成するが、判旨一については、判決の結果は支持するが、理論構成に問題があると考える。

一　定款によって株式譲渡を制限している会社においては、その譲渡に先だって取締役会の承認を受けることが必要であるが（商法二〇四条一項但書、二〇四条ノ二以下）、本件においては、株主全員の承諾があれば取締役会の承諾がなくとも、その譲渡を会社に対する関係でも有効と解しており（判旨二）、また、このように発行済株式総数の半分を有する株主への招集通知の欠缺がある場合の株主総会決議は不存在であるとしているが（判旨一）、本評釈では判旨一を中心に論じ、判旨二については、簡単に触れるのみとしたい。

当該訴訟では、株主が一人である一人会社が問題となっているが、一人会社の存在は判例上も認められており（最判昭和四六・六・二四民集二五巻四号五九六頁）、更に平成二年改正で発起人一人による会社設立を認めている（商法一六五条）。しかしながら、同改正の前後にかかわらず、会社の運営についての規定は設けられなかったので、このような一人会社の個人企業に類似した実態を考慮して、以前から判例では商法の規定の適用を緩和する判断があいついでいる（取締役・会社間の利益相反取引について、最判昭和四五・八・二〇民集二四巻九号一三〇五頁。招集通知を欠く株主総会の成立について、前掲最判昭和四六・六・二四。）。

それに対して当該判例は、（一）株主総会は株式会社の最高機関であることと、（二）商法二〇四条一項但書は、問題となる株式譲渡につき承認を行うか否かを決定しまたは承認を行わない場合には先買人の指定を行うという処理を迅速に行うべきであることからこれを取締役会の権限としたと解することによって、株主全員の承諾があればそれにより取締役会の承認に代替することができると考えている。それに対して、同様のケースに対する先例である東京地裁平成元年六月二七日判決（金商八三七号三五頁。以下東京地裁判例という）は、「株式譲渡制限の制度は、株主の個性や持株数が問題となる閉鎖的会社について、譲渡株主以外の株主の利益を保護するために設けられた制度であるところ、本件のように、いわゆる一人株主がその保有する株式すべてを他に譲渡し、一人株主の交替が生ずるに過ぎないような場合には、他の株主の利益保護が問題となる余地はないから、取締役会の承認がない場合であっても、その譲渡は有効と解するのが相当である。」としている。これらの後に出た最高裁平成五年三月三〇日判決（民集四七巻四号三四三九頁。以下最高裁判例という）もまた、東京地裁判例の立場を踏襲している。取締役会の承認を受けない株式譲渡は当事者間では有効であるものの（最判昭和四八・六・一五民集二七巻六号七〇〇頁）、会社との関係では無効であるとの解釈が、通説・判例の立場であるが、前述の判例によって、結論的には、このような一人会社の事例では法定の手続を必要とせず株式の譲渡は会社に対する関係でも有効であることも認められたと考えられる。しかしながら、二つの理由づけのうちのどちらが妥当な理由づけであるかが問題であるし、また、判例は一人会社という特種な会社を前提として例外的に認容をしたのか、あるいは、一人会社に限らない（少なくとも株主が二人以上いる株式会社にも適用できるような）一般的原則の認容であるのかが明確でない。

そこで、まず当該判例の理由づけの意味合いをはっきりさせ、その妥当性を考えてみたい。

二　株主総会の権限は、昭和二五年以前は会社に関するものならば一切の事がらを決定することができたのに対し、同改正以後、それは「総会ハ本法又ハ定款ニ定ムル事項ニ限リ決議ヲ為スコトヲ得」（改正時商法二三〇条ノ二、現行法二三〇条ノ一〇）と規定された。これは、株式会社企業における所有と経営の分離、またその結果として必然的に発展する機関権限の合理化を考慮したことが改正の意図であり、株主総会は万能の機関ではなくなったが、会社の組織及び営業に関する基礎的な事項の決定、取締役の選任・解任等の権限を有するという意味で、あいかわらず会社の最高機関であると考えることができる（大隅＝大森・逐条改正会社法解説一九七頁）。また、その決定権限を法定の事項のみに限らず、定款に定める事項に拡大し得る途を認めたことからも、それを一律に強制する趣旨ではなく、各株式会社の実態にあわせた適切な権限分配を予定していたということができるであろう。そこで、株主総会の法定事項については定款で定めようとも取締役会で決することができないと解されるのが定説であるが、反対に、定款に定めれば取締役会の決定権限に属する事項も株主総会で決議することができるかについては、以下のように対立がある。第一説（通説）は、株式会社の本質又は強行法規に反しない限り、いかなる事項も定款で総会の決議事項となし得ると解し、第二説は、派生機関説の立場に立って、代表取締役の選任・解任は株主総会で決することができないとし、第三説は、新株発行のように法定されている場合に限って総会の決議事項にすることができるとする。しかし、第三説は商法二三〇条ノ一〇がそれを特に規定することの意味を失わせると考えられる結果、妥当とは言えず（同旨・北沢・会社法（第四版）二九二頁）、その範囲を広く解することが、昭和二五年の改正の趣旨に合致するであろうと考える。しかしながら、譲渡制限を定める会社における株式譲渡の承認も、定款の規定をもってすれば取締役会の権限から株主総会の権限とすることができるかについては更に議論があり、多数説は、これを株主総会の権限としては、譲渡の承認及び先買人の指定を行うという事務を迅速に行うことが事実上不可能であることを理由にこれを否定する。だが、これに対して、速やかに手続を進行させなければ総会の承認があったものとみなされるとの効果が生ずるのみであって（商法二〇四条ノ二第四項）、特に株主の利益を害さないことを理由に反論もあり（北沢・前掲書二〇七頁）、私見も、事実上その手続がうまく実行できないからといって、その定款の効力を否定することはないと考える。

以上のように、その旨を定める定款があれば、譲渡の承認を株主総会が行うことができることは認められるが、本件では、定款をもって譲渡の承認を株主総会の権限に移行する旨は規定されていないことが問題である。学説ではこれを理論づけするために、一人会社の単独株主による意思決定は、株主総会における全員一致の決議ないし株主全員の合意と同視することができることを前提とし、これはまた実質的に定款変更のための特別決議の要件（商法三四三条）を満たすものであるから、定款による総会への権限留保を待つまでもなく、単独株主の意思決定のみで取締役会の承認に代替することができるのではないかと考えるものと（酒巻俊之・判例タイムズ七七〇号四四頁・四六頁。同旨・寳金・平成二年度主要民事判例解説（判例タイムズ七六二号）二〇三頁、小野寺・ジュリスト一〇四七号一二四頁、井上・金商九五六号四二頁）、本来、譲渡株式を承認すべき機関は株主総会であるべきであって、定款規定がなくとも株主総会は決議を行うことができ、この事例のように株主全員の同意があればそれを株主総会の決議があったものとして認めることができるとするものがある（安井・法研六六巻一号二五二頁）。当該判例も、明確ではないが、株主の意思の尊重を株式会社の最高機関性から導き、また、株主全員の同意（この場合には単独株主の意思決定がこれにあたる）があった場合にはそれを取締役会の承認に代えることを認める点で、前者の考え方に則ているのではないかと考えられる。しかし、前述のように、株主総会は取締役・監査役の選任権・解任権をいまだ保持する点でかろうじて最高機関とも言うことができるが、商法二三〇条ノ一〇の規定が取締役会との権限分配について規定するため、それを無視して法定の定款変更手続を経ないまま株主総会の決議を認めることには疑問がある。また、原則的には定款変更を要することを前提とするならば、一方では取締役会の固有の権限を認め、他方ではその手続省略を大幅に行うならば、これは結論的に取締役会の事実上の無機能化を謀る手段ともなし得るのであり、認めることはできない。これを認めるためには、まず定款変更の決議を行ってからであり、また、単独株主の決定により株主総会決議に代替することは認められず（拙稿・「一人会社と株主総会」法学研究六五巻六号四五頁以下、同・私法五八号二五七頁）、株主全員の合意もまた同様であると考えるので、譲渡を承認する株主総会の決議も必要であると考える（青竹・私法判例リマークス一九九二年（下）一一四頁は、一人会社の単独株主の決定は株主総会決議と同視することができるが、全員の同意をもって同様の結論を導くことには反対する）。なお、単独株主あるいは株主全員の同意があれば、株主総会の決議を越えた会社の所有者としての意思決定と解して、これがあれば取締役会決議に代えることができるとする説があるが（永井・金法一二九六号九頁。同・酒巻先生還暦記念論文集四四六頁）、株式会社における原則的な機関構成・権限配分に鑑みれば、このような例外的な解釈は望ましくないと考える。

したがって、当該判決の認める理論構成には疑問があるものと考える。

三　では、これに対して、平成元年の東京地裁判例および平成五年の最高裁判例の理由づけの方はどうか。

商法二〇四条一項但書の譲渡制限株式の譲渡の際に行われる取締役会の承認の意義に係る。本来、株式会社においては株主が投下資本を回収する途としては株式を譲渡するのが唯一の手段である。それは、株主の有限責任を認める株式会社においては（商法二〇〇条）、会社財産維持の見地から、会社から投下資本の回収を計ることは一部の例外を除いて認められないことから（商法二一二条一項、二一二条ノ二第一項、二二二条一項等参照）、株主に対して絶対に保障されなければならない利益であるといわなければならない（株式譲渡自由の原則）。そこで、昭和二五年改正法の下では株式の譲渡を無制限に自由とすることを保障し定款によってもそれを制限することは認められないものとされていたが、昭和四一年改正では、株式会社の中には株主構成そのものを重視し、異分子の参加による会社経営の非円滑化を避けることを欲するいわゆる閉鎖的株式会社が多い実態を汲んで、定款による株式譲渡制限の制度が入れられた（商法二〇四条一項但書）。しかし、そこにおいても取締役会は株式譲渡に際してその譲受人を承認することができるかを審査するのみであり、もし承認できない場合であっても、株主の投下資本の回収を制限しないために、別に先買人を指定し、これとの間で譲渡人が公正かつ確実な売買契約を行えるように詳細な手続が置かれている（商法二〇四条ノ二ないし二〇四条ノ五）。

しかしながら、多数説はこのような譲渡制限を行わなければならない背景に鑑みれば、譲渡株主以外の株主の利益を害するかもしれないという危険が存在するからであって、そのような場合にその危険の判断を株主全体の利益を考慮して取締役会が負うことになるのであって、本件のように単独株主が他に株式を譲渡する場合には、譲渡人が株式を譲渡しようともそれ以外の残存株主は存在せず、そのような前提が働く余地がないので、そもそも取締役会の承認も要しないと考え、判例を支持する説が有力である（森・法学セミナー四三二号一二四頁、田辺（宏康）・西南学院大学法学論集二四巻二号一二七頁、青竹・前掲一一五頁、柿崎・法律のひろば一九九三年二月号四七頁、今井（潔）・ジュリスト臨時増刊一〇四六号一一一頁）。これに対し、少数説は、取締役会が承認を行わなければならないのは、株主の利益のためのみでなく、会社外の第三者（すなわち、会社の取引先や従業員など）が会社が継続することに対して有する利益も勘案して判断を行うのであり、この場合においても承認機関は取締役会でなければならないので手続の欠缺を問題としなければならないという（伊藤・金商八四七号三八頁）。また、このような学説の対立は、取締役・会社間の取引の場合の取締役会の承認に関しても見られる。すなわち、判例・多数説は同規定を会社の利益保護のための規定と考え、単独株主が取締役を兼任する会社においては単独株主の利益イコール会社の利益と解して、同規定の適用除外を主張するが、少数有力説は保護されなければならない利益に、会社利益と会社債権者利益を考え、取締役会の承認を要すると考える（竹内・法協八九巻二号二三三頁）。後者の問題に関しては、私見は会社を設立し自己の財産を会社財産として分離した以上、それは会社財産となっているのであって、単独株主の判断のみに基づいて個人財産に返還を認めることには問題があると解して少数説を支持するのであるが（拙稿・「一人会社における取締役会の意義」法学研究六五巻一一号三七頁）、当該問題はこのような会社財産と関連性を持たないこと、株主構成は所有者としての株主が判断すべき事柄であることから、残存株主がいないことを理由にする有力説の立場が妥当であると考える（拙稿・前掲「一人会社における取締役会の意義」四〇頁)。

四　東京地裁および最高裁の判例は当該問題の解決を述べるのみで、一人会社以外の会社における同様の問題の解釈には触れていない。しかし、このように、譲渡制限制度を残存株主の保護と考えると、当該事例のような一人会社に限らず、有力説からさらに進んで、残存株主全員の同意があるならば、この株式譲渡を有効と解する余地があると考えられることになる(同旨・野村・平成三年度主要民事判例解説(判例タイムズ七九〇号)一六九頁、藤原・判評四三〇号二〇九頁、西尾・手形研究四九九号六二頁)。

したがって、結局、一人会社の場合には、当該判決の立場に立つか、あるいは地方裁判所及び最高裁判所の判例の立場に立つかは、残存株主がおらず、結局単独株主が譲渡を行いたい意思を有している場合には、説明の仕方の違いのようにも誤解される可能性があるが、商法二〇四条一項但書が保護しようとしているのは、譲渡株主ではなく残存株主である(青竹・前掲一一五頁)。又、当該判決の立場に立てば、定款変更をなし得るだけの株主の賛成が得られれば、その賛同により定款変更決議と株主総会における決議を擬制することができるとして、譲渡を有効とすることが考えられ、承認をもともと株主総会固有の権利と解する説では、取締役会の賛成がなければ株主総会を開くことができないことを前提として、少なくとも株主全員の同意がある場合にはこれを株主総会決議と見ることができるとするが(安井・前掲二五三頁)、全員出席総会を可とするならば、発行済株式総数の過半数で決議を行うことも認められるのではなかろうか。しかし、このような理論には問題があるため、地方裁判所及び最高裁判所の判例の立場のように、残存株主全員の同意が必要とすべきであろう。

五　最後に、判旨**二**の点にも言及する。株主総会招集通知の欠缺の場合、それを決議不存在と考えるのか、あるいは、取消事由と考えるのかは、通説は、欠缺の程度の問題であり、程度が軽い場合には決議は存在するが取消することができると解されるのみであるが、著しい場合には決議自体が存在しないと考えている。決議を不存在と解した判例の中にも、招集通知が全くなされなかった場合が多数散見されるのは当然のことである他、発行済株式総数に対する招集通知をなさなかった株主の有する株式の割合は、九割以上のもの（大判昭和一二・九・一七法学六巻一五五三頁、東京地判昭和二九・二・一九下民五巻二号一九三頁、東京高判昭和六三・三・二三判時一二八一号一四五頁）、五割を越えるもの（大阪地判昭和四七・六・二八判タ二八六号三六一頁）、半数の通知漏れも当該判決のほかにも先例がある（大阪高判昭和三一・二・二一下民七巻二号四〇〇頁、松山地今治支判昭和四三・二・二三判時五一四号七八頁、大阪高判平成二・七・一九判時一三七七号一二三頁）。また、最判昭和三三・一〇・三民集一二巻一四号三〇五三頁は、株主九人のうち六人（株式総数五〇〇〇株のうち二一〇〇株を有する）に招集通知を行わず、大分地判昭和四七・三・三〇判時六六五号九〇頁は、株主七人のうちの一人（全体の四分の一以上の株式を有する）に招集通知をなさなかった場合であるが、決議不存在となった。当該判決もまた、これらの判例と共に、先例的意義を有する。株式会社においては資本多数決で決定を行う関係上、まず基準となるのは持株割合であると考えられるが、この通知が行われなかった株主の有する株式の全体に対する割合がさほどでなくとも、株主数が多数にわたる場合にも会議体としては不成立であると考えることができると思う（同旨・大隅＝今井・会社法論中巻（第三版）一四一頁以下）。当該事例においては、株主数においても持株割合についても決議に参加した株主と招集通知を受けなかった結果決議に参加できなかった株主は、どちらの点においても互角、同等の力を有する結果、この一方に通知を行わなければ、やはり欠缺の程度は著しいとみて、決議は不存在であると考える。

（六九巻九号（平成八年九月））　鈴木千佳子

一六　株主代表訴訟の提起が訴権の濫用にあたるとして訴えが却下された事例

長崎地判平成三年二月一九日
昭和五八年(ワ)一八三号損害賠償請求事件
判例時報一三九三号一三八頁、金融法務事情一二八二号二四頁

【判示事項】

原告株主による株主代表訴訟の提起が、会社利益の犠牲ないしは侵害のもとに、株主たる資格とは関係のない純然たる個人的な利益を追求する取引手段としてなされている場合には、株主の権利を濫用するものであり、かかる場合には、訴権の濫用として訴え自体を却下するべきである。

【参照条文】

商法二六七条

【事　実】

訴外株式会社A銀行の株主であったXは、昭和五八年六月一日、A銀行の代表取締役社長Y_1、専務取締役Y_2、常務取締役Y_3らを被告として、A銀行に対して二億円の損害賠償を支払うように求める株主代表訴訟を提起し

た。その主張する理由は以下の如くである。すなわち、A銀行は経営の悪化していた訴外B会社に対して貸付限度額を越えて、いわゆるトンネル融資の形で脱法的に融資を行ない、その結果、この融資にかかる資金の回収が不能となり、少なくとも、融資金相当額である七億一千万円の損害が出た。被告Yらは、いずれもA銀行の取締役として会社に対して忠実義務を負い、融資にあたって資金回収の安全性の審査について善管注意義務を負うところ、この義務に違反して漫然として融資を決裁して実行させたのであるから、被告YらはA銀行に対して前記の損害を与えた。よって、XはYらに対して、A銀行のために、前記損害のうち二億円を支払うように求める、というものである。

しかし、本件訴訟に至るまでに、XとA銀行の間には以下のような経緯が存在し、かつ、本件訴訟後もこれに関連して種々の事実が存在していた。

A銀行は、訴外C病院に対し総額九億三千万円の融資を行ない、昭和五三年以降、同病院の建物や理事長名義の土地建物などに第一順位の根抵当権を設定していたが、同病院倒産後の昭和五五年五月、六月に、各担保物件に対して訴外Dらの賃借権設定請求権仮登記などがなされ、また、病院の進入口には訴外Eが抵当権実行を妨害する妨害建築物を建てていた。そして、Xは、かねて付き合いのあったEに連れられてきたC病院の理事長から、抵当権者らと話をつけてC病院の土地建物を有利に売却することを依頼されていた。

A銀行は昭和五六年三月になって、前記担保物件について競売を申立て、競売手続が開始された。そうすると、Xは、A銀行の担当者に対し、自分はD、Eと面識があるので話をつけてやるからと、競売に付されたC病院及び理事長名義の土地建物の売却処分を自分に一任したうえで、任意の売却処分をするように執拗に要求した。

しかし、A銀行が応じないとみるや、Xはこの要求をし続ける一方、所有株式の一部を譲渡し、昭和五七年五月頃以降、株式譲受人らをしてA銀行に押し掛けさせ、Xの要求に応じろ、応じなければ担保物件はいつまでも売れず株主に損害を与えることになる、株主総会が荒れるなどの暴言を吐かせるなど、再三にわたって圧力をかけ、また、Yらを誹謗したりA銀行の信用を毀損する内容のビラまきや街頭宣伝車による街宣活動を行なわせた。また、担保価値のない物件を出して融資をせよとの要求も再々させたりもした。本件訴訟提起後においても、Xは自己の編集発行する刊行物である『九州ジャーナル』などによって訴訟における自己の主張を一方的に宣伝し、Yらを誹謗しA銀行の信用を毀損する内容の記事を掲載して、A銀行の各店舗の周辺などで大量に配布したりした。さらに、Xは昭和六二年一月には、本件訴訟の経過報告のため必要であるとして、A銀行に対し株主名簿等の閲覧を請求する訴えを提起したが、権利濫用であるとして退けられており、これは平成二年六月四日の上告棄却によって確定している。

さらに、Xには、同じ地元金融機関である訴外F銀行との間でも銀行側の落ち度を追及する過程で、融資名目で事実上の金銭的な利益を得ていた事実、横領で実刑判決を言い渡された事実、高利の金融業を営み、暴力団を使って脅迫的に取り立てを行い、担保となった不動産を乗っ取ったなどの容疑が報じられた事実も認められた。

以上に対して、Yらは、訴外B会社に対する融資はトンネル融資ではないとしたうえで、融資を打ち切るかどうかは極めて高度な経営判断に属することであり、取締役の会社業務執行に関する責任については、いわゆる「ビジネス・ジャッジメント・ルール」が適用されるべきであるから、取締役が会社に対して損害賠償責任を負うことはない、と本案について争う一方、本件代表訴訟の提起は、会社利益の侵害のもとに株主としての利益に関係のない純個人的な利益を追求する手段としてなされたもので、株主権の濫用であり、訴えは不適法却下されるべきであるとの本案前の抗弁を提出していた。

【判　旨】

訴え却下。（控訴）

まず、本件訴訟提起の意図については、「……諸事実を総合して検討すると、本件訴訟は、当初、これによって訴外銀行（A銀行）や被告らを困惑させ、C病院の土地建物の原告の手による任意処分に応じさせ、そのことによって経済的な利益を得るための取引の手段の一つとして提起されたことが明らかである。また、……本訴の提起やこれを維持する目的の中には、これによって訴外銀行や被告らを困惑させ、これを、融資や訴訟外での円満解決などに名を借りて訴外銀行から経済的な利益の提供を受けるための取引手段とすること、あるいは、そのための手立てとしての前記のような執拗なビラや街頭宣伝車や『九州ジャーナル』による訴外銀行への直接的な攻撃を「訴訟事件の報道」などとして正当化し拡大してゆく名分とすることなどが含まれていることを、十分推認することができる。」

次に、会社訴権の濫用については、「商法二六七条による株主の代表訴訟は、一定の資格を有する個々の株主に会社の有する取締役への責任追及の権利を会社のために行使することを許し、会社の利益の回復ひいては株主の利益の回復を図るための制度であって、個々の株主に認められた代表訴訟提起の権利は、株主が株主としての利益を守るために会社の正規の体制による運営を監督是正する手段として認められている権利であり、いわゆる共益権に属するものである。したがって、もし、株主が、右のような法の趣旨を離れて、会社の利益ひいては他の株主の利益の犠牲ないし侵害の下に、株主たる資格とは関係のない純然たる個人的な利益を追求するための取引手段として、その権利を行使するならば、それはもはや株主の権利の濫用であって許されないものといわざるを得ない。」「これを本件についてみると、原告の本訴の提起は、前記認定のように、会社を困惑させることによって、C病院の担保物件の私的処分あるいは融資などを名目とする金銭的利益を得るための取引手段として、ないしは、そのための手立てとしての会社に対する攻撃を正当化する名分を得るためになされていることが明らかであり、かつ、これら原告の求める利益が、訴外銀行の株主たることと関係のない純然たる個人的な利益であることはいうまでもない。そして、前記認定の事実によると、原告はもともと本件担保物件の私的な処分を訴外銀行の抵当権の行使を妨害している後順位の「権利者」らから持ち込まれているのであって、原告による右私的な処分というのが、つまるところは担保権者である訴外銀行の犠牲において成り立つ性質のものであることは明らかである。また、融資等を名目とする金銭的利益の提供が訴外銀行の利益に反することはいうまでもないところであり、さらに、原告らによる本件訴訟の係属を利用しての前記認定のような訴外銀行に対する攻撃が、信用を重んずべき訴外銀行の業務を妨げその利益を大きく害していることも明らかである。」

「そうすると、原告による本件訴訟の提起は、会社利益の犠牲ないしは侵害のもとに、株主たる資格とは関係のない純然たる個人的な利益を追求する取引き手段としてなされているもので、株主の権利を濫用するものといわざるを得ない。そして、かかる場合には、訴権の濫用として訴え自体を却下するべきものと解する。」

【研　究】

判決の結論に賛成するが、理論構成については反対する。

一　裁判所が訴え提起行為自体を訴権の濫用として訴えを不適法却下できることは、従来から、その可能性を限定的にではあるが肯定するのが多数説であった（例えば、中野貞一郎「民事訴訟における信義誠実の原則」『訴訟関係と訴訟行為』七三頁（一九六一年）、山木戸克巳「民事訴訟と信義則」末川古希『権利の濫用（中）』二七〇頁（一九六二年）、山本卓「民事訴訟における信義誠実の原則」司法研究報告書一四輯一号八二頁以下（一九六二年））。また、有限会社における社員総会不存在確認の訴え提起が訴権の濫用であるとして、訴えを却下した最高裁判例もある（最判昭和五三年七月一〇日、判例時報九〇三号八九頁（一九七八年）。この判例に賛成する学説として、新堂幸司「判批」判例評論二四四号三〇頁（一九七九年）、別府三郎「判批」昭和五三年度重要判例解説一〇四頁（一九七九年）、加茂紀久男「判批」法曹時報三三巻九号二五三頁以下（一九八一年））。

本判決は、株主代表訴訟の提起が株主権の濫用となる場合に、訴権の濫用として訴えを却下した初めての判例として注目される。株主代表訴訟は、取締役ないし監査役の任務懈怠等により会社に生じた損害を回復するとともに、違法な業務執行を抑止し、企業経営の健全性を確保するための一つの有力な手段であると考えられるが、他方で、株主による濫用ないし不適切な権利行使の危険や取締役の経営判断に与える影響等、運用上・制度上の問題点も指摘される。株主代表訴訟の利用が飛躍的に増大している昨今、株主代表訴訟の趣旨実現と濫訴からの取締役の保護との調整が問題であるが、本判決は、その一つの解決基準を提示するものである。

本判決以後にも、同様に訴権の濫用として株主代表訴訟を却下したものとして、東京地判平成八年六月二〇日の事件（後述）（判例時報一五七八号一三二頁（一九九六年））がある。また、株主代表訴訟で株主権の濫用が問題となったものには、本件以外で著名なものとして、三井鉱山事件（東京地判昭和六一年五月二九日、判例時報一一九四号三三頁（一九八六年）、東京高判平成元年七月三日、金融・商事判例八二六号三頁（一九八九年）、最判平成五年九月九日、判例時報一四七四号一七頁（一九九四年））、片倉工業事件（東京地判平成三年四月一八日、判例時報一三九五号一四四頁（一九九一年）、東京高判平成六年八月二九日、金融・商事判例九五四号一四頁（一九九四年））、東京都観光汽船事件（東京地判平成七年一〇月二六日、判例時報一五四九号一二五頁（一九九六年））があるが、いずれも株主権濫用の抗弁は排斥されている。

三井鉱山事件控訴審判決においては、株主代表訴訟の提起が株主権の濫用にあたる場合として、「当該代表訴訟の提起が徒に会社ないしその取締役を一喝し困惑させることに重点をおいたものであって、結局それによって会社から金銭を喝取するなど不当な個人的利益を獲得する意図に基づくものであるとか、当該代表訴訟によって追及しようとする取締役の違法事由が軽微又はかなり古い過去のものであるとともに、その違法行為によって会社に生じた損害も甚だ少額であって、今更その取締役の責任を追及するほどの合理性、必要性に乏しく、結局会社ないし取締役に対する不当な嫌がらせを主眼としたものであるなどの特段の事情のある場合に限り、これを株主権の濫用として排斥すれば足りる」との判断を示した。片倉工業事件、東京観光汽船事件、さらに本件も、基本的にこの判断で示された特段の事情として例示されたところに従って具体的事実を当てはめて結論を出しているといわれる（小林秀之・原強『株主代表訴訟』三〇頁（一九九六年）、中島弘雅「株主代表訴訟の制度趣旨と現状」民商法雑誌一一五巻四・五号一二一―一三三頁（一九九七年））。

二　本判決は、株主代表訴訟の提起を取引手段にして、取締役や会社側から株主たる地位とは無関係の何らかの純然たる個人的利益を引き出そうとする場合（所謂、会社荒らしの場合と解せられる）には、株主権の濫用に当たるとしている。株主代表訴訟における株主権の濫用とは如何なる場合をいうかは、問題であるが、本事例のような会社荒らしの場合に、これを肯定することには異論がないであろう（中島・前掲一三三頁、小林・原・前掲一一七頁、近藤光男「株主の権利濫用」『特別講義商法Ⅰ』七四頁（一九九五年）、荒谷裕子「株主権の濫用」判例タイムズ九一七号三九頁（一九九六年）、新山雄三「代表訴訟と株主権の濫用」判例タイムズ九四八号一四五頁（一九九七年）。但し、出口正義「株主代表訴訟と株主権の濫用」筑波法政一八号（その一）一四二頁（一九九五年）は、株主代表訴訟の制度的利益を絶対視して、根拠があれば、株主の動機目的が何であれ株主権の濫用は認められないという考え方も可能性としてあり得るとされる）。

この場合以外にも株主権の濫用となる場合として、会社に権利が存在しないのにもかかわらず、株主が代表訴訟を提起する場合を挙げる見解がある（中島・前掲一〇頁、出口・前掲一四二頁、新谷勝「株主代表訴訟と改正商法」判例タイムズ八二四号一四―五頁（一九九三年））。しかし、会社に権利が存在しない場合には、理論的には、株主が会社に代わって代表訴訟を提起する具体的「権利」がそもそも認められないのであるから、「権利」の濫用も認められないのではないだろうか。このような場合には、請求が棄却され、あるいは、悪意に基づく提訴であるとして担保の提供（商法二六七条五項）が命じられる可能性はあっても、株主権の濫用にはならないと解する。このように、会社に権利が存在しないにもかかわらず、それにつき故意・重過失によって株主代表訴訟を提起した原告株主については、被告取締役に対する不法行為（民法七〇九条）の成立する蓋然性が高いとはいえよう（軽過失による提訴の場合にまで不法行為の成立を認めることは、裁判を受ける権利が憲法三二条によって保障される基本的人権であることに鑑みれば、妥当ではあるまい。なお、最判昭和六三年一月二六日民集四二巻一号一頁も、裁判を受ける権利を尊重して、訴え提起行為の違法性が著しい場合のみ不法行為を構成するとしているが、これは、故意ないし重過失を要求しているとみるべきである）。

さらに、例えば、経営権奪取の目的や、被告取締役への反感、売名目的、政治的・社会的主義・主張を達成する目的を持って、原告株主が代表訴訟を提起する場合にも、請求に理由が認められる限り、株主権の濫用にはならないと解すべきである。確かに、このような場合は株主代表訴訟制度が予定していたものではないかもしれないが、請求に理由が認められる限り、そのような主観的事情を持つが故に株主代表訴訟制度の趣旨に反するとまではいえないであろう。例えば、社会公益目的を持つ株主代表訴訟の場合には、原告株主のインセンティヴは被告取締役の責任追及自体であるので、むしろ、誠実に訴訟を追行することが期待でき（山田泰弘「株主代表訴訟の担保提供制度における「悪意」の意義」名古屋大学法政論集一六五号四七一頁（一九九六年））、会社の損害を回復するという株主代表訴訟の趣旨が実現され得るのである。勝訴しても、直接的利益を得ることのない株主代表訴訟の原告に対して、純粋に会社や他の株主全員の利益だけを考えて訴訟を提起・追行せよというのは、現実には無理な要求であるともいえよう。このような目的ないし動機は、全く会社の利益を考えない純然たる個人的利益を追求する会社荒らしの場合とは異なって、株主権の濫用にはならないというべきである。取締役の同一の違法行為に対して、このような目的ないし動機を持つ株主が提訴すると株主権の濫用として請求が棄却ないし却下され（この点については次に検討する）、このような目的ないし動機を持たない株主が提訴すると請求認容となるというような結論は、いずれの株主にも直接的利益を得ることがないことを考えると不均衡であろう（新谷・前掲一四一一五頁、中島・前掲一一頁）。

三　本判決は、株主代表訴訟の提起が株主権の濫用に当たる場合、訴権の濫用として訴え自体を却下するべきであるという。

この点について、株主権は株主が株主たる資格において会社に対して有する権利であるから、その濫用は被告取締役との関係では直接問題とはなし得ないことから、代表訴訟の場合には株主権の濫用ではなく、取締役に対する訴権の濫用を理由に訴えを却下せざるを得ないとし、したがって、代表訴訟の提起が会社に対し株主権の濫用となる場合には取締役に対し訴権の濫用になるとして訴えを却下した本判決は正当であるとする見解がある（出口・前掲一四〇—一四一頁）。しかし、株主権行使の相手方は必ずしも会社に限定される必然性はない（中島・

前掲九頁）。株主代表訴訟の場合には、株主権行使の相手方として、取締役を被告にして提訴することが認められているのであるから、訴権の濫用によって訴えを却下した点を捉えて、本判決が正当であるとするのは形式的である。ここでは、訴権の濫用を理由に訴えを却下することの実質的正当性が検証されなければならない。

前述のように、有限会社における総会決議不存在確認の訴えの提起が訴権の濫用にあたるとして訴えを却下した最判昭和五三年七月一〇日判決が出ているものの、この判決に対する評釈は、判決を支持するもの（前掲の新堂、別府、加茂の他、必ずしも明確ではないが、谷口安平「判批」判例タイムズ三九〇号二五六頁（一九七九年））、訴えの利益ないし原告適格の欠如による訴えの却下説（福永有利「判批」判例タイムズ三七五巻五七頁（一九七九年）、吉川義春「判批」民商法雑誌八〇巻五号五九四頁（一九七九年）、山本和彦「判批」民事訴訟法判例百選Ⅰ一六頁（一九九二年））、実体権の請求を権利濫用ないし禁反言によって許さない請求棄却説（阪埜光男「判批」Law School 一一号一二〇頁（一九七九年）、林屋礼二「判批」民事訴訟法判例百選（第二版）一〇六頁（一九八二年）、本間義信「判批」昭和五三年度重要判例解説一五〇頁（一九七九年））、請求認容説（平尾賢三郎「判批」金融商事判例五六五号五三頁（一九七九年））に大きく分かれ、この最高裁判例の評価は現在に至るまで未だ定まったものとは言えないのが現状である（山本和彦・前掲一六頁）。

思うに、訴権については、否定説（三カ月章『民事訴訟法』一三頁（一九五九年））もあるが、周知のように、司法行為請求権説（斎藤秀夫『民事訴訟法概論』四三頁以下（一九六九年））、本案判決請求権説（兼子一『新修民事訴訟法体系』三三頁以下（一九六五年）、多数説）等の争いがあるものの、訴権が国家（裁判所）に対する権利であることは一致しており、それは、憲法三二条の裁判を受ける権利として国民に保障される基本的人権であるとされる。そうだとすると、訴権の濫用として訴えが却下される場合というのは、基本的人権が制限される場合に他ならないのであるから、訴権の濫用の場合は可及的に制限的に捉えられるべきである。したがって、まず、訴えの利益や当事者適格等の訴訟要件の欠如が認め得る場合には、訴権の濫用論を用いることなく、訴訟要件の欠如による訴えの却下を導くべきである。次に、訴訟要件の具備が認められる場合にも、実体権について権利濫用ないし禁反言の法理の適用が可能であれば、やはり訴権の濫用論によることなく、請求棄却を導くべきである（福田剛久「会社訴訟と株主権の濫用」『裁判実務大系3』二三頁（一九八五年）もその趣旨か）。そして、訴訟要件を具備し、かつ、実体権について権利濫用ないし禁反言の法理の適用も不可能な場合に、その訴えの提起を認めると法的正義に反するという場合に、はじめて訴権の濫用による訴えの却下が可能になると解する。具体的には、前述の、本件以外で株主代表訴訟において訴権の濫用を理由にして訴えを却下した唯一の事例である東京地判平成八年六月二〇日（本事例は、申立手数料の節約を図ることを目的とする株主代表訴訟の提起が、訴権の濫用として却下されたものである。同族会社の株式の大部分を保有する株主であった原告らが同時に（被告取締役以外の）役員の全員であったため、原告株主が被告取締役の責任追求を相当として会社に訴え提起を請求したが、会社は不相当として訴え提起をしなかったということはあり得ない場合であった。本判決は、会社と株主が意思を通じて、ただ申立手数料の節約を図ることを目的として株主代表訴訟を利用することは制度の濫用であり、許されないと判示した）の場合や、極端な一部請求（林屋・前掲一〇七頁）、訴訟狂の訴えや仮装訴訟（中野・前掲七三頁）のように、原告が訴えの実質的内容の当否について裁判所の判断を求めようという考えを実際上全然有していないのに、訴えを提起することによって相手方ないし裁判所に対して無用の損害を被らせようとして訴えを提起する場合（山本卓・前掲八二頁以下）である。

そうすると、本件のように、会社荒らしによる株主代表訴訟の提起が株主権の濫用にあたる場合には、訴権の濫用を理由とする訴えの却下は許されないというべきである。なぜなら、次の**四**以下に後述するように、筆者は株主代表訴訟の原告適格として代表の適切性が要求されていると考えているが（この点についての私見の詳細は、拙稿「株主代表訴訟の原告適格——代表の適切性と行為時所有の原則——」法学政治学論究三二号四四五頁以下（一九九七年））、会社荒らしによる株主代表訴訟の提起の場合には、代表の適切性を欠いて原告適格が認められないから、これによって訴えが却下されるべきだからである。さらに、仮に、原告適格の点を不問に付したとしても、会社に代わって取締役の責任を追及する株主の実体法上の権利の濫用を認め得るから、これによって請求が棄却されるべきだからである。すなわち、株主は取締役の責任を追及する実体法上の権利を有する。なぜなら、株主が取締役の責任を追及する訴えを提起する権利を有するということは、責任を追及する実体法上の権利が存在することを基礎としているということができるし、株主代表訴訟と同じ沿革を持つ商法二七二条の差止請求権は訴訟によることを要しないとされているからである（池田辰夫「株主代表訴訟における和解」『株主代表訴訟大系』（小林秀之・近藤光男編）二四五頁（一九九六年））。

四　原告株主の代表の適切性は、アメリカの株主代表訴訟において要求されている要件である。すなわち、株主代表訴訟は、一九三八年連邦民事訴訟規則においては、二三条（a）項の真正クラス・アクションとして位置付けられていたため、クラス・アクションの原告適格の要件である代表の適切性が当然に要求されていた。というのは、クラス・アクションの判決の効力はクラスのメンバー全員に及ぶことから、原告の訴訟行為によってクラス全員の利益の処分が行なわれることになり、原告がクラス全員の利益を適切に代表することが必然的に要請されることになるからである。そして、これは、一九六六年に連邦民事訴訟規則が修正されて、株主代表訴訟がクラス・アクションとは別に、二三・一条に規定されるようになっても、基本的に変わるところはない。

このように、代表の適切性の要件はクラス・アクションであることと、密接に結びついている。そうだとすると、わが国の株主代表訴訟がクラス・アクションとしての性格を有するか否かが、次に検討されねばならないことになるが、わが国の株主代表訴訟の法構造ないし性格については、代位訴訟説(従来の通説)と代位訴訟とクラス・アクション的代表訴訟の両方の性質があるとする両面説がある。私見は両面説に賛成であるが、筆者はかつて、このことについて詳論したことがあるので(拙稿「株主代表訴訟と訴訟上の和解」法学政治学論究三一号四七三―四七七頁(一九九六年))、本稿では私見を以下に簡潔に述べる。

まず、確かに、条文上「会社ノ為」に提起する訴えとされており(商法二六七条二項)、また、会社は株主から独立した法人格を持つ存在である以上、法制度としては、会社の権利を株主が代わって行使するという代位訴訟であるということは否定できない。しかし、株主代表訴訟制度は、会社の完全独立人格を強調する法人観とはなじみにくい、極めて現実的な制度である(谷口安平教授は「この制度はすこぶる現実的な理解に基づいており、会社の独立法人格を強調する法人観とはもともとなじみにくいものであり、会社組合観、法人擬制説を基調とする英米法にその源を発しているのもそのためであろうか」といわれる「株主の代表訴訟」『実務民事訴訟法講座5』九五頁(一九六九年))。すなわち、会社がその権利の行使を怠るような場合には、所有と経営を分離して、業務執行については経営の専門家である取締役に委ねるといったような正規的・原則的運営に任せたのでは、会社ひいては株主の利益が害される恐れがある場合に、その現実に対処するため、株主に会社の実質的所有者(団体の構成員)として本来的に有する監督是正権を行使させて、いわば、非常事態的に認められるのが株主代表訴訟制度である。そうすると、このような非常事態の場合に認められる株主代表訴訟においては、実質を直視し、会社が株主から独立した法人格を持っていることから形式的に代位訴訟とされるだけであって、実質的・経済的にみれば株主が固有の権利を行使するクラス・アクション的代表訴訟としての性格も持つと解すべきである。というのも、このことは、立法の経緯からも明らかだからである。すなわち、株主代表訴訟は、昭和二五年にアメリカ法をならって導入されたものであるが、昭和二五年当時の一九三八年連邦民事訴訟規則は、前述のように株主代表訴訟を真正クラス・アクションと位置づけていたのであり、しかも代位的・派生的と考えられていた社外の第三者を被告とする代表訴訟についてはわが国は導入せず、取締役を被告とするクラス・アクション的な代表訴訟のみを導入したからである。さらに、訴額の算定についての平成五年改正商法二六七条四項は、株主代表訴訟の訴訟類型を債権者代位訴訟や取立訴訟とは異なる、住民訴訟と同一の訴訟類型という立法的決断をしたとも解釈できることからも、クラス・アクション的代表訴訟としての性格を持つことを肯定すべきである（小林秀之「株主代表訴訟の構造と役員損害賠償保険（上）ＮＢＬ五三二号二六頁（一九九三年）。しかし、伊藤眞教授は、この訴額についての改正法は代表訴訟の経済的機能に着目したものであって、訴訟の法律的構造とは別であるとされる「代表訴訟と民事訴訟」『日本の企業と法』五四頁（一九九六年）。また、高田裕成教授も、訴え提起の手数料の問題は手数料独自の問題と考えるべきである、平成五年改正による現行制度は、政策的な考慮から、利他的な訴え提起をする株主にいわば「補助金」を付与した制度と理解することになる、とされる「株主代表訴訟における原告株主の地位」民商法雑誌一一五巻四・五号四二頁（一九九七年））。

そして、このクラス・アクション的代表訴訟の側面に着目すると、株主は、自己固有の権利として、取締役に対して会社への損害賠償の支払いを請求する権利を有しており、これを全株主を代表して行使していると考えることができる。

このように、わが国の株主代表訴訟に実質的にクラス・アクションとしての性質があると理解するならば、必然的に代表の適切性が考慮されるべきことになる。なぜなら、前述のように原告株主は、他の株主全員の利益も処分することになるからである。さらに、判決の効力は、他の株主全員にも及ぶわけであるが、他の株主の手続保障が現行法上ないこと（他の株主に対しては通知も公告もなされず、他の株主が訴訟参加する機会が保障されているとは言い難い）を補う意味においても、言い換えるならば、既判力が拡張される正当化根拠としても、代表の適切性は考慮されてしかるべきである。これに対して、高田裕成教授は、代表の適切性は、原告以外の株主に対する判決効の議論をすることにねらいがあるものと理解され、そうであれば、（代位訴訟的理解により）判決効は会社を通じて他の株主に及ぶという議論をたてることができるので、あえて、代表性という議論を持ち込む必要はないのではないかといわれる。また、適切代表ということを持ち込むために代表訴訟だということを言う必要はないともいわれる（座談会「株主代表訴訟の手続法上の問題点」民商法雑誌一一五巻六号一三―一四頁（一九九七年））。しかし、代表の適切性は、単に原告以外の株主に判決効を及ぼすことに主眼があるのではなく、それが正当に及ぶこと、すなわち、判決効を及ぼす正当化根拠を導くことに主眼がある。また、代表訴訟としての性質があるから、適切代表ということも必要になるのであって、適切代表を持ち込むために、代表訴訟であるというのではない。

五　以上のように、代表の適切性の要件は必要であると考えるが、果たして、この要件を認めることは、現行法の解釈論として可能であろうか。

　この点について、適切代表の要件を立法論として要求するものとして、周劍龍『株主代表訴訟制度論』二五一頁（一九九六年）、解釈論として要求するものに、小林秀之「株主代表訴訟の沿革と手続法的構造」『株主代表訴訟大系』一五一頁（一九九六年）、原強「株主代表訴訟における判決効と強制執行」『株主代表訴訟大系』二八六頁（一九九六年）がある。小林教授は、具体的にどのような解釈論で認められるのか、明らかにされていないが、原教授は、株主権の濫用の法理を用いることによって、取り込むことが可能であるとされる。しかし、前述のように私見によると、実体法上の株主権の濫用の場合には訴え却下ではなく、請求棄却判決を下すべきであると解するので、原教授のように訴え却下を導くものとして、株主権の濫用の法理を用いることはできないと考える。

筆者は、当事者適格の理論から、解釈論としてこれを認めることが可能であると解する。当事者適格について規定する条文はないが、当事者適格は現行法の理論として当然に認められる概念である。当事者適格とは、訴訟物たる権利関係について、当事者として訴訟追行し、本案判決を求めることができる資格であるが、これは、訴えによって特定された当事者について本案判決を下す必要性・実効性を吟味し、選別するための要件である。この選別は、個々具体的な訴訟において複雑に絡み合う諸利益の対立を、国家の立場（訴訟制度の運営）、当事者の立場（権利保護の要求、当事者の利益調整）、判決の影響を受ける第三者の立場から具体的に調整する作業であり、様々な利益を考慮してなされる実質判断である。この選別作業により、紛争解決にとって不適切な当事者は排除される一方（当事者適格の消極機能）、紛争解決にとってより適切な者が選び出されることになる（当事者適格の積極機能）（伊藤眞『民事訴訟の当事者』九〇―九一頁（一九七八年））。そして、判決の効力が手続上当事者になっていない利害関係人に法律上または事実上影響を与えることが考えられる場合には（訴訟担当や、共有物をめぐる紛争等の場合）、デュー・プロセスの観点から、この利害関係人の利益保護が十分に手続上保障されているかどうかを問う必要があり、この手続外の利害関係人と原告・被告との利害の調節が、当事者適格の判断の中に求められることになる。すなわち、判決の効力を受ける側からみると、当事者適格という観念による当事者の選別は、判決の効力を正当化するに足りる充実した訴訟追行を通常期待できる担当者を選別することを意味することになる（新堂幸司『民事訴訟法』第二版補正版一九〇頁（一九九〇年）、同『注釈民事訴訟法(1)』四〇七頁（一九九一年））。そうすると、株主代表訴訟において、原告適格を認められ得る者とは、判決の効力が他の株主にも及ぶことを正当化するに足りる充実した訴訟追行を通常期待できる者ということになり、それはすなわち、他の株主を公正かつ適切に代表する者ということに他ならない。

六　以上から、筆者は現行法の解釈論として、代表の適切性を株主代表訴訟の原告適格の要件として考慮すべきであると考えるが、問題がないわけではない。

その第一は、代表の適切性を裁判所が判断することになるが、裁判所にとってそれは過重な負担であり、事実上困難ではないか、ということである（高田・前掲「株主代表訴訟における原告株主の地位」一六三頁、中島・前掲一一三―一一四頁も同旨か）。しかし、原告株主に代表の適切性が欠けることは、被告の本案前の抗弁とし（当事者適格は職権調査事項であるが、職権探知でなく弁論主義がとられる）、アメリカと同様、被告取締役側に主張・立証責任を負わせて判断資料を提出させれば（小林・原・前掲『株主代表訴訟』三三八頁も同旨）、裁判所も判断不可能ではあるまい。これは、被告取締役としては実際上強く主張したい事柄であろうから、十分な判断資料の提出が期待できよう。また、担保提供（商法二六七条五項）の判断や、詐害再審の訴え（商法二六八条ノ三）においてはかなり実質的な判断も裁判所はしなければならず、それと比べて特に判断が困難であるとも思われない。

第二に、原告株主は何を代表するのかであるが、それは、株主代表訴訟の法構造からみて、形式的には会社（の利益）を代表するが、実質的・経済的には、他の株主の利益を代表すると考えるべきである。

七　原告株主は、以上のように、他の株主の利益を「代表」するとしても、次に、どのようにその代表の適切性を判断すればよいかが問題となる。

1　ここでは、アメリカの豊富な判例が参考になる。

原告が、公正かつ適切な代表者であるか否かは、個々具体的に判断される事柄であるが、判例は次の二つのテストによって判断しているとされる。すなわち、第一に、原告の利益が他の株主の利益と両立しているか、それとも対立しているか、第二に、原告（及びその弁護士）が訴訟を追行する積極的意思（vigor）と能力（competence）を有しているか、である。そして、これらについては被告が、原告の利益と他の株主の利益が対立すること、あるいは、原告に訴訟追行の積極的意思または能力の無いことについての挙証責任を負い、裁判所がその判断についての裁量権を有する（Demott, Shareholder Derivative Actions Law & Practice, 48 (1986). Schupack v. Covelli, 512 F. Supp. 1310, at 1312 (W. D. Pa. 1981).）。

その判断の際に考慮されるべき要素としては、代表者とクラスとの経済的対立の有無、原告が訴訟において求める救済は如何なるものか、原告が訴訟の背後で代表訴訟を利用しようとしている徴表がないか、原告と被告の間で係属中の他の訴訟がないか、原告の訴訟に対する不慣れさ、原告の代表訴訟における利益に対する個人的利益の相対的重要性、原告の被告に対する復讐心の有無、原告が代表しようとしている他の株主から得られるサポートの程度、弁護士が訴訟に対して支配を及ぼしている程度、代表原告の訴訟に対する個人的コミットメントの欠如が、挙げられている（13 Fletcher Cyclopedia Corporations 227-8 (1984).）。原強教授も、前掲「株主代表訴訟における判決効と強制執行」二五六—二七四頁において、代表の適切性を判断する際に考慮すべきファクターをアメリカの判例を整理して、次のように挙げられている。すなわち、原告株主と原告株主が代表しようとしている他の株主との経済的利害対立、原告株主と原告株主が代表しようとしている他の株主との救済方法選択における利害対立、原告が訴訟の背後にある推進力（driving force）であること、原告が代表を意図している株主から受けている支持の程度、原告が訴訟に通じていないことや事件の事実について無知であること、原告・被告間に係属している他の訴訟の存在、原告の提訴動機、である。

　次に、原告の利益と他の株主の利益の対立があるか否かというテストについて、具体的に判例をみてみる。まず、原告は一定範囲の株主の利益は代表しているが、全ての株主の利益は代表していないことも多いと思われるが、それは差支えないとされている（Shulman v. Ritzenburg, 47 F. R. D, 202, 211（D. D. C. 1969）. 連邦民事訴訟規則二三・一条も全員の株主ではなく、「類似の地位ある株主……の利益を公正かつ適切に代表……」としている）。Ohio-Sealy Mattress Mfg. Co. v. Kaplan, 90 F. R. D. 21（N. D. Ill, E. D. 1980）（この判例では、七%所有の株主が、九〇%以上の株式を所有する取締役を被告とした事例で、代表の適切性を肯定した）では、「株主の利益」という語は、原告と同様の利益を持つ少数派その他の限定的なグループの株主に関するものであると判示した。また、前述のSchupack v. Covelli では、「代表訴訟の原告は、多数派株主の支持あるいは、全ての少数派株主の支持を受けることさえも要求されない。代表の適切性の真の基準は原告株主が何人の株主を代表しているかではなく、類似の地位にある他の株主の利益を如何によく推進させるかということにある」と判示した。

　代表の適切性が否定された例としては、原告株主以外の全株主が被告である場合がある（Kuzmicky v. Dunmore Corp., 420 F. Supp. 226.（E. D.Pa, 1976).）。そのような訴訟では、原告は自分自身の利益しか代表していないからである。しかし、被告以外の他の株主が明白に原告の代表を否認した場合には、判例は分かれている(Demott, Shareholder Derivative Actions Law & Practice, supplement at 97.（1986).これによると、代表の適切性を否定したものは、S-W Co. v. John Wight Inc., 587 P2d 348（1978).肯定したものは、Larson v. Dumke, 900 F2d 1363（CA9 1990), Brandon v. Brandon Const. Co., 776 SW2d 349, 352-353（1989).）。その他にも、原告株主が、同時に会社と利害の対立する競争者である場合（Robinson v. Computer Servicecenters Inc., 75 F. R. D. 637（ND Ala 1976), Nolen v. Shaw-Walker Co., 449 F2d 506（CA6 1971).）や、代表訴訟の原告株主が同じ被告と別に個人的な訴訟を提起していて、代表訴訟がその個人的な訴訟を有利にする手段にされている場合（Roberts v. Alabama Power Co., 404 So2d 629（Ala 1981), Steinberg v. Steinberg, 434 N. Y. S. 2d 877（N. Y. C, PI 1980).）、代表訴訟を提起している原告が同時にその株式を取得した売買の取消を求めて訴訟を起こしている場合（Ford v. Bimbo Corp., 512 Sw2d 793（Tex Civ App 1974).これは、原告が自分自身を株主のクラスから除去しようとしているからである）にも、代表の適切性が否定されている。

訴訟追行の積極的意思（vigor）と能力（competence）のテストについてみると、原告がごく僅かの株式しか保有していないことは必ずしも積極的意思の度合いを減少させるものではないから、代表の不適切性をもたらすものではない（Dawson v. Dawson, 645 SW2d 120（Mo App 1983).）。原告が適切にクラスの利益を追求する限り、原告は想像し得る最善の代表である必要はない（Dura-Bilt Corp. v. Chase Manhattan Corp., 89 F. R. D. 87, 101（SD NY 1981).）。しかし、原告の訴訟に対する精通度や物質的豊かさは、この判断に関係があるとする判例がある（In re Goldchip Funding Co., 61 F. R. D. 592, 594, 595（MD Pa 1974).）。また、弁護士の能力の有無はこの判断の鍵となる重要事とされる（See Fradkin v. Ernest, 98 F. R. D. 478（ND Ohio 1983).）。

2　わが国においても、アメリカの判例と同様に、①原告の利益が他の株主の利益と対立しているか否か、②原告に訴訟を追行する熱意、誠実さ、能力があるか否か、を一般的・抽象的な基準として用いることができよう。

さらに、具体的に①について検討するに、原告株主と他の株主の利益対立があれば、ただちに代表の適切性が否定されるというべきではない。アメリカ法と同様、原告と同様の利益を持つ、少数派その他の一定の範囲の株主の利益さえ適切に代表していれば足ると考える。なぜなら、多数派株主は、株主代表訴訟によらなくとも自己の意向を経営に反映できることが普通だから、必ずしも株主代表訴訟を利用しなくてもよいのに対して、少数派株主は株主代表訴訟を利用する必要があり、原告株主は同様の立場にある一定範囲の株主の立場を適切に代表していればよいからである（小林・原・前掲『株主代表訴訟』三〇七頁）。これは、多数派株主の専横にも対処し得るものとして、株主に監督是正権である代表訴訟提起権を単独株主権として認めた法の趣旨にも合致する。

ではどのような場合に利益の対立があるとして、代表の適切性が否定されるのか、であるが、それは、原告株主が同様の利益を持つ他の株主を充分に代表できず、それらの株主の利益を守れない場合が挙げられよう。例えば、会社荒らしの場合が判りやすいが、アメリカの判例に現われた事例のように、原告株主が同時に会社と利害の対立する競争者である場合や、原告株主が被告取締役を相手に個人訴訟を同時に提起していて、代表訴訟をその個人訴訟を有利にする手段にしようとしている場合、原告以外の全株主が被告である場合などである。

次に、②については、やはりアメリカの判例のように、原告が適切にクラスの利益を追求する限り、想像し得る最善の代表者である必要はないであろう。また、原告の持株数の多寡も必ずしも関係がないであろう。そして、原告の代表訴訟を提起する動機、法律知識の有無（本人訴訟か否か）等が、具体的な判断材料となろう。

結局、代表の適切性の判断は、原告の動機・目的や求めている救済、同一原告と被告での他の訴訟の係属の有無、原告の個人的利害の程度、能力、熱意等を判断材料にして総合考慮し、①②を社会通念で判断するしかなく、ある程度の困難さが伴うことは否めないものの、判例の蓄積による準則化が望まれる。

3　では、本件の場合、代表の適切性を認めることができるであろうか。本件では、被告らは本案前の抗弁として株主権の濫用の抗弁しか提出していないので、裁判所としては、前述のように当事者適格については弁論主義が働く以上、原告の代表の不適切性を認定することはできないようにも思われる。しかしながら、代表の不適切性を基礎付ける事実の主張はしているので、裁判所が代表の不適切性を認定しても弁論主義に反することはない。

原告の本訴提起は、被告や会社を困惑させることによって、C病院の担保物件の私的処分あるいは融資などを名目とする金銭的利益を得るための取引手段としてなされている。そして、これら原告の利益はA銀行の株主であることと関係のない純然たる個人的利益である。しかも、これらの利益は、会社の利益の犠牲、ひいては、原告以外の他の株主の利益の犠牲において成り立つものと言える。したがって、原告は、同様の利益（本来であれば代表訴訟の提起によって期待される会社の損害の回復による利益）を持つ他の株主を代表するものではなく、それらの株主の利益をかえって侵害するものであるから、他の株主との利益の対立が肯定できる。また、原告の目的に鑑みれば、金銭的利益を会社から得れば、訴えを取下げることも容易に想像され、訴訟追行の熱意、誠実さにも欠けることを認められよう。

以上から、本件では、裁判所は原告の代表の不適切性を認定することができ、訴えを却下できる事例であったといえよう。

八　このように、本件は、訴権の濫用によるのではなく、代表の不適切性を認定して、訴えを却下すべきであった事例である。代表の（不）適切性と訴権の濫用とでは、以下のような相違点を挙げることができよう。

第一に、代表の適切性は、他の株主全員に判決の効力が及ぶことの正当化根拠であり、現行法上他の株主に通知・公告がなされず手続保障に欠けることを補う意味を持つ手続要件である。

第二に、代表の適切性は、原告株主の個人的利益のためになされていないかをチェックするもののみならず、他の株主の利益のためになる方向で訴訟追行がなされているかをもチェックする実体的要件でもある（小林・原・前掲『株主代表訴訟』三二〇頁）。

第三に、前述の、本件以外で訴権の濫用を理由に株主代表訴訟を不適法却下した唯一の事例である東京地判平成八年六月二〇日のような場合には、代表の適切性は認められるので、代表の不適切性を理由に訴えを却下することはできないが、訴権の濫用として訴えを却下することができる。

なお、代表の適切性を要件とすることに対しては、そのような大がかりな枠組みを用いなくても、株主権の濫用という、既に持っている理論で充分対処できるという見解もある（高田裕成「ミニ・シンポジウム株主代表訴訟の手続法上の諸問題」民事訴訟雑誌四二号一八九頁（発言）（一九九六年）、同・前掲「株主代表訴訟における原告株主の地位」五三頁、中島・前掲一一頁も同旨か）。しかし、上述の第一、第二の点を考慮すると、代表の適切性を要件とすることはやはり必要であると考えられるし、私見によると、前述のように、実体法上の株主権の濫用は請求棄却判決を導くものである。論理的には、まず、訴訟要件たる原告適格の要件である代表の適切性が判断されるべきであり、株主権の濫用で対処するべきものではないと考える。

（七一巻三号（平成一〇年三月））　南　隅　基　秀

一七　株主総会招集通知の「会議ノ目的タル事項」としての選任取締役の員数明示と決議取消請求の裁量棄却

東京高判平成三年三月六日
平成二年(ネ)二八七一号株主総会決議取消請求控訴事件
金融・商事判例八七四号二三頁、金融法務事情一二九九号二四頁

【判示事項】

一　株主総会招集通知の会議の目的たる事項には、原則として、選任取締役の員数が含まれる。

二　招集通知と決議議案との間で選任取締役の員数が相違しても、本件事情のもとでは選任決議取消請求は裁量棄却される。

【参照条文】

商法二三二条二項、二五一条

【事　実】

被告・被控訴人Y株式会社の株主総会招集通知には、議案として、「取締役全員（三名）任期満了につき三名選任の件」とされ、Y会社の代表取締役であり、Y会社の発行済株式の約一九・四％を有する原告・控訴人Xと

訴外AとBの三名が取締役候補者として掲記されていた。

本件株主総会において、出席株主より、選任取締役数を四名とする提案がなされ、招集通知に掲記されたX、A、Bの三名に訴外Cを加えた四名につき、一括して記名投票用紙に各候補者の選任・非選任の別を明らかにする方法で投票が行われた。投票の結果、訴外A、B、Cが過半数の得票を得て取締役に選任された。Xは過半数の得票を得ることができなく、再任されず、取締役（代表取締役）の地位を失った。

Xは、次のように主張し、本件決議の取消を求めて本訴に及んだ。すなわち、選任取締役の員数が四名である旨が招集通知に記載されていなかったので、本件決議には、その招集手続または決議の方法が法令に違反する瑕疵があり、さらに、本件決議は、訴外A、B、Cが、Y会社に多大な貢献をしてきているXの取締役再任を阻み、Cおよびその同族による経営支配を行うため事情を知らない多数の株主から委任状を集め、かつ、招集通知には記載されていなかった議題を突如提案のうえ、Xの再任を支持する株主には意見表明の機会さえ与えられないまま行われるなど、その決議の方法が著しく不公正であるから、本件決議は取消されなければならないとXにより主張された。第一審は、Xの請求を棄却。X控訴。

【判　旨】

控訴棄却。

一　「取締役の選任を議案とする場合における選任すべき員数」と株主総会招集通知に記載することが要求される「会議の目的たる事項」の関係についてみると、「累積投票の請求が認められる場合はもとより、そうでない場合においても、議案としては単に『取締役選任の件』として特に員数を記載しなくても、会社の規模、株主数、従来からの慣行等によって、当該株主総会で選任されるべき取締役の員数についてはおのずと一定の範囲内であることが株主も当然に予想・認識し得る客観的状況にあり、その議案に対する株主の態度の決定につき格別の支障もなく、株主の権利を害する虞れがない等の特段の事情の存する場合はともかく、原則として員数を明らかにすべきであり、員数の明示は『会議の目的たる事項』に含まれると解するのが相当である。」

「取締役の選任を議案とする株主総会において、出席株主から選任すべき取締役の員数を増やすことが提案されたような場合……招集通知の記載の内容からみて同一性を失わないと客観的に判断できる範囲での議案の修正は可能と解されてはいるが、少なくとも員数を増やすことは右の同一性を失わせるものというべきである」。

「右に述べたところを本件についてみると……招集通知上は『取締役三名の選任』が議案とされていたのに、本件決議は『取締役四名の選任』を議案としてなされたのであるから、選任すべき取締役の員数を異にしている点において招集通知に記載のない事項についての決議であり、その決議の方法が法令に違反するものといわなければならない。」

二　「右の決議の方法の法令違反は、上記認定・説示の事実関係、特に、本件決議について他に取消原因が存在しないこと、右の違反によって株主の株主総会あるいは取締役の選任に関する権利が害されたともいえないこと、右の違反の存否は本件決議によって選任された三名が本件株主総会で取締役に選任されることを左右するほどの事情とはいい難いこと等を総合勘案するならば、それに係る事実は重大とはいえず、かつ、本件決議に影響を及ぼすものではないと認められる。この判断を動かすに足りる証拠はない。したがって、本件決議取消請求については商法二五一条に基づきこれを棄却するのが相当といわなければならない。」

【評　釈】

判旨第一点に若干疑問。判旨第二点に反対。

一　株主総会招集通知に「会議ノ目的タル事項」を記載しなければならない旨を規定する現行商法二三二条二項の沿革をたどると、明治二三年商法一九九条に達する。同条によれば、「総会ノ招集ハ会日ヨリ少ナクトモ一四日前ニ其会議ノ目的及ヒ事項ヲ示シ且定款ニ定メタル方法ニ従ヒテ之ヲ為ス」と規定されていた。明治三二年商法においては、その第一五六条一項に、「総会ヲ招集スルニハ会日ヨリ二週間前ニ各株主ニ対シテ其通知ヲ発スルコトヲ要ス」と規定され、それを受けて、同条二項は、「前項ノ通知ニハ総会ノ目的及ヒ総会ニ於テ決議スヘキ事項ヲ記載スルコトヲ要ス」としていた。

明治二三年商法一九九条における「会議ノ目的及ヒ事項ヲ示シ」の文言が、明治三二年商法一五六条二項において、「総会ノ目的及ヒ総会ニ於テ決議スヘキ事項ヲ記載ス」と改められた理由については、明治二九年十月一六日の第三二回商法委員会議において、岡野敬次郎委員によって、次のように説明されている。すなわち、「現行法ニ所謂会議ノ目的及ビ其事項トハ果シテ如何ナル意味ニ解釈スベキモノナルヤヲ知ラズト雖モ凡ソ総会ノ目的ハ会社ノ大体ヲ示シ決議スベキ事項ハ細カキコトヲ示スモノナリト解釈スルヲ穏当ト考ヘタレバナリ若シ現行法ノ如ク会議ノ目的及ビ其事項トセンカ決議ノ必要ナキ事項タリトモ通知セザル可ラズトノ嫌アレバナリ」と説明されていた（法務大臣官房司法法制調査部監修・法典調査会商法委員会議事要録一七三頁・商事法務研究会版〈昭和六〇年〉）。従って、改正の意図としては、「意義ノ明瞭ナランコトヲ期シ」ということになる（法典質疑会・商法修正案参考書一四八頁・明法堂版〈明治三二年〉）。

明治四四年の商法改正により、明治三二年商法一五六条二項は、「前項ノ通知ニハ会議ノ目的タル事項ヲ記載スルコトヲ要ス」と改められ、現行商法二三二条二項と同じ文言となった。その理由として、「現行法ニ於キマシテハ百五十六条第二項ニ於テ総会ノ目的及総会ニ於テ決議スベキ事項ト斯様ナ規定ガアリマス為ニ実際上往々差支ヲ生ジマスノデ、即チ総会ニ於テ決議スベキ事項ト云フコトヲ解シマシテ議案其モノヲ指スト云フ解釈ヲ為スニマデ到ツテ居リマス、ソコデ其議案ト趣意ハ同一デアツテモ或ハ少シ字句ノ違ツテ居ル決議ヲ為セバ直グニソレハ通知ガ無イト称ヘテ決議無効ノ訴ヲ起スト云フヤウナ極端ノ例モアルノデアリマス、ソレデ此意味ハ会議ノ目的タル事項ト云フニ過ギナイノデアリマスカラ其意味デ民法ノ法人ノ総会ノ場合ノ文字ト同ジ文字ヲ使ヒマシテ『会議ノ目的タル事項』ト云フコトニ改メマシタ方ガ穏当デアル」と政府委員斎藤十一郎氏の言が引用されている（法律新聞社編纂・改正商法理由一五八頁、一五九頁〈明治四四年〉）。また、明治四四年の商法改正前における実務において、法文の「総会ノ目的及ヒ総会ニ於テ決議スヘキ事項」につき、「決議事項ノ可否ヲ判定スルニ足ルヘキ材料ノ記載ヲ必要トシ損益計算書ノ如キモ亦悉ク之ヲ掲クヘキモノト」解しているのは誤解であり妥当ではないとして、そのような実務の誤解をなくすために「会議ノ目的タル事項」に法文を改める意味があると指摘されている（松本烝治・商法改正法評論六三頁〈大正三年〉）。

なお、明治四四年の商法改正において、商法二〇八条に第二項が新設され、「定款ノ変更ニ関スル議案ノ要領ハ第百五十六条ニ定メタル通知及ビ公告ニ之ヲ記載スルコトヲ要ス」と規定された。この新設理由は、定款変更を総会の目的とする場合のように事柄が極めて重大なものについては、議案の全文をそのまま通知する必要はないが、「議案ノ要領」だけは通知する必要があるという点にある（法律新聞編纂・前掲改正商法理由二一四頁）。

立法の沿革を見ると、各時代において、条文上の表現の相違はあるものの、会議の目的を株主総会招集通知により了知させる趣旨は、「株主ヲシテ総会ノ目的及ヒ其総会ニ於テ評決セラルヘキ事項如何ヲ予知スルコトヲ得セシメ其議決権ヲ行フニ付十分ノ準備ヲ為サシムル」ところにあると解される（梅「株主総会通知ノ記載事項」最近判例批評〈一九九五年復刻版〉二七四頁、二七五頁）。このようにして立法の趣旨は明確になったものの、会議の目的たる事項として選任取締役の員数まで明示しなければならないか否かについてまで判明していないので、その点については、解釈論の更なる展開が必要となる。

二　株主総会の招集通知における会議の目的との関係において、選任される取締役の員数明示については、それを、現在においても、厳格に解するのが妥当と思われる。取締役選任について累積投票請求権を完全に排除できなかった昭和四九年商法改正前においては、株主に累積投票権を認めた以上、総会招集通知にも選任される取締役の員数を明示し、総会はその人数のみを選任し得ることとなる（津田・東京地判昭和三三年一月一三日判批・財政経済弘報六九六号六頁）と明解に主張し得た。しかし、現在において、ほとんどの会社が定款規定によって累積投票請求権を完全に排除しているため、そのような会社では、選任取締役の員数記載要求は妥当性を失ったものとも解される（前田・新版注釈会社法二三二条注一三〈五巻五二頁〉）。しかし、選任取締役の員数は、会社支配と会社経営の根本に関するものであり、複数の取締役が一度に選任されるといっても、各人の選任は個々の一つの決議でなされ、員数明記を要求しても、特に総会招集権者側に負担を強いるものではない（鈴木・本件判批・亜細亜法学二七巻一号二二五頁）。従って、株主保護の観点からすれば、定款規定での累積投票請求権の排除と共に、右のような株主に有利な員数明示の必要性までなくなってしまうと結論づけることはできないと考えられる。（反対・荒谷・本件評釈・法律のひろば一九九二年八月七三頁）。員数明示を厳格に考えることにより、思いつきでない慎重な、会社の将来を見すえた経営が期待できるからである。

右のような意味において、選任取締役の員数明示を原則として求めている判旨第一点のこと員数明示の点には賛成できる。しかし、判旨第一点は、特段の事情によって員数を株主が知り得るような状況にあれば、会議の目的たる事項としての員数明示は必ずしも必要ないと解しているようであるが、この点には疑問がある。確かに、招集通知に添付された付属書類などから選任取締役の員数が判明するような状況であれば、適法な通知があったものと解する（中村・本件評釈・金融・商事判例八九一号四八頁）のは論理的である。しかし、株主総会招集通知における会議の目的たる事項については、軽々しく解すべきではないと思う。判決主文と同じように、それさえ読めば、事の結末が明確になる状態でなければならない。他と考え合わせれば判明するというのでは妥当性を欠く。従って、選任取締役の員数については、必ず、会議の目的たる事項として、何名と書く必要があると解するので、判旨第一点には、若干疑問がある。

右のように選任取締役の員数明示を厳格に考えると、一度、会議の目的として選任員数が明示されると、株主総会の場における選任取締役の員数変更は会議の目的事項の変更となって許されないこととなる（吉本・本件解説・法学セミナー四四八頁一二五頁の指摘）。それでは、極めて窮屈であり、最高意思決定機関としての株主総会の修正権限をないがしろにするとも解されよう。しかし、選任取締役の員数は、会社支配と会社経営の根本にかかわるからそれを重視する立場からすれば、選任取締役の員数明示は、一度通知されると会議体の議決範囲までも拘束することとなるけれども、こと取締役選任に関しては、総会招集権者や提案権者に慎重に準備をさせ、株主総会尊重の精神を強化するという意味において妥当なものと考えられる。そうすると、会議の目的に明示された員数以上の取締役を選任するためには、再度、あらためて株主総会を招集しなければならず、小規模閉鎖会社は別として、大規模公開会社では、事実上、次の定時総会まで待つことにならざるを得ない。

本件判旨第二点は、裁量棄却を肯定している。しかし、株主総会招集通知の会議の目的に欠缺があるという議事成立手続の瑕疵については、それが決議結果に影響を与えなかったとの立証は不可能と解され、裁量棄却は許されないと解するのが（竇金・本件解説・判例タイムズ七九〇号一七三頁参照）、株主保護の観点から妥当と思われる。そうすると、会議の目的に明示された以上の員数の取締役を選任した本件決議は、会議の目的の欠缺と同視し得るので、やはり、決議取消の裁量棄却になじまないと解される。この意味において、判旨第二点に反対する。

（七〇巻三号（平成九年三月））　加藤　修

一八　貸借対照表の棚卸資産欄の虚偽記載と取引の開始・継続との間に相当因果関係がないとして、取締役等の商法二六六条ノ三第二項の責任が否定された事例

山口地判平成三年四月二五日
昭六三年(ワ)第一二〇号損害賠償請求事件
判例タイムズ七六〇号二四一頁

【判示事項】

一　予想の原価率を用いて算出されたことにより、実際と大幅に異なる商品の期末棚卸高の記載された貸借対照表の表示は、商法二六六条ノ三第二項にいう「重要ナル事項ニ付」いての「虚偽ノ記載」に当たる。

二　商品の期末棚卸高の記載が過大であったことと、原告が取引の開始・継続の判断をしたこととの間には相当因果関係がない。

三　原告の売掛債権が回収できなかったことによる損害は、会社が倒産したためであり、倒産は不実記載を原因とするものではなかったから相当因果関係がない。

【参照条文】

商法二六六条ノ三第二項

【事　実】

原告Xは、家庭日用品の卸業を主たる目的とする株式会社であり、A社に対し、昭和六〇年一二月二三日から日用雑貨品を継続的に販売していた。A社は、昭和五一年一月三〇日に設立され、各種電気製品、自動車用品および一般家庭用品の小売販売を主たる目的とする株式会社であるが、昭和六二年六月三〇日、不渡手形を出し、同年七月一日、山口地方裁判所に対して、和議開始の申立てを行った。その後昭和六三年三月二二日に、右の和議についての認可決定がなされている。

被告Y_1は、設立当時から現在に至るまでA社の代表取締役である。被告Y_2～Y_4は昭和五一年ないし昭和五五年から昭和六〇年四月三〇日まで、A社の取締役の地位にあった。また被告Y_5は、設立時から昭和六一年二月二八日まで取締役の地位にあり、その後昭和六一年三月四日からは同社の監査役となっていた（平成元年三月二九日に死亡）。

第一〇期および第一一期のA社の貸借対照表の商品欄には以下のような記載がなされている。

(1)　第一〇期（昭和五九年九月二一日～同六〇年九月二〇日）末　六億六一一八九万四〇〇〇円

(2)　第一一期（昭和六〇年九月二一日～同六一年九月二〇日）末　一六億八二五三万円

Xは、A社の和議開始申立時において、A社に対し、売掛代金債権一六一五万一四二七円を有していたところ、A社の倒産により、右売掛代金債権の支払を受けることができなくなったが、その後、A社から和議条件の履行として一二九万二〇五七円の支払を受けたので、売掛代金債権の残額は一四八五万九三七〇円となった。

A社は、少なくとも第一〇期および第一一期決算期においては、商品管理につき、実地棚卸はせず、ポスシステム（店頭販売時管理）を採用し、当日仕入れた商品の仕入金額をコンピューターに入力し、各店頭におけるレジスターとコンピューターを連結して、レジスターに打刻された売上金額から、粗利益予想額（売上金額に予め商品を中分類した粗利益率を乗じて算出されたもの）を差し引いた額を売上原価とし、当日の仕入金額から右売上原価を差し引いた額を在庫商品額としていたこと、そして、コンピューターにより算出された売上金額、仕入金額及び在庫商品額等は、毎日、大区分別営業管理日報として、また、毎週、営業管理週報としてそれぞれ報告されていたこと、右のような商品管理によると、粗利益率自体個々の商品毎に算出されたものではなく、かつ、商品によっては廉価販売したことにより、当初予定していた粗利益率を下廻ることもあり、さらに、盗難、破損、および腐敗等による商品の陳旧化を把握することができないから、正確な在庫商品額を算出したものとはいえないこと、Y[1]は、B経理事務所に委託してA社の決算書類を作成していたが、その際、右ポスシステムにより算出された仕入金額、売上金額および在庫商品額等を資料として提出していたこと、その結果、A社の貸借対照表の商品欄には、第一〇期決算期が六億六一八九万四三八九円、第一一期決算期が一六億八二五三万〇〇〇八円と記載されていたこと、右貸借対照表によると、第一〇期決算期から第一一期決算期の間に在庫商品が大幅に増加しているのは、系列会社であるC社を含め別法人である三店舗を解散した上、A社に吸収合併した結果、合計五億六八八一万五四七六円の在庫商品を引き取ったことがその一因となっていること、他方、A社が和議開始申立てをした後である昭和六二年九月一日に在庫商品を実地棚卸したところ、三億二六三五万三〇〇〇円であったこと、これによると、第一一期決算期の末日から一年足らずの間において、在庫商品が大幅に減少していることとなるが、これは、①右期間において、A社の経営悪化による決算資金不足のため、仕入金額を下廻って商品を販売したこと、②昭和六二年六月、西宇部店を含め支店三店舗につき、その在庫商品を合計二億四五五〇万円で売却し、かつ、右売却代金額は、仕入価額を下廻って売却した商品が多くあったこと、③昭和六二年九月一日の実地棚卸しの際には、在庫商品を換価可能額で評価したこと等が原因の一部である。しかしながら、昭和六二年九月四日付けの大区分別営業管理日報では、同日の在庫商品額が一四億一〇五三万八八九九円となっていた。

Xにおいては、新たな顧客と取引を開始する際には、支店長あるいは出張所長が「御得意様口座申請書」を作成して、本店営業本部に提出し、右営業本部では、新規顧客につき、Xの取引銀行を通じて銀行調査を行い、また、その取引額が一〇〇万円以上の場合については、興信所の調査をした上、営業本部長が取引の開始につき承認するかどうかを決定していたこと（ただし、月額三〇万円までの取引については、支店長あるいは出張所長の責任において、取引を開始することができた）、さらに、年間の取引額が一〇〇〇万円以上の顧客については、一年に一回、興信所による調査を行い、取引を継続するかどうか、あるいは取引の上限額をいくらにするかを判断していたこと、Xにおいては、A社との取引を開始するに際し、昭和六〇年一二月一九日、広島出張所長から本店営業本部に対し、A社の「御得意様口座申請書」が提出され、本店営業部において、銀行調査をした結果、A社の信用状態につき懸念なしとのことであったため、当時、専務取締役営業本部長であったDは、昭和六一年一月九日、月額二〇〇万円、総額八〇〇万円を取引限度額として取引開始の承認をしたこと、さらに、XはE社に対し、A社の営業状態につき調査を依頼し、右調査報告を昭和六一年二月五日に受けたこと、Dは、右第一回目の調査報告につき、従業員数、借入金額、店舗不動産が社有であるかどうか等に着目・検討した結果、A社においては、借入金額は多いものの、従業員数五五名に比し、昭和六〇年九月決算期の売上金額が約四二億円であることから、生産性の程度が高く、不動産も多く所有していることから、その経営状態を良好と判断し、その取引を継続させたこと、その際、右調査結果には、A社の第八期から第一〇期決算までの貸借対照表の各記載金額を比較した表が添付されていたが、Dは、第一〇期の右貸借対照表の商品欄の金額が六億六一八九万四〇〇〇円と記載されていることについて、特に注目することもなく多いとも少ないとも意見を有しなかったこと、その後、広島出張所長から本店営業部に対し、A社との取引額を増加したい旨の「取引条件等変更申請書」が提出され、Dは、第一回目の調査報告とともに、A社の取引銀行であるF銀行及びG銀行の調査結果を参考にした上で、昭和六一年七月七日、取引限度額を月額五〇〇〇万円、総額二〇〇〇〇万円に変更することを承認したこと、Xは、右のようにA社との取引額が一〇〇〇〇万円以上になったことから、取引継続中の興信所による調査を行い、その調査報告を昭和六二年一月一二日に受けたこと、右調査報告では、その所見欄において、「在庫は前年度より一〇億円増となり棚卸回転率は一一・一日（年四・八回）となっているところ、運転資金へのシワ寄せがあり在庫管理に問題が残る。」とされ、在庫商品が増加していることにつき消極の評価がなされていること、Dは右調査結果を検討し、A社の主要仕入先であるH社がA社所有の不動産に抵当権を設定したこと、およびI銀行がJ銀行のA社に対する債権一億円を肩代わりしたとされていることに着目して、これらの事象はA社の経営状態が悪化する前触れであると判断し、取引限度額を変更するには至らないものの、今後、A社との取引については注意を要する旨広島出張所に指示したこと、右調査結果には第一回目の調査報告と同様の方法により、第九期から第一一期決算期までの貸借対照表記載の各金額の比較表が添付されていたが、Dは、第一〇期から第一一期決算の間において、在庫商品が大幅に増加していることについては、右調査報告にA社が別法人であるK社等三店舗を吸収合併した旨記載があったため、右事情により在庫商品が増加したと考えた程度であったこと、また、右調査報告には、棚卸資産回転率が記載されており、これによると、A社と同業種の企業の棚卸回転率は年一四・九回（二四日）であるのに対し、A社においては、第九期決算期において年八・八回（四一日）、第一〇期決算期において年六・三回（五七日）、第一一期決算期において年三・三回（一一一日）と同業他社と対比して悪く、かつ、A社自体においても年々右回転率が低下している旨の記載があったこと、その後、A社は、昭和六二年六月三〇日、山口地方裁判所に和議開始の申立てをして倒産し、その結果、XがA社に対して有していた一六一五万一四二七円の売掛代金債権は和議債権となった。

そこで、Y_1ないしY_5が共謀して、A社の貸借対照表の商品欄につき虚偽記載を行ったため、Xはその虚偽記載を信用してA社との取引を継続した結果、売掛債権残額一四八五万九三七〇円の損害を被ったなどとして、商法二六六条ノ三第二項により、損害賠償を請求したのが本件である（なお、予備的請求としてY_2ないしY_5に対して商法二六六条ノ三第一項による損害賠償の請求もなされている）。

【判　旨】

「……昭和六二年九月一日に実地棚卸しをした在庫商品額が換価可能な金額による評価であったとしても、そのころのポスシステムによる在庫商品額とは大幅にくいちがっており、このことからすると、ポスシステムによる在庫商品管理はかなり杜撰なものであって、第一〇期決算期から第一一期決算期における在庫商品額の増加あるいは第一一期決算期以降の在庫商品額の大幅な減少につき、前期認定のような要因があったにしろ、右両決算期においては、右と同様にポスシステムによる在庫商品管理が行われていたのであるから、第一〇期決算期及び第一一期決算期の貸借対照表の商品欄の商品額の記載は、実際の在庫商品額に比較して大幅に大きい金額になっており、客観的には虚偽の記載であったと認めるのが相当である。」

「……Xは、新規の顧客との取引を開始するに際し、また、その取引を継続するか否かにつき、銀行調査及び興信所の調査を行った上で判断しているものであるところ、A社との取引を開始するに際しても、銀行調査及び第一回目の調査報告により、同会社の第八期から第一〇期決算期の間における従業員数、借入金額、生産性の程度や不動産を所有しているか否かに着目して検討した結果、A社の営業内容を良好と判断してA社との取引開始を決定したものであり、特に第一〇期決算書中貸借対照表の商品欄記載額の多寡を判断材料として右営業内容の良否を判断したものでなく、また、昭和六一年七月七日に従前の取引限度額を増額して取引継続中に行った第二回目の調査報告においても、A社の主要取引先が抵当権を設定し、あるいは金融関係がA社の借入金の肩代わりしていること等から、A社の経営内容が悪化に向かうおそれがあると判断したものの、第一〇期から第一一期決算期の間に在庫商品が一〇億円以上増加していることについては、系列会社の吸収合併により増加したものであると考えた程度であって、右在庫商品が増加したことをもってA社の経営内容が良好であり、それ故A社との取引を継続すべきであると判断したものではないこと、……、A社においては、実地棚卸しをせず、その商品管理が杜撰であったため、貸借対照表記載の商品欄の金額に相当する在庫商品が実際には存しなかったわけであるが、A社のような日用雑貨品等を薄利多売する店舗において、在庫商品が多いという事実の示唆するところは、多様の商品を揃えているという意味もなくはないが、それよりも、在庫商品の多さは、資本回収効率が低く、経営内容が悪いという判断に結び付くものであること、特に、第二回目の調査報告において、A社の棚卸回転率が同業種に比較して悪く、しかも年々右回転率が悪化していることも右判断を如実に表していることを総合勘案すると、Xは、A社の第一〇期及び第一一期の各決算書中貸借対照表の商品欄の記載がそれぞれ六億六一八九万四〇〇〇円であり、一六億八二五三万円となっていることを重視し、それ故にA社との取引を開始・継続したものとは到底認め難く、そうだとすると、A社の決算書中貸借対照表の商品欄の虚偽記載があったこととXがA社との取引を開始し、それを継続したこととの間に相当因果関係は存在しないというほかなく、他にこれを認めるに足る証拠はない。

さらに付言するに、Xは、本件訴訟において、XがA社との取引を継続した結果、売掛残代金一四八五万九三七〇円相当の損害を被ったとしてその賠償を請求するものであるが、前期認定事実から明らかなように、XのA社に対する右売掛代金が回収不能になったのは、A社が和議開始の申立てをして倒産したためであり、右倒産の原因は、A社の第一〇期及び第一一期の各決算書中貸借対照表の商品欄に虚偽表示をした故ではなく、その記載とは関係のないA社の自動車用品の売上低下、広告料の増加及び客寄せのための廉価販売等によって手形不渡を出すに至ったことにあるのであるから、いずれにしてもA社の第一〇期及び第一一期の各決算書中貸借対照表の商品欄の虚偽記載とX主張の損害の発生との間には相当因果関係は存在しないというべきである。

以上の次第で、Y_1を除くY_2〜Y_5に対する取締役又は監査役の職務懈怠を理由とする予備的請求も右貸借対照表の商品欄の虚偽記載を前提とするものであるから、右職務懈怠の有無等その余の点について判断するまでもなく、Xの請求はいずれも理由がない。」

【研究】

判旨に反対。

一　本件判旨は、ポスシステムによる在庫管理を行っていた会社が、予想の原価率を用いて売上原価を算出していた結果、帳簿上の在庫商品の金額が実際のそれと大きく食い違ったまま貸借対照表に記載されたケースにつき、それが商法二六六条ノ三第二項にいう「虚偽ノ記載」に当たることを認めた上で、その事実は原告Xの取引の開始・継続についての判断に影響を与えなかったとして、売掛金の回収不能による損害の発生との間の相当因果関係を否定し、Y_1ないしY_5の取締役または監査役としての商法二六六条ノ三第二項の責任を否定している。

本件で適用の可否が問題とされている商法二六六条ノ三第二項および昭和五六年改正前の商法二六六条ノ三第一項後段についての過去の判例はいくつか存在している。

京都地裁昭和五五年一〇月一四日判決では、債権者が会社の計算書類自体ではなく、これを掲載した「全国繊維企業要覧」を信用して取引をした場合につき、相当因果関係が否定されている（判例タイムズ四二七号一八六頁、下民集三一巻八号七四一頁）。また、名古屋高裁昭和五八年七月一日判決は、二部上場されていた株式会社の振り出した約束手形の取得にあたり、公表されていた計算書類に基づいて作成された「会社四季報」の記事を信頼した結果損害を被ったとして、昭和五六年改正前の商法二六六条ノ三第一項後段による取締役の損害賠償責任が問題とされた事例につき、同条項の趣旨は、会社と直接の取引関係に入った者あるいは会社と直接の取引関係はなくても当該会社の株式または社債を公開の流通市場において取得した者等を保護するところにあるとして、相手方が同条項によって保護されるべき第三者には該当しないことを理由に、責任を否定している（判例時報一〇九六号一三四頁。なお、この事件についての判例評釈・判例解説としては、大塚英明・法律のひろば三七巻七号七四頁、高鳥正夫・金融・商事判例六九七号四七頁、片木晴彦・商事法務一〇九七号三七頁、黒沼悦郎・ジュリスト八八九号一〇六頁、上村達男・会社判例百選［第六版］一二八頁および川島いづみ・宮島司＝丸山秀平編・基本判例会社法七五頁がある）。

計算書類に虚偽記載があっても、計算書類の作成に直接関与しなかった取締役は権限も義務もないとした大阪地裁昭和六〇年四月三〇日判決（判例時報一一六二号一六三頁）や、粉飾が巧妙であったため、担当者以外の取締役については職務を遂行したとしても虚偽を探知しえなかったものとして、因果関係がないとした東京地裁昭和五八年二月二四日判決（判例時報一〇七一号一三一頁）、および改正前の二六六条ノ三第一項後段につき過失責任説を採った上で、計算書類の作成の担当者については責任を認め、それ以外の取締役に対しては、相当の注意を用いても虚偽の記載を知りうる状況になく、任務懈怠に当たらないことをもって、責任を否定した大阪高裁昭和六一年五月二〇日判決（判例時報一二〇六号一二五頁。この事件の解説としては尾崎安央・酒巻俊雄編・会社法重要判例解説二一〇頁がある）のように、計算書類の作成に直接タッチしていない取締役に対して、相当因果関係の面から責任を否定する判例がいくつか見受けられる。さらに古い判例であるが、これらの判旨と類似したものとして東京地裁昭和四三年六月三日判決（ジュリスト四一九九号六頁）がある。ここでは、計算書類の作成権限を代表取締役に属するものとし、代表権のない取締役には、原則として二六六条ノ三第一項後段の責任がないものと判示されている（同旨の学説として、岸田雅雄「不実の情報開示」森本滋＝川濱昇＝前田雅弘編・企業の健全性確保と取締役の責任四三六頁、弥永真生・企業会計と法一四九頁）。

これ以外にも、相手方が虚偽記載の事実を知った後で、会社に追加融資した場合については相当因果関係がないとした横浜地裁昭和五一年一〇月一九日判決（判例タイムズ三七五号三一〇頁）があり、全般的に相当因果関係を厳しく捉える傾向がみられる。さらに、前述の名古屋高裁昭和五八年七月一日判決では、昭和五六年改正前の商法二六六条ノ三第一項後段の責任を「無過失責任」であるとした上で、第三者の範囲は限定的に捉えられるべき旨を判示しており、全体として虚偽記載についての取締役の責任が否定される判決が多くなっている。

本件も、虚偽記載の事実を認めながら、損害との間の相当因果関係を否定した事例であるが、その理由を、虚偽の数値から読み取れる内容が、むしろ相手方に、取引の中止を判断させる材料になる方向性を持つというところに求めているという点で特徴のある判例といえる。

二　昭和五六年改正前の商法二六六条ノ三第一項後段は計算書類の虚偽記載・公告についての取締役の第三者に対する責任を定めていた。この規定は昭和二五年の改正によって明定されたもので、その立法趣旨は、取締役が第三者に対して責任を負うことが異例と思われていた時代的背景の中では、開示書類の記載を信頼した者の保護が理論上十分に図られないことに配慮したものであるといわれる（上村・前掲一二八頁参照）。

この規定については、無過失責任とみる説と、過失責任であって挙証責任が転換されているものとする説等が対立していた。無過失責任説では、改正前の二六六条ノ三第一項後段で、取締役が株式申込証等の虚偽記載をしたとき「亦同ジ」としていた趣旨を、取締役の過失の有無を問わず「亦同ジ」く責任を負うものと解されていた（竹内昭夫・改正会社法解説一四三—一四四頁）。また、後段の規定が特に設けられていること、および株式会社における公示の重要性と虚偽表示の危険性を根拠とするものも数多く存在していた（田中耕太郎・改訂会社法概論下巻三九九頁、大隅健一郎・会社法論中巻一四九頁、塩田親文＝吉川義春・総合判例研究叢書商法（11）二二三頁、鈴木竹雄・新版会社法一四八頁、田中誠二・全訂会社法詳論上巻六一二—六一三頁、山口賢「役員の対第三者責任」判例演習講座商法Ⅰ二二一頁、菱田政宏「株式会社の取締役の第三者に対する責任」末川追悼・法と権利（2）三一四—三一五頁）。これに対して過失責任説は、証券取引法の民事責任についての規定（同法一七条）との均衡を図ることを根拠としていた（石井照久・会社法上巻三五五頁、龍田節「不実の開示と取締役の責任」法学論叢七四巻四号一八頁、本間輝雄「計算書類の不実開示と取締役・監査役の責任」商事法務研究三六〇号五一頁、矢沢惇「違法配当と取締役の責任」商法演習Ⅰ一七〇頁、神崎克郎「取締役の責任」新商法演習2五七頁）。

その後、昭和五六年改正により、過失責任説の立場に沿った形で立法がなされたことにより、この議論には終止符が打たれることとなった。すなわち、改正後の二六六条ノ三第二項では、その責任が過失責任であることが明確化されると同時に挙証責任の転換が図られている（その結果、商法特例法一〇条による会計監査人の責任と同様の内容となり、また同改正によって商法二八〇条二項が商法二六六条ノ三第二項を準用することになったことから、取締役、監査役、会計監査人の三者の責任の態様が一致することとなった）。

このように改正された理由は、重要な事項についての不実表示がもたらす危険性は十分に配慮すべきであるが、不実記載について無過失責任を課す積極的な理由が認められないことと同時に、証券取引法に定める不実記載についての取締役の責任の規定との均衡を考えたものであるとされる（元木伸・改正商法逐条解説（改訂増補版）一五四頁、稲葉威雄・改正会社法二一九頁）。この改正に対して、従来の過失責任説の立場からは、取締役に無過失責任を負わせるのは酷であると同時に、過失責任としておくことで、取締役に責任回避のための相当な注意義務を尽くさせることによって不実の表示を防止させる効果を期待できることから政策的にも好ましい立法態度であると評価されている（神崎克郎・取締役制度論二二八頁）。

また商法二六六条ノ三第一項では、取締役に重過失のあることが必要とされているが、二項では軽過失でも責任が生ずることが明確になった。これは、二項に列挙された書類が対外的な開示手段であるため、重要事項についての虚偽表示や虚偽記載の登記・公告が第三者に損害を及ぼすのは当然であることから、取締役たる者はそのことを十分に認識しているべきだからである（龍田節・新版注釈会社法(6)三二〇頁）。

なお取締役が責任を免れるためには注意を怠らなかったことを証明する必要があるが、これは注意を怠らなかったとしても虚偽であることを発見しえなかったであろうことを証明しただけでは責任を免れることができないことを意味するものとされている（龍田・前掲・新版注釈会社法(6)三二〇頁）。

本件は、改正後の商法二六六条ノ三第二項により取締役等の責任が問題とされた事例であるため、過失責任であることが前提となっている。

三　本件判旨は以下の三つの点について判断を示している。まず、①A社の貸借対照表中の商品棚卸高の不正確な記載が、商法二六六条ノ三第二項にいう「重要ナル事項ニ付」いての「虚偽ノ記載」に該当するか否かという問題について、これを肯定する。つぎに、②商品の期末棚卸高の記載が虚偽であったことと、Xが取引を開始・継続する判断をしたこととの間に相当因果関係が存するか否かという問題について、これを否定している。さらに、傍論的、ないしはダメ押しのような論調ではあるが、③商法二六六条ノ三第二項の責任が成立するための条件として、不実の記載が会社の損失を招き、それが第三者の損失をもたらすという形での因果関係が必要とされるか否かという問題について、これが必要なものとしている。

まず、①の問題点について検討する。通常の会計処理では、期末の商品の棚卸高を先に把握した上で、差額として売上原価を算出する。すなわち、一般に認められた、商品の帳簿棚卸高の算出方法には、「個別法」、「先入先出法」、「後入先出法」、「移動平均法」「総平均法」、「売価還元法」等がある（企業会計原則第三貸借対照表原則五A参照）が、これらの方法で期末の棚卸高を求めた上で、差額として売上原価を算出するのである。

ところが、本件で用いられているのは、先に予想の原価率を使って売上原価を求め、そこから差額として期末棚卸高を算定するという方法である（強いていえば売価還元法と共通する部分があろうか）。もっとも、求める順序が逆であったとしても、求められる数値そのものが合理性を持つものであれば、技術の進歩に伴う新しい会計処理の方法として、「公正ナル会計慣行」（商法三二条二項）に反するものとはいえないかもしれないが、同様に原価率を用いる売価還元法（多種の商品を扱う百貨店等において採用されることが多い）では実際の原価率を用いるため、大きな誤差が生じないのに対して、A社の方法の場合には粗利益率が予想に基いたものであり、さらに誤差の是正の意味もある実地棚卸を行っていなかったため、結果的に大きな相違が生じてしまっている。このような方法は合理性を持つものとはいえず、適正な会計処理方法として認められるものではありえない。

各期末の実地棚卸高は不明であるが、和議開始の申立てをした後の昭和六二年九月一日の実地棚卸高が三億二六三五万三〇〇〇円であるのに対して、三日後の昭和六二年九月四日付けの帳簿棚卸高が一四億一〇五三万八八九九円となっており、以前から同じ方法が続けて用いられていたことからして、問題となった第一〇期（昭和五九年九月二一日〜昭和六〇年九月二〇日）および第一一期（昭和六〇年九月二一日〜昭和六一年九月二〇日）についても大幅な誤差が出ていたものと推測される。なお、和議申立て後の昭和六二年九月一日に実施された実地棚卸の金額について、Y_1らは「換価可能な金額」による評価である旨の主張をしているが、対象となる資産が小売店の商品である以上、一部の固定資産のような使用価値とは無関係であって、帳簿上もはじめから交換価値だけが問題となる性質のものである以上、通常の棚卸と比べて大きく異なることはないはずである。

そうすると、きわめてずさんな会計処理の方法を用いたことによって、第一〇期および第一一期の貸借対照表上も商品勘定の金額が著しく過大になっていることは間違いないものと考えられるから、これが商法二六六条ノ三第二項にいう（重要なる事項についての）虚偽表示に当たるものとの判旨の判断は妥当なものということができる（判旨はその虚偽記載が「重要ナル事項」についてのものかどうかを明示してはいないが、文脈からしてこれを肯定しているものと思われる）。

四　次に②の「相当因果関係の有無」の問題についてであるが、判旨は、「商品の増加は財務内容に対する消極的評価につながるものであるから、貸借対照表の記載と取引の開始・継続との間に因果関係はない。」とする被告側の主張をほぼ全面的に採用している。たしかに判旨のいうように、在庫が水増しされて表示されれば、当然に商品回転率が悪化することになる。しかしながら、商品勘定はいうまでもなく、資産項目のひとつであり、これが過大に計上されていれば、資産総額も大きくなり、利益が過大に計上されることにもなるのである。つまり期末在庫が増加した分だけ、その期の売上原価が減少し、粗利益ないし粗利益率が増加してみえることになる。もっとも、期首の在庫も過去の年度からの誤差の積み重ねによって過大に計上されているはずであるから、各期の計算書類上は、その期に生じた誤差の分だけが問題となるにすぎないが、商品回転率と、売上高総利益額ないし売上高総利益率を比較すれば、後者の方がより端的に経営成績を表すものと考えられ、判断の材料としての重要性が高いものであることからすれば、判旨の判断には賛成できない。

五　最後に③の部分についてであるが、判旨は、XはA社の倒産によって損害を被ったのであり、倒産の原因は、A社の第一〇期および第一一期の貸借対照表の商品勘定に虚偽記載があったためではないから、Xの損害との間の相当因果関係がないと述べている。ここでは、商法二六六条ノ三第二項の責任が間接損害の場合に限定されるものと捉えられているようである。商法二六六条ノ三第一項については、それが直接損害に限定されるのか、間接損害に限られるのか、あるいは両方を含むのかという学説上の争いがある（現在では両損害説が通説と思われる）が、同条二項についてはこのような議論が見当たらない。

学説をみても、たとえば、菱田教授は昭和五六年改正前の商法二六六条ノ三第一項後段の責任につき、直接損害が多いものと考えられるが、間接損害もありうるとされる（菱田・前掲三〇二―三〇三頁）。同様に、龍田教授は、単に不実の開示という行為のみでは、通常の意味における会社の損害は生ぜず、第三者が直接侵害されるのが一般的であると説明される（龍田・前掲・法学論叢七四巻四号二六頁）。つまり計算書類の虚偽記載の結果として倒産するというような場面は、違法な利益配当をなしたことにより会社財産が流出し、その結果会社が支払不能になった場合が考えられる程度である（菱田・前掲三〇四頁）から、間接損害だけに限定されるとすれば、この規定の意味の大半は失われてしまうことになるであろう。

そもそも、商法における計算書類の開示制度の目的は、株主、債権者および、その作成者たる取締役会ないしはその構成メンバーであるところの取締役の間の利益調整を目的とする（島原宏明「商法における計算書類開示制度の意義」法学研究七三巻二号三九六頁）。すなわち、企業の外部関係者が開示により情報を入手できることによって、取締役と、その他の利害関係者との間のバランスを間接的に図ることができるのである。この「情報」とは不確実性を減少させるためのものであり、法規制においても、すぐれた情報、すなわち内容の質と量を備えた情報が当事者間に公正に分配されることが要請される（岸田・前掲四二四頁）。これに反して、開示される情報に遺漏があったり、虚偽の表示がなされたりすれば、その利用者に不利益が生ずることになり、さらには開示される情報の信頼性が担保されていなければ、本当は正しい情報であったとしても外部利害関係者がそれを利用すべきか否かの判断に苦しむこととなり、制度の実効性を損なうことになる。そこで、開示される情報の信頼性の担保のための制度として、監査とならび、開示情報の作成者たる取締役会のメンバーたる取締役に対して（私見は、計算書類の作成権限が取締役会にあるものと理解している（島原宏明「会計規範と法規範―会計学と商法学の交錯をめぐって―」駒澤大学法学部研究紀要五六号二一頁）ため、すべての取締役が商法二六六条ノ三第二項の責任の対象となるものと解している）、開示に対する責任が法定されているのである。

すなわち商法二六六条ノ三第二項は、公表される各種の文書を判断の材料とする第三者の保護のために、その信頼性を担保する役割を担う制度であって、そこでは、主として虚偽記載された書類を材料として判断を行ったために、それがなければ得られなかったはずの結論を出したことによって生じた損害を賠償するという場面が想定されているのである。

たしかに違法配当による会社財産の流出の場合についても商法二六六条ノ三第二項の責任が生じる可能性は肯定されるべきであるが、商法二六六条ノ三第二項の持つ本来の趣旨からすれば、それはむしろ副次的なものにすぎないであろう。けだし、そのような場合には第三者が虚偽記載された内容を信じたという事実（片木・前掲三九頁参照）と会社の損失の発生とは無関係だからである。

以上のような理由から、判旨のこの部分にも賛成しがたいものと考える。

（七四巻一号（平成一三年一月））　島原宏明

一九　書替後の手残手形と期限後裏書

高松高判平成三年六月一〇日
平成三年(ネ)第二〇号約束手形金請求控訴事件、原判決取消・請求認容（上告）
金融・商事判例八八一号二七頁

【判示事項】

一　債務者が債権者に対する貸金の担保として裏書した約束手形を支払延期のために書替えて新手形を裏書交付した際、旧手形を返還する旨の約定をなしたにもかかわらず、譲受人がこれに違反して振出人に対して手形金を請求したばあい、振出人は譲受人が新手形を受領することによって所持すべき原因関係を失った手形を裏書人に返還することなく所持し、これを奇貨として手形金を請求したものとして権利濫用の抗弁を主張することができる。

二　白地式裏書後の交付譲渡が拒絶証書作成期間経過後におこなわれたか否かの証明責任は債務者が負う。

【参照条文】

民法四八二条、五一三条二項、手形法一三条二項、一四条二項三号、一七条、二〇条二項、五〇条一項、七七条一項

【事　実】

Aは、昭和六一年一一月頃、Bから一二〇〇万円を借り受け、その担保として実父であるY振出にかかる本件手形（満期は昭和六一年一二月二九日、ただし受取人・振出日は白地であった）に白地式裏書をしてBに交付した。Aは、昭和六一年一二月三〇日、自己の事務所に取立てに来たBに対し右借受金を返済することができなかったことから、弁済を昭和六二年一月三一日まで猶予してもらい、新たに金額一二〇〇万円、満期昭和六二年一月三一日、振出人Y、第一裏書人Aとした約束手形一通を担保として交付した（以下、この書替後の手形を「新手形」という）。その際、本来ならば本件手形の返還を受けるべき約定であるところ、Bが持参して来なかったので後日返還するということになり、そのまま時日を経過した。

Aは再々債務の返済を怠ったので、Bは、平成元年四月頃、Aに対する貸金債権をCに譲渡し、AはCと交渉した結果、平成元年七月一日、AがCに八五〇万円を支払い、Cが残債権を放棄するとの「和解」が成立し、Aは同年八月一七日までにこれを完済した。

ところが、Bのもとで手残手形となっていた本件手形は、Xの取得するところとなり、Xは、本件手形の満期から三年半余を経過した平成元年九月一九日に至って、初めてYに対し本件手形金の請求をなした。

原審（高松地裁丸亀支判平成二年一二月二五日金融・商事判例八八一号三〇頁）は、Xは拒絶証書作成期間経過後に本件手形を取得したものであるところ、右手形の原因関係上の債権はY主張の和解金の支払により消滅したものであり、Yはこれをもって Xに対抗し得るものであると判示した。Xから控訴。

【判　旨】

原判決取消、Xの請求を認容。

「Yは、①Yは、Bに対し本件手形金を支払う義務がないとの抗弁を有する、②Bは、本件手形を支払拒絶証書作成期間経過後にXに譲渡した、③よって、YはBに対する右抗弁をもってXに対抗することができる、と主張する。そこで、右①、②について順次検討を加える。

1　YのBに対する抗弁事由（右①）について

Yの「Bに対し本件手形金の支払義務はないとの抗弁」とは、AとBから債権譲渡を受けたCとの間で、〔中略〕和解が成立したことによって原因債権が消滅したことをいうものと理解されなくもない。しかし、Bから債権譲渡を受けたCとの和解によって原因関係が消滅する手形は、〔中略〕新手形であって本件手形ではないはずである。本件手形は、約定により右新手形の差入れによって担保手形としての機能は失われ、Aに返還されるべきものとなったからである。BのCに対する債権譲渡においても新手形が担保としてCに交付されたものと推認することができ、右以外に本件手形も同時にCに交付されたとは経験則上考えられない。したがって、本件手形は、前記新手形がBに交付されたときに原因関係上の債権とは分離されたものとなったと認めざるを得ない。Yの「Bに対する本件手形金の支払義務はないとの抗弁」は、「Bが新手形を受領することによって所持すべき原因関係を失った本件手形をAに返還することなく所持し、これを奇貨としてYに本件手形金の請求をするときは、Yにおいて権利濫用として支払を拒絶できる、という抗弁」を意味するものと善解することができる。そして、前示認定事実によれば、Yは、Bに対し右抗弁事由を有するものと認められる。

2　Xの本件手形譲受時期及びその譲渡人について（同②）

Xが満期から約三年後に初めて振出人であるYに請求していることに鑑みると、Xは期限前に本件手形を取得したのではなく、期限後に取得したものと推認することができる。しかしながら、XがBから本件手形を直接譲り受けたことを認めることのできる証拠はない。ただ、Bの本件手形譲渡の直接の相手方がXではなく、第三者であっても、Bの譲渡が期限後であるならば、右第三者から更に譲受けたXに対しても、YはBに対する抗弁をもって対抗できるから、Yの抗弁が認められるかどうかは、本件手形の譲渡が、その相手方の如何に拘らず、要するに期限後であるか否かに係る。〔以下、種々の事実を認定したうえ、本件においては〕Bが本件手形を期限後に他に譲渡したと認めることのできる証拠は、存在しないものといわざるを得ない。

以上によれば、Bが本件手形を期限後に譲渡したとは認められないから、手形振出人であるYはBに対する前示抗弁をもって手形所持人であるXに対抗することができないものというべきである。」

【研　究】

結論的賛成。

一　本件は、手形書替の後に書替前の手残手形が流通に置かれてしまった事案であるが、手残手形にかんする判旨の見解は独自の理論にもとづくものといわざるを得ない。

その理由として評者が考えるところを述べる前に、手形書替については学説・判例ともに議論が錯綜し、帰一するところを知らないように思えるので、まず、手形書替の構造について所見を述べることをお許しいただきたい。

二　手形書替とは、手形の支払期限を延期することを目的として、満期を後日として記載した手形を振り出す行為をいい、新たに振り出された手形は「書替手形」と称ばれる。けれども、「書替手形」は「融通手形」「見せ手形」などと同様、実務上の手形の利用方法に応じて付された呼称――あえていえば俗称――にすぎないのだから（吉永榮助「手形の書替」手形法・小切手法講座Ⅳ一七六頁）、書替手形も法律上は為替手形または約束手形のいずれかでしかあり得ない。その意味では、本件においてYがなした書替手形の振出もまた、約束手形の振出行為にほかならない。

三　このようにみてくると、書替手形というカテゴリーを括りだしている要素は、書替手形自体に何らかの手形法的な特殊性があるという点に存するわけではなく、手形書替においては、第一に、既存債務が手形債務であり、第二に、当事者の振出の目的が既存債務の支払延期に存する点にあると一応いい得るであろう。しかし、このような見方が理論的に手形書替の特殊性を正確に補捉するに足りるものかはなお検討を要する。

(一)　まず、第一の既存債務が手形債務である点に関して、手形書替を他と区別して論ずる意味があるとは思えない。

というのも、そもそも既存債務が手形債務であろうとなかろうと、手形行為の設権行為性の当然の帰結として、新たな振出行為によって生み出される手形債務の性質が左右されるはずはないのであって、新旧手形債務が法的に同一である、すなわち、手形書換によって旧手形が回収されたばあいにも旧手形債務は消滅せず、そのまま新手形に乗り移るなどという説明は、比喩の域を一歩も出るものではないからである（判例法に対する通説的理解によれば、既存の手形債務が消滅するばあい、これに付された担保が新手形債務に移ることを説明するために（大判昭和九年五月二五日民集一三巻一一号八四二頁、ごく最近では、東京地判平成八年九月二四日金融法務事情一四七四号三七頁、評釈・早川徹・同誌一四八九号一四頁以下）、また、既存手形債務に関して対抗し得た抗弁を新手形債務についても認めるために（最判昭和三五年二月一一日民集一四巻二号一八四頁）新旧両債務が法的に同一であるものと判示したのだとされる（鈴木竹雄・手形小切手判例百選〈新版増補〉一二〇頁）。もし右の判例法の理解に関する通説が正しいものとすれば、判例法は手形行為の設権行為性に反するばかりでなく、担保の承継に関する民法五一八条〔の類推適用〕を無視し（大隅健一郎＝河本一郎・注釈手形法・小切手法四五二頁）、あるいは、抗弁対抗の可否は新手形独自に判断する必要があることを見逃したもの（木内宜彦・手形抗弁の理論六五―六六頁）として批判されるべきであろう。だが、果たしてわが国の伝統的判例法が学説によって批判されるような法的同一説に立っていたのかは疑問であり、少なくとも戦後に至るまでは新旧両手形が実質的に同一であるという見方が採られていたものと思われる（大塚市助「延期手形」総合判例研究叢書商法(3)九七―九八頁、一二一―一二二頁）。いずれにせよ、各具体的問題ごとに手形書替判例法を総合的に再分析する必要を感じているが、これについては他日を期したい）。

のみならず、手形行為が既存債務の帰趨に及ぼす影響の面についても、既存債務が手形債務であるということは手形書替に何らの特殊性をもたらすものではあるまい。すなわち、手形振出が既存債務の「支払に代えて」なされたときは既存債務は更改（または代物弁済）によって消滅し、「支払のために」なされたときは既存債務は消滅せず両債務は併存することになるが、通常の当事者の意思解釈としては後者であるものと推定すべきとの原則が適用されるべきである（ただし、既存手形債務が証券の受戻なくして消滅するか否かには異論が存するが（鈴木・前掲評釈一二一頁）、これとても受戻なき支払の有効性いかんという一般的な議論の延長にすぎない――後述五）。その証左として、大審院以来の判例法が、「手形書替のばあいには、更改を生ずるときと、手形債務の同一性は変更されず単に支払が延期されるにすぎないときとがあり、そのいずれであるかは当事者の意思を解釈して決定されるべきであるが、特別の事情がない限り後者と推定すべきである」という枠組みを維持してきたこと（上柳克郎・最高裁民事判例批評(6)六六九頁）が指摘され得るであろう（ただし判例の見方として注意すべきは、第一に、既存手形債務が消滅するか否かは、ほんらいそのような効果をもたらす当事者の意思表示が実際に存在したか否かによって決せられる問題であり、旧手形が任意に回収されたばあいは右の意思表示があると解釈するのが通常だろうが、回収されなかったからといって旧手形債務は消滅しないと機械的に割り切るのは当事者の意思に反するおそれがあることであり（木内宜彦「判批」金融・商事判例五二七号四頁）、これに対して、第二に、右の意思表示がいかなる法律要件を構成するか、すなわち代物弁済契約、更改契約、あるいはそれ以外の法律要件の構成分子であるかという問題は法律問題であって、右の両者は区別されなければならないという点である（我妻榮・民法判例評釈Ⅱ一四一頁）。特に右の第二の問題については、拙稿「支払に代えてなす手形行為と更改」法学研究七〇巻一号一三五頁以下を参照されたい）。

㈡　第二に、手形書替においては、当事者の振出の目的が既存債務の支払延期に存するという点に関しては、既存債務の弁済期日を先延ばしするための手形振出、換言すれば、信用授受の手段としての手形振出は日常茶飯事であるどころか、もともと信用授受の手段たり得ることは手形のレゾン・デートルであって、この点でも手形書替を格別に他と区別する意味はない。むしろここで問題なのは、より一般的な問題として「支払延期の目的」とはいかなるものか、である。

ここで支払延期の目的というからには、手形行為者の何らかの意思を示すことは明らかである。しかし、もともと約束手形の振出行為は単純なる一定金額の支払約束であるから（手形法七五条二号）、「既存債務の支払延期」という事柄は、振出行為における効果意思の内容とはなり得ない。その反面、支払延期は、単なる動機（Motiv; motif）すなわち法律行為をなすに至った間接的理由などではなく、当事者が振出行為によって達成しようとする直接的目的であるということができる（例えば、ある手形の決済資金を他の債務の弁済に流用する必要に迫られ（動機）、手形の支払を延期してもらうため（目的）、新手形を振り出したばあい）。伝統的な無因債務論によれば、無因債務を負担するに至った直接的かつ決定的目的を動機から区別して causa（Rechtsgrund; cause）すなわち「原因」であるものと捉えているが（Capitant, De la cause des obligations, 3e éd, n° 4, 大村敦志・典型契約と性質決定一七三頁以下）、支払延期目的もその「原因」のバリエーションのひとつと考えるのである。

この点、判例法は手形書替を大別して、「支払を延期する手段として」すなわち支払を延期することを目的としてなす手形書替と、更改を生じる手形書替とがあるものと捉えていることはきわめて示唆的である（大判大正四年一〇月二六日民録二一輯一七七五頁、なお、最判昭和二九年一一月一八日民集八巻一一号二〇五二頁および上柳・前掲評釈参照）。

すなわち、判例法のいう支払延期目的でなされる手形書替とは、更改または代物弁済によって既存債務が消滅するばあい（「支払に代えて」）と対比する意味において、既存の手形債務が消滅しないばあい（「支払のため」または「担保のため」）のことを指している。したがって一見すると判例が着目しているのは原因債務の帰趨の問題であり、手形行為の「原因」の問題とは次元が異なるようにもみえる。しかし、判例のいう支払延期目的でなされる手形振出を「原因」のレベルで観察すると、そこにはいわゆる与信原因（causa credendi）があるものと解されるのに対して、更改または代物弁済としてなされる手形振出は、更改原因（causa novandi）または弁済原因（causa solvendi）に基づくものといえる（我妻榮・債権各論下巻一（民法講義V_4）九八七頁参照）。このようにみれば、実は判例の区別も手形行為の「原因」の相違に応じたものであるということになろう（これが正しいとすれば、「手形書替は支払延期を目的とする」という統一的命題は成り立たなくなり、厳密には「手形書替は、支払延期を目的（原因）とするものと、既存手形債務の更改または代物弁済を目的（原因）とするものとがある」といわざるを得ない。さらにいえば、㈠で触れた新旧手形債務が実質的同一性をもつという意味についても、これは旧手形債務が手形書替契約→原因の決定→新手形債務の負担という一連の意思表示と繋がっていることを示すにすぎないのではないか（そういったからといって、無因性によって原因と新手形債務との効力的牽連性が法的に切断されるのはもちろんである）。いいかえれば、実質的同一性とは手形債務自体の同一性ではなく、「原因」すなわち実質的意思による新旧手形債務の連結をいうことになるから、そこから直ちに担保の承継や抗弁の対抗といった効果を引き出すことは困難である（大隅＝河本・前掲箇所参照)）。

四　以上に述べたところを前提として、本件判旨の分析に移ろう。

本件は、書替の対象となった既存手形が流通に置かれてしまった事案であるから、果たして手形書替によって既存の手形債務が消滅したか否かがまず問題となる。上述の理論に即していえば、書替当事者が更改または代物弁済を原因として新たに手形を振り出していれば既存の手形債務は消滅するし、支払延期を原因としていれば新旧手形債務は併存するはずである。

この点、判旨は、AがBに対して新手形を「担保として交付したが、その際、本来ならば本件手形の返還を受けるべき約定であ」ったと明確に認定している。「手形の返還を受けるべき約定」がなされたということは、通例の当事者の意思解釈としては、更改（または代物弁済）を原因とする手形行為がなされたものとみるべきであり、だとすれば既存の手形債務は右「約定」の効果として消滅するはずである。

ところが、判旨はそのすぐ後で本件旧手形債務の帰趨に関し、難渋かつ難解な理論を展開する。いわく、「本件手形は約定により新手形の差入れによって担保手形としての機能は失われ、Aに返還されるべきものとなった」、いわく「本件手形は、新手形がBに交付されたときに原因関係上の債権とは分離されたものとなったと認めざるを得ない」（傍点評者）と。

これをみると判旨が「約定」によって直ちに本件旧手形債務が消滅するとは考えていないことは明らかであろう。だからこそ、右判旨引用前段で旧手形債務が消滅したとストレートにいわず、その「機能」が失われたなどという曖昧な表現を――おそらくはあえて――とったのであろうし、また、右判旨引用後段で、新手形の交付によって本件手形が原因債権と「分離」されたというのは、言外に原因債務と分離されるべき本件手形債務が未だ消滅せずに存続していることをよりはっきりと示しているというべきであろう。そして、このように本件手形上の権利が書替後も存続しているという前提を置いているからこそ、判旨は「権利濫用の抗弁」に関するリーディング・ケースである最高裁昭和四三年一二月二五日判決（民集二二巻一三号三五四八頁）のフォーミュラを本件にも当てはめ、「Bが新手形を受領することによって所持すべき原因関係を失った本件手形をAに返還することなく所持し、これを奇貨としてYに本件手形金の請求をするときは、Yにおいて権利濫用として支払を拒絶できる」（傍点評者）という見解を導き得たといってよい。

だが、判旨のいわんとするところを突き詰めて言えば、措辞の明確さには欠けるものの、右「約定」はたかだか新手形の交付と引き換えに本件旧手形を債務者に返還すべく債権者を義務づけることを内容とするものに過ぎず、本件手形債務は手形が債務者に実際に返還されたときに消滅するのだと解したものといわざるを得まい。しかしながら、書替当事者間の「約定」の解釈によって旧手形債務の運命を決するにあたって、はたして書替当事者、とりわけ債務者が「手形を受戻すまでは旧手形債務は消滅しない」などという意思を現実に有するかは極めて疑問である。「約定」というからには、両当事者の合理的期待を裏切らない解釈が必要とされることは当然であり、いくら債務者が手形書替を一方的に懇請する立場にあったとしても、債権者が手残手形を返還せずに横流しすることを債務者が許容するかのような意思解釈は不自然に過ぎるであろう（反対、後藤紀一「手形書替の法律的性質について」岡山商大論叢六巻一号七頁、同二号二五頁）。おそらく判旨は、従来の諸学説がこぞって判例法は法的同一性説を採っていると評価してきたことにひきずられたのであろうが、それが災いして、法的同一性説においては旧手形から新手形に権利が乗り移った後、旧手形には一体権利が遺っているのか否か（大塚市助・前掲一〇五頁、小島孝・手形小切手判例百選〈新版増補〉一一九頁）という学説上明らかにされていない問題に逢着し、結局旧手形債務の帰すうについては玉虫色の苦しい判示をせざるを得なかったように思える。

五　しかし、学説上、判旨の「理論」を正当化し得る考え方もないではない。手形を受け戻さないで支払っても権利は消滅すべきはずであるが、手形を受け戻さない限り権利の外観が所持人に残るので、このような消滅は当事者間の人的抗弁事由となるのみであって手形上の権利自体は消滅しないものと解する立場がこれにあたる（鈴木竹雄＝前田庸・手形法・小切手法〔新版〕三〇九頁。ただし、ここでの「人的抗弁事由」という措辞が手形法一七条のそれを意味するのか（Vgl. Jacobi, Wechsel- und Scheckrecht, S. 38-39）、それとも、今日にいわゆる有効性の抗弁としての人的抗弁（川村正幸・手形抗弁の基礎理論一九五頁以下、二〇二頁以下）を指すものかは必ずしも明らかではない）。判旨が、新手形の交付によって本件手形が原因関係上の債権から「分離」された、また、「原因関係を失った」ことが人的抗弁事由となるとしていることと、受戻なき手形の支払（更改または代物弁済も含む）を人的抗弁と捉えるこの考え方は足並みがそろうからである。

しかし、つとに指摘されているように、右の受戻要件説は、支払によって消滅すべき権利・義務自体と消滅した権利の外観とを混同するものであり、また、手形法が、手形金を支払う者が手形の受戻を「請求スルコトヲ得」と定め（為替手形の引受人、約束手形の振出人および支払担当者――手形法三九条一項・七七条一項、遡求義務者――手形法五〇条一項・七七条一項）、手形の受戻を支払人の権利としていることと抵触する（倉澤康一郎・下級審商事判例評釈（昭和四五―四九年）八事件六一頁以下）。もともと手形法三九条一項が支払人に受戻請求権を認めているのは、支払によって手形債務は消滅し、手形は単なる紙片になるけれども、所持人の手元に手形を遺してしまうと所持人が二重に手形金を請求し、あるいは、本件のように手形が流通に置かれて第三者から手形金を請求される危険があるからである。しかも、裏書連続ある手形にもとづいて訴訟を起こされると、支払人は支払済みであることについて証明責任を負担せざるを得ないから、事実上、二重払いを強いられる危険は高くなってしまう（後述**六**のように権利外観理論によって善意・無重過失の取得者が保護されるとすればなおさらである）。そこで、このような支払人の不利益に配慮して支払人の受戻請求権が定められているのであって、これはむしろ受戻がなくとも債権法上の債権消滅事由があれば手形債権は消滅することを前提とするものである。

評者は、受戻を支払の要件とは解さず、また、本件の「約定」の解釈として、新手形の交付と同時に旧手形債務を消滅させる合意（上述**三**㈠）が含まれると捉えるべきものと考える（大判昭和一〇年七月一九日法学五巻三五四頁）。したがって、右「約定」の法的性質が更改契約であるか代物弁済契約であるかは措くとしても、旧手形債務はまさに「約定」の効果として消滅するのであり、旧手形は無価値な紙片となったというべきである（福瀧博之「手形とその原因関係に関する一考察」関西大学法学論集四二巻三＝四号四六三—四六四頁、末永敏和「本件判批」私法判例リマークス1993（下）一二三頁）。

受戻要件説がねらいとするのは、債務消滅という事実を「人的抗弁」に過ぎないものと法律構成することによって、手残手形の取得者を保護しようとする点にあるものと考えられるが、外観の存在を問題とするならば権利外観理論に依拠するのが正道であり、民法上の債権消滅事由（弁済・相殺・更改・免除・混同）に加えて手形の受戻という事実行為を上乗せする法的根拠に乏しいといわざるを得まい。

六　しかし、受戻が支払の要件ではないと解することは、その反面で手残手形が流通したばあいに別個の理論によって取引の安全を確保する必要をも生じさせる。この点は、受戻を支払の要件化するという方法によってではなく、支払人が受戻を懈怠したことにより、有責的に（verantwortlich）あたかも有効な手形が存在するかのような外観（Rechtsschein）を作出し、これを重過失なくして信頼した第三者に対しては権利外観理論による責任を免れないものと解することによってカバーし得るであろう（大隅＝河本・前掲書三一〇頁はこの趣旨か。田邊光政・最新手形法小切手法〔三訂版〕一八九頁以下（但し、同書三一一頁においては、書替のため旧手形が返還されても旧手形債務は直ちに消滅せず、実質的同一性を保持しながら新手形債務として存続するとされる。そうすると手残り手形はいわば権利の抜け殻であるから、取得者の保護は権利外観理論によってはかるべきことになるのであろうか）、Vgl. Baumbach/Hefermehl, Wechselgesetz und Scheckgesetz, 19. Aufl., Art 17 WG Rdn 56)。

ところが、本件では、振出人Yの責任が追及されているが、書替に際しては、もっぱらAがBと交渉にあたり、手形を受け戻さずにBに新手形を実際に交付したのはAであって、Yではない。したがって形式的にみれば、Aにはともかく Yには有責性はないもののようである。しかし、Yは実子のAがBに対して負う債務の実質的担保として自らA宛てに本件手形を振り出しており、新手形についても再びYが振出署名していることに鑑みれば、書替契約（判旨のいう「約定」）の当事者はYABの三者であったと解すべきであろう。AとYとの間の法律関係については特に判示がなく、AがYから代理権をあたえられ、または、Yの記名捺印を代行したなどという事情があったか否かは定かではないが、YがAの経済的な後ろ盾としてAに対する支配的地位にあったことや、書替後も本件手形を回収するなどせずに拱手傍観していたという事情からみれば、本件旧手形の回収もれについては、Aのみならず、Yにもまた有効な手形の存在の外観作出についての有責性があるものと解すべきである。

七　しかし、本件Xが権利外観理論による保護を享受し得る地位にあるかは別問題である。特に、期限後裏書による取得者については、人的抗弁が制限されないこととのバランス上権利外観理論を適用しえないものと解されるから（木内宜彦・手形法小切手法〔第二版〕二六〇—二六一頁、反対、鈴木＝前田・前掲書三〇九頁注（一六））、受戻なき支払を人的抗弁とみる判旨と同様、私見によっても、Xの手形取得が期限後裏書によるものであるかが結論を左右する問題となる。

この点、本件は期限後裏書の証明責任の所在について微妙な問題を提起している。というのも、判旨は、Xの手形取得自体は期限後であると「推認」したものの、①BXが直接の当事者であるか否か（BXが直接当事者ならばXは期限後裏書による取得者であるから権利外観理論の適用はない）、また、②BXが直接の当事者ではなくかれらの中間に手形取得者が存在するとして、Bからその何人かへの譲渡が期限後であるか否か、の証明責任はいずれもYにあり、①②の事実が真偽不明（non liquet）に陥った本件においては、いずれもYにとって不利益な事実認定がなされている。

まず、権利移転の経緯について、その証明責任が債務者にあることは問題あるまい。手形法は、いったん白地式裏書がなされた後には単なる交付によって手形を譲渡し得ることをみとめたうえで、最後の裏書が白地式である手形の所持人にも権利推定的効力を与えているのだから（手形法一三条二項、一六条一項、七七条一項）、所持人への権利移転の経緯が裏書にあらわれないばあいにも、所持人の主張を争う債務者が証明責任を負うものと解すべきであろう。

他方、権利移転の時期については、日附なき裏書がなされたばあい、その裏書は支払拒絶証書作成期間経過前になされたものとする法律上の推定が与えられている（手形法二〇条二項、七七条一項）。だが、本件で問題となった白地式裏書後の単なる交付譲渡には、もともと「日附ノ記載」などあり得ないから、右の推定が働く余地はないものと解さざるを得ない。

しかし、だからといって、所持人が自己の手形取得が期限前であるという事実についての証明責任を負うことにはならない。なぜなら、手形法二〇条は、期限後裏書による被裏書人が、債務者の前者に対する抗弁を常に対抗される地位にあることを定めているが、これは要するに抗弁不対抗の規定（手形法一七条）に対する障碍規定である。つまり、期限後裏書それ自体が問題であるというよりも、抗弁の対抗が認められるか否かが争点の核心なのであって、期限後裏書ありとの事実は抗弁対抗を主張する者に証明責任があるものというべきであろう（船越隆司・実定法秩序と証明責任二四八—二四九頁）。

こうしてみると、結局、証明責任の所在に関する判旨の解釈論は正当であるといわざるを得ない。たしかに、本件では、もしBが手形を何人かに譲渡したのが期限前であるとすると、満期に当時の所持人からはなんらの請求もなかったにもかかわらず、時効完成間際になって突如として何人からか手形を取得した所持人が支払を求めてくるという事態は「常識的には考えにくい」という疑問があり得るけれども（春田博「本件解説」法学セミナー四四九号一四五頁）、この点はしょせん裁判所の経験則の適否を問題とするものに過ぎないであろう。

（七〇巻一〇号（平成九年一〇月））　高田晴仁

二〇　傷害保険契約における他保険契約の告知義務・通知義務違反と契約解除

東京地判平成三年七月二五日
東京地裁昭六三年(ワ)一八〇六六号保険金請求事件
判例時報一四〇三号一〇八頁、判例タイムズ七七九号二六二頁

【判示事項】

傷害保険について、重複する保険契約を締結した事実の告知ないし通知を怠った場合の保険者による解除は、不正な保険金取得の目的に出た等社会通念上公平かつ妥当と解される場合に限られるとした事例

【参照条文】

商法六四四条、六七八条

【事　実】

原告Xの妹である亡Aは、昭和六三年六月一六日に、被告Y海上火災保険株式会社との間で、①保険期間―昭和六三年六月一六日午後四時から満一年、②被保険者―A、③死亡保険金受取人―X、④死亡保険金額―五〇〇〇万円、⑤入院保険金日額―一万円、⑥通院保険金日額―六〇〇〇円、⑦賠償責任保険限度額―三〇〇〇万円、

⑧保険料月額—八三〇〇円、という内容の普通傷害保険契約を締結していたが、同年八月九日、ホテルで何者かによって首を絞められて殺害された。

そこで、右保険契約の死亡保険金受取人であるXが、Y保険会社に対して死亡保険金五〇〇〇万円の支払を求めたところ、Y保険会社は、本件契約については他保険契約の告知義務および通知義務の違反があり、それを理由に契約を解除したので、保険金支払義務を負わないと主張した。すなわち、Xは、本件契約の前日である昭和六三年六月一五日に、訴外B保険会社との間で、Xおよびその家族（Aも含まれる）を被保険者とする保険期間五年、死亡保険金額一二五万円の積立型の「家族傷害保険」契約を締結しており、Xは、Y保険会社との契約締結の際に、この家族傷害保険契約（以下第一契約という）について告知していなかった。また、Aは、本件契約締結の後、同年八月六日、同じくB保険会社との間で、Aを被保険者とする保険期間四日間、死亡保険金額二〇〇〇万円の「国内旅行傷害保険」契約（以下第二契約という）を締結したが、Y保険会社にその旨通知し承諾を得ることをしなかった。Y保険会社が、第一契約の存在を告知しなかったことについては、約款に定める告知義務違反として本件契約の解除（第一解除）を、第二契約の締結にあたり、その旨を通知しなかったことについては、約款に定める通知義務違反として本件契約の解除（第二解除）をなしたのである。

そこで、Xが、契約解除の無効を主張して保険金五〇〇〇万円および遅延損害金の支払を求めて訴の提起をしたのが本件である。

なお、本件傷害保険契約の約款には、他保険契約の告知義務および通知義務に関し、次のような規定がなされている。告知義務については、保険契約締結の当時、同一の被保険者についてすでに他の保険会社との間で傷害保険契約が締結されているときは、このことを保険者に告知することを要し、保険契約者又は被保険者が悪意又は重大な過失によりこれを告知しなかったときは、保険会社は保険契約を解除して保険金支払義務を免れることができる（一〇条）。通知義務については、保険契約締結後に、保険契約者が他の保険会社との間で、同一の被保険者につき傷害保険契約を締結する場合には、事前にそのことを保険者に通知し、保険証券に承認の裏書を得ることを要し、保険契約者が保険者の承認裏書を得ないで他の保険会社との間で傷害保険契約を締結したときは、保険者は保険契約を解除して保険金支払義務を免れることができる（一二条、一六条）。

【判　旨】

「約款が、傷害保険の締結に際して、保険契約者及び被保険者に対して、他の保険契約締結の有無について事前の告知義務を定め、また事後に他の傷害保険契約を締結し、またはその存在を知ったときの通知義務を定めた趣旨は、重複保険の締結は、それが不法な利得の目的にでた場合であるかどうかを問わず、一般に保険事故招致の危険を増大させる可能性があるから、保険者としては、このような重複保険の成立を回避ないしは抑制するため、他保険契約の存在を知る必要があること、本件のような損害保険の場合には、被保険者が各保険者から個別的に損害の塡補を受けることにより全体として損害額を上回る保険金を受け取る結果となることを防止するために、他保険契約の存在を知る利益があることのほか、保険事故が発生したときに損害の調査、責任の範囲の決定について他の保険者と共同して行う利益を確保するため、他保険契約の存在を知ることが便宜であること等にあるものと考えられる。

ところで、各種保険の開発、普及及び保険会社による宣伝ないし勧誘等により、一般にさまざまな保険事故を対象とする保険に加入する機会が増大し、その結果特に傷害保険の分野においては、同一人を被保険者とする同一の保険事故に関する複数の保険契約に競合して加入することが珍しくない。このような状況のもとで、保険約款上重複保険の告知、通知義務が定められ、その懈怠が契約の解除という重大な結果をもたらすものとされているのに、一般公衆には、重複保険契約及びその不告知、不通知がそれほど重大なものと意識されているとは思われない。それにもかかわらず、保険約款が、その各条項についての契約当事者の知・不知を問わず、特段の意思表示がない限り当然に契約内容となって当事者を拘束するいわゆる附合契約と理解されていることからすると、約款の規定があるからといって、直ちにその契約上の効果をすべて無条件に認めることは、一般の保険契約者に対して、社会通念に照らし相当性を欠く不利益を与えるものであって当を得ないものと思われる。

もし一般的にこのような重大な効果を認めるのであるとするならば、保険契約の申込用紙に、大きな目立つ文字で、保険会社に先行する重複保険の存在を知らせなかったり、保険会社不知の間に後日重複保険に加入したりすると、保険契約が無効となることがあること等を記載したり、パンフレット等にも分かり易く大書する等して、まず一般公衆にそのことが知れわたるように周知徹底を図るべきであって、このような手段がとられていない現状に鑑みるときは、保険契約者さらには被保険者に他保険契約の存在に関する約款所定の告知ないし通知義務違反があったという一事で、保険金の不払という保険契約の目的を失わせるに等しい重大な効果を持つ約款所定の解除を認めるべきではない。

以上のような告知ないし通知義務を定めた規定の趣旨及び解除の効果との均衡並びにそれらについての一般への周知徹底状況を考えると、保険契約者または被保険者が、悪意または重大な過失により告知ないし通知を怠っただけではなく、その不告知ないし不通知が不正な保険金取得の目的に出たなど、不告知ないし不通知を理由として保険契約を解除することが社会通念上公平かつ妥当と解される場合に限って解除することができると解するのが相当である。」

「本件傷害保険契約の被保険者であり、かつ保険契約者であるAの使者である原告Xは、悪意であるか少なくとも重大な過失により、他保険契約の告知ないし通知を怠ったと認めるのが相当である。

しかしながら他方、他保険である第一契約の内容をみると、その契約は毎月の保険料一万二〇六〇円の積立てによる契約期間五年間の積立て保険契約で、満期返戻金が五〇万円、被保険者を保険金受取人及びその家族とするもので、被保険者死亡の場合の保険金が一二五万円とされているごく日常的な内容のものであった。このような他保険契約の種類、性質及び内容からすると、他に特段の立証のない本件においては、告知義務を定めた規定の趣旨及び解除の効果との均衡等を考えると、その不告知を理由として、死亡保険金を五〇〇〇万円とする傷害保険契約である本件傷害保険契約を解除することが社会通念上公平かつ妥当と解される場合にはあたらないものというべきである。よって、第一契約の不告知を理由とする第一解除は失当である。

次に、重複保険である第二契約についてみるに、第二契約は保険期間をわずか四日間とし、死亡保険金を二〇〇〇万円、入院保険金日額を四五〇〇円、通院保険金日額を三〇〇〇円とする、保険料が一五〇〇円の国内旅行傷害保険契約であり、特に保険金が巨額であるわけではなく、また保険料も僅かな額であって、短期間の国内旅行を行う場合にごく日常的に加入しておくような内容のものであった。このような第二契約の種類、性質及び内容からすると、他に特段の立証のない本件においては、契約成立後に発生した事柄について通知する義務を定めた規定の趣旨及び解除の効果との均衡等を考えると、その不通知を理由として、死亡保険金を五〇〇〇万円とする傷害保険契約である本件傷害保険契約を解除することが社会通念上公平かつ妥当と解される場合にはあたらないものというべきである。よって、第二契約の不通知を理由とする第二解除も失当である。」

【研　究】

一　本件において争点とされたところは、第一に、第一契約および第二契約の成否、第二に、傷害保険契約について約款上定められた他保険契約の告知ないし通知義務違反に基づく保険契約の解除の要件ないしはその効力である。第一の争点すなわち第一契約および第二契約の成否については、認定された事実からすれば契約の成立を認めるという結論に到達するものと考えられるから、ここでは特に問題とはしない。

問題は第二の争点である。本件判旨は、第一に、保険者が他保険契約の告知義務ないしは通知義務違反を理由に契約の解除をなしうるのは、その不告知ないし不通知が不正な保険金取得の目的に出た等、不告知ないしは不通知を理由として保険契約を解除することが社会通念上公平かつ妥当とされる場合に限られるとし、第二に、約款上特にその旨の規定はないが、他保険契約の通知義務違反が成立するためにも、保険契約者または被保険者に少なくとも悪意・重過失がなければならないとしている。火災保険等の損害保険については、特に第一の問題に関して古くから議論の対象とされてはきたが、傷害保険に関しては、右のいずれの問題点についても、比較的最近になって、いくつかの下級審判例を契機として検討がなされはじめたところである（複数の海外旅行傷害保険契約を締結しておき、旅行先で保険金殺人を犯すなどの事例があった。保険金殺人＝故意の事故招致に該当するか否かという点で、限りなく黒に近い灰色というような場合、つまり保険者が保険金詐欺等を立証できない場合に、いわば予備的な手段として告知義務ないしは通知義務違反に基づく契約解除をなす、というように機能する）。

二　そこで、第一の問題から考えてみることとする。本判決は、まず、一般論として、保険者が他保険契約の告知義務ないし通知義務違反を理由に契約の解除をなしうるのは、その不告知ないし不通知が不正な保険金取得の目的に出た等、不告知ないし不通知を理由として保険契約を解除することが社会通念上公平かつ妥当とされる場合に限られるとし、具体的に、本件の場合には、他保険契約の告知義務および通知義務違反はあったものの、他保険契約の内容はいずれも「ごく日常的な」ものであり、他に特段の立証のない本件では、保険者が解除をなすことは社会通念上公平かつ妥当な場合にはあたらないと判示している。

（一）この点、一般の損害保険契約については、他保険契約の告知義務違反の成立要件として公正かつ妥当な事由が必要であるとするのが、大審院昭和一〇年一二月二日判決（判決全集二輯二四号一二六八頁—火災保険）以来の多くの判例の考え方である（大阪控判昭和一六年八月一四日新聞四七四一号一四頁—火災保険、東京地判昭和六一年一月三〇日判時一一八一号一四六頁—車両保険、東京高判平成四年一二月二五日金商九一八号一四頁—火災保険）。一般の善意の保険契約者を保護する観点から、他保険契約の告知義務違反によって保険者が契約を解除するためには、さらに「公正かつ妥当な事由」あるいは「正当な事由」を要するとするのである。本判決は、傷害保険についても、こうした大審院以来の損害保険における考え方をそのまま踏襲したものとみることができる（中西正明「本件判批」別冊ジュリスト商法（保険・海商）判例百選第二版一二九頁）。判旨が、損害保険と傷害保険をまったく区別することなく、むしろ損害保険であるとしていること（本件判旨部分—一二七頁上段五行目から一二行目）などからこのことが明らかである。

（二）ところで、傷害保険については、悪意・重過失以上に解除のための要件を制限すべきか否かについては、判例の中にも動揺がみられる。傷害保険におけるこの問題をはじめてとりあげた裁判例は東京地判昭和六三年三月一八日（判時一二九五号一三二頁）であり、ここでは本件判旨のように他保険契約の告知・通知義務を定める海外旅行傷害保険普通保険約款を法律上有効と認めた上で、告知義務・通知義務違反につき、悪意・重過失がある場合には契約を解除しうるものとした。つまり、本件判旨とは異なり、約款所定の悪意・重過失という要件さえみたせば保険者は保険契約の解除をなしうるとしているのである（時間的に次の裁判例ともいえる、神戸地判平成元年九月二七日判時一三四二号一三七頁も同旨）。これに対し、特に最近時では、保険契約者が保険事故の発生に関与したとは認められないまでも、保険制度を悪用する意図があると考えられる場合には、それを保険者が立証したときには解除をなしうるとしたり（東京地判平成二年三月一九日判タ七四四号一九八頁）、重複保険をした事情は保険契約者側が最もよく知っているのだから、保険契約者において契約を濫用する目的がなかったという特段の事情を立証すれば、解除が許されない（東京高判平成三年一一月二七日判タ七八三号二三五頁）などとする裁判例も現れている。

（三）　学説では、判例と同様、近時のほとんどのものは、まず傷害保険契約の約款上定められた他保険契約の告知義務・通知義務違反に基づく契約解除に関する規定は有効であるとする。そして、さらに他保険契約の告知義務については、本判決とは反対に、約款所定の要件があれば（悪意・重過失による不告知さえあれば）保険者は保険契約を解除しうると解するものが多い。ただ、この中には、保険者が契約解除権を行使しないとモラル・リスクが防止できない場合における最後の拠り所であるから、悪意・重過失の認定は弾力的になすべきとするもの（西島梅治「判批」判タ七三四号五三頁）、逆に、解除権の行使が保険者の裁量に任されていることや、今日の傷害保険の多様化という現状を考えると、悪意・重過失の認定は厳格にすべきであるとするもの（出口正義「重複保険の告知・通知義務違反」損保研究五四巻二号五八頁）もある。これに対し、制限的に解釈する立場も有力である。右の東京高判平成三年一一月二七日のように立証責任の転換を認める考え方（江頭憲治郎『商取引法下』三六七頁。ただし、損害保険契約についてではある）や、解除を正当化するだけの保険契約者側の著しく信義則に反する事情の立証を要するとするもの（山下友信「傷害保険契約と他保険契約の告知義務・通知義務」文研論集一〇〇号一八八頁）等である。

（四）ところで、傷害保険に関する判例およびほとんどすべての学説は、他保険契約についての告知義務・通知義務違反に基づく契約解除の約款規定は有効であることを前提としている（学説からは、今日、この約款の規定が法律上有効であることについて異論はないとさえいわれている。出口・前掲論文三二頁）。それは、一般に、傷害保険は定額給付方式がとられ、「保険契約が数個ある場合でも保険加入者は保険事故による実際の損害額までしか保険金の支払を受けられない」という損害保険の原則（商六三二条）の適用がないため、故意の事故招致や保険事故発生の仮装等による不正な保険金請求がなされる危険性が高いので、重複保険の存在それ自体にこのような道徳危険の徴表を認め、その情報を開示させることにより、保険者が当該契約を継続または拒絶することができるようにしたものであるということを根拠としている。本判決文中でも、判例時報一二七頁上段六行目から一二行目まで、まさにその趣旨が述べられている。つまり、多重契約の存在それ自体が被保険者の保険金詐欺の意図の徴表であるとみてさしつかえない状況が認められるようになってきた最近の経験からすると、多重契約の累積を無条件に放置すべきではないし、悪質な保険契約を事前に排除する手段である告知義務制度の機能を古典的な枠内に制約するのは妥当ではない、したがってこれを告知事項に加えた上で、その違反に対して契約解除の法的効果を結びつけても法律上なんらの問題はないとみるのである（西島・前掲五二頁）。

問題は、傷害保険契約というい わゆる第三分野の保険の場合の、約款上定められた告知義務の制度の意味というたところにある。本判決を含めてすべての判例は、他保険契約の告知義務と商法上の告知義務との関係の問題を正面から取り扱うことをしない。約款上他保険契約が告知事項とされていれば、他保険契約が商法上の告知事項に含まれるか否かの議論とは別に、それだけで他保険契約が約款上告知事項となり、その効力が問題となるとするのである（通知義務については、商法には規定がないから、約款に基づく義務と考えるほかない）。はたして、商法上の告知義務と独立して、他保険契約の告知義務を考えることが許されるのであろうか。というのも、告知義務が、たとえ「義務」との名称が付されているとはいえ、法律上の「義務」とはその本質において大きな差異が認められるものであり、また保険契約の射倖契約性の故に特に告知義務が認められ（倉澤康一郎『保険法通論』四二頁）、また告知義務違反が契約の効力と結びつけられることになるものであるため、独自に約款をもって制度設定をなし得るかという疑問があるからである。そして、今かりに、独自に告知義務の制度を設定し得るとしても、義務に応ずる権利者等の登場しない「自己義務」である告知義務について、はたして契約解除の効果までをも認めることができるかについては、疑問を払拭しえない。

　おそらく、傷害保険についても他保険契約の告知義務違反に契約解除の効果を結びつけるとしたら、商法上の告知義務の制度との関わりにおいて考えてゆくほかない。そうであるとすると、あとは商法上の告知義務の制度をいかに考えるかという、制度の存在意義あるいは告知義務の法的根拠に関する把握の仕方に関わってくる。保険契約の善意契約性に告知義務の根拠があるとするならば、不可信性の徴表となるような事実（団体の仲間としてやがてウソをつくだろう）も告知事項に含まれることとなる。したがって、多重契約の存在それ自体が被保険者の保険金目当の一連の策動の第一歩であり、保険契約の累積こそが保険金詐欺の意図の徴表となるため（西島・前掲四九頁）他保険契約の存在もまた告知事項となり、これを告知しなければ契約解除へ結びつくこととなる。しかし、保険契約における告知義務は、保険契約における危険発生の蓋然性を左右する事実の秘匿が、直接保険者に対して不公正な不利益をもたらすという保険契約の内容的特質に鑑み、両当事者の衡平という理念に基づいて認められたものであるから、告知が要求される事項は、危険の蓋然性に関する事実に限定されると考えるべきである（倉澤・前掲書四二頁、大原栄一「他の保険会社との生命保険契約の存在」商法（保険・海商）判例百選九一頁）。したがって、たとえ約款によるとはいえ商法六四四条あるいは六七八条の対象外の事実にまでこれを拡大してゆくことはできない。

そして、告知義務の対象を、このように保険者が危険を測定する上での重要事実に限定すると解する以上、契約が重複するということによって、保険の対象である火災や車両事故や傷害の危険が客観的に高まるとは考えられないから、いかに考えても他保険契約を告知事項に含ましめることはできないのである。そしてまた、一つ一つの保険契約が、保険金額や被保険利益から見て何らの不審もなく適法かつ有効と認められるのに、それらの保険契約が重複してその保険金の合計額が高額となった場合にその効力が疑われるに至るという理論上の根拠がどうしても考えられないのである。

損害保険法制研究会による「傷害保険契約法（新設）試案」六八三条の六（損害保険法制研究会『損害保険契約法改正試案・傷害保険契約法（新設）試案理由書　一九九五年確定版』）では、他保険契約の告知義務については、告知義務一般とは区別した規定としてこれを置くこととしている。このことは、同じ告知義務の名称がつけられるとしても、その法的性質はまったく異なるということを雄弁に物語っている。

三　他保険契約の通知義務に関しても興味深い学説・判例の流れがみられる。これは商法には規定がないものであるため、純粋に約款の効力の問題である。ほとんどすべての学説および判例は、告知義務と並んで約款上の効力を認める。ただし、通知義務に関する約款規定では、義務違反の主観的要件が規定されていないため、この場合にも悪意・重過失が必要とされるか、さらには何らかの限定的解釈がなされることとなるかが争われることとなる。本判決は告知義務とまったく同様に通知義務を把握している。東京地判昭和六三年二月一八日や神戸地判平成元年九月二七日は、悪意・重過失を必要とする。これに対し、東京高判平成三年一二月二五日などのように、義務違反の主観的要件としては過失を要求するにとどめ、保険者が解除を主張するためには、保険金受取人の請求が不正請求である疑いがあることを証明しなければならないとするものもみられる。ただし、一般的にはあるいは学説の多くは、加入者の常識としては他の傷害保険への加入が当然通知事項となるとの意識は乏しいし、約款の規定以外にはその存在を知らしめる開示方法などがないから、告知義務の場合よりも悪意・重過失の認定には慎重であるべき等とされている（山下・前掲論文一八二頁）。

通知義務については、保険者が契約締結後における危険の増加を防止するため、他保険契約の締結を一定範囲で制限する方針をとり、そのために約款で他保険契約の通知義務を定め、その違反の効果として解除権の発生を規定したものであるとされる。いずれにしても、告知義務と同様、モラル・リスクを未然に防止するための手段であると解されている（出口・前掲論文五六頁）。商法は、通知義務については、危険の著変の態様に応じてきめ細かく規定を置いている。はたして、契約の解除という強力な効果を認める通知義務を、約款によるにせよ危険の著変の場合以外に認めうるか問題となるであろう。そしてまた、商法上の通知義務の規定が、告知義務と並んでモラルリスクを防止するための制度であるとしたら、いわば両者は表裏一体をなすものとなるから、私見のように他保険契約の告知義務については約款上その効力を認めることができないとした場合には、通知義務についてもまた当然にその効力を認めることはできないということになるであろう。

四　近時のいくつかの判例の流れをみてみると、裁判所が解除を有効と認めるのは、モラル・リスクであることがきわめて高度に疑われるという場合だけである。例えば、東京地判昭和六三年二月一八日は、義務違反を持ち出すまでもなく、故意の自傷事故であったことが認定されている事例であり、また神戸地判平成元年九月二七日も、故意の交通事故とまでは認定されなかったが、ほとんどそれに近い不当な請求であったという認定がなされている。本件を含め、そうでない場合には、たとえ告知義務・通知義務違反があったとしても解除の効力は認められないというのが判例の傾向であるといってもよい。このことは、モラルリスクの疑いがあるということだけでは、保険契約者が平均的な保険契約者ではなくなり、義務違反の制裁を厳しく受けざるを得なくなってしまってはまずいという配慮があるからにほかならない（現に、不法目的のような立証困難な事実の立証なしでの契約解除のモラルリスク対策と、善良な保険契約者から保険保護を剝奪する恐れのバランスをいかに考えるかの問題であるとするものもある。山本哲生「本件判批」ジュリスト一〇四五号一三〇頁）。そうした悩みは、われわれの立場からすれば、そもそも告知事項となりえないものを告知事項と考えたことから来る当然の帰結と考えることとなる。それよりも、他保険契約の存在は危険測定上重要な事実ではないため、これを告知事項に加える約款の規定は効力がないものとし、あとは保険法の一般法理―故意の事故招致や、詐欺による取消しあるいは公序良俗違反による契約の無効などによって解決すべき問題であろうと考える。

そして、生命保険については、判例は古くから、他保険会社の保険に加入しようとして契約を拒絶されたという事実は告知事項となるが、他保険会社への契約申込の事実または他会社と契約を締結した事実は、告知事項とはならないとしているのである。傷害保険は第三分野の保険と呼ばれる。ここで、その意味を詳細に述べる余裕はないが、新商法立法以後の保険の発展が、定額保険契約の保険事故を人の生死以外の事実にまで拡大し、その結果、商法上に規定のないいわゆる無名契約としての「第三分野」の保険契約を誕生させたのである。傷害保険はこのようにいわば損害保険でもなくまた生命保険でもないが、傷害保険契約における保険事故という観点からは生命保険契約に類似するものと考えてよい。本質的に不定額保険である損害保険では、金銭給付義務の内容は契約締結の意思表示において具体的に確定しているものではないから、保険事故が生じただけでは足りず、塡補すべき損害が生じなければならないということになるのに対し、生命保険では、保険事故の発生によって具体的に発生すべき金銭給付義務の内容は、契約締結の意思表示によって確定しているから、約定の保険事故という一個の事実が発生しさえすれば、そのことだけで条件は成就するのである。死亡保険金を例にとって考えると、確かに商法六七三条の「人の生死」と、傷害保険の「人の身体傷害による死亡」とは異なるが、両者の相違は、後者が保険事故である死亡につき、その原因事実を限定しているという点だけである。保険事故の種類によって契約を分類したとき、その契約において危険が個別化すなわち事故の原因事実が限定されていたとしても、契約類型としては同一と考えるべきである（倉澤康一郎「傷害保険契約の構造再考」損害保険事業研究所創立六〇周年記念損害保険論集八三八頁）。したがって、少なくとも傷害保険契約の死亡保険金部分については生命保険契約と同じ法理が援用されることとなると解すべきである（倉澤・前掲論文八四三頁）から、告知義務ないしは通知義務についてはむしろ損害保険における判例の流れとは独立して考えることが正当な態度となるであろう。

（七〇巻七号（平成九年七月））　宮島　司

二一　白地手形の保証人兼裏書人に対する手形金請求と権利の濫用

東京高判平成三年八月二八日第一七民事部
平成二年(ネ)四三三三号約束手形金請求控訴事件、控訴棄却
金融法務事情一三一八号二一頁

【判示事項】

一　白地手形の裏書人は、振出人がその白地部分の補充権を付与しなかったとか、一定の限度内の補充権のみ付与したとの主張立証をしない限り、所持人に対して補充権濫用の抗弁を主張しえない。

二　手形の所持人が原因関係を作出する目的で売買契約を仮装した場合、所持人は手形を保持し、手形上の権利を行使する実質的理由を有しないのであって、手形を所持しているからといって、手形保証人兼裏書人に対し、手形金を請求することは、権利の濫用であり許されない。

【参照条文】

手形法一〇条・一七条・三二条・七七条、民法一条

【事　実】

一　本件の約束手形は、もともと統一手形用紙の振出人欄に倒産まぎわの訴外A社の記名と代表者印の押捺がな

された、ほかには不動文字で支払地および支払場所が印刷されていたにすぎない白地手形数通のうちの一通であったが、事情は不明ながら訴外Bがこれらを所持しており、無免許の不動産業者である訴外Cは、Bからうち二通を「借用」していた。

二　昭和六二年三月頃、訴外Dは訴外Eに対して金融を依頼し、EはCにこの話を持ちかけたところ、CはEに対してA会社振出の約束手形二通を交付し、融資のためにしかるべき人物に裏書させるように求めた。Eを介して右二通のうち本件手形を受領したDは、当時情交関係にあった、農業を営む七三歳のYに、「金が必要だから書いて下さい。」とか「質屋から三味線を出すのに男の人の名前が必要だ。」と告げて、本件約束手形の表面および裏面に、署名・指印（右手示指）させた後、DがY名義の三文判を押捺したうえ、手形をEとともにC方に持参した。

三　Dは、同年四月初め頃、Cを介して金融業者のFより一〇〇万円を借り受けたが、Cに対し本件手形を担保にさらに二〇〇万円から三〇〇万円ほど融資して欲しいと依頼し、Cは数日中に用意する旨を約した。その際、本件手形の金額欄は未だ白地であったが、右白地部分はDの要請により、追加融資がなされてからその金額に応じて補充することとされた（手形は貸主のFのもとには渡らず、Cが所持していたようである）。

　四月一五日頃、Cは、Yの印鑑証明書と委任状がなければ、本件手形によってはそれ以上の融資を受けるのは困難であるとしてYとDをレストランに呼び出し、Yからこれらの書類を手に入れようとし、また、Yに別の手形への裏書を求めたが、Yがこれを拒否してその場から逃げだしたため目的を果たせなかった。

四　右の事情により、本件手形を担保としてFから追加融資を受けることは不可能となったが、四月二七日、CはDに対して同月三〇日までに約束の金員を用立てる旨の念書を差し入れた。

五　一方、金融業者である控訴人Xは、昭和三六、七年頃からCと貸借関係があり、XのCに対する融資未回収分は約三億円にも上っていたが、当時の三年間でXはCから一五〇万円程度の弁済しか受けていなかった。

Xは右貸付金の取立のためにC方をしばしば訪れていたが、はじめにCがEに本件手形を交付して保証のための裏書を求めたときも、また、D・EがYの署名・指印した手形をC宅に持参してCから貸金を受け取り、Dが追加融資を依頼したときもC宅に立ち寄っていた。XはこうしたCとの関わりによって、本件手形をめぐる経過を見聞し、Yの資力に関心を寄せており、すでに前記四月一五日のレストランの一件よりも前にYの資産を把握していた。

六　本件手形の振出人であるAは、昭和六二年三月二五日に第一回の不渡りを出し、同年四月二〇日には銀行取引停止処分を受けた。Xは、遅くとも同年四月末か五月初め頃には、右事実を知っており、しかも、C、Dに資力がないのを承知していたにもかかわらず、四月末ころに、本件手形を各代金支払のために交付する条件で、Dも巻き込んでX所有の土地四筆（甲乙丙丁）をXからCへ譲渡し、さらにそのうちの一筆（丁＝地目は田）をCからDに転売することとした。右の二つの売買契約の代金は、目的物に四筆、一筆の違いがあるにもかかわらずいずれも四〇〇〇万円とされ、うち三〇〇〇万円の支払は、金額欄にチェックライターで「￥30,000,000」、満期欄に「昭和六二年六月二〇日」と補充した本件手形を各契約締結と同時に各売主に交付して行い（裏書交付か否かは判決文には明示されておらず、また、登載誌には手形目録が載せられていないため判然とはしないが、後述のように仮装売買を原因とする譲渡と認定されていることからすると裏書交付と考える方が自然であろうか）、残金一〇〇〇万円は四月三〇日に支払う旨の売買契約書を作成日付を四月初めに遡らせて作成した。土地甲ないし丁は、昭和六二年五月二日付けでXからCへ移転登記され、さらに丁については同月八日付けでDへ所有権移転請求権仮登記移転の附記登記がなされた。

Dは、土地の取得は全く望んでおらず、右売買残代金一〇〇〇万円を支払う資力もなかったが、追加融資が実行されないのに本件手形が返還されないばかりか、X・Cによって手形金額が自己の受けた融資額をはるかに越える三〇〇〇万円と補充されてしまったために困り果て、X・Cのいうままに従った。

七　右の土地甲・乙・丙については、その後昭和六二年六月八日付けでCから訴外Gに移転登記され、さらに、昭和六三年一月一八日付けでGからXに名義が戻されているが、事情は不明である。他方、Dに移転された丁土地は、Cの紹介により、隣接する甲土地と共同で利用する特約付きで訴外H（その後行方不明）に代金わずか二五〇万円で譲渡され、昭和六二年五月二二日付けで移転附記登記された。だが、Dには五〇万円程度しか支払われず（取得価額に較べても非常に低額なところから、「口止料」的なものか？）、さらに、同日付けで訴外Iに移転附記登記されている。

八　Xは、昭和六二年五月九日頃、本件手形振出人Aがすでに銀行取引停止処分を受けていたことから、手形保証人兼裏書人Yに対する満期前遡求（手四三条三号、七七条一項四号）を原因とする手形債権を被保全債権としてY所有の不動産に対する仮差押命令申請の手続を進め、同年六月一日に右申請を行った。しかし、その一方では、前述のように残代金一〇〇〇万円の支払も未了であり、その支払の見込みもないのにCへの所有権移転手続を進め、また、C、Dから第三者への売買が未了であったのに、Cとの売買契約を解除して自己の登記名義回復を図ることもなく、土地甲ないし丁を保全する手続はまったくしなかった。Xは本訴提起後も、本件の経過に関し、Dに「事実証明書」と題する書面を書かせ、また、Dの供述録取書の一部の中の自分に不利益な部分に自ら線を引き、Dにそれらを訂正させた。

九　Xから、Yに対して手形金請求訴訟を提起したところ、原審（新潟地判平成二年一〇月三一日）は、Cは、Yが本件手形の金額欄の補充について補充権を付与していないことを知りながら、土地の売買代金に符合させる形で三〇〇〇万円と補充し、他方、Xは、土地を売買する意思が存在しないにもかかわらず、本件手形交付の原因関係を作出する目的で不動産売買という仮装行為を行ったものであり、Xが本件手形を取得する当時Cの白地補充権濫用について悪意であったものとして、YはXに対し、いわゆる白地補充権濫用の主張をもって対抗することができると判示した。Xから控訴。

【判　旨】

控訴棄却。

一　Yが本件約束手形の表面に手形保証としての署名をするとともに、同手形に裏書をしたことが認められる。

（中略）

二　そこで、本項以下、抗弁につき検討する。（中略）

〔前記**一**ないし**三**の諸事実を総合すると〕本件約束手形に署名指印した際、Yが、それが手形であり、何らかの形でDの金策に利用されることを理解し、予想していなかったとまでは認めがたい。しかし、Yの行動等に照らせば、Yは、同人自身が手形保証人、裏書人として現実に債務を負担することまでは了解していなかったとも考えられる。

この点につき、Yは、白地補充権濫用の抗弁を主張する。しかしながら、本件約束手形の振出人は、Aであるところ、Aがその白地部分の補充権を付与しなかったとか、一定の限度内の補充権のみ付与した旨の主張立証はない。そして、Yの右抗弁の基礎となる事実をみれば、結局のところ、前記のとおり、Yは、白地部分の補充の如何にかかわらず、自らは手形上の保証人や裏書人として債務を負担しないものとして、本件約束手形に署名しDに交付したというものと考えられる。右の点は、別個の抗弁として主張するのは格別、本来Y主張のような補充権濫用の問題ではないと解される。

三　次に、Yは、錯誤や詐欺の主張をするが、前項記載のところからすれば、右主張を認めるには足らないといわざるをえない。

四　そこで、原因関係欠缺の抗弁について検討する。（中略）

〔前記**四**ないし**八**の事実を総合すると〕本件約束手形の金額欄等は、XとCとの本件売買の話が浮上するまで白地であったところ、契約成立の途上、同人らによって補充されたものであり、また、右売買は、（中略）その内容も経過も極めて不自然、不合理なものである。そして、Xは、Cと関わることによって、本件約束手形をめぐる前認定のような経過を本件売買前から見聞し、Yの資力にも関心を寄せていたこと、Cとの従来からの関係、売買後のXの対応状況、本件甲ないし丙の土地がX名義に戻っているにもかかわらず、なぜ、どのような経緯でこのようになったのか、Xが合理的な説明をしていないことなどの諸点をも合わせ考えると、右売買が、真実本件甲ないし丙の土地の所有権等を移転する意思をもって行われたとは考えにくい。

以上の点を総合すれば、右売買契約は、XとCとの間において、たまたまCのもとに預けられていた本件約束手形を利用して、白地補充にかかるその手形金をYに支払わせるため、本件約束手形の原因関係を作出する目的で仮装したものというべきである。（中略）

そうすると、Xは、本件約束手形を保持し、手形上の権利を行使する実質的理由を有しないのであって、右手形を所持しているからといって、Yに対し、手形金を請求することは、権利の濫用であり許されない。

【研　究】

結論的賛成。

一　本件では、Yが本件白地手形の表面および裏面にそれぞれ氏名を手書きしたことによって、振出人Aを被保証人とする手形保証人となる（手三一条三項・四項、手七七条）と同時に、裏書人となることに方式上の問題はない（指印は、私文書の真正を推定させるのみで（民訴法三二六条）、方式上は無意義）。所持人Xは、右のYの手形保証債務（手三二条一項、手七七条）と、裏書の担保責任（手一五条一項、七七条）のいずれかの履行を求めて、選択的に請求を併合していたものとみられる。

原審は、YがXに対して主張した補充権濫用の抗弁（手一〇条、七七条）を容れてXの請求を棄却したが、これに対して、本件控訴審判決は、Yの補充権濫用の抗弁や詐欺・錯誤の抗弁を否定したものの、Yの「原因関係欠缺の抗弁」を容れ、所持人の権利濫用を持ち出すことによって、やはりXの控訴を棄却した。

二　まず、本件判旨は、補充権濫用といい得るためには、白地手形の――手形保証人や裏書人ではなく――振出人が補充権を留保したとか、一定の限度内の補充権のみ付与したとかの事実がなければならないと判示する。つまり、白地手形の補充権は、基本手形の作成者である振出人のみが生み出し得るものであり、この点で、原審が、手形保証人兼裏書人であるYも補充権を授与し得ることを前提にYの補充権濫用の抗弁を容れたのは、その前提が誤っているものとする。

これに対して、福瀧博之教授は、本件評釈（商事法務一三九一号二九頁以下）において本件原審の理論構成を支持される。その理由とされるところをみると、現在の通説が、白地手形には少なくとも一人の手形行為者の署名があれば足り、振出署名のほかにも白紙の手形になした手形保証、裏書、引受署名によって有効な白地手形を成立させることができると解しており（大隅健一郎・新版手形法・小切手法講義九五頁、鈴木竹雄＝前田庸・手形法・小切手法〔新版〕二一二頁）、また、一定の手形行為としての署名のある白地手形の上に、さらに別の手形行為としての署名が行われた場合にも、要件の欠缺のある限りその証券は白地手形であって、後の行為者も白地手形行為者としての責任を負うことになる（大森忠夫「白地手形」手形法・小切手法講座II四四頁、河本一郎・総合判例研究叢書商法⑹五頁、鈴木＝前田・前掲二一二頁）ものとすれば、右の場合には、「通常、当初の白地手形行為者の授与した補充権が前提とされているのであろうが（本件の場合、振出人Aによる補充権授与の有無、補充権の内容等は、判決からは必ずしも明らかではない）、後の白地手形行為者も交付に当たり、従来の補充権とは別個の内容の一定の補充権を授与することもできると考えてよいであろう（手形取得者と各手形行為者の関係は、手形法一〇条によって解決できるであろう）」（括弧内は原文のまま）と論じられている。

しかし、たとえ白地手形保証、白地裏書を認める通説によっても、いったい署名者ごとに独自の補充権を与えうることまでを認めるものであろうか。もしこれを突き詰めると、あらゆる白地手形についてなされる署名の数だけ補充権が発生し得ることになるが、それは従来の補充権の観念を越えるものではないだろうか。少なくとも、福瀧教授が前提とされる主観説（筆者も同説であるが）に立ち、基本手形に表示される振出人の意思表示を完成させる権限をもって補充権と呼ぶものとすれば（倉澤康一郎・手形判例の基礎九三頁）、補充権は一つの手形について一個でしか有り得ないはずである。また、大森教授らが「後の白地手形行為者」と呼んでいるのは、まさに当初の補充権授与者が与えた補充権が第三者によって行使され、そこで行使された内容通りの手形債務を負うことを予測して署名した者という意味であって、独自に「補充権」を生み出す者という意味を有していないとみるのが素直な理解ではないのか。もっとも、白地手形保証や白地裏書を認める通説を推していけば、振出人の署名の以前に、手形保証人や裏書人らの署名によって基本手形に関する補充権が発生することとなり、これと後に振出人が授与する補充権とが一体どのような関係に立つのかはなお不明であるが、しかし、このことは、複数の補充権概念を認めることにつながりかねない以上、一方では、現在の通説の欠陥ないし説明不足を明らかにして、これに反省を迫る契機になるとともに（手形法一〇条の未完成にて「振出シタル」手形という文言からも、振出署名による白地手形のみを認める少数説は見直されてしかるべきであろう。薬師寺師光「新手形法注釈」法学志林三七巻一〇号一〇六頁、大濱信泉・手形小切手法要義二二八頁）、他方では、振出署名者以外の者が白地部分についてなした合意は、「補充権授与契約」ではなく、手形外の任意の契約として捉えられるのであって、その違反は不当補充（手一〇条）の問題ではなく、人的抗弁（手一七条）の問題になることを示しているのではないか。

したがって、本件判旨が、Yの補充権濫用の抗弁を容れた原審の理論を覆したのは正しいというべきである。おそらく原審は、振出人であるA社が倒産寸前に振り出した白地手形の経済的価値はほとんど無に等しく、いってみれば単なる手形用紙と同列であって、これを利用してなされたYの手形保証・裏書人としての責任が実質的にみて本件手形の経済的価値のすべてであったことに引きずられ（X、CがYの資力に狙いをつけて策略をめぐらせたことは前記〔**事実**〕のとおり）、手形保証人兼裏書人Yが本件手形の金額欄の補充について補充権を付与し得るかのように錯覚したのであろう。

さらに、判旨が指摘するように、補充権の存否・範囲の主張立証責任は、裏書連続による権利推定効あるいは事実上の推定により、債務者にかかってくることになる（坂井芳雄・約束手形金請求訴訟における要件事実とその立証〔改訂版〕七二頁、七七頁注（17））。にもかかわらず、本件ではこの点に関するYからの主張立証はなかったもののようであるから、福瀧教授も指摘されるように、A会社の振出に関わる実体的真実は明らかではないにせよ

(実をいえば有効に振り出されたか否か――極論すれば偽造ではないか――ということも疑わしいにせよ)、手続法上は、有効な白地手形が、しかも補充権の内容について無限定で振り出されたという事実認定がなされることになる。その結果として、本件ではX・Cがなした三〇〇〇万円の補充通りの手形債権が発生することを前提とせざるを得ない。

三　では、右に述べたように、原審が不当補充の抗弁の要件事実に該当するものとした事情はほんらい手形外の合意として捉えるべきものとする立場に立ったときに、判旨が、(1)一方で、「本件約束手形に署名指印した際、Yがそれが手形であり、何らかの形でDの金策に利用されることを理解し、予想していなかったとまでは認めがた」く、また、Yの手形行為に錯誤や詐欺による瑕疵はないとしながらも、(2)他方では、Yは「白地部分の補充の如何に関わらず、自らは手形上の保証人や裏書人として債務を負担しないものとして、本件約束手形に署名しDに交付した」点を「別個の抗弁として主張」し得るものと判示したのは、いかなる意味をもつか。いいかえれば、右の(1)ではYは有効な手形保証および裏書行為をなしたものとしていながら、(2)では、Yには債務負担の意思がないものとしていることから、一見この両者は矛盾するようにみえ、微妙な問題を提起する。この矛盾を解く方法として筆者が考えるのは、Yは有効な手形を一種の「融通手形」としてDに交付したと理解するというものである(後述**六**)。

ただし、判旨が右の「別個の抗弁」をあくまでも理論的な可能性にとどまるものと捉え、本件では当事者の主張がないなどの事情によって、実際上問題になる余地はないものと割り切っているとすれば、右の判示は所詮は原審判決を批判しただけの傍論にすぎないことになり、この点に深入りすることは無用なことであろう。そして、そうだとすれば、本件ではY固有の抗弁事由などというものは捨象してもよい問題であり、次に述べるように、要するに、所持人Xの側に権利行使の不当性があるか否かという権利濫用論によってのみ事件の決着がはかられるということになろう。筆者はそのようには考えないが、いずれにしてもこの点は次の「原因関係欠缺の抗弁」と絡んでくることになる。

四　さて、判旨は、「原因関係欠缺の抗弁」の検討に入り、Xが自己の手形取得が売買契約の代金支払のためであったかのように仮装したことを捉えて、XのYに対する権利行使は「権利の濫用」として許されないものと判示している。

こうした「権利濫用の抗弁」を打ち出したリーディングケースとして、いわゆる後者の抗弁に関する最高裁（大法廷）昭和四三年一二月二五日判決（民集二二巻一三号三五四八頁）および手形保証人に権利濫用の抗弁を認めた最高裁（三小）昭和四五年三月三一日判決（民集二四巻三号一八二頁）とが著名であるが、本件判旨もこれらの最高裁判決の延長線上にあるものとの評価がなされている（春日通良「本件解説」判タ八二一号（平成四年度主要民事判例解説）二〇〇頁、春田博「本件解説」法セミ四五二号一三七頁。ただし、後者は、本件を手形保証人の権利濫用の抗弁の問題としてのみ捉えられるようである）。

本件は、Yが保証人兼裏書人であることから、右の両判決の論争点が重なって出てくるところに際立った特質があるが、しかし、判旨は、右の昭和四三年判決および昭和四五年判決のどちらも引用せず、いずれにしてもXが前者からの裏書取得の原因関係が欠缺しており、Xの権利行使は「権利濫用」であって認められないものとした。判旨は、Xを実質的な無権利者とみなすことにより、一挙にXの二つの請求（Yに対する手形保証債務および裏書人の担保責任の履行請求）を否定しようとしたものであろう。

五　右のうち、まず、手形保証人の抗弁について、かつての判例（最一小判昭和三〇年九月二二日民集九巻一〇号一三一三頁）は、手形保証の独立性（手三二条二項）を強調してYの支払義務を認める立場をとった。しかし、現在では、昭和四三年判決の影響を受けた昭和四五年判決によって、判例法は、従来の手形保証の独立性を強調する前提を維持しながらもこれを権利濫用論によって修正する立場に変更され、また、この判例変更を契機として、学説上、新判例を支持する立場（川村正幸・手形・小切手法二三八頁）、所持人を無権利者と構成して判例の結論を正当化する権利移転行為有因論（前田庸・手形法・小切手法入門三〇六頁）、さらには、判例法の前提とする手形保証の独立性を限定的に解し、反対にその附従性（手三二条一項）にもとづいてYが被保証債務者であるAの抗弁を援用しうるものと解する立場（河本一郎「手形保証と人的抗弁（正・続）」神戸法学雑誌九巻一＝二号一七七頁以下、三号三八九頁以下、上柳克郎「前掲昭和三〇年判決判批」法学論叢六三巻四号一〇八頁）が現われて有力化している。

私見によれば、手形保証は同じく保証といっても民法上のそれと異なり、主債務に対する成立における附従性を切断した独立の手形行為であって（手三二条二項は手形行為独立の原則（手七条）の確認規定であり、例外的に手形保証の無効を来す主債務の方式上の瑕疵も、手形保証それ自体の瑕疵として捉え直されるべきである）、その債務の内容が三二条一項によって主債務と同一にされる（ただし、被保証債務の移転・消滅における附従性は原則通り）。だが、手形保証の無因性に内在する手形保証人に固有の抗弁事由によって実質的な利害調整がはかられるべきことを看過してはならない。すなわち、手形保証人としての抗弁は、Yの手形保証の原因の欠缺の抗弁（不当利得の抗弁）として定礎されるべき問題であり、権利濫用の抗弁（権利移転行為有因論もこれと同工異曲であろう）や、手形保証の附従性を持ち出す必要性はないもののようにおもわれる（倉澤・手形判例の基礎一九九頁）。

右の私見を本件に即していえば、本件のYの手形保証の原因は——後述のYの裏書行為と同じく——Dに資金の融通を受けさせる点に存するものというべきである。そして、右の原因がDによって実質的に裏切られた本件の事実関係においては、Y固有の抗弁が生じているものとみるべきであろう（詳しくは六で述べる）。

これに対しては、手形保証が被保証手形債務の担保を目的とするものであることから、なぜその原因も振出人Aの債務の担保にあるということにならないのかとの疑問もありえよう。たしかに、法的に定型化されている手形行為としては、Yの手形保証の目的はAの振出債務の担保にある。しかし、手形行為の「原因（causa）」は、単なる動機（motif）とは区別され、実質的にみて「何故にそのような手形行為をなしたか」という、行為者の推進的・決定的原因（cause impulsive et déterminante）の問題を示すから、手形行為の定型的目的とは別個であり得る（世上、保証のための裏書や、実質的な主債務者としての裏書がしばしば行われることを想起されたい）。手形保証の担保目的と、内容が異なる実質的な原因とが並存することは決して矛盾ではない。

しかし、注意すべきなのは、右の新しい判例の立場やそれを支持する諸学説のいずれによっても、本件のばあい、Xが被保証債務者Aに対して権利行使できないときにはじめてYがXへの支払を拒絶できることになる点である（福瀧・前掲評釈三三頁も、本件と昭和四五年判決の事案の相違を指摘する）。つまり、XのAに対する権利行使の可否については――振出当事者A→Y間では原因関係が有効であるとみなされる一方、D→C→Xの裏書の原因が仮装売買であったことから――昭和四三年判決が提起した「後者の抗弁」の問題が先決問題となってくるわけである。

ただし、理論構成の是非はともあれ、「後者の抗弁」を結論的に認める後述の判例・多数説の立場によれば、XのAに対する請求は否定され、ひいては、手形保証人Yも、Xに対する支払を拒絶できることになるであろう。

六　そこで、今度は裏書人としてのYの責任についてであるが、本件では、所持人Xの裏書取得の原因関係が通謀虚偽表示（民九四条一項）により無効と判示されたことによって、本件は昭和四三年大法廷判決の事案とより直截な共通性があるといえる。

昭和四三年判決をめぐっては、その結論の妥当性について見解が分かれ、理論構成についてもさまざまな主張が繰り広げられているが、筆者はこれを二重無権の抗弁を素朴に権利濫用と表現したにすぎないものとする見方をとっている（拙稿「裏書の単純性とその機能」法学政治学論究二一号二一一頁以下、同「判批」倉澤還暦記念・商法の判例と論理五〇一頁以下）。

また、悪意の抗弁（手一七条但書）は、殊に手形取引において、債務者の抗弁対抗のためにほんらい手形金を請求しえない所持人が、わら人形に裏書することによって手形金をせしめようとする例が多いことにもとづき、こうした所持人に対する奸悪の抗弁（exceptio doli）が歴史的に定型化されて来たものであるとみられるが、手形行為の無因性には原因欠缺による抗弁が内在しているという前述の筆者の立場を敷衍すれば、これもまた、裏書の原因欠缺によって生じる多数当事者間の不当利得の抗弁のあらわれとみるべきことになる（倉澤康一郎＝高田晴仁「木内教授の手形法学」木内宜彦論文集1・手形抗弁の理論・付録冊子一一頁〔倉澤〕、拙稿・法学研究六七巻四号一二九頁）。

右の私見によって本件判旨を眺めてみると、前述**三**で指摘したように、判旨が一方でYの手形行為に錯誤、詐欺の瑕疵はみとめられないものとし、他方で、Yは「現実に債務を負担することまでは了解していなかった」という点に注目すべきものが含まれていることになる。すなわち、右の両者を矛盾なく説明するならば、判旨は、YとDの間に融通手形類似の原因関係が成立したものとみているのであり、当事者の実際上の意識は、この種の事案の通例として漠然としてはいるが、合理的に解釈すれば、Yは手形法上の債務を負担するにせよ、その手形はDの二〇〇万円ないし三〇〇万円程度の金策をはかる目的でのみ利用し、Yに迷惑はかけない――つまり満期前にDが自ら手形を取り戻す――といった内容の合意がなされたものと解したのであろう（木内宜彦・手形抗弁の理論一〇六頁以下）。そして、手形行為の構造上、右のYの手形交付時の意思表示は、裏書の原因（causa）として捉えられることになる（福瀧博之「原因関係に基づく手形抗弁の法律構成」川又還暦記念・商法・経済法の諸問題三九七頁以下）。

そうだとすれば、本件のように、Dのもとには借入金が一〇〇万円しか交付されていないことを知りつつ、しかも、DがYのために本件手形を取り戻すのを妨害し、C・Dを巻き込んでYから三〇〇〇万円もの手形金をせしめようとした所持人Xに対しては、現在、悪意の抗弁に関するいかなる学説――とりわけ最も厳格な詐欺的通謀（entente frauduleuse）説――に立ったとしても、悪意の抗弁の対抗がみとめられることになるのではないか。本件はまさに裏書人であるD、C両者ともに、Yの抗弁を切断しようとする確固とした目的をもって、Xの指示のもとに売買を仮装したのであり（売買契約それ自体は虚偽表示であるとしても、その虚偽表示をなすに至った目的が存在するのはむしろ当然である）、右の目的の不法性がC、Dの裏書の原因欠缺をもたらすことになると解すべきであろう。そして、判旨にいわゆる「別個の抗弁」を上述のように融通手形の抗弁に引き付けて捉える立場からすると、判旨が結論部分において、「Xは、本件約束手形を保持し、手形上の権利を行使する実質的理由を有しない」といい得たのは、D→C→X間の原因関係が仮装売買であったことのみにもとづくわけではなく、実は、Y自身もまた原因欠缺による抗弁を有しており、Y→D→C→Xという本件手形の流通過程において、それぞれの譲渡行為の原因がすべて欠缺しているが故に、Y・Xは直接の抗弁が対抗される関係にまで引き寄せることができるということを暗黙の前提にしているものと理解することが可能である。

もちろん、判旨はYの抗弁事由について積極的に判示しているわけではないので、右の二重無権（二重原因欠缺）的構成（最一小判昭和四五年七月一六日民集二四巻七号一〇七七頁、大塚龍児・手形小切手判例百選〔第四版〕六七頁）を明確に、あるいは意識的に採用したとみるのは無理であるとの批判・疑問もありえよう。ただし、かりに本件判旨が、所持人側の権利行使の不当性に着目して権利濫用論を持ち出したのだとしても、実はその裏では債務者に抗弁事由が存在していたことから、結果的に二重無権的構成と同一の結論に到達し得た事案であったとはいい得る。

要するに、権利の濫用といういわば「殺し文句」は別として、事実との相対関係で捉える限り、判旨を権利濫用論によって後者の抗弁の問題を解決したものと単純に図式化することは問題である。この点は、昭和四三年判決の事案がまさに融通手形として振り出された手形の裏書の原因欠缺が問題になったことと共通しており（前掲の拙稿参照）、私見よりみれば、所持人の権利濫用論は、「一般条項への逃避」（昭和四三年判決の松田少数意見）によって、手早くすわりの良い結論に落ち着くための方便ではないかとの疑問さえ生じ得る。

七　なお、本件の事案の特殊性として、本件判旨が、DがCを介して金融業者のFより一〇〇万円を借り受けたものと認定し、「たまたまCのもとに預けられていた」本件手形を利用してXとCがYから手形金を支払わせようとしたと判示した点も気にかかる（判旨は、DはFを介してCから借用したという原審の認定をわざわざ覆している）。なぜなら、右の事実認定を前提とすれば、Cは、D・F間の金銭消費貸借契約について仲介しただけであって、右契約の担保のために徴求した手形をFのために預かっていた受寄者に過ぎないことになるからである。そうだとすれば、Cはまさに単なる無権利者であって、しかも後に本件手形に裏書をしたD、C、Xはすべて悪意者なのであるから、Xは本件手形を承継取得も善意取得もする余地はありなかったこととなり（手一六条二項、七七条）、本件はXが無権利者であるという一点で請求を棄却すべきであったことになろう。しかし、FがC・Xの策謀に関与していたか否かは明らかではなく、当事者がこの点を特に争った形跡は窺えないから、判旨はXが手形を承継取得した権利者であることを前提にしたものか（だが、判旨が一方でCを受寄者であるとしながら、他方でXが権利者であるとしたものならば判決理由に齟齬があることになりはしまいか）。

（六九巻八号（平成八年八月））　高田晴仁

二三　保険金受取人の指定のないときに被保険者の法定相続人に支払う旨保険約款上定められている場合の法定相続人の保険金の取得割合

東京高判平成三年九月一九日民事四部
平成二年(ネ)三七七六号保険金請求控訴事件
原判決被告敗訴部分取消・請求棄却（上告）
高民集四四巻三号一六〇頁、判例時報一四〇七号一一五頁

【判示事項】

一　保険約款に基づき被保険者の法定相続人が受取人となる場合には、被保険者の死亡時の被保険者の法定相続人が受取人となる。

二　死亡保険金は、相続財産ではなく、相続人の固有財産であって、一旦保険契約者に帰属したうえで、相続によってその法定相続人に移転するものではないから、受取人である法定相続人が複数である場合には、民法四二七条により各相続人が均等の割合によってこれを取得する。

【参照条文】

商法六七五条、民法四二七条、五三七条、一一二九条

【事　実】

原告Xの妻Aは被告Yとの間で、昭和六一年七月一日、次の内容の積立女性保険契約を締結した。

（一）保険契約者　A
（二）保　険　者　Y
（三）被保険者　A
（四）死亡保険金受取人　指定なし。もっとも、保険約款上、死亡保険金受取人の指定のないときはAの法定相続人に支払うものと規定されていた。
（五）保　険　金　事故による死亡の場合は一〇〇〇万円
（六）保険期間　昭和六一年七月一日午後四時から同六六年七月一日午後四時まで

Aが昭和六三年九月二八日事故により死亡したため、YはAの相続人であるXおよびAの兄弟姉妹（代襲相続人も含む）の合計一〇名に、各自平等の割合でそれぞれ一〇〇万円の保険金を支払った。

これに対してXは、かかる場合には、保険金請求権は法定相続分にしたがって相続人に帰属するとし、自らの受領すべき保険金額は七五〇万円であるとして残額六五〇万円（および弁護士費用）の支払を求めて訴えを提起した。

第一審判決（東京地裁平成二年一〇月二三日）は、Xの請求を認容した（ただし、弁護士費用については認められていないようである）。

そこで本件契約のような場合には、相続人は保険金請求権を原始的に取得し、被保険者から相続により取得するものではないから、その取得額は、法定相続分によるものではなく、民法四二七条の規定に基づき各自平等の割合によることとなるとしてYが控訴した（その他、債権の準占有者に対する弁済（民法四七八条）も主張されているが、本件判決ではこの点についての判断はなされていない）。

【判　旨】

控訴認容（第一審被告敗訴部分取消・請求棄却）

一「保険約款に基づき被保険者の法定相続人が受取人となる場合には、被保険者の死亡時の被保険者の法定相続人が受取人となると解されるから（最高裁判所昭和四八年六月二九日第二小法廷判決、民集二七巻六号七三七頁参照）、本件契約に基づく死亡保険金は、これに適用される保険約款によってAの死亡時の法定相続人に帰属する。」

二「死亡保険金は、相続財産ではなく、相続人の固有財産であって（最高裁判所昭和四〇年二月二日第三小法廷判決、民集一九巻一号一頁参照）、一旦保険契約者に帰属したうえで、相続によってその法定相続人に移転するものではないから、受取人である法定相続人が複数である場合には、民法四二七条により各相続人が均等の割合によってこれを取得すると解するのが相当である。」

【研　究】

判旨第一点には賛成、第二点には反対

一　はじめに

本件判決は、保険金を受け取るべき者として複数の相続人が存在する場合について、その保険金の帰属割合を判示した判決である。

もともと、死亡保険金受取人として「被保険者の相続人」と指定されていた場合や、保険約款上「受取人の指定なきときは、保険金を被保険者の相続人に支払います」という趣旨の定めがある場合については、それらの意味をどのように解釈すべきか判例・学説上争いがあった。しかし、本件判決も引用する昭和四〇年代に相次いで出された二件の最高裁判決によって、判例の立場は明確となっている（最判昭和四〇年二月二日民集一九巻一号一頁、最判昭和四八年六月二九日民集二七巻六号七三七頁）。昭和四〇年の最高裁判決は、被保険者の相続人を保険金受取人と指定した場合に、保険金請求権がいったん相続財産となったうえで相続人に承継されるか、それとも、相続人が固有の権利として保険金請求権を取得するかが争点となったが、最高裁は後者であると判示した。また、昭和四八年の最高裁判決は「保険金受取人の指定のないときは、保険金を被保険者の相続人に支払う」という約款の意味が問題となったが、かかる約款は「被保険者が死亡した場合において保険金請求権の帰属を明確にするために被保険者の相続人に保険金を取得させることを定めたものと解するのが相当であり、保険金受取人を相続人と指定したのとなんら異なるところがない」と認定したうえ、昭和四〇年の最高裁判決を引用して同判決と同様の結論に達している。

しかしながら、かかる最高裁の見解を前提にすると、被保険者の相続人が複数いる場合には、それらの者の保険金の取得割合をどのように考えるべきか、ということが問題となってこざるをえない。保険金請求権がいったん相続財産となったうえで承継されるとすれば、民法の相続法の規定が適用されることとなりなんら問題は生じないが、判例の立場を前提にするとことがらはそれほど単純ではないのである。この点については、本件判決の時点においては最高裁判決および高裁判決はなく、地裁レベルのものが数件あっただけで（東京地判昭和六〇年一〇月二五日判例時報一一八二号一五五頁、同昭和六二年三月三一日判例タイムズ六五四号二三六頁など）、本件判決は高裁としては初めての判断と思われる（ただし、本件についてはその後最高裁判決が下されており、そこでは本件判決と反対の論旨が示されている。最判平成六年七月一八日民集四八巻五号一二三三頁)。

そこで、本稿では、判例法としては昭和四〇年代の最高裁判決によって解決ずみと思われる上記の問題(下記**四**)と、その前提をなす、他人のためにする生命保険契約の法的構造(同**三**)を論じたうえで、本件判決の直接の争点について若干考察を試みたい(同**五**)。なお、本件判決は、純粋な生命保険契約についての事例ではなく、積立女性保険契約についての事例であるので、最初にそのことについて簡単に検討を加える(同**二**)。

二　積立女性保険契約について

まず、AとYとの間で締結された積立女性保険契約がいかなる内容のものであるか、簡単に検討しておく。一般に積立保険とは、保険期間の満了時に満期返戻金を支払うとされている損害保険の総称、つまり、補償機能に加え貯蓄機能を有する損害保険のことである。その仕組みとしては、保険期間が長期となっているとはいえ、補償機能を担う保険金額やそれをまかなう補償保険料については、一般の保険と同様の性格を持っている(木村栄一＝高木秀卓編損害保険概論二六七頁以下〔山下陽生〕)。そうであるとすれば、貯蓄機能の点をどのように考えるかは別として、保険契約法理としては、当該保険契約が担う補償機能の観点から考察すべきであろう。補償機能の観点からすれば、積立女性保険契約は、基本的には傷害保険に分類される(山下(陽)・前掲書二六九頁)。したがって本件判決を論じるにあたっては、傷害保険についての判例・学説上の解釈論を前提にして論じていけばたりることとなる。

そこで、つぎに傷害保険を保険法上いかに位置づけるべきかが問題となるが、少なくとも「傷害の直接の結果として、被害の日から一定期間内に被保険者が死亡した場合に特定の金額が支払われるべき」とされる部分(死亡保険金)については、死亡の直接の原因を限定しているのみで、その本質としては生命保険契約における保険給付と同一である。したがって、その場合には生命保険契約の規定を適用すべきである（倉澤康一郎・保険法通論一四八頁、同「生命保険、傷害保険と被害者補償制度」ジュリスト六九一号一二五頁）。本件判決では、まさにかかる意味での死亡保険金の帰属が問題とされているのであるから、以下では、生命保険契約についての解釈論を前提としてその法律上の問題点を考えていくこととする。

三　他人のためにする生命保険契約の法的構造について

他人のためにする生命保険契約の法的構造については、保険金受取人による受益の意思表示を必要としない（商法六七五条一項）という点に特殊性があるだけで、基本的には、第三者のためにする契約（民法五三七条）に属すると解するのが通説である（大森忠夫「保険金受取人の法的地位」保険契約法の諸問題一頁、青谷和夫・保険契約法論一（生命保険）一一八頁、西島梅治・保険法〔新版〕三三四頁、山下友信「保険金受取人の指定・変更」ジュリスト七四七号二八二頁など。反対する見解として、水口吉蔵「生命保険契約後の受取人の指定と変更」法律論叢二〇巻三号二八七頁、倉澤康一郎「保険金受取人の変更」文研論集八七巻一頁）。

しかしながら、かかる見解には大いに疑問がある。その疑問は次の二点に集約される。すなわち、はたして、保険金受取人は他人のためにする生命保険契約の効果として何らかの「権利」（民法五三七条参照）を付与されるのか、また、その前提として保険金受取人の指定が他人のためにする生命保険契約の要素的内容となるのか、ということである。ここで結論を先取りして述べれば、保険金受取人の指定は、契約の要素的内容ではなく、またそうであるとすれば、生命保険契約については自己のための契約しかありえなくなるがゆえ、他人のためにする生命保険契約の直接の効果としては、保険金受取人はなんらの権利を取得しない。以下詳論する。

1　まず、保険金受取人の指定が保険契約の要素的内容となるのか、という点については、近時、倉澤康一郎教授が鋭く批判されたところである（倉澤・前掲「保険金受取人の変更」七頁）。すなわち、同教授によれば、民法の第三者のためにする契約においては受益者が誰かということも、契約の要素的内容であって、その契約が有効に成立するためには受益者についても両当事者の合意がなければならない。その点についての合意がなければ契約は不成立となる。これに対して他人のためにする生命保険契約においては、商法六七五条一項但書において保険金受取人の指定、変更は保険契約者の一方的意思表示のみによって可能なのであるから、契約当事者である保険契約者と保険者との合意にとって、保険金受取人が誰であるかはその要素的な内容ではない。その意味で、他人のためにする生命保険契約は、契約の要素的な内容としては、通常の生命保険契約（自己のためにする生命保険契約）にほかならない（なお、大森忠夫「保険金受取人指定・変更・撤回行為の法的性質」生命保険契約法の諸問題七七頁は、受取人の指定は保険契約の要素的内容に属さないことを認めるものの、他人のための保険契約を第三者のためにする契約に位置づける。また、山下（友）・前掲「保険金受取人の指定・変更」二八二頁は、保険金受取人の指定は第三者のためにする契約における第三者＝受益者の決定であって、契約当事者の合意に基づいてなされるべきであるが、保険者は保険金受取人の決定について実質的利害関係を持たないことから、その同意を要しないというように改変されていると述べる）。

2　では、保険金受取人が享受する利益（商法六七五条一項本文）とは、どのような内容のものとなるのであろうか。この点につき、わが国の通説は「条件付の保険金請求権」であると解する（大森・前掲「保険金受取人の法的地位」一頁以下、とりわけ七頁、一四頁以下、三四頁以下、三七頁以下、同・保険法二七五頁、山下（友）・前掲「保険金受取人の指定・変更」二八六頁、石田満・保険法二八五頁など。これに対し、撤回権が留保されているか否かで権利となるか単なる期待となるか区別する見解として、三浦義道・保険法論三四六頁、河合篤「生命保険契約に因りて生じたる権利の譲渡（二）」民商法雑誌四巻三号三二頁。また、第三者のためにする生命保険契約の中には第三者が権利を取得するものと、単なる受益者になるにすぎないものとがあり、そのいずれであるかは、契約当事者の意思表示によって決まるとする見解として、倉澤康一郎「死亡保険金の帰属」保険契約の法理三一六頁）。

しかしながら、そもそも「条件付の保険金請求権」とはいかなる性質の権利を指すのか、必ずしも明らかではない。この点、通説の代表的論者である大森博士は、履行そのものに条件が付されている債権であると解されるものと思われる。けだし、同博士は、保険契約一般について、保険契約者の保険料支払義務と対価性を有する保険者の債務について、条件付の（あるいは不確定な）保険金支払義務と把握され、その意味を履行そのものに条件が付されている現在の債務であると解されるからである（大森忠夫「保険契約における対価関係について」法学論叢八八巻一＝二＝三号七頁）。しかしながら、そのようなものが、はたして債務といえるか否かははなはだ疑問であるとともに（倉澤康一郎「保険契約における保険者の出捐―大森教授・棚田助教授に答えて―」保険契約の法理二六一頁）、同博士は、右の条件を債務の履行期と把握されるようであるが（大森・保険法〔補訂版〕八三頁）、そうであるとすれば、保険契約を双務契約であると認めることは困難であると言わざるをえない（倉澤・現代保険法論九一頁）。したがって、大森博士の見解には賛成することができない。むしろ、民法上、条件付権利と呼ばれているものは「期待権」にほかならないことからすれば（民法一二九条参照）、「条件付の保険金請求権」という言葉で表現されているのは、確定的な保険金請求権を取得することに対する「期待権」を意味すると解すべきであろう。この点は、保険契約の双務契約性を肯定するにあたり危険負担債務説を採り、かつ、危険負担の内容として期待権の創設付与であるとの見解を採用すれば（倉澤・前掲保険法通論三〇頁など）、当然にそう解されることとなるし、その他の見解を採っても、大森博士のような見解を採らないのであれば、そのように考えざるをえないであろう。この点最高裁の中島恒調査官も、通説の立場を解説しつつ「(保険金受取人は) 条件が成就したときにはじめて権利者となるのではなく、被保険者死亡前において保険契約の効力発生と同時に、すでに、いわゆる条件付請求権すなわち一種の期待権を取得している」と述べられる（法曹会編最高裁判所判例解説民事編（昭和四〇年度）二〇頁）。

ではつぎに、保険金受取人が享受する利益（商法六七五条一項本文）とは、本当に「期待権（条件付の保険金請求権）」であるといってよいか。この点を肯定するためには、いくつか説明を要することがらがあるように思われる。

まず、受取人指定権についての撤回権が留保されている場合（商法六七五条一項但書）には、保険金受取人はかかる権利を喪失する可能性があるが、保険契約の成立とともに発生し、かつ保険金受取人に帰属している権利がなにゆえにその権利者の同意なくして奪われうるのであろうか（しかも、撤回権は、原則として留保されていると推定すべきであるとされる。大森・前掲「保険金受取人の法的地位」一九頁）。もちろん「撤回の可否」と「その対象となっている利益が権利か単なる希望にすぎないか」は論理必然の関係に立つわけではないが、撤回が不可能であることと権利性、撤回が可能であることと希望性に親近性があることは間違いない（大森・前掲「保険金受取人の法的地位」六頁）。

また、もし、他人のためにする生命保険契約の効果として保険金受取人の取得すべきものが期待権だとすれば、処分、相続、保存または担保することが認められるはずであるが（民法一二九条）、撤回権が留保されている場合の条件付の保険金請求権については、これを否定する見解も有力である（青山衆司・保険契約法二六一頁など）。権利ならば処分等の対象となり、そうでなければそのようなことは認められないという法原則も、反対にそのような効果を認めるに足る実質的価値を有するか否かの効果論から遡って性質論が導き出されるというような循環論法におちいり易いという指摘（大森・前掲「保険金受取人の法的地位」七頁）は十分首肯しうるが、期待権が債権や物権等とは異なる一つの独立の権利であるとすれば、民法一二九条に定められた諸行為をなしうるのはむしろ事柄の本質上当然のことである（於保不二雄「将来の権利の処分」財産管理権論序説三一六頁参照）。もしかりに、処分等を否定する立場に立つとしたら、かかる権利を期待権と呼んだところで、――それに対する侵害行為が違法とされる（民法一二八条）という効果はありうるとしても――無内容のものになりはしないだろうか。倉澤教授による「（被保険者死亡前の）保険金受取人の権利について保険金受取人自身にその処分権が認められていないことは（中略）保険金受取人の権利とよばれているものが実は確定的な財産権ではなくて、単なる期待にすぎないことを意味している」（倉澤・前掲「保険金受取人の変更」一五頁）という指摘は的を射ているように思われる。

さらには、かかる立場を前提とし、かつ後述する**四**の論点において、死亡保険金受取人が「相続人」と指定されている場合の意味について判例・通説の立場を採用すると、期待権の帰属者が具体的には誰であるかの確定が困難になりかねない（この点については**四**において詳しく述べる）。

翻って考えてみると、前述したように、他人のためにする生命保険契約は第三者のためにする契約（民法五三七条）であると考えるべきでなく、生命保険契約としては自己のためにする契約しかありえない。とすれば、すでに、そのこと自体からして、保険金受取人は他人のためにする生命保険契約の直接の効果としては、なんらの権利を取得しないのではなかろうか。なぜなら、その場合には保険金受取人は契約当事者でないことはもちろん、保険契約の要素的内容にすらなっていない以上、当該保険契約において、保険金受取人に権利を与えるということはありえないからである。もし、当該保険金受取人に権利が付与されるとすれば、保険契約者の単独行為たる保険金受取人の指定行為によるとせざるを得ないが、保険契約の効果として生ずる期待権を、なにゆえ契約者の単独行為によって原始的に保険金受取人に帰属させることができるのであろうか。十分説得的な理由はないように思われる。したがって、他人のためにする生命保険契約の直接の効果としては、保険金受取人は、なんらの権利を取得しない。ただし、保険金受取人は全く権利を取得しえないというのではない。ここで結論のみを述べることが許されるとすれば、受取人は、保険契約者の処分行為（倉澤・前掲「保険金受取人の変更」一六頁参照）により、保険事故発生後の将来の権利である確定的な保険金請求権を取得するものと考える。商法六七五条一項本文の「利益」とは、これを指すものである。保険事故発生までは、受取人は、事実上の期待を有するにとどまる。

四　死亡保険金受取人を「被保険者の相続人」と指定することの意味

この点については、判例・学説上すでに確定したかのごとき観があるが、なお問題点がありうると思われるので、ここで論ずることとしたい。

まず、判例・通説によって同視して把握されている二つの場合、すなわち、保険契約者が保険金受取人を被保険者の相続人と指定した場合（前掲昭和四〇年の最高裁判決がこれにあたる――以下「最判四〇年型」と呼ぶ）と保険契約者による保険金受取人の明確な指定はなく、「保険金受取人の指定のないときは、保険金は被保険者の相続人に支払います」という約款条項が存在しているにすぎない場合（前掲昭和四八年の最高裁判決がこれにあたる――以下「最判四八年型」と呼ぶ）とでは理論構成が異なりうる。したがって、本件の事案がいずれのケースに該当するか確認しなければならないが、この点については、実は本件判決と、本件の上告審判決（前掲最判平成六年七月一八日）とでは異なった事実認定がなされている。すなわち本件判決は、最判四八年型の事件として把握し、他方本件上告審判決では、保険金受取人の指定があったもの（最判四〇年型）と認定しているのである。ここでは、本件判決そのものに対する判例評釈の領域を若干逸脱する嫌いはあるものの、（1）保険契約者が死亡保険金受取人として「被保険者の相続人」と指定した場合（最判四〇年型）、および（2）保険約款上に「保険金受取人の指定なきときは、保険金は被保険者の相続人に支払います」という規定があった場合（最判四八年型）に分けて論ずることとしたい。

1　最判四〇年型について

まず、保険契約者が保険金受取人を抽象的に「被保険者の相続人」と指定した場合の意味については、判例・学説上次の三つの見解がある。すなわち、（一）この指定は死亡事故発生の保険金債権が被保険者の相続財産になるということを意味するにすぎないものであり、したがって被保険者自身のためにする契約にほかならないと解する立場（松本烝治・保険法二二四頁など）、（二）この記載の時点で保険金受取人として特定人を指定したものであり、したがってその時点において被保険者の相続人たりうる地位にある者のためにする契約と解する立場（大阪地判明治年月日不詳法律新聞七六八号一九頁）、および（三）被保険者死亡の時における、すなわち保険金請求権発生当時の相続人たるべき者個人を受取人として特に指定した、他人のための保険契約と解する立場（前掲最高裁昭和四〇年判決、大森・前掲「保険金受取人の法的地位」五四頁、同「保険金受取人の指定と包括遺贈」保険契約法の研究三五六頁、青谷・前掲書一二一頁、上田宏「判批」保険判例百選一三三頁、西島・前掲書三三三頁など通説）である。思うに、つとに指摘されているように、この問題は、保険契約者がいったいいかなる者を指定したかという意思解釈の問題であるが（大森・前掲「保険金受取人の指定と包括遺贈」三五四頁、倉澤・前掲「死亡保険金の帰属」三一九頁、同・前掲保険法通論一三一頁など）、このような指定方法が採られる趣旨が「保険事故発生時までに被保険者の相続人となるべきものに変動が生ずる場合にも、保険金受取人の変更手続をすることなく、保険事故発生時において相続人であるものを保険金受取人と定めることにある」（前掲本件最高裁判決、石田・前掲書二八四頁）とすれば、通説の立場が通常の場合の保険契約者の意思に合致するであろう。

ただし、通説・判例の立場によると、前記**三**の論点との関係において、期待権の帰属者が具体的には誰であるかの確定が困難になりかねないのではなかろうか（星野英一「判批」法学協会雑誌八二巻五号六八二頁参照）。すなわち、期待権の付与という給付行為自体は契約成立と同時に――あるいはどんなに遅くとも保険事故発生よりも前に――なされる。しかし、判例・通説によれば、その帰属者が決まるのは保険事故が起こったときである。したがって、条件付の保険金請求権を期待権として把握すると、期待権が帰属すべき時点においては、その帰属者は確定していないし、逆に帰属者が確定された時点では――あるいはそれと同時に――、期待権は消滅していると言わざるをえない。第三者のためにする契約において、その「第三者」は契約締結の時には特定していなくても、その後に特定しうるものであればよいことは言うまでもないが（大判大正七年一一月五日民録二四巻二一三一頁、谷口知平編注釈民法（一三）債権（4）三四一頁［中馬義直］）、履行期においては特定できなければならない（我妻榮・新訂民法講義Ⅳ［債権総論］二二頁参照）。期待権を誰に対して給付すべきかということは、被保険者の死亡事故の時点において確定されるだけでは足りないというべきである（反対、山下孝之「判批」生命保険判例百選（増補版）二一七頁。なお中島・前掲「判批」二一〇頁参照）。

これに対し、他人のためにする生命保険契約も自己のための契約にほかならないという私見のような立場からすれば、かかる理論的な困難を生じない。けだし、保険契約の効果はすべて、保険契約者に帰属し、期待権も保険契約者が取得するからである。また、先に述べたように、保険金受取人は、保険事故発生後の確定的な保険金請求権を取得するにすぎず、その時点では、「相続人」も確定しているのであるから、その点でも問題を生じないものと考える。

2　最判四八年型について

次に、具体的な保険金受取人の指定がなく、保険約款上「保険金受取人の指定がないときは、保険金は被保険者の相続人に支払います」という定めがあった場合はどうか。

この場合には、（保険約款を通じて）「被保険者の相続人」という指定があったものと同視して、上記最判四〇年判決と全く同様に解するのが判例・通説である（前掲最高裁昭和四八年判決、田尾桃二「判批」法曹会編最高裁判所判例解説民事編（昭和四八年度）二七頁、青谷和夫「判批」民商法雑誌七〇巻二号三六一頁、金澤理「判批」判例タイムズ三〇六号七六頁、江頭憲治郎「判批」法学協会雑誌九二巻二号七四三頁など）。これに対して、前掲最高裁昭和四八年判決の事案について、かかる約款規定を「保険者が相続人に善意で支払えば免責される」ことを定めたものと解する見解もある（倉澤・前掲「死亡保険金の帰属」三三一頁。ただし、同判決は団体保険の事件であるため、団体保険の特質をも斟酌して解釈される）。

たしかに、約款文言の文理解釈からすれば、かかる約款は保険金受取人の指定とは言い難く、しかも、約款の解釈は約款の定型化の持つ合理性の範囲にかぎられるべきものであるから（倉澤・前掲「死亡保険金の帰属」三三一頁）、自己のためにする生命保険契約において善意支払による免責を認めたもの、とする少数説の見解にはきわめて説得力がある。しかし、自己のためにする生命保険契約であることを前提にしつつ、保険契約者と被保険者が異なる場合において、なにゆえ――保険契約者ではなく――被保険者の相続人に保険金を支払えば保険者が免責されるのであろうか（金澤・前掲「判批」七六頁。なお前掲昭和四八年最高裁判決はまさにかような事例である）。この点にこそ「団体保険の特質」が関係してくるものと思われるが、はたして「団体保険の特質」ということのみから、金澤教授による批判に答えることは可能であろうか。いずれにせよ、もしかりに「団体保険の特質」ということが解釈論上の決め手となるとするならば、団体保険ではない本件の事案については、かかる解釈論を採用することはできないということになろう。

なお、少数説に立つと、かかる約款の定めと、本件でYが主張している債権の準占有者への弁済（民法四七八条）との関係が問題とならざるをえないと思われるが、紙幅の関係上、本稿ではそこまでの検討は差し控えたい。

五　相続人の保険金取得割合について

最後に本件判決で直接の争点となった相続人の保険金取得割合について、若干の検討を試みる。

前述したように、本件判決以前においては、この点については地裁レベルの裁判例が数件あったのみであり、しかもその結論は分かれていた（相続割合とするものとして前掲東京地判昭和六〇年一〇月二五日、均等割合とするものとして前掲東京地判昭和六二年三月三一日など）。その結論の分かれ目は、相続人が自己固有の権利として条件付の保険金請求権を取得するのであるから（前掲昭和四〇年最高裁判決）、相続法の規定の適用は全くなく、基本的には分割債権に関する民法四二七条の規定が適用されるが、その際「被保険者の相続人」と指定したことがその相続割合まで民法の相続法の規定によるとの意思表示と解釈されるか（そうであるとすれば、同条の「別段ノ意思表示」にあたる）、そのようには解釈できないか（同条の原則にしたがって均等割合となる）という点にある。学説も分かれており、相続割合とする見解（石田・前掲書二八四頁、山下（孝）・前掲「判批」二七頁、洲崎博史「本件判批」商事法務一三七七号八一頁など。ただし、洲崎教授は相続の規定を類推適用すべきであるとされる）と均等割合とする見解（金澤・前掲「判批」七七頁、山野嘉朗「保険金受取人の指定のないときは保険金を被保険者の相続人に支払う旨の約款の効力」倉澤還暦・商法の判例と論理七七七頁、山下典孝「保険金受取割合をめぐる一考察」生命保険経営六一巻二号一五〇頁など）とが対立している。そのような状況の中で、はたして本件判決は後者の立場を採用したのである。

思うに、少なくとも最判四〇年型のケースにおいては、この問題は保険金受取人を「被保険者の相続人」と指定したことをどう解釈するかという問題に内包されるのであって、その意味では当事者の意思解釈の問題である（しかも、保険金受取人の指定が保険契約者の単独行為である以上、保険契約者の意思のみが問題とされる）。そうであるとすれば、具体的な意思が明確であれば格別、原則としては相続割合によるべきものであろう。けだし「相続人の種類と順位は、相続分と密接不可分に関連しているのであり、保険契約者の意思解釈からは、受取割合は相続分によるとの指定が含まれていると解すべき」だからである（山下（孝）・前掲「判批」二七頁）。ちなみに、本件についての上告審判決（前掲最判平成六年七月一八日）も、相続割合によると判示している。

最後に、私見の立場からすれば、この取得割合についての議論の持つ意味は判例・通説の立場とは異なってくるように思われるので、そのことについて付言したい。まず、最判四〇年型においては、判例・通説の立場では、ここでの議論は他人のためにする生命保険契約の法的効果として、どのような割合で「条件付の保険金請求権」が相続人に帰属するかにかかわる。しかし、私見によれば、生命保険契約は、基本的に自己のためにする契約しかなく、その法的効果は、全て保険契約者に帰属する。保険金受取人は、保険契約者の処分行為によって、将来の債権である確定的な保険金請求権を取得しうるにとどまる。したがって、ここでの議論は、保険契約者による処分行為の内容にかかわるということになる。

これに対し、最判四八年型のケース、すなわち具体的な保険金受取人の指定がなく、ただ保険約款上「保険金受取人の指定のないときは、被保険者の相続人に支払います」という定めがあった場合はどうか。かかる約款文言の意義について、通説のように、保険金受取人を指定したのと同じであると理解すれば、最判四〇年型のケースについて述べたことがそのまま妥当する。これに対して、一種の免責条項を定めたと解する少数説に立つ場合にはどうなるか。この場合、保険契約者による処分行為はなされておらず、保険事故発生後の確定的な保険金請求権も保険契約者（その者が同時に被保険者であれば相続法の規定に従い、その相続人）に帰属する。かかる約款は「被保険者の相続人」に対する善意支払による免責を認めるにすぎないものであるから、先の議論は、相続人に対して「均等割合」で保険金を支払った場合に免責となるのか、それとも「相続分」に応じて支払わなければ免責されないのかという点に意味があることになろう。しかもその解釈にあたっては約款解釈の一般論にしたがうことになり、保険契約者の意思のみを問題とする判例・通説の立場は、当然には妥当してこないと思われる。

六　終わりに

以上述べてきたことをまとめると、本件においてかりに具体的に保険金受取人の指定があったとすれば（ただし本件判決では否定されている）、Xに支払われるべき保険金は、処分行為としての保険金受取人指定の持つ合理的意思解釈からして相続分にしたがい七五〇〇万円である。つぎに、本件判決の事実認定にしたがい、具体的な保険金受取人の指定がなかったものとすればどのようになるか。前述のような約款の意義を、判例・通説のように保険金受取人を指定したのと同じであると理解すれば、右に述べたことがそのまま妥当する。これに対し、かかる約款を一種の免責条項と考えるかぎり、Xほか九名の相続人は相続法の規定にしたがい保険金請求権を取得する。したがって、Xの相続分は七五〇万円である。ただし、その後に免責の問題が残ることとなる。

したがって、いずれにしても、Xの取得する保険金請求権の金額が均等割合たる一〇〇万円とする本件判決の立場には賛成できない。

（六九巻一〇号（平成八年一〇月））　鈴木達次

二三　代表取締役が取締役会の決議を経ないでした取締役解任の株主総会決議が不存在とされた事例ならびに代表取締役が取締役会決議を経ないでした新株発行が無効とされた事例

大阪高判平成三年九月二〇日
平成元年(ネ)第三四六号仮処分異議控訴事件（確定）
判例時報一四一〇号一一〇頁、判例タイムズ七六七号二二四頁

【判示事項】

一　代表取締役が取締役会の決議を経ないで招集した株主総会決議の効力は、特別事情のない限り、同株主総会決議取消の訴によって取消されない限り有効であり、当然同決議が不存在になるものではないと解するのが相当である。ところが本件には特別の事情が認められ、株主や第三者の信頼の保護を考慮する必要が全くないし、特に控訴人の株主総会招集目的が、不当なものであることを併せ考えると、結局、右株主総会決議は、取締役会決議を経なかった点でその瑕疵が極めて大きいものであり、法律上は、株主総会決議取消の訴による取消をまつまでもなく、不存在であるとするほかはない。

二　代表取締役が新株を発行した場合、それが有効な取締役会決議に基づかないでされたとしても、それが対外

的に代表権のある代表取締役の行為であることや株式取引の安全などを考慮したとき、原則的には、取締役会の決議を経ていないことだけで新株発行無効の訴の理由にはならない。しかし、株式会社の新株発行は、会社の資金調達など業務執行的側面がある一方、本来的には会社の人的・物的基礎に変動をもたらす組織法上の性質を有する行為である点に着目したとき、当該新株発行が、専ら、後者の目的、すなわち組織法上従来の株主の株式比率を相対的に低下させ、新株発行を行う代表取締役による会社支配のためにのみ行われた例外的な場合で、かつ、新株発行を無効としても株式取引の安全を害さない特別事情のあるときには、従来の株主の利益を保護するために、有効な取締役会の新株発行決議のないことは、新株発行無効の理由となると解するのが相当である。

三　商法二八〇条ノ一七第一項は「新株発行ヲ無効トスル判決ガ確定シタルトキハ新株ハ将来ニ向テ其ノ効力ヲ失フ」と規定しているから、本件新株発行に無効事由があるとしても、決議がなされた当時は有効な株式であり、これらの株式を保有する者らが株主総会に出席して決議に参加しておれば、右の決議が有効なものになると解する余地がないではない。しかし、控訴人や新株引受人、譲受人らの株主としての保護を図る必要は毛頭ないから、被控訴人は新株発行差止の訴ないし仮処分によらずして、本件新株発行の時点からその無効を主張できるというべきである。

【参照条文】

判示事項**一**について、商法二三一条、二四七条、二四八条、二五二条。判示事項**二・三**について、商法二八〇条ノ二、二八〇条ノ一五、二八〇条ノ一七。

【事　実】

Y_2（仮処分被申請人、控訴人）は終戦後父の営む旅館業の手伝いをしていた際、韓国人で現在の大韓民国から来日していた原告X（仮処分申請人、被控訴人）と知り合い、Y_2の両親の反対を押し切って事実上の婚姻生活（内縁）を始め、子供四人をもうけた。Xは漁具類などの闇商売をしていたが、種々の危険をともなう事業は思うにまかせなかったため、Y_2はXに相談の上、親戚の協力も得て、うどん・飯屋をはじめ、この仕事の内容も次第に広がり、Xも仕事に専従することになった。昭和二九年二月、すでに営まれていたXとY_2の個人商店による利益により、資本金三〇万円（株式数六〇〇株）でY_1株式会社（仮処分被申請人、控訴人）が設立されたが、二人を除く他の発起人、また、設立当時の取締役・監査役は名義を借りたものに過ぎなかった。設立当初から、二人は取締役兼代表取締役に就任し、そのように登記もなされている。Xが資金繰りや銀行に対する融資依頼など営業面全般を担当するほか、金銭出納、小切手支払を行い、Y_2が従業員の人事・管理のほかに経理全般を担当していた。当該会社は当初は両名のみの共働きによる零細な個人商店の様相が濃かったが、二人の夫婦仲も円満で昼夜も惜しまず働き続けた結果、三二年頃から文具の注文（外交）販売で売上を伸ばし、四〇年からは貸ビル業へと発展していった。三七年六月一九日に一八〇〇株（資本金九〇万円）、三九年一二月一日に七二〇〇株（資本金四八〇万円）の新株発行が行われた。また、四八年八月頃、名義上の取締役の退任により、後任の取締役に長男Y_6をあてたが、Y_6が米国へ留学することに決まっていたためその費用を取締役報酬で負担するためになしたものであって、Y_6も名義上の取締役である。Y_1会社は、五四年八月一七日まで株券を発行したことはなく、また株主名簿も作成されたことはなかったし、正式の株主総会および取締役会も一度も開催されたことはなく、重要な局面においては、二人が相談しながら経営に当たっていた。

四六年一〇月頃、Xは久しぶりに韓国へ帰国したが、この頃韓国にXの妻や子供がいることがY_2の知るところとなり、以後急速に二人の仲は悪くなり、仕事や家庭においても種々の対立を生むようになった。そして、五四年八月上旬頃からX・Y_2の対立は更に激しくなり、Y_2は同月一〇日頃それまでXが本店社長室に保管していた会社の代表者印、銀行届出印、帳簿その他の書類などをXの断りなく持ち出し、Xを取締役及び代表取締役から排除しようと考え、翌一一日Y_1会社の設立以来初めて取締役会招集通知をXに発送したが、その内容はXの代表取締役解任及びXの取締役解任などを決議事項とする株主総会開催の件を決議事項とするものであったため、Xはこれに怒り、右取締役会に出席しなかった。そこでY_2とY_6は、一五日、Xを代表取締役から解任すること及びXを取締役から解任することを決議事項とする株主総会を三〇日に開催することを決め、右内容の議事録を弁護士の事務員に記載してもらい、Xを代表取締役から解任する旨の登記を了するとともに、右株主総会の招集通知をXに発した。Xは同一五日Y_2に対し、右取締役会が無効である趣旨の通知をし、その後も、Y_2に対し、同人が主催する取締役会及び株主総会が無効である旨通知し、また、同二三日、Y_2は自らを一人株主とする一人会社であるとして、招集通知をすることなく株主総会を開催し、自分を含む三人の取締役と一人の監査役の選任を決議した。同三〇日、前述の招集通知に従って株主総会が開催され、Xを取締役から解任しY_7・Y_8を取締役に選任する旨の決議が行われたとしてその旨の議事録を作成した。Xは、新たに選任された取締役の職務執行停止及び職務代行者選任の仮処分の申し立てを行い、Y_2は、仮処分の対象となっている取締役の全員の辞任と同一人の選任の登記を繰り返し、Xも対抗して仮処分の申し立てを繰り返した。

そして、更にY_2らは、同年一一月二四日と一二月七日に取締役会で新株発行を決議し、これにつきそれぞれ一二月二一日（額面普通株式一万四〇〇株、一株の発行価額三五〇〇円）と五五年一月一日（額面普通株式一万八〇〇〇株、一株の発行価額一〇〇〇円）に発行し変更登記をなしたが、これらはともに公募の手続をとらず、Y_2自身と、その子供・両親など親しい者、全一二名を新株引受人として行われ、二回目の払込金一八〇〇万円のうち一五〇〇万円については、Y_2が知人から借り入れ、他の引受人の代払いをしている。そして、この新株発行の結果、Y_2らは昭和五五年一月六日に取締役・監査役の辞任と新たな選任をなしたとして議事録を作り、八日に登記を了した。また、二月二三日にも同様の手続が行われた。また同年三月一四日から一七日にかけて、このうちの一万七〇〇〇株がY_2の知人の紹介によりY_2とは以前特に面識のないFほか六名に一株一〇〇〇円で譲渡されている。

そこで、Xは、五五年二月二三日の株主総会における選任決議の不存在・無効の訴を本案とする、取締役・代表取締役・監査役の職務執行停止および職務代行者選任の仮処分を申請し、大阪地方裁判所は右仮処分をする旨の決定をした（大阪地裁昭和五五年三月二六日（ヨ）第八八一号仮処分決定）。これにYらが異議申立を行い、それも退けられたので（大阪地裁平成元年二月八日昭和五五年（モ）第七五五六号）、控訴したのが本件である。原審では、Y_1会社はX・Y_2が互いに協力の結果発展したものであるため、民法七六二条二項の趣旨に鑑みれば、両者は全株式を共有で取得したというべきであり、その持株割合は民法二五〇条から各二分の一と解するのが相当とした上で、互いに自己に有利な取締役選任登記を勝手になし、相手方を非難・中傷する文書をY_1会社の取引先に送付するなど会社の業務の円滑な通行が著しく疎外され、このままではY_1会社に回復しがたい損害を生じさせる恐れが大きいため、保全の必要性があると認めている。控訴審では、Y_2らは非保全利益の不存在と事情変更による仮処分の取消を新たに、また、昭和五四年八月三〇日の株主総会の有効性と本件新株発行の有効性を補足的に主張した。本判決は、基本的には原審判決を引用した上、それぞれの問題につき、より詳細な理由をつけ加えて論じている。

【判　旨】

控訴棄却

一　「代表取締役が、取締役会の決議を経ずに招集した株主総会の決議の効力は、特別の事情のない限り、同株主総会決議取消しの訴えによって取り消されない限り有効であり、当然同決議が不存在になるものではないと解するのが相当である。そのわけは、代表取締役がその名において株主総会の招集手続を行った以上、株主やその他の第三者に対して、招集手続が適法にされたという信頼を生ぜしめているからである。

ところが、本件では、以下に述べる特別の事情が認められるのである。すなわち、①Y_1会社の株主は、XとY_2の二名のみである。②また、Xは、前記の取締役会は無効である旨Y_2に対して通知した。③Y_1会社は、典型的な同族会社であり、これまで一度も取締役会も株主総会も招集されたことがない。したがって、それらの議事録もない。④Y_1会社は、これまで株券を発行したことがない。⑤さらに、右株主総会決議は、Y_2がY_1会社での自己の支配権を確立しXをその役員から排除することのみを目的としてされた。

さて、このような特別の事情がある場合には、前記のような株主や第三者の信頼を保護する必要は、全くないし、特にY_2の株主総会招集目的が、不当なものであることを併せ考えると、結局、右株主総会決議は、取締役会の決議を経なかった点でその瑕疵が極めて大きいものであり、法律上は、株主総会決議取消しの訴えによる取消しをまつまでもなく、不存在であるとするほかはない。」

二　「代表取締役が新株を発行した場合、それが有効な取締役会決議に基づかないでされたとしても、それが対外的に代表権のある代表取締役の行為であることや株式取引の安全などを考慮したとき、原則的には、取締役会の決議を経ていないことだけで新株発行無効の訴の理由にはならない。しかし、株式会社の新株発行は、会社の資本調達など業務執行的側面がある一方、本来的には会社の人的・物的基礎に変動をもたらす組織法上の性質を有する行為である点に着目したとき、当該新株発行が、専ら、後者の目的、すなわち組織法上従来の株主の株式比率を相対的に低下させ、新株発行を行う代表取締役などによる会社支配のためのみ行われた例外的な場合で、かつ、新株発行を無効としても株式取引の安全を害さない特別の事情のあるときには、従来の株主の利益を保護するために、有効な取締役会の新株発行決議のないことは、新株発行無効の理由となるものと解するのが相当である。

そこで、この視点にたって、本件新株発行の効力を無効とするべき特別の事情の有無について考察すると、本件には特別の事情があるとしなければならない。

すなわち、Y_2がした本件新株発行は、さし迫った資金調達の必要がなく、専らY_1会社の支配権を獲得するため、人的・物的基礎に変動をもたらすことを狙ってされたものであって、本件新株の発行には、正常な株式会社の資金調達方法としての新株の発行行為と同視すべき事情はなく、また、引受人及び譲受人が、前記のように悪意のものばかりであり、かつ、新株がこれらの者の手元にとどまっている以上、本件新株発行を無効としても、株式取引の安全を害しない特別な事情があると認められるから、本件新株発行には無効事由があるというべきである。」

三　「もっとも、商法二八〇条ノ一七第一項は、『新株発行ヲ無効トスル判決ガ確定シタルトキハ新株ハ将来ニ向テ其ノ効力ヲ失フ』と規定しているから、本件新株発行に無効事由があるとしても、昭和五五年一月六日の原判決別紙決議目録（三）の決議がなされた当時は有効な株式であり、したがってこれらの株式を保有する者らが株主総会に出席して決議に参加しておれば、右の決議が有効なものになると解する余地がないではない。

また、新株発行の無効は、原則として新株発行差止めの訴えによってのみこれを主張し得るものであるから、右訴えの確定を待たずしてこれを主張することにも問題がないとはいえない。

しかし、前記認定した本件新株発行の意図、経緯、その方法、特にY_2が二回目の新株の払込金一八〇〇万円のうち金一五〇〇万円をほかの引受人のために代払いをしていることなどの事情もあわせ考えると、本件新株発行が有効であると主張する右の期間中、実質的には全てY_2が右新株の株主であるといえる。仮に、そうでないとしても、新株引受人、譲受人らがいずれも新株発行の無効について悪意であって、会社法の規定を潜脱する意図をもって行動しているのである。そうすると、Y_2や新株引受人、譲受人らの株主としての地位の保護を図る必要は毛頭ないから、Xは、新株発行差止めの訴えないし仮処分によらずして、本件新株発行の時点からその無効を主張できるというべきである。したがって、昭和五四年八月三〇日以降に行われたY_1会社の株主総会決議は、いずれも法律上不存在であるという前記の結論は、形式上本件新株発行がされたことによって、なんら左右されるものではない。」

【研　究】

判旨一、三については、結論に反対。判旨二については、結論には賛成するものの、理論構成に疑問がある。

一　当該判決で問題になった株式会社は、個人企業から法人なりしたものであるが、株主は事実上の婚姻関係にあった夫と妻の二人のみであり、この二人が取締役・代表取締役を兼ね、所有と経営の完全に一致した会社である。また、会社設立後も株主総会・取締役会を開いたことは一度もなく、また株券も発行したことがないというように、紛争発生以前においては、商法の規制をまったく無視した形で会社の経営が行われていたということができる。しかしながら、いったん紛争が起こると当事者は、商法の手続を意識し始め、取締役の解任を目的とした株主総会決議とその効力をめぐって双方の攻防が始まったといってよい。すなわち、Y_2側が株主総会を開きXの解任と新たな取締役の選任を決議すると、Xはそれに対し、選任された取締役の職務執行停止を請求し、Y_2もまた、職務執行停止の対象となった取締役の辞任と新たな選任をしてこれに対抗することが、何度も繰り返された。当該判決は、以後詳説するように、判示事項二はこれまでの判例の中で一部認められてきていた、いわゆる折衷説を受けいれた結論をとるが、一と三においては、これまでの判例・学説では認められていなかった場合に、事件の特殊性を考慮して、株主総会決議の不存在と、新株発行の発行時からの無効を認めた点で、注目すべき点を多く含んでいる。しかし、たとえ、過去において商法に従わずに経営を続けてきた会社であるとはいえ、当該判決の解釈には論理的に飛躍をしているという印象を否めない。したがって、以下、判決の順序に従って、まず、当該総会決議の瑕疵は決議取消の訴によるべきか、あるいは不存在確認の訴によるべきかの問題を、次に、取締役会決議を欠くことは新株発行の無効原因になるかを、そして最後に新株発行の無効を発行時に遡って主張することができるかについて、検討を進めたい。

二　判決は、代表取締役が取締役会決議を経ずに招集した株主総会決議の効力は、原則として決議取消事由になるとしている。従来の判例（最判昭和四六・三・一八民集二五巻二号一八三頁、東京高判昭和三〇・七・一九下民六巻七号一四八八頁、佐賀地判昭和三四・二・一九下民一〇巻二号三二三頁、名古屋地判昭和五〇・六・一〇下民二六巻五＝八号四七九頁、大阪地判昭和五二・二・二金商五三九号五四頁。東京地判昭和二九・七・二下民五巻七号一〇〇九頁は、有効であり、取消原因とはならないとする。）、通説もこのことを認めている。

それに対し、判例では、代表取締役あるいは招集権限を有する者の招集によらず株主総会が開催された場合を、決議不存在としている（最判昭和四五・八・二〇判時六〇七号七九頁、東京地判昭和二九・一二・二七判タ四四号五二頁、名古屋地判昭和四六・一二・二判時六五九号八八頁、札幌高判昭和五五・九・三〇判タ四二七号一八〇頁、東京高判昭和六二・一〇・二八判時一二六〇号五四頁。なお、最判平成二・四・一七民集四四巻三号五二六頁は、その選任手続等に瑕疵がある代表取締役によって招集された総会決議を不存在とする。）。決議不存在とは、従来の通説・判例の理解では、総会開催の事実が全くないか、決議が事実上存在しない場合、あるいは、一応総会ないし決議と称するものは存在するが、その成立過程に著しい瑕疵があり、法律上決議不存在と評価すべき場合をいい、昭和五六年改正以前において商法二五二条が改正される以前から、これには決議不存在確認の訴を提起できると解していた（小島・新注会（五）三八四頁）。決議不存在確認の訴には、判決の効力に対世効を認めるか否か、または旧二五二条を類推できるか否かについて、議論があったが、決議無効確認の訴と並んで不存在の訴が規定されている現行法においては、これらは問題なく認められている。

しかし、この決議の不存在は、誰でもいつでも主張を許されるのに対して、決議取消は訴によるべきであり、その提訴権者（株主、取締役、監査役）が限定されており、また、提訴期間（決議から三ヵ月以内）を徒過すると、その主張は認められなくなるため（商法二四七条一項、二四八条一項）、その主張方法に差異があり、それが利害関係人の利益に大きく関係することがありうる。後者は、総会決議はそれを基礎として社団的取引的関係が発展するため、その法的安定性を図る必要があると考えられるためである（大隅＝今井・会社法論中巻（第三版）一一二頁）。問題は、商法に規定された手続の瑕疵により総会決議が取消の訴の対象となるか、不存在確認の訴の対象となるかであるが、その明確な基準を与えることは、非常に難しいと考えられている。例えば、招集通知の欠缺についても、すべての株主に招集通知がなされなかったものは決議不存在の問題となり、株主の一部に対する通知漏れに過ぎないものは決議取消の対象となることは判例・学説ともに認めるところであるが（前田（重）・新注会（五）四五頁）、このどちらにも含められない通知漏れの場合、欠缺の程度を「著しい」と評価するか否かによりその結論は異なる（岩原・新注会（五）三一八頁）。

しかし、当該判決は更に進んで、これが決議取消に当たるのは、代表取締役がその名において招集を行った以上、株主やその他第三者に対して、招集手続が適法にされたという信頼を生ぜしめているからであるが、本件では特別の事情により株主や第三者の信頼を保護する必要がないことと、株主総会招集目的が不当であることを理由に、決議を不存在であるとしている。この特別事情として、判決は、①Y会社の株主がY_2とXの二人のみであること、②Xは取締役会が無効である旨通知していたこと、③Y会社は同族会社で、これまで一度も取締役会も株主総会も開催したことがないこと、④Y会社は株券を発行したことがないこと、⑤株主総会決議はY_2がY会社での自己の支配権を確立しXをその役員から排除することを目的としてなされたことを挙げ、これらすべての事情を勘案すると、当該株主総会決議をなすに至った経緯をも含めて株主総会決議の著しい瑕疵と評価して、決議を不存在と解するのを適当としている（この判断に賛成するものとして、伊藤（壽）・金商八八七号四四頁、別府・鹿児島大学法学論集二八巻二号一三四頁、難波・判タ八二一号一九二頁。この見解を一般化することについて疑問を呈するものとして、受川・税経通信四八巻七号二六七頁、吉本・商事法務一三九七号六七頁。）。しかし、それらの経緯はどうあれ、決議の瑕疵は当該株主総会に関するもののみが判断の対象となり、それ以外の事情を持ち込むのは正当な判断とは言いがたい。

したがって、当該事例においても、判決が最初の部分で認めるように、代表取締役による招集であるため株主や第三者に適法な招集通知がなされたという信頼を一応生ぜしめていることから（前田（重）・前掲三五頁）、当該決議の瑕疵は著しい瑕疵とは考えられず、決議は取消の対象になると考えるが、この点を反対解釈し、この信頼を保護する必要性がなければ瑕疵の程度は著しくなると評価することにつながる理由づけは強引であり、賛成することはできない。また、決議不存在と評価するための基準の一つを「商法が決議の手続の瑕疵の主張について設けている制約を排除するのが妥当であるかどうか」に求めるべきとの説も存するが（前田（庸）・実務民事訴訟講座（五）三〇頁、小島・前掲三九九頁。）、これらの効果は、法律の適用の結果認められるものであって、結論からさかのぼって、本件決議を不存在と解することは、事例の内容により結論を恣意的なものとする恐れがある。決議が不存在か否かはそれが事実として（物理的に）不存在かあるいは不存在と同一視できるほどにその手続の欠缺が著しいかどうかの法的な評価にかかわってくると考える。また、Y_2の招集目的が不当であることも判決は指摘するのであるが、例えば総会解散後に一部の株主が集まって決議をなした場合には、他の株主排除の意図が推断されるが、その時決議が不存在とされるのは、一部の株主の意図が問題となるのではなく、株主総会とみなされる集会自体の成立がないからであると考える（これに対し、前田（庸）・前掲三一頁以下、前田（重）・前掲四五頁は、招集者側の主観的事情を問題にする説があることを示唆する。）。

三　次に、判決は取締役会の決議を経ないで行った新株発行の効力について問題にしている。この点に関しては、学説は有効説、無効説、折衷説に大きく分かれる。有効説は、昭和二五年改正で授権資本制度が採用された結果、新株発行は業務執行に準ずる行為であると取り扱われるようになったと解し、また、取締役会決議は会社の内部の手続にすぎないから、取引の安全を保護すべきだとしているのに対し、無効説は、その組織法上の行為である性質を重視して、取締役会決議は昭和二五年改正前の増資決議に相当するものとして、これを欠く新株発行は当然無効であると考える。また、折衷説は、有効説に立ちながら、当初の引受人または悪意の譲受人のもとに新株がとどまっているかぎりでは新株の無効を主張し得るとして、いわゆる相対効を認める立場である。判例においては、最高裁昭和三六年三月三一日判決（民集一五巻一＝四号六四五頁）ののち、一貫して有効説が取られてきたが、下級審では発行会社の特別事情を考慮して、新株発行を無効とする判断もあり（大分地判昭和四七・

三・三〇判時六六五号九〇頁、名古屋地判昭和五〇・六・一〇下民二六巻五＝八号四七九頁、浦和地判昭和五九・七・二三判タ五三三号二四三頁）、折衷説の影響が見られ、当該判決は、原則としては代表取締役が取締役会の決議を経ないで行った新株発行の効力に関して新株発行無効の訴の原因にはならないとしているが、特に取引の安全を害しない特別の事情が認められるとして新株発行を無効としてよいと判断しているのであって、折衷説を支持するものといえよう。

しかし私見は、新株発行は組織法上の行為であることを前提にすれば、取締役会決議を欠く新株発行は無効と考えるべきであるが（拙稿・法研六三巻四号一〇八頁以下）、取引安全の見地から譲受人が取締役会決議を欠くことを知らず、かつ、知らないことについて重過失がない場合には、会社は新株の譲受人に対して無効を主張することができないと考えているので（拙稿・法研六六巻一二号一八六頁）、判決は結論的には誤りではないが、理論構成にはなお賛成することができない。また、判決は、「従来の株主の株式比率を相対的に低下させ、会社支配の目的」のためにのみなされた新株発行であることも、合わせて新株発行無効原因になると考えているようであるが、「著しく不公正な方法による新株発行」は新株発行差止の原因にはなっても、無効原因にはならないとするのが通説で、この点は考慮することはできない（同旨・受川・前掲二六八頁）。しかし、平成二年改正で譲渡制限会社の株主には、持株比率の維持と会社支配に関する利益の享受の重要性にかんがみ、法律上当然に新株引受権が法定されており（商法二八〇条ノ五ノ二）、この場合に新株引受権の無視による新株発行が行われた場合には、改正前の定款により付与された新株引受権を一般的に無視した発行が無効事由と考えられていたことから、同様に新株発行無効の訴の原因となることが考えられる。しかし、当該事例が問題になった時点では、新株引受権は会社が取締役会決議で付与できるものとしていた法制の下での事件であるので、不公正な方法による新株発行は、新株発行の差止の対象とはなるが、無効原因としては考慮できないとするべきであって、判決の解釈には混乱があるように思われる。更に、新株の発行の無効主張は新株発行差止の訴とは無関係にすることが可能であるのに、「新株の発行の無効は、原則として新株発行差止めの訴えによってのみこれを主張し得るものであるから」としている点もまた誤りである。

四　昭和一三年改正において資本増加無効の訴が規定されるまでは、資本増加の無効は一般原則に従い、いつでも誰でも主張し得るものとされていた。しかし、設立無効に関する規定が増資の無効に類推されるべきことが主張されるに至り、新株主・会社債権者と会社間の法的安定や株式取引の安全を害する恐れがあるという理由によって、昭和一三年改正では資本増加無効の訴が法制化された。設立無効の訴を模して作られた制度であるので、無効を主張し得るものの範囲を限定すること（株主・取締役・監査役）、主張の期間を制限すること（発行の日から六ヵ月）が踏襲され（商法二八〇条ノ一五）、また、解釈上も無効原因をできるだけ制限的に解すべきとされた。また、無効の判決の効力は、法律関係の画一的確定の要請により、既往にさかのぼらず将来に向けてのみ生ずることも（商法二八〇条ノ一七第一項）、両制度において共通する点である。

これに対し、新株発行の手続は全くなされず新株発行の登記がなされているに過ぎない場合には、学説は新株発行不存在として、一般原則に従い訴によらず、いつでも誰でも主張することができると解し（近藤・新注会（七）三四一頁）、それを認めた判例もある（例えば、福岡高判昭和三〇・一〇・一二高民八巻七号五三五頁、東京高判昭和六一・八・二一判時一二〇八号一二三頁。）。しかしながら、当該判決は、新株発行を不存在と考えているという点はどこにも伺われず（別府・前掲一三六頁以下は、新株発行不存在の訴を再確認する判例と評価するが、当該判決は新株発行の無効の主張を発行時にさかのぼって認める趣旨である。同旨・吉本・前掲六八頁。）、新株発行無効原因になるとしながら、二八〇条ノ一七第一項の適用のみをはずすことは、論理的一貫性を欠き、許すことができない。

五　当該事件は事実関係が非常に複雑であり、また、従来会社法の規定を遵守しないで経営を行ってきた経緯のある会社の事件であるが、当該判決は会社の実態および結論の妥当性を志向するあまり、従来の判例・学説と異なる解釈を示すものものである。判決はXとY_2の持株を各々二分の一と認定し、Y_2側が行ってきた手続をすべて適法なものとは認めないという立場を貫くので、当該会社は事実上存在しているのに、活動を行おうとしても何一つ適法な意思決定を行えないという事態は一向に解決しない。裁判所は、暗にこのような会社は会社自体が不存在であるというのかもしれない。つまり株主は裁判所に対し会社の解散を請求し（商法四〇六条ノ二）、会社を解体して株主がそれぞれの持分に対する残余財産の分配を受ける方法を取るしか途はなく、そのようにして会社に関する利害関係者の法律関係が解消することが適法な状態への回帰であるとするのではないだろうか。しかしながら、会社が存在し活動を続けてきたことは事実であって、このような会社を解散に導くことは安易な方法ではあるが、企業維持の見地からいっても好ましいものではない。したがって、当該事例の解決としてこれが最良の方法であるとは言えないと考える。また、これを先例として他の事例にも同様の解釈を持ち込むことについては、なおさらのことその必要性、可能性を見いだすことができない。上記で検討してきたように、従来の判例・学説が認めてきた原則は妥当であって、それに従って本件も解釈されるべきであったと考えられるから、結局、当該判決が導く結論にも賛成することはできない。

（七〇巻八号（平成九年八月））　　鈴　木　千佳子

二四　内部者取引を理由とする損害賠償請求が因果関係がないとして棄却された事例

東京地判平成三年一〇月二九日
平成元年(ワ)第五六八七号損害賠償請求事件、請求棄却・控訴
金融法務事情一三二一号二三頁、金融・商事判例八九八号二九頁

【判示事項】

証券取引所を通じて株式を購入した者が、当該株式を売却した大株主のインサイダー取引により損害を被ったとしても、その大株主との間の売買取引により当該株式を取得したものとはいえないから、購入者の損害と大株主の当該株式の売却との間に因果関係はなく、大株主に対し、損害賠償を請求することはできない。

【参照条文】

証券取引法一九〇条の二〔現行一六六条〕、一九〇条の三〔現行一六七条〕、民法七〇九条

【事　実】

原告Xは、昭和六三年一二月一九日、東京証券取引所において、C証券会社を通じて、A会社の株式四九万四、〇〇〇株を代金三億二、九九八万二、〇〇〇円で購入し、被告Yは、昭和六三年一二月当時、A会社について第三位の、B会社については第二位の、大株主である損害保険会社であったが、同日、Yは保有するA会社の

株式の内一二一万株を売却した。Xが同月二二日、C証券会社から交付を受けた株券には、株主としてYの名が記載されていた。

その後、同月二三日に至り、A会社とB会社の合併およびこれに伴う大幅な減資が発表され、A会社の株価は値下がりを続け、一株五八〇円〜六二三円の株価が一八〇円まで値下がりした。

そこで、Xは、Yの不法行為に基づく損害賠償責任を追及する訴を提起して、①XがC証券会社を通じて受領したB会社の株券の裏面には株主としてYの名が記載され、かつその後の株主の移動について全く記載がなかったことからして、XはYが東京証券取引所を通じて売却したA会社の株券を取得したものであること、②Yは、大株主の地位にあることにより、本件合併の情報を知り、その情報の発表後自己が保有するA会社の株式の価格が大幅に下落して損害を被るのを避けるため、合併発表の四日前に高値で売却して、合併発表後安値で買い戻すことにし、その株式を買い受けた投資家が株価の暴落による損害を被ることを認識しながら売却した故意の不法行為（いわゆる「インサイダー取引」）を行ったこと、③YがA会社の株式を売却しなければ、Xがその株券を受領することはなかったのであるから、いわゆる自然的因果関係（条件関係）があり、かつYは、合併の事実が発表されれば、A会社の株式の価値が直ちに暴落することを予見しながらA会社の株式を売却したのであるから、Yの本件売却とXの損害との間には相当因果関係があること、および④Xは、少なくとも購入価格と一株一八九円で計算した現在の株価との差額二億一、四〇六万二、〇〇〇円の損害を受けたこと、を主張した。

これに対して、Yは、①Xが主張するA会社の株式の株価の暴落による損害とYのA会社株式の売却との間には自然的因果関係（条件関係）がなく、②Yは昭和六三年一一月二三日まで本件合併の事実を知らず、YのA会社株式の売却はYの相場観に基づいて行われたものであると主張した。

【判　旨】

請求棄却

「不法行為の因果関係が認められるためには、まず、被告の行為と原告の損害との間に条件関係、すなわち『AなければBなし』という関係が認められることが必要である。……そこで、問題は、Yの売却した株式を原告が取得した、つまり買い受けたといえるかである。そして、それが肯定された場合には、Yの売却が違法（インサイダー取引）であれば、Yの売却とXの損害との間に因果関係があるといえよう。

証券取引所における株式取引では、個々の顧客の委託注文は、証券会社を通じて証券取引所に集約され値段及び時間を基準にして集計された売り注文と買い注文が集団的に結び付けられて売買が成立する。したがって、この場合、Yの株式売却と原告の株式買い受けとの間に売買が成立したというためには、まず、集団競争売買の中で、Yの売り注文とXの買い注文とが、現実に結び付けられたことが、Xによって主張立証されなければならない。……

A会社の株式を含めて東京証券取引所に上場されている株式の取引については、前記のとおり、株券と売買代金の決済は、集中決済制度により、株券の受渡しは、株券の振替決済制度によって行われている。そして、株式を買付けた顧客には、通常株券の保護預かり証が渡され、顧客が希望する場合のみ株券が渡されるが、この場合には、①当該証券会社の保護預かり株券、②当該証券会社内の当日の取引の喰い合い分の株式、③日本証券決済の指定した別の証券会社から受け渡された株券というような証券会社の有するさまざまな株券の中から、銘柄と株数のみによって特定された株券が渡される仕組みになっている。したがって、XがC証券会社から本件株券を取得した事実から、Yの売り注文とXの買い注文とが証券取引所において現実に結び付けられて売買が成立したことを推認することはできない。Xは、右事実のほかにYの売り注文とXの買い注文が現実に結び付けられたことを推認させうる事実を主張立証しないし、本件全証拠によってもそのような事実は全くうかがわれない。……以上によれば、Xの因果関係に関する主張は失当であるから、その余の争点について判断するまでもなく、本件請求は理由がない。……

現行法上インサイダー取引の不法行為について、因果関係に関する推定規定等が設けられていないのであるから、以上のように判断せざるをえない。

【研　究】

判決が、Yの株式の売却とXの損害との間には因果関係がない、として請求を棄却したことには疑問がある。

一　内部者取引の民事救済の法律構成

インサイダー取引については、昭和六三年法律第七五号による証券取引法の改正によって、一九〇条の二（現行一六六条）、一九〇条の三（現行一六七条）が新設され、内部者取引が違法とされ、罰則も設けられた。同改正では、上場会社等の役員等であって、その業務等に関する重要事実を知った者は、その公表前に当該会社が発行する有価証券の取引を行ってはならないこととされ、その違反には刑事罰が科されることとなった（証取法一九〇条の二（現行一六六条）・一九〇条の三（現行一六七条）・二〇〇条四号（現行二〇〇条六号））。

しかし、昭和六三年の証券取引法改正では、民事救済についての規定は設けられなかった。すなわち証券取引審議会による報告書、「内部者取引規制の在り方について」のⅢ、「内部者取引の規制の在り方について」の4、内部者取引に対する刑事罰則の整備の(3)民事賠償の項は、「内部者取引をしたものがその相手方に対し履行すべき損害賠償についてもそれが実効性を持ちうるような処置を講ずるべきであるが、取引所取引に関する損害賠償の在り方について慎重な検討が必要と考えられるため、中期的な課題として取り組む必要がある。」と述べている[1]。

本件原告は、内部者取引を行うことは故意の不法行為に該当するとして、内部者取引の民事救済を故意による不法行為の損害賠償責任の追及であると構成したが、本件判旨は、因果関係がないとして、訴を棄却した。

学説上、神崎教授が「内部者取引の禁止は未公開情報を有する者に対して、その情報を公表してそれが証券市場に十分に吸収されて有価証券の価格に適正に反映されるまでは証券取引を断念すべきことを要求する。」と指摘された[2]ことに依拠して、「内部者は証券取引をするに当たっては、内部情報を開示する義務を負っている。……（そこで）内部者取引の民事救済は、不作為による不法行為の一類型として構成されるべきである」とし、この構成によれば、被告が市場において証券取引を行う前に合併情報を公表しておれば、「（原告は、）下落した価格で株式を購入できたのであって、権利侵害の結果は発生しなかったことになる」ので因果関係の立証は必要でないとする見解が存在する[3]。

しかし、この開示義務の不作為による不法行為責任の追及を内部者取引の民事救済の理論とする見解には、果してそれが一般的な民事救済の理論として正当であるかは疑問である。

その理由は、

第一に、仮にＹが合併情報を保有しているとすると、Ｙは、合併両当事会社の大株主として、合併当事会社から内密にそれを伝達されていたとみられるが、Ｙの本件株式の売却に際して、事前に合併情報を開示することは、合併両当事会社に対する信義に反し、またそれによって株価が急落し、合併計画に支障を発生させ、場合によっては、合併を不可能とし、合併両当事会社に損害を発生させる虞があり、さらに、一般的に言うと、内部者が、会社によって開発されたり、会社が保有する情報を利用して株式の取引を行い、自己の利益を図ろうとする場合に、その情報を開示することは、会社の利益に反し、会社に損害を発生させる虞があることにある。

第二に、未公開の情報を持つ者に開示義務があるとして、相対取引の場合は、相手方に対して直接に未公開情報を開示することが可能であるが、市場取引の場合は、一体誰に対してどのような方法でもって開示すれば開示義務を履行したことになるのかが問題であるのにもかかわらずこれが明らかにされていないことにある。

このように、未公開の内部情報を持つ内部者は、株式の取引を行うに際し、事前にその情報を開示する義務があり、それにもかかわらず、その情報を開示することなしに、株式の売買をすることは、当然に市場取引の反対当事者に対する不法行為となるとする見解には、賛成できない。

私としては、内部者取引の民事救済は詐欺による不法行為の損害賠償責任の追及として構成されるべきであると考える。

その根拠は以下に述べる二点にある。

第一に、市場理論として、市場における株式の取引の当事者は情報についてどのような状態にあるべきかという問題がある。

この問題については、情報均等論（parity of information theory）と情報不均等論（disparity of information theory）とがある。

まず、情報均等論について考察する。

情報均等論が採られる場合、株式の価格について影響を与える情報を有する者は、株式の取引を行うことが禁止される。そこで情報均等論が採られた場合には、株式の取引の反対当事者は安心して株式を取引することができる。

それは、たとえ株式を取引しても、相手に害される虞がないからである。

しかし、株式の価格に影響を与える情報を有し、株式の取引によって利益を得ようと思う者は、株式を取引しない。それは、情報均等論が採られた場合には、およそ株式の価格について影響を与える情報を有する者は、全て、株式の取引を断念しなければならないからである。

これでは効率的な富の配分を目的とする証券市場は機能しない。

次に、情報不均等論について考察する。

情報不均等論が採られる場合には、株式の価格に影響を与える情報を有する者は、積極的に株式を取引するが、取引の相手方は株式の価格に影響を与える情報を有しているかも知れないと考える者は、株式を取引しない。それは、相手に利益を挙げられる反面、自己は利益を挙げられないからである。

しかし、これでは効率的な富の配分を目的とする証券市場は機能しない。

最後に検討されるべきは、情報均等論に一定の制限を加えた主義であって、制限付情報均等論（restricted version of parity of information theory）とでも呼ばれるものである。

制限付情報均等論とは、基本的には、情報均等論に立ちながら、株式の取引の相手方としても合法的に入手可能な情報を株式の取引に用いることを許容する立場であって、制限付情報均等論が採られた場合には、情報の開発に向けて努力が傾注され、より効率的な富の配分が行われるようになる。また株式の取引によって損害を被った者としても、株式の取引に用いられた情報が、自己も合法的に入手できるものであって、自己もこれを利用できたことを知れば、損害を被ったことに納得する。

このように、市場において情報に関して株式の取引の当事者はどのような状態にあるべきかという株式市場論からの問題について、投資者心理と市場の効率性の立場から三つの立場をそれぞれ検討したが、制限付情報均等論が採られた場合にのみ効率的に富の配分が行われるので、制限付情報均等論は、市場において情報に関して株式の取引の当事者はどのような状態にあるべきかという問題についての最適な理解であると考える。

第二に、制限付情報均等論が適切な理解であるとして、これによれば、取引の相手としては合法的には入手できない、未公開の情報を内部者が持つ場合には、これを用いて株式を取引することが禁じられる。

そこで、内部者としては、内部情報を秘匿して株式の取引を「ある価格」で行うこととなるが、この「ある価格」とは、秘匿した内部情報が市場に開示されたならば市場において達成される価格、とは異なる価格である。

かくて、内部者取引の民事救済とは、秘匿した情報が開示されたならば達成される価格と異なる価格であることを知りながら、それを適正な価格であると表示（株式の価値についての虚偽表示）して取引した者がある反面、これを適正な価格であると信じて取引した者（錯誤に陥った者）があるときに、そう信じて取引をした者を救済することである。

したがって、内部者取引の民事救済は、詐欺による不法行為の損害賠償請求として法律構成される。

この場合、内部者取引の民事救済を行うためには、①虚偽の意思表示がなされたこと、②虚偽の表示に信頼して錯誤に陥り、意思表示がなされたこと、③虚偽の意思表示と内部者取引の被害者が被った損害との間に因果関係が存在することが必要となる。

そこで、次に信頼の要件と因果関係の要件について検討する。

二　信頼の要件

一　市場に対する詐欺の理論

判旨が指摘するように、取引所における株式取引では、個々の顧客の委託注文は、証券会社を通じて証券取引所に集約され、値段及び時間を基準にして集計された売り注文と買い注文が、集団的に結び付けられて売買が成立する。したがって、信頼の要件をどのようにして充足させるかが問題となるが、実はアメリカ合衆国においては、この問題は、「市場に対する詐欺の理論（Theory of Fraud on the Market）」によって処理されている。そこで、これについて説明する。

(1)　アメリカ合衆国去における判決事例

Basic Inc. v. Levinson 事件(4)

一九八八年の Basic Inc. v. Levinson 事件の連邦最高裁判所の判決は、連邦最高裁判所として、初めて、組織された大規模な取引所を通した市場取引における「信頼の要件」の問題を、「市場に対する詐欺の理論（Theory of Fraud on the Market）」を用いて解決したものとして注目される。これは次のような事案であった。

上告人 Basic Inc. は、鉄鋼会社が用いる、化学的非溶解物質（chemical refractories）の製造を主たる業とする上場会社であり、被上告人（原告）Max L. Levinson は、Basic Inc. の株主であり、訴外 Combustion Engineering Inc. は、アルミニウムを原料とする非溶解物質の製造を主たる業とする会社であった。

Combustion Engineering Inc. は、一九六五年初頭ないし一九六六年初頭頃から、Basic Inc. を合併する意欲を表明してきたが、同社を合併することが、独占禁止法に違反する虞があったために、これの実現を控えていた。一九七六年に至り、同社を合併することが独占禁止法に違反しないことが明らかとなったので、一九七六年一二月二五日に作成された「戦略案」と題する文書においては、Basic Inc. を三千万ドルで買収することを明らかにした。

Combustion Engineering Inc. の代表者は、一九七六年九月初頭から、Basic Inc. の取締役および役員らと面談等を重ね、合併の可能性を探っていたが、一九七七年から一九七八年にかけて、Basic Inc. は、合併の交渉が行われていることを否定する三回の公式発表を行った。

一九七八年一二月一八日に至り、Basic Inc. は、ニューヨーク証券取引所に対して、同社株式の取引を一時停止するように求めるとともに、同社は、他社から合併を勧誘されている旨の発表を行った。Basic Inc. の取締役会は、一二月一九日に、Combustion Engineering Inc. による Basic Inc. の普通株式を一株当たり四六ドルにより買収する旨の公開買付を支持することを決定し、翌日、同社は、Combustion Engineering Inc. による株式公開買付を支持する旨の公式発表を行った。

そこで、同社による第一回目の合併交渉を否定する旨の公式発表と同社による公開買付を支持する旨の公式発表がなされる間の期間に、Basic Inc. の株式を売却した被上告人（原告）Max L. Levinson が、上告人による、合併交渉を否定する旨の虚偽の公式発表に信頼して、株式を売却したため、売却価格と公開買付価格との差額に相当する額の損害を被ったとして、Basic Inc. の証券取引所法規則 10b-5 違反を理由とする損害賠償を求めて、Basic Inc. の責任を追及するクラス・アクションを提起した。第一審判決は、Max L. Levinson によるクラス・アクションの提起を認めたが、Basic Inc. による、当該虚偽表示は、投資判断に影響を及ぼす程には重大な虚偽表示ではなかった、との抗弁を容れ、略式判決（summary judgment）によって請求を棄却した。第二審判決は、クラス・アクションの提起を認めた原審の判断を支持するとともに、「市場に対する詐欺の理論」に基づいて、

Max L. Levinson による Basic Inc. がなした虚偽表示に対する信頼は推定されるとして、原審の略式判決を破棄し、Max L. Levinson の請求を認容した。そこで、Basic Inc. は、第二審の判決が「市場に対する詐欺の理論」を用いて、信頼の要件の証明を免除したのは違法であって、証券取引所法規則 10b-5 違反を理由として損害賠償請求の訴を提起するためには、表示に対する信頼がその前提要件とされる、と主張して上告した。

連邦最高裁判所の Blackmun 判事による多数意見は、

「初期における詐欺の事例は、相対市場において行われたものであったが、今日の証券市場においては、日々何百万株もの株式が転々と流通されており、証券取引所法規則 10b-5 に基づく私的救済において要件とされる信頼の要件について考察するときは、両者の相違点について配慮しなければならない。In re LTV Securities Litigation 事件においては、これについて、以下のように述べられている。

『相対取引において、投資者の情報に対する信頼を問題とすることは、当該情報に対する投資者の主観的評価 (subjective pricing) を問題とすることに等しい。

市場の出現により、市場は、売主と買主との間に介在することとなり、理念的に言えば、市場は、市場において加工された市場価格という形で、情報を投資者に伝達する。かくて、市場は、相対取引においては投資者が自ら行う評価の機能の多くを、投資者に代わって営む。すなわち、市場は投資者のための無給の代理人として、全ての入手可能な情報が与えられているという前提の下で、当該株式の価値は市場価格に等しいという情報を投資者に対して提供する。……訴訟経済並びに公正性、公序、および蓋然性、へ配慮を致すと、(5)……市場に対する詐欺の理論に基づいて、信頼を推定したことは不適切ではない。(6)』」と述べて、Basic Inc. による控訴を斥けた。

(2)　市場に対する詐欺の理論(7)

Basic Inc. v. Levinson 事件の連邦最高裁判所の判決には、White 判事および O'conor 判事による反対意見があり、結局、この判決は、四対二の多数によって下されたものであるので、連邦最高裁判所が、今後とも市場に対する詐欺の理論を維持して行くかどうかは明確ではないが、下級審の判決は、Basic Inc. v. Levinson 事件の前から、市場に対する詐欺の理論を用いて、信頼の問題を解決してきており[8]、特に、事実審である連邦地方裁判所においては、市場に対する詐欺の理論を採用する傾向が強く、中には、市場に対する詐欺の理論によって、証券取引所法規則 10b-5 に基づく損害賠償請求訴訟の全ての訴訟原因について、信頼の推定がはたらくとするものもある[9]。これは、原告に重い挙証責任を負わせることが不合理であるという価値判断と、クラス・アクションを活性化させるべきであるという価値判断に基づく。

(3) 市場に対する詐欺の理論の基礎

合衆国において、内部者取引規制の基礎を定める証券取引所法規則 10b-5 に違反する行為を原因として損害賠償責任を追及する訴を提起するためには、判例上、①故意（scienter）に、②重要な事実（material fact）について、③虚偽の表示（misstatement）もしくは瑕疵ある表示または表示の欠缺（omission）があり、④これに信頼して（on which the plaintiff relied）、証券の売買を行い、その結果、⑤原告において損害が発生したこと、を主張・立証しなければならないのであるが、市場に対する詐欺の理論によれば、効率的な市場における証券の売買に関して生ずる、証券取引所法規則 10b-5 違反を理由とする損害賠償請求の訴においては、原告は、証券の売買の意思決定に際して被告による虚偽表示もしくは瑕疵ある表示、または表示の欠缺に信頼したことを証明する必要はなく、当該証券の市場価格の無欠性、すなわち、当該市場価格が、当該証券およびその発行者についての、一般に利用可能なあらゆる情報を反映しているということ、に信頼したことを、主張・立証すれば足りる。

なぜなら、被告による虚偽表示もしくは瑕疵ある表示、または表示の欠缺は、利用可能な情報の一つであって、それらは市場価格に折り込まれていると考えられるからである。

このような効能を持つ、市場に対する詐欺の理論は、財務経済論（Economic and Financial Theory）上の、効率的資本市場の仮説と投資者行動についての市場モデルに基礎を置く。そこで、これらについて、次に説明する。

(イ)　効率的資本市場の理論

効率的資本市場の理論（Efficient Capital Market Hypothesis = ECMH）は、証券の現時の市場価格が、当該証券の将来価格を総体的に評価していることを、検証している。検証に際して発せられた問は、市場における評価以外に、投資者をして、証券の将来価格のより正しい評価をなさしめ得る情報があり得るであろうかということであった。

そのような問が発せられた理由は、このような情報が存在するとすれば、これを用いることによって、投資者としては、過小評価された証券を購入するかまたは過大評価された証券を売却することによって、大幅な利益を挙げることが可能なことにある。

そこで、次のような三種の実証的検証が行われた。

その第一は、証券の過去の達成価格が当該証券の将来価格を予想するのに役立ち得るかどうか、という検証である。その結果によれば、証券の価格は成行き次第なので、投資者としては、証券の過去の達成価格を用いるだけでは、大幅な利益を挙げることは不可能である(10)。

その第二は、当該証券およびその発行会社についての一般に利用可能な情報が、当該証券の将来価格を予想するのに役立ち得るかどうか、という検証である。その結果によれば、証券の価格は迅速かつ正確にこのような情報を反映するので、このような情報を用いて大幅な利益を継続して挙げることは不可能である。(11)

その第三は、当該証券またはその発行者に関する情報であって、かつ一般には利用不可能であり、特定の投資者にとってのみ利用可能なものが、当該証券の将来価格を予想するのに役立ち得るかどうかという検証である。その結果によれば、証券の価格は、少なくとも迅速かつ正確には、このような情報を反映しないので、投資者としては、このような未公開の情報に基づいて証券を取引することによって、大幅な利益を挙げることが可能である。(12)

これら三つの検証の結果が、効率的資本市場の理論であり、これによれば、効率的な市場において取引される証券の価格は、当該証券および当該証券の発行者に関する全ての利用可能な情報を折り込んだ価格となる。

(ロ) 投資者行動についての市場モデル

投資者行動についての市場モデルは、これを二つに分けて、設定することができる。

第一の分類に属する投資者モデルの例としては、機関投資家と、ブローカーまたはディーラー等によって用いられるアナリスト等を挙げることができる。このモデルに属する者は、いずれも、十分な時間と金銭とを持ち、しかも市場で取引されている証券およびその発行者に関する情報の探索と分析に優れている。

このモデルに属する者は、当該情報を活用して、効率的である筈の市場に含まれる僅かな非効率的な部分を発見し、これに基づいて証券の売買を行うことによって、大幅な利益を挙げることができるし、獲得した利益の限度で、それ以上の情報を獲得し分析を行う。

第二の分類に属する投資者モデルの例としては、一般投資家を挙げることができる。このモデルに属する者は、十分な時間や十分な金銭を持たず、しかも市場で取引されている証券およびその発行者に関する情報の探索と分析に優れていない。このモデルに属する者は、たとえ資金に余裕があったとしても、これを情報の獲得に注がない。なぜなら、このような者は、たとえ情報を獲得しても、これによって大幅な利益を挙げることができないからである。

(ハ)　市場に対する詐欺の理論

市場に対する詐欺の理論は、上述した効率的市場の理論と、投資者行動についての市場モデルの中の第二のモデルとを組み合わせることによって成り立つ。この理論の前提は、①効率的市場、すなわち証券の価格に影響を及ぼす利用可能な情報を反映した市場の存在と、②平均的投資者は、関連するあらゆる情報を探索・評価しようとせずに、証券の取引に当たっては、単に市場価格のみに依存するに過ぎない、とする第二のモデルの使用である。

そこで、市場に対する詐欺の理論によれば、市場価格とは、利用可能な証券の価格に影響を及ぼす、利用可能な情報を反映した価格であり、証券の取引に際して、内部取引者において、虚偽表示または情報の不開示が存在する場合には、当該証券の市場価格は、虚偽表示または不開示の事実も利用可能な情報の一つとして市場価格に折り込んだものとなり、取引の相手方としては、反対当事者による虚偽表示または不開示によって操作された市場価格に信頼して証券の取引を行うのであり、これは、反対当事者による欺罔行為に信頼して取引を行ったものと評価され、かくして、内部者取引の民事救済に際しては、原告当事者は、内部取引者（被告）による虚偽表示または不開示に信頼して証券の取引を行ったことを主張・立証する必要はなく、単に市場価格に信頼して取引を行ったことを主張すれば足りることとなる。

二　小　括

我が国の内部者取引規制を定める証券取引法一九〇条の二（現行一六六条）と、アメリカ合衆国の内部者取引規制を定める証券取引所法第一〇条b項及び証券取引所法規則10b-5は、いずれも、その性質は、証券の取引に際しての詐欺を規制するものであり、いずれの国においても、詐欺の理論を基礎として、内部者取引の民事救済が図られるべきである。

しかもアメリカ合衆国においては、「信頼の要件」は、内部取引者が内部者取引について反対当事者に対して損害賠償責任を負うための構成要件の一つとされている。

そこで、内部者取引規制の先輩国であるアメリカ合衆国において、「信頼の要件」がどのようにして充足させられてきたかを研究した。

その結果、アメリカ合衆国においては、大規模でかつ組織された証券市場を通して内部者取引が行われ、その結果内部者取引の反対当事者が損害を被った場合に、被害者としては、本来、①内部取引者の故意、②重要な事実につき虚偽の表示もしくは瑕疵ある表示または表示の欠缺があり、③これに信頼して、株式の売買を行い、その結果、④原告において損害を被ったこと、を主張し立証しなければならないのであるが、この内の「信頼の要件」は、これを主張し立証する代わりに、「市場に対する詐欺の理論」によって、市場における価格に信頼したことを主張し立証すればよい。その理由は、市場における価格に信頼したことによって、内部取引者における虚偽の表示または秘匿に信頼したことが推定されることにある。

私は、我が国の証券が効率的であると仮定し、アメリカ合衆国において適用されている、「市場に対する詐欺の理論」は、我が国における内部者取引の民事救済に際しても、用いられるべきであると理解する。そこで、内部者取引の民事救済の要件となる原告が被告の表示に信頼したという要件は、「市場に対する詐欺の理論」によって充足されることになる。

三　因果関係の要件

現代の不法行為の学説によれば、因果関係ないし相当因果関係は、事実的因果関係と賠償の範囲についての因果関係の二つの異なった内容から成っており、事実的因果関係ないし自然的因果は、被告の行為という事実がなかったならば原告に損害発生という事実は生じなかったという事実関係であり、賠償の範囲についての因果関係は、被告の行為と原告の損害との間に事実的因果関係が認められることを前提として、事実的因果関係があるものの中、どの範囲のものを被告に賠償させるのが妥当かという政策的・法的な価値判断を加えるものである、とされる。(13)

本件損害は、XがYの株式の価値についての虚偽表示に信頼して株式を取得したことによって直接に発生したものであり、XがYの株式の価値についての虚偽表示に信頼して株式を取得した事実は、「市場に対する詐欺の理論」によって推定されているので、Yによる株式の売却とXにおいて発生した損害の間には事実的因果関係が存在する。

よって、判決が、Yの株式の売却とXの損害との間には因果関係がない、として請求を棄却したことには疑問がある。

（1）　資本市場研究会編・内部者取引の規制の在り方について―証券取引審議会報告―（一九八八）参照。

（2）　神崎克郎・証券取引法〔新版〕六一四頁（一九八八）。

(3) 牛丸與志夫・本件判批・私法リマークス七号九九・一〇一頁(一九九三)。
(4) Basic Inc. v. Levinson, 485 U. S. 224 (1988). これについての我が国における判例研究としては、吉井、市場における詐欺理論による信頼の推定・商事法務一二六二号三一頁(一九九一)がある。
(5) Id. at 245.
(6) Id. at 250.
(7) これについては、次の二本の研究がある。栗山、規則10b-5にもとづく私的訴権と信頼・同志社法学三五号一四九頁(一九八四)、近藤(弘)、市場に対する詐欺・鴻還暦記念八〇年代商事法の諸相三六一頁(一九八五)。
(8) Peil v. Speiser, 806 F. 2d 1154, 1161 (3d Cir. 1986); Levision v. Basic Inc., 786 F. 2d 741, 749-751 (6th Cir. 1986), vacated and remanded, 485 U. S. 224 (1988); Lipton v. Documation, Inc., 734 F. 2d 740, 743-48 (11th Cir. 1984), cert. denied, 496 U. S. 1132 (1985); T. J. Raney & Sons, Inc. v. Fort Cobb, Okla. Irrigation Fuel Auth., 717 F. 2d 1330, 1332-33 (10th Cir. 1983), cert. denied, 465 U. S. 1026 (1984); Shores v. Sklar, 647 F. 2d 462, 468-70 (5th. Cir. 1981), cert. denied, 459 U. S. 1102 (1983).
(9) Alexander v. Centrafarm Group, N. V., 124 F. R. D. 178, 184 n. 5 (N. D. Ill. 1988) は、Affiliated Ute Citizens v. United States事件の判決とBasic Inc. v. Levinson事件の判決とは、いずれも、証券取引法規則10b-5が規定する各号の違反を理由として損害賠償を請求する訴の全ての訴訟原因について、信頼の推定がはたらくことを判示したものと理解する。
(10) Fama, Efficient Capital Markets: A Review of Theory and Empirical Work, 25 J. Fin. 383, 84-85 (1970).
(11) Fama, Id. at 404-409.
(12) Fama, Id. at 409-13.
(13) 平井、損害賠償法の理論、一三五頁以下(一九七一)。

なお、本件についての判例研究としては、本文中において引用したもののほかに、松井一郎、金判九〇二号四五頁（一九九二）および、春田博、法セミ四四五号一二九頁（一九九二）があるが、いずれも本件事案の争点について論ずるものではない。

（六九巻六号（平成八年六月））　並木和夫

二五　株主代表訴訟提起の手続

東京地判平成四年二月一三日
平成三年(ワ)第一二四七八号取締役損失補塡責任追及事件
判例時報一四二七号一三七頁

【判示事項】

株主が、事前に会社に対して取締役の責任を追及する訴えの提起を請求することなく代表訴訟を提起した場合には、その後に株主が右請求をして三〇日経過したときであっても、右代表訴訟が適法となるものではない。

【参照条文】

商法二六七条・二七五条ノ四

【事　実】

訴外A証券株式会社の株主である原告Xは、A会社が訴外B放送株式会社に対して、いわゆる営業特金の管理運用によりB会社に与えた損失の補塡として三億六二〇〇万円を支払ったことにつき、右損失補塡はA会社の代表取締役である被告Y_1ほか一三名が取締役としての注意義務に違反して行った行為であり、A証券はこれにより右損失補塡の額と同額の損害を受けたと主張し、Y_1らに対してA会社のためにその賠償を請求する代表訴訟を提起した。

その際、Xは、A会社の代表取締役であるY_2に対して、本訴提起前に到達した書面で右の損失補塡についてのY_1らの責任を追及する訴えを提起するように請求し、さらに、A会社の監査役に対して、本訴提起後に到達した書面で同様の請求をした。そこでY_1らは、本件訴えの提起が商法二六七条所定の手続上の要件を欠く不適法なものであると主張した。

【判　旨】

Xの訴え却下。

「株主が取締役の責任を追及する訴えを提起するには、事前に会社に対してその訴えの提起を請求し、会社がその請求があった日から三〇日内に訴えを提起しないことが必要であり（商法二六七条一項、二項）、会社が株主からその請求を受けるについては、代表取締役ではなく、監査役が会社を代表するものとされているところ（商法二七五条ノ四後段）、原告Xが本訴の提起前にA証券に対してした請求は、その請求を受けるについて代表権を有しない代表取締役に対してされたものであるから、その効力がないことが明らかである。

また、本件においては、会社に対する訴え提起の請求後三〇日の経過により会社に回復すべからざる損害を生ずるおそれ（商法二六七条三項）があったとは認められない。

したがって、Xが、事前にA証券に対して訴えを提起するよう請求することなく提起した本訴は、不適法である。」

「株主が取締役の責任を追及する訴えを提起するには、事前に会社に対して訴えの提起を請求し、会社がその請求があった日から三〇日内に訴えを提起しないことが必要であるとされているのは、取締役の責任を追及する訴えの訴訟物は、会社の取締役に対する請求権であり、本来、この訴訟物について原告として訴訟を追行する適格を有するのは会社であるから、先ずは会社にその訴訟追行の機会を与えるべきであり、会社がその機会を与えられたにもかかわらず、訴えを提起しないときに初めて、株主に、会社のためにその訴訟を追行する適格を与えるのが相当であるとの考えによるものであると解される。

しかるに、株主が、会社に対して訴えの提起を請求することなく訴えを提起し、その後に会社に対して同一の訴えの提起を請求した場合には、たとえ会社がその請求に応じて訴えを提起したとしても、その訴えは、二重起訴に当たるものとして却下されるおそれがあるから（民事訴訟法二三一条）、会社に対し、真に訴えを提起する機会を与えたことにはならないと言うべきである。したがって、Xが本訴の提起後にA証券の監査役に訴え提起の請求をし、その後三〇日が経過したからといって、本訴が適法なものとなるに至ったと認めることはできない。

そして、右訴え提起の要件は、法律上明確に定められているのであり、これを遵守することに困難はないこと、Xが本判決確定後に改めてA証券に対して訴えの提起を請求した場合に、A証券が訴えを提起することがあり得ないと断定することはできないから、Xに対し、右訴えの提起の請求を要求することが全く無意味であるとは言えないこと、Xが改めてA証券に対して訴えの提起を請求したにもかかわらず、A証券が訴えを提起しなかったときは、Xは、再度本訴と同一の訴えを提起することを妨げられないことを考えれば、前示のように解することは不合理ではないと言うべきである。」

【研　究】

判旨には疑問がある。

一　本判決は、Xが本訴提起前に「A証券の代表取締役であるY_2に対し」てなした訴え提起の請求の効力につき、「会社が株主からその請求を受けるについては、代表取締役ではなく、監査役が会社を代表するものとされているところ（商法二七五条ノ四後段）、……Xが本訴の提起前にA証券に対してした請求は、その請求を受けるについて代表権を有しない代表取締役に対してされたものであるから、その効力がないことが明らかである」と判示している。

しかしながら、商法二七五条ノ四後段は、会社と取締役との間の訴訟につき会社を代表する権限を監査役に付与する旨の同条前段の規定を受けて、株主の会社に対する取締役の責任追及の訴え提起の請求についての受働代表権もまた監査役に与えられることを定めた規定であるにすぎない。すなわち、株主の代表訴訟の要件としては、商法二六七条一項が定めているように、訴え提起請求の意思通知は「会社ニ対シ」てなされれば足りるものと解すべきである。たしかに、法人たる会社に意思通知が到達したものと法的に評価されるためには、その通知に関して代表権を有する会社機関にそれが到達しなければならないが、それは会社における到達書面の内部管理の問題であって、その書面が会社に宛てられたものと通念上解されるものであるかぎり、会社の管理下に入ったときに代表権を有する機関に到達したものと解すべきであろう。

本件における本訴提起前の訴え提起請求書面は、その名宛人が「A証券株式会社代表取締役Y_2」となっているが、もしこれを社会通念上会社に宛てた書面と解しうるものとすれば、監査役の名称が記載されていないことをもって株主代表訴訟の要件としての会社に対する意思通知として無効と解することは、余りにも形式的な解釈にすぎるものといわざるをえない。

無用な忖度にわたることになるかも知れないが、平成五年改正法の訴額定型化による株主代表訴権の濫用の虞れに対する司法政策的対応として、このような形式的に厳格な解釈が採られるものとすれば、それは筋違いというべきである。

二　次に、本判決は、本訴提起後に監査役に対し訴え提起請求の通知がなされ、その後三〇日が経過しても、本訴提起が適法になるものではない旨を判示する。その理由とするところは、「本来、この訴訟物について原告として訴訟を追行する適格を有するのは会社であるから、先ずは会社にその訴訟追行の機会を与えるべきであ」るということを前提として、訴え提起後の請求通知の場合には、「たとえ会社がその請求に応じて訴えを提起したとしても、その訴えは、二重起訴に当たるものとして却下されるおそれがあるから（民事訴訟法二三一条）、会社に対し、真に訴えを提起する機会を与えたことにはならない」と解する点にある。

わが国のような法人法理の下においては、取締役の会社に対する責任を追及しうるものは本来は会社に限られるのであって、株主には固有に取締役の責任を追及する権利ないし権原はなく、現行商法上の株主の代表訴権は、実際上の必要性から特に政策的に、特定の要件にもとづき認められたものであり、商法六六七条がその具体的な代表訴権発生の要件を定めたものであるとすれば、同条の要件を充たさない限り代表訴権そのものが存在しえないことになる。その場合には、株主が代表訴訟提起後に監査役に対して訴え提起の請求をなし、三〇日経過したからといって、それは同条の要件とは異なる事実であって、株主の代表訴権が訴訟提起の時に遡って発生するということはありえない。本判決は、そのような論脈で判断しているものと理解される。

一方、右のような考え方に対して、株主には固有に取締役の責任を追及する権利ないし権原があり、商法六六七条はその具体的な行使の手続的要件を定めているにすぎないものとする考え方もありうる。そのような考え方に立脚すれば、実質的に必要性が認められる限り、株主の代表訴訟は却下されるべきではないということになろう。

株主代表訴訟制度の母法はアメリカ法であるが、そこでは株式会社を実質的には株主の取締役に対する財産信託のシステムであるものと考えた上で、会社の法人格を、企業活動をめぐる法律関係を整序するための技術的な衣としてとらえる。それゆえに、会社の企業活動をめぐるコモンローは法人格という技術にしたがって構成されることになるのに対して会社の資産すなわち実質的には株主の信託財産が取締役の違法行為によって侵害されたときには、株主の有するエクイティとして代表訴権が固有に認められるべきことになる。

昭和二五年改正法は、アメリカ法をモデルとして、取締役会制度およびその構成メンバーたる取締役の忠実義務とともに、株主代表訴訟制度を導入した。ただし、このとき実質的な株主の信託財産の侵害に対するエクイティとして株主代表訴訟制度を採り入れたのか否かという問題は、単に沿革的事情だけで決定しうるという次元のものではない。むしろ、右のような沿革的事情は、それがわが株式会社の法構造上どのように再構成されざるをえなかったかという理論的な検討の契機となるべきことがらである。

そのような観点からすれば、わが国の株式会社法理の下において、株主権の固有の一内容たる権利として代表訴権が存在するものと解することはできない。その意味では、法的権利としての株主の代表訴権は、商法二六七条によって立法政策的に付与されたものである。すなわち、わが商法上は、取締役の責任を追及することを通じて果たされるべき経営の監督・是正機能は、機構的にはこれが監査役という機関に委ねられているものであって、それが株主の具体的な固有権として認められているわけではないものと解される。

ただし、わが商法上の株主代表訴権が政策的に付与されたものであるということは、それが直ちに権利付与の要件につき形式的に厳格な解釈をなすべきであるということに結びつくものではない。かえって、政策的な権利付与であればこそ、その政策の根拠および目的に即した解釈が求められる場合もありうるのである。

株主に代表訴権を付与すべき政策的根拠は、右に挙げたわが国における株式会社の機構的な機能が監査役によって果たされなかった場合を考慮して、その場合における実質的な株主の利益を救済しようとするところにあるものと解される。要するに、わが商法上の株式会社では、機構上所有と監督とが分離されており、株主のために経営の監督・是正機能を果たすべきものは監査役であって、株主代表訴権は、その機能を補完すべきものとして政策的に付与されている。そうだとすれば、監査役の機能の発揮が実際上期待できない場合にまで、形式的に厳格な法解釈を及ぼすことは、むしろ制度の趣旨にそぐわないものというべきであろう。

（七〇巻一一号（平成九年一一月））　倉沢康一郎

二六　株主総会決議を欠くことを理由に、取締役退職慰労金の支払請求を拒絶することは許されないとされた事例

京都地判平成四年二月二七日
平成二年(ワ)八四四号退職慰労金請求事件
判例時報一四二九号一三三頁、労働判例六一七号七八頁

【判示事項】

株主総会や取締役会が開催されたことが一度もなく、株主はいずれも代表取締役の影響下にある同人のワンマン会社において、退職した取締役に対して、内容証明郵便により退職慰労金に関する通知を行い、さらに、未払右退職慰労金を損益計算書に計上し、これに基づいて法人税の申告も行っている場合、株主総会決議を欠くことを理由に右慰労金の支払を拒絶することは衡平の理念からして許されない。

【参照条文】

商法二六九条

【事　実】

Y株式会社はA、X兄弟の父親が設立した織物の卸売業を営む会社で、取締役を含めた従業員は、昭和三七年

頃で七、八人、平成元年六月頃で一六、七人であった。Y社においては、少なくともAが代表取締役に就任した昭和四〇年頃以降、株主総会や取締役会が開催されたことは一度もなく、取締役の改選も、Aが一人で決定し、その旨の登記を行っており、XおよびAの母親であるBがY社取締役を辞任し、Aの妻が取締役になった際にも、株主総会は開催されず、Aがそのように決定しただけであった。なお、利益配当は何回かなされたことがあったが、利益配当金はY社の新株発行の際の払込金に充てられた。

Y社の株主構成については必ずしも明らかではないが、Y社の提出する株主名簿によれば、Y社が株主と主張する名義人は、Aの親族を含めいずれも同人の影響下にある人物で占められている。また、Y社提出の定款には、株式を譲渡するには取締役会の承認を受けなければならない旨記載されているが、少なくともXの取締役在職中に右譲渡承認の取締役会が開催されたことはない。そして、Xは、Y社退職時、Aから自己が八万株の株主であると知らされ、右株式の譲渡代金を受領したが、その際にも、Y社の株主について十分に承知していたわけではなく、Aだけがこれを掌握していた。

平成元年五月頃、AとBの間で争いごとが起きた。Xはそれに巻き込まれ、Y社の業務執行等とは直接の関係がない理由で同社の取締役を辞任した（同年六月一三日付）。その後、AはY社の代表取締役として、同年一二月二五日付内容証明郵便で、Xに対して、同年一〇月二〇日に決定したXの退職慰労金が金三〇〇〇万円であること、これを未払退職金として計上していること、Xへの右退職金の支払を停止することにしたことを通知した。本件訴訟は、XがY社に対して右退職慰労金の支払を請求するものである。

Y社は、同社の定款には退職取締役に慰労金として金三〇〇〇万円を支払う旨の定めはなく、Xに対する退職慰労金の支給について株主総会が開催された事実もない、と抗弁したが、本判決は〔**判旨**〕引用の理由で抗弁を退け、Xの請求を認容した。

【判　旨】

「YはAを中心とする同族会社であるとともに同人のいわゆるワンマン会社であって、Yにおいては、少なくともXの在職期間中は、株主総会や取締役会が開催されたことは一度もなく、議決権、利益配当請求権その他の株主権が行使されたこともなかった。

Yの株主が何人であるかは必ずしも明らかではないが、Yが株主と主張する名義人は少なくともAの影響下にあるものと解される。また、右名義人に対する株式譲渡については、少なくともXの在職中は右譲渡承認についての取締役会が開催された事実はない。

Yにおいては、株主総会の決議という形式においてXに対する退職慰労金の支給が承認されたことはないが、代表取締役AはXに対する退職慰労金三〇〇〇万円の支給を決定した（甲一の文面上でもその趣旨を読みとることができる。）。右決定方法は、商法上で株主総会や取締役会の決議事項とされているものをも含め、Yにおいて通常行われている意思決定方法でもって決定されたということができる。

しかも、Yは、代表取締役A名義で、しかも内容証明郵便という厳格な形式でもって、既にYを退職し社外の人間となっているXに対して、退職慰労金を金三〇〇〇万円と決定したこと及び右退職慰労金を計上している旨を通知した。このようにして、右決定は、単なる内部的な決定に止まることなく、外部的に、しかも意思表示の相手方であるXに対して直接表示されたものである。

加えて、Yは、右未払退職金をYの損益計算書にも計上し、これに基づいて法人税の申告も行っているのであって、公的にも右未払退職金の支払義務があることを表明しているのである。

このような事実関係の下では、Yは商法に従った手続によるのではないもののXに対して金三〇〇〇万円の退職慰労金の支給をすることを決定したというべきであり、YがXに対して右の決定をしたことを公式に通知しながら、商法に規定されている退職慰労金支給承認の株主総会決議を行わなかったとの手続違背のみを理由に、その支払を拒絶することは衡平の理念からして許されないものといわなければならない。」

【研　究】

一　本判決は、本件取締役退職慰労金につき、原則として商法二六九条による定款の定めまたは株主総会決議が必要だと解しているようである。もっとも、本件退職慰労金は取締役在職中における職務執行の対価として支給されるものだから同条の適用を受ける、と解しているのか、在職中の特別功労に対する支給としての性質を含んでいるがこれも二六九条の適用対象となると解しているのかは、明白ではない。ただし、「株式会社の役員に対する退職慰労金は、その在職中における職務執行の対価として支給されるものである限り、商法二八〇条、同二六九条にいう報酬に含まれるものと解すべく、これにつき定款にその額の定めがない限り株主総会の決議をもってこれを定むべきものであ」る、とするのが判例の立場である（最判昭和三九年一二月一一日・民集一八巻一〇号二一四三頁）。本判決もこの立場を採って、本件取締役退職慰労金につき商法二六九条の手続を必要とするものと思われる。以下、これを前提に検討を進める。

二　Xの請求する退職慰労金に関しては、商法二六九条の適用を受けるのにもかかわらず、同条違反を理由に退職慰労金の支払を拒絶することは衡平の理念から許されないとされた。このような判断にあたって、本判決が重視する事実は、(a)被告Y会社は株主の変動のない同族会社でありかつ代表取締役Aのワンマン会社で株主総会や取締役会が開催されたことがないこと、(b)Y社における意思決定は株主総会や取締役会の法定決議事項も含めて代表取締役Aが行っており本件退職慰労金の支給も代表取締役Aが決定したこと、(c)Y社は本件退職慰労金を損益計算書に計上して法人税の申告を行いさらにXに対して右慰労金支給の旨を内容証明郵便で通知したこと、である。もっともこれらの事情のうち、(c)は、代表取締役Aによる本件退職慰労金支給決定(b)を証明する事実としての意味を有するがそれ以上のものではない。本判決は、この点さらに、外部的表示であるとか、公的表明である旨を強調しているが、これらが退職慰労金請求権を基礎づける法的根拠になるとは考えられない。外部的表示自体が慰労金支給債務発生の本質的要件となるわけではなかろうし（退職慰労金―商法二六九条の問題であり外観責任的構成にも無理がある（江頭憲治郎「本判決判例研究」ジュリスト一一〇三号（一九九六年）一五〇頁。なお、取締役の報酬につき、野田博「東京地判平成三年一二月二六日判例研究」金融・商事判例九一七号（一九九三年）四五頁参照）、もとより会社・取締役間の債権債務関係は公的に評価されなければならないものでもないからである。したがって、本件で重要なのは(a)と(b)の事実である。

三　(a)の事実もこれだけでは退職慰労金請求権の根拠とはなりえない。慰労金支払の約定が含まれていないからである――閉鎖会社や個人企業の実態があるからといって、右約定が擬制されることにはならない。これは、(a)のような事実のもと、取締役の報酬と任期を掛け合わせると自動的に額が決定される（定款上の定めではない）退職慰労金支給規定（最判昭和五六年五月一一日・金融・商事判例六二五号一八頁、東京地判昭和五九年六月三日・労働判例四三三号一五頁参照。なお、東京地判平成三年七月一九日・金融・商事判例八九〇号三五頁は、退職慰労金支給規定は「退職慰労金が支給される場合の支給基準を定めたものにすぎず」、取締役・会社間の慰労金支給「約定の存在を認定する上では余りにも迂遠な証拠というしかな」い、と判示する）や退職役員に慰労金を支払う慣行（東京地判平成五年一一月三〇日・労働判例六四六号四二頁、東京地判平成二年四月二〇日・金融・商事判例八六四号二〇頁（ただし、この事件には(a)のような事情はない）参照）が存在しても、同様である。取締役任用契約は委任契約（商法二五四条三項）として原則無償のものであるから（民法六四八条一項）、任用契約の内容としてあるいはそれに伴って、会社に退職慰労金支給義務が生じるというためには特約が締結されなければならず、これにつき商法二六九条の手続が要求されている。同条の趣旨からすれば、退職慰労金支給規定や慰労金支給慣行の存在が、その支給を排除する明示の特約がない限り、当然に――同条の手続を欠いても――慰労金支給義務の根拠となる（任用契約の内容となるあるいはそれに付随する契約内容となる）との解釈は採れないのである（吉本健一「東京地判平成六年一二月二〇日判例批評」判例タイムズ九四八号（一九九七年）一二六頁注（14）参照。反対、居林次雄「本判決判例研究」金融・商事判例九一五号（一九九三年）四四頁）。

四　ただし、取締役任用契約有償契約説の立場を採れば、取締役は退任することにより退職慰労金請求権を取得する場合が出て来そうであり、問題を把握し直さなければならないかもしれない。若干の検討をしておこう。

前述のように取締役任用契約は無償が原則であるように思われる。ところが、特約を付するまでもなく取締役任用契約の有償性を認める所説がある。この所説によると、定款の定め、株主総会決議がなくても、報酬の後払いと見られる限り退職慰労金は当然に任用契約あるいはそれに付随する契約の内容となり、少なくとも抽象的には慰労金請求権が認められることになる。しかも、退職慰労金支給規定や慰労金支給の慣行により自動的に慰労金の額が定まる場合には、この所説に立てば、退任時に具体的な内容を有する支給請求権が成立すると思われる（有償性の具体化）――このように解さないと有償性の意味がない。実際、有償契約説からは、取締役任用契約の有償性から取締役は当然に抽象的な報酬請求権を有する（酒巻俊雄「大阪高判昭和四三年三月一四日判例研究」週刊金融・商事判例一一三号（一九六八年）四頁、宮島司「大阪高判昭和五三年八月三一日判例評釈」（一九八三年）下級審商事判例評釈（昭和五〇年―五四年）四〇八頁）。これに基づき取締役は会社に対して退職慰労金に関する株主総会決議を求めることができ（報酬に関して、酒巻・前掲四頁、吉本健一「大阪高判平成二年五月三〇日判例解説」法学セミナー四四一号（一九九一年）一四〇頁）、株主総会には相当な額の決定をなすべき要請が働くことになる、と説かれる（川島いづみ「本判決判例紹介」税経通信四八巻五号（一九九三年）二一三―二一四頁・二一七頁）。そしてさらに、右のような決定がなされない場合には、退職取締役は債務不履行による損害賠償請求を会社になしうるとされる（川島いづみ「取締役報酬の減額、無償化、不支給をめぐる問題」判例タイムズ七七二号（一九九二年）八一頁。報酬に関して、酒巻・前掲四頁）。有償契約説を貫徹する解釈であり、またこのように考えなければ有償性の内容に疑問が生じよう。したがって、取締役任用契約有償契約説を採ると、一方で、定款に定めのない場合の株主総会決議の位置づけが問題となる――商法二六九条の存在意義が問われなければならない（山部俊文「東京地判平成三年七月一九日判例研究」金融・商事判例九〇〇号（一九九二年）四二頁参照）。

同条の趣旨として「お手盛りの防止」が挙げられる。しかし、「お手盛り」にさえならなければ株主の意思は結果的に実現されなくてよい、とまではいえないだろう。同条は相当の額の退職慰労金支給の株主総会決議をなす義務を定めるものではない――慰労金の支給・不支給、その額につき、株主は自由に判断しうると解さなければ（慰労金支給規定や支給の従来慣行によらず、退職慰労金額を決定し（東京地判昭和六二年三月二六日・金融・商事判例七七六号三五頁）、または、不支給の決議（弥永真生「役員報酬の返上、減額、不支給をめぐる法的問題」代行リポート一一八号（一九九七年）八頁）をなすこともできる）、取締役の報酬を株主総会決議事項とする同条の意味がなくなる（民法上の契約法理で処理すれば足りる）。確かに、少数派の取締役保護の問題はあるが、それを取締役・会社間の法的関係や二六九条自体に帰着させてよいのか（同条には株主の利益保護の機能が期待されている）――これらの構造的問題なのかどうか、この問題に関しては慎重な検討が必要である。少なくとも現行法を前提にする限り、有償契約説の結論・構成は、立法論の領域に属するものだと思われる。取締役任用契約は委任の本則どおり無償契約であるが、株主総会決議による特約（会社を代表する取締役との取締役任用契約の内容あるいはそれに付随する契約内容とされる）により、取締役は報酬や退職慰労金を請求できると解すべきであろう。

なおこの点、無償契約説を採っても、通常取締役任用契約は有償特約つきで締結されるとの指摘がある（浜田道代・新版注釈会社法(6)（一九八七年）三八八頁）。定款の定めや株主総会決議を前提とするならばそのとおりであろう。けれどもこの前提を欠くのであれば問題である。前提を欠きながら、有償契約説を貫徹するのと同じ結論が有償特約により導かれるとすると、商法二六九条は全く無視されてしまう。この場合にも、株主総会決議により始めて（具体的）退職慰労金請求権が発生するというのであれば、右（有償）特約は、株主総会がその旨の決議をなせば慰労金を支払うとの内容を有するにすぎず、有償性自体の問題ではない。

五　さて、前述の判例の立場を前提としながらも、二六九条の条件を満たさないのに退職慰労金請求を認める裁判例が存在する。大阪地判昭和四六年三月二九日・判例時報六四五号一〇二頁は、被告会社は原告に対し、従業員退職金および取締役退職慰労金を支払う旨約束したが、「被告会社は商法所定の株式会社としての資本構成、機関運営、利益分配などがなされておらず、ただ税金対策上株式会社組織にされているが、株式会社というのは名前だけのものであり、その実態はそれ以前の個人的営業時代と何ら変わらないものであって、原告と甲の二人が主として後者が中心となって営んでいた個人的営業で…（中略）…あって、この場合株式会社における所有と経営の分離という現象自体が存在しない。もし、この場合に前記商法……第二六九条を形式的に適用すれば、被告会社の実態にはなはだ即しないものとなる。なお被告会社が、もし前記商法の規定により、本件約束による義務を免れることになれば、右会社の実態からして、原告がその営業から離脱した後、甲一人が右規定に藉口して個人的利益を不当に保護される結果になるのみであって、正義、衡平の観念に反すること著しいものがあるといわねばならない。従って、本件約束は…（中略）…、取締役退職慰労金を含むものであるところ、株主総会の決議を経ていないから無効であると、被告は主張するが、被告会社の実態からみて、前記商法の規定の趣旨および正義、衡平の観念に照らし、被告の右主張は許されないものと解するのが相当である。」とする。また、東京地判平成六年一〇月三一日・判例タイムズ八九二号二三八頁は、原告である退職取締役と被告会社代表取締役乙との間で退職金支給が合意されたことを前提に、「被告会社は、代表取締役である乙を中心とする同族会社であるとともに、乙のいわゆるワンマン会社であり、被告会社においては、これまで、株主総会や取締役会が開催されたことはなく、被告会社の運営は全て乙に委ねられていたというべきであるから、被告会社は、原告に対する退職金の支給について、株主総会決議がないことをもって、その支給を拒絶することは、信義則上、許されないものといわなければならない。」と判示する。その控訴審判決である東京高判平成七年五月二五日・判例タイムズ八九二号二三六頁も、控訴人会社と被控訴人との間に退職金を支払う旨の合意が成立していること、および乙以外の控訴人会社の株主は「株の配当は受け取っていたもののその余の株主権を行使したことがなく、実質的に株主権を行使して控訴人会社を運営していたのは乙一人であ」るとの認定のもと、「株主総会の決議事項について株主総会に代わり意思決定する等実質的に株主権を行使して会社を運営する株主が唯一人である場合に、その一人の株主によって退職金の額の決定がされたときは、実質上株主保護が図られ取締役のいわゆるお手盛りは防止されることになるわけであり、したがって、株主総会の決議がなくてもこれがあったと同視することができるというべきであるのみならず、控訴人会社のように、株主総会が一度も開かれず、計算書類の承認、取締役の選任、退職金を除く取締役の報酬の決定等法律上株主総会の決議でなすべき事項がすべて乙によって意思決定されてきた場合には、他の株主は乙に対して株主総会の決議でなすべき事項の処理をゆだねていたものといわざるを得ないから、前示事実関係のもとでは、乙が決定した退職金について株主総会の決議の欠缺を主張してその支払を拒むことは、信義則上許されないものというべきである。」とした。さらに、取締役退職慰労金の性格を併せ持つことが否定できない支払金につき、大阪高判平成元年一二月二一日・判例時報一三五二号一四三頁は、「本件支払金を控訴人に支払うことについては実質上の株主である丙及び丁が承諾していたのであって、このような場合、前記商法二六九条の趣旨からすれば、実質的な株主全員の承諾を得たことにより、その目的とする弊害は防止し得るのであるから、本件支払金については株主総会の決議があったものとして扱うのが相当であるというべきである。」という。

これらと本判決によると、実質的一人会社であったり、実態が個人的営業の会社（ワンマン会社）である場合には、実質的株主全員やワンマン経営者による具体的な慰労金支給の約定・承諾があれば――前記(a)と(b)の事実があれば、商法二六九条の手続がなくても、退職取締役の慰労金請求が認められる。

六　前掲平成元年大阪高裁判決は、実質的株主（二名）全員が取締役の退職慰労金（の性格を有する支払金）を承諾しているから、商法二六九条の株主総会決議があったものとして扱うべきであるとする（前掲平成七年東京高裁判決も同趣旨を述べる）。（実質的）一人会社の法理に解決を委ねる方法といえ、例外的結論を導くのに説得力のある論理構成だと思われる。これに対して、前掲昭和四六年大阪地裁判決、平成六年東京地裁判決、平成七年東京高裁判決および本判決は、実態が個人的営業の会社であるとか、代表取締役を中心とする同族会社でありワンマン会社であって、株主総会も取締役会も全く開催されたことがないのに、代表者が一旦約束しておきながら、株主総会決議を欠く旨抗弁するのは、信義則上あるいは衡平の理念から許されないとするものである。この「衡平の理念」に対しては、これらの判決の結論を肯定するのであれば、さらに詳細に事実を認定し、（実質的）一人会社の法理により問題を解決すべきではなかったか、との指摘がある（早川勝「本判決判例評論」私法判例リマークスno.7（一九九三年）一一一頁）。確かにそうだと考えるが、右のような判決を積極的に評価することもできるように思われる。

すなわち、昭和四六年大阪地裁判決の事例は、「被告会社は…（中略）…、真実株主の出資がなされたものではなく、株主名簿は存在しない」ものであり、平成七年東京高裁判決の事例では、各株主は「株の配当」を受け取っている。そして本件は、株主構成は必ずしも明らかではなく、出資関係もAだけが掌握している事例である。このような状況で、（実質的）一人会社であるとは判断しにくいであろうし（本件判決の結論に賛成し、理由として（実質的）一人会社の法理により株主総会決議の擬制を行うべきであるとの主張がある（金義勝「本判決判例研究」早稲田法学七二巻三号（一九九七年）三八〇―三八一頁）。しかしながら、（実質的）一人会社では株主総会決議が擬制されるのであれば、（実質的）一人会社の判定基準が甘くなってはならないだろう。この点、早川・前掲一一一頁は、株主総会決議の擬制構成を採るには、商法二六九条の株主保護の趣旨が損われることはないか検討する必要があり、本件認定事実だけではこれを判断できないとされ、川島・前掲・税経通信四八巻五号二一三頁は、本件は実態が個人的営業であるとも一人会社であるともいえない事案だと解されている）、また、対外的責任関係に関する法人格否認の法理も適用場面を異にすると思われる（もっとも、居林・前掲四五頁、石田宣孝「東京高判平成七年五月二五日判例批評」判例タイムズ九四八号（一九九七年）一一九頁は法人格否認の法理の適用を肯定される）。むしろ、右のような状況を前提に（事実(a)）、代表取締役が経営を掌握しており、（株主総会や取締役会決議を欠くという）手続の欠缺にもかかわらず代表取締役のなす決定が会社の意思決定として扱われているような場合には（事実(b)）、その決定につき少なくとも対内的に利害対立が生じたときには、当該代表取締役に代表される会社は対内手続欠缺の主張——退職慰労金支給特約無効の主張はできない、という解決の仕方が実際的ではなかろうか（法定手続の不遵守を一般的に容認するものではない）。このような意味で本判決の「衡平の理念」を肯定的に捉えることができると考える（この点に関し、森田章「本判決判例研究」商事法務一四一四号（一九九六年）三三頁は、「同族会社のようなところでは、通常は会社法秩序を遵守していないのに何か紛争が起きたときだけ会社法秩序の遵守を主張するのは、権利の濫用というべきことになろう。」とされる。基本的な視点はそのとおりであろう）。

なお、(a)、(b)の事実にかかわりなく、実質的内容が合理的なものである限り、代表取締役のなす約束（退職慰労金支給約束はその一種）は会社を有効に拘束する、との主張もなされている（江頭・前掲一五一頁）。柔軟な発想ではあるが、現行法の予定する株式会社の機関構造——機関権限の理解を根本から変えない限り、解釈論としては無理があると考える。

（七一巻四号（平成一〇年四月））　山本爲三郎

＊　本稿の商法二六九条は、会社法三六一条にあたる。

二七　商法二五一条による裁量棄却がなされた事例

高松高判平成四年六月二九日第二部
平成三年(ネ)第二八五号株主総会決議無効確認等請求控訴事件
金融・商事判例九一二号二三頁、判例タイムズ七九八号二四四頁

【判示事項】

株主総会招集のための取締役会決議がなく、各株主に対し会議の目的たる事項を記載した書面により招集通知も発せられないまま開催された株主総会の招集手続には、商法二三一条、二三二条一項、二項に違反する瑕疵があるが、総会に出席した株主の保有株式の合計は発行済株式の約九九・三八パーセントに当たり、招集されなかった株主は〇・六二パーセントに過ぎないこと、招集されなかった者は出席株主の親族であること、法定の招集手続を経ておれば決議の内容が変わっていたとはいい難いこと、会社では設立以来適法な取締役会や株主総会が開かれておらず、これにつき株主から異議が述べられたことがないこと、原告は、総会決議に際し反対の意思を表明したものの、結局は総会議事録に出席取締役として押印していること等の事実関係のもとにあっては、右総会決議の取消請求は棄却すべきである。

【参照条文】

商法二三一条、二三二条、二四七条一項、二五一条

【事　実】

Y社は昭和四四年に設立された電気工事の設計及び施工、電気機器の販売を目的とする株式会社であるが、設立以来、会社経営の重要事項の決定は設立当初からの役員であるA・B・X_1の三名が協議して行い、法律及び定款に定める手続を踏んだ取締役会や株主総会が開催されたことはなかった。

本件決議が行われた昭和六一年当時のY社の発行済株式総数は三万二〇〇〇株で、X_1が九七九二株、AとBが各九七九一株、Cが二四二六株、Fが六七株、X_2とDが各六六株、E一株をそれぞれ保有していた。なお、X_2はX_1の、D・EはAの、FはBの家族（妻子）である。

X_1は昭和五五年一二月二八日Y社の取締役に就任したが、その任期満了後も新取締役が選任されることなく、そのまま職務を執行していた。

Y社においては、昭和五五年以降次第に業績が悪化し、資金の借入など会社の経理処理をめぐってAとX_1が対立するようになり、X_1はY社の共同経営から離脱する意向を示すに至り、X_1が、会社の資金繰りのため担保提供されていた、A・Bとの共有土地に設定した根抵当権の元本確定請求をしたことを契機に、X_1とAの対立は決定的となり、A・B・X_1の三名の協議によるY社の経営は全く機能しなくなった。

そこでAは昭和六一年七月一〇日、Y社会議室にX_1・B・Cを招集し、その席でX_1に辞任を迫り、他の出席者に対してX_1を取締役から解任する旨の提案をし、X_1はこれに反対したが、A・B・Cは、X_1の取締役としての任期は昭和五七年一〇月三一日で満了しているとして、取締役にA・B・Cを、監査役にFを選任する旨の決議を

し、右決議の内容を記載した臨時株主総会議事録が作成され、X_1も出席取締役として右議事録に押印した。X_1・X_2は本件決議に瑕疵があるとして、その取消を求めて本訴を提起し、一審判決はX_1らの本訴請求を認めたため、Y社が控訴したところ、本判決は、本件決議に瑕疵があることは認めたものの、前示のような事情のもとでは、決議取消請求を裁量棄却すべきであるとして、一審判決を取り消したうえ、右請求を棄却した。

【判　旨】

認定事実によると、本件総会は、法律及び定款に従って株主総会招集のための取締役会が開かれ、その決議により代表取締役が各株主に対し会議の目的たる事項を記載した書面により招集通知を発した上で開かれたものでないことが認められるから、その限りでは、本件株主総会招集手続は、商法二三一条、二三二条一項、二項の手続要件を満たしていないものといわざるを得ない。

しかしながら、本件総会に出席した株主である被控訴人X_1、A、B及びCの保有株式の合計は三万一八〇〇株であって、発行済株式の約九九・三九パーセントにあたること、他方招集されなかった株主は被控訴人X_2（持株数六六株）、E（同一株）、D（同六六株）及びF（同六七株）の四名であって、その持株数の合計は二〇〇株、発行済株式数の〇・六二パーセントにすぎず、しかも右の者のうちX_2はX_1の、E及びDはAの、FはBの各親族（妻子）であるから、招集通知を受けなかったことにより右株主らの利益が損なわれたとは認められないこと、仮に本件総会が法定の手続を経て招集された場合には、X_1が本件総会で行使しなかった累積投票請求権を行使することはにわかに断じ難く、したがって、法定の招集手続を経ておれば決議の内容が変わっていたとはいい難いこと、しかも、控訴会社においては、設立以来法律及び定款に従った招集手続を経て取締役会や株主総会が開催されたことはなく、会社の意思決定はすべてA、B及び被控訴人X_1の三名の協議で行われ、これに対し、被控訴人X_1をはじめ前期役員はもとより他の株主が異議を述べ、法律及び定款に従った招集手続を踏むべき旨を要求したことはなく、加えて、被控訴人X_1は、同年四月頃からAと対立し、自ら控訴会社の経営から手を引く意向を示していたもので、本件決議に際し、反対の意思を表明したものの、結局は決議内容を記録した総会議事録に出席取締役として押印したことの事実関係に照らすと、前記招集手続に関する瑕疵は、本件決議を取り消さなければならないほどの重大な瑕疵と認められず、かつ、本件決議の結果に影響を及ぼすものとも認められない。

そうすると、総会招集手続の瑕疵を理由として本件決議の取消を求める被控訴人らの請求は理由がない。

【研　究】

一　本判決は、招集通知漏れがあった場合に、決議取消請求を棄却すべきか否かについて一審と二審で判断が分かれたものである。

本件は、実質的には全員出席総会という構成も可能であったかもしれないが、判旨はそこまで認定はしていないので、本判決にそって検討していくことにする。

二　株主総会・臨時総会は、取締役会が総会開催の日時・場所・議題などを決定し（商二三一条）、代表取締役が、会日の二週間前までに、会議の目的たる事項である議題を記載した招集通知を発送しなければならない（商二三二条）。本件では、裁判所も、「本件総会は、法律及び定款に従って株主総会招集のための取締役会が開かれ、その決議により代表取締役が各株主に対し会議の目的たる事項を記載した書面により招集通知を発した上で開かれたものでないことが認められるから、その限りでは、本件株主総会の招集手続は、商法二三一条、二三二条一項、二項の手続要件を満たしていないものといわざるを得ない。」として、手続に瑕疵があることを認めている。そうした招集手続の法令違反がある場合は、商法二四七条一項一号の取消事由となるはずである。これは、通常一応総会が存在していることが前提である（岩原紳作「二四七条」上柳克郎・鴻常夫・竹内昭夫編『新版注釈会社法（5）』（平成七年）三一七頁、今井宏「二四七条」服部榮三編『基本法コンメンタール〔第六版〕会社法1』（平成一〇年）二九三頁）。しかし、総会決議が事実上存在せず、または手続的瑕疵が著しく重大で、法律上は総会決議が存在すると認められないような場合には（横浜地判平元・一・一九参照）、決議不存在（二五二条）となる（鈴木竹雄『新版会社法』（平成三年）一七四頁、田邊光政『会社法要説〔第六版〕』（平成一二年）二〇一頁以下、宮島司『会社法概説〔第二版〕』（平成一二年）二一一頁参照）。本件の場合であるが、当日集まった者（九九・三八％）にも、実は招集通知はいっていないのである。すなわち、本件は全く招集通知がだされていなかったのである。そうであるならば、決議不存在とすべきであったのではないか。確かに、決議不存在は、決議取消事由に相当する場合と同一線上にあるので、決議不存在とすべき場合の下限は決議取消事由に著しく接近し、両者を区別することが困難な場合も少なくない（小島孝「二五二条」上柳・鴻・竹内編『新版注釈会社法（5）』（平成七年）三九八頁等）。一部の学説では、総会招集通知のなかった株式数や株主数が非常に多くても、決議取消事由になるだけという見解がある（菱田政宏「代表取締役が取締役会の決議によらないで招集した株主総会の決議の効力」ジュリスト一六三号（昭三三年）六一頁、同『商事判例研究三〇年度』（一三事件評釈）六六頁）。しかし、招集通知は株主に総会出席の機会を保障することと、総会での意思決定を図るための事前準備の機会の保障として重要であり、株主総会の適正な運営というものを確保するという観点から、招集通知が全くない（あるいは同視できる）場合には、決議不存在の原因となると考える。

仮に、本件のように決議取消や裁量棄却の問題として考えるとしても、本判決の判旨に理論的問題があるのではないかと思われる。以下でその点について、検討していくことにする。

商法二五一条は、株主総会決議の招集手続または決議方法が法令または定款に違反がある場合でも、違反する事実が重大でなく、かつ決議に影響を及ぼさないことを要件として、裁判所は決議取消の訴えを棄却できるとしている。本件判決によれば、①招集通知欠缺により影響を受ける持分割合がわずかであること、②株主間における親族関係をもとに利益が損なわれなかったこと、③手続を履践した場合といえども決議内容が変わったという蓋然性がないこと、④手続違反が恒常化していたことと、これに対する異議がなかったこと、⑤総会議事録に出席取締役として押印したことを根拠に、本件総会決議取消請求を商法二五一条によって裁量棄却した。本判決の構造からすると、商法二五一条の適用に際し、主として違反事実の決議への影響のみを斟酌するものであるというとができ、判決中の瑕疵の重大性の判断は、結局のところこの点の結論を追認するにすぎないもののように読める（春田博「本件判例解説」法学セミナー四六三号（平成五年）五一頁）。

そもそも、現行法の裁量棄却の規定は、昭和五六年の商法改正で新設されたものである。昭和一三年改正による旧商法二五一条は、裁判所の裁量権が自由かつ公汎に過ぎるなどの批判を受けて、昭和二五年の商法改正により削除された。しかし同条の削除後も、決議取消事由がある場合でも合理的な範囲において請求を棄却できるか否かをめぐって解釈が対立していた。判例では、瑕疵が決議の結果に影響を及ぼすか否かを基準にしたもの（最判昭和三〇年一〇月二〇日、最判昭和三七年八月三〇日、最判昭和四二年九月二八日、最判昭和五五年六月一六日）、瑕疵が軽微か否かを基準としたもの（最判昭和三一年一一月一日）、その双方を基準としたもの（最判昭和四四年一二月一八日、最判昭和四六年三月一八日）、などがある（岩原紳作「二五一条」上柳克郎・鴻常夫・竹内昭夫編『新版注釈会社法（5）』三七三頁以下参照）。判例や学説が一致していた点は、「瑕疵が軽微でかつそれが決議の結果に影響を及ぼさないと認められる限り、裁判所は決議取消請求を棄却できる」ということである。こうした判例や学説をもとに、特に最判昭和四六年三月一八日の判決をもとに現行法の二五一条が設けられたという（稲葉威雄『改正会社法』（昭和五七年）一八〇頁。他に、竹内昭夫『改正会社法解説〔新版〕』（昭和五八年）一三四頁、北沢正啓『改正株式会社法解説〔新版〕』（昭和五七年）六四頁、青竹正一「違法決議の是正と裁量棄却」上柳克郎ほか編『会社法演習II』（昭和五八年）九七頁、元木伸『改正商法逐条解説〔改訂増補版〕』（昭和五八年）一一一—一一二頁など）。その最判昭和四六年の判決は、「株主総会招集の手続またはその決議の方法に性質、程度から見て重大な瑕疵がある場合には、その瑕疵が決議の結果に影響を及ぼさないと認められるようなときでも、裁判所は、決議取消の請求を認容すべきであって、……重大な瑕疵がある場合にまで、単にその瑕疵が決議の結果に影響を及ぼさないとの理由のみをもって、決議取消の請求を棄却し、その決議をなお有効なものとして存続せしめることは、株主総会招集の手続またはその決議の方法を厳格に規制して株主総会の適正な運営を確保し、もって、株主及び会社の利益を保護しようとしている商法の規定の趣旨を没却することになる」、としていた。

昭和五六年改正以降、現行二五一条の適用が問題となった判例で、裁量棄却を認めたものとしては以下のような判例がある。当期利益処分案の承認決議につき、計算書類及びその附属明細書は監査役の実質的監査を受けておらず、承認決議は商法二八一条二項、監査特例法一二条等に違反することを認め、右瑕疵は一般論として軽微なものとはいえないが、監査役である原告自身が実質的な監査を行おうとすれば容易に実行できたのに自ら瑕疵ある状態をつくりだしたこと、利益処分案は、会社の議決権の過半数を占める大株主は右処分案に異議なく賛成しており、前記瑕疵が決議に影響を及ぼすとは認められないとして裁量棄却した（東京地判昭和六〇年三月二六日）。また、商法二三二条二項の「会議ノ目的タル事項」と選任取締役の員数を異にする場合、決議の方法が違法であることを認めたが、右以外に取消原因が存在しないこと、株主の株主総会あるいは取締役の選任に関する権利が害されたともいえないこと、右違反は右決議により選任された取締役の選任を左右するほどの事情といいがたいことを総合勘案し、重大な瑕疵があるとはいえず、かつ決議に影響を及ぼすものではないとして、裁量棄却を認めた（東京高判平成三年三月六日。ただし、決議取消の裁量棄却になじまないとして反対する意見として、加藤修「東京高判平成三年三月六日評釈」法学研究七〇巻三号（平成九年）一一〇頁）。

逆に裁量棄却は認められないとした判例には、以下のものがある。退職慰労金に対する説明拒絶には正当な理由がなく、会社は金額を明示しない場合にも一定限度で説明義務があり、右説明義務違反は重大であるとして裁量棄却を拒絶した（東京地判昭和六三年一月二八日）。また、発行済株式総数の五分の一弱を有する者に招集通知を発しなかった株主総会における決定報告書承認決議には、重大な瑕疵があり、かつ決議の結果に影響を及ぼし得たかも知れないとして、裁量棄却を否定した（京都地判平成元年四月二〇日）。適法な招集地に招集しなかった株主総会決議の違法性と裁量棄却が争われた事例では、定款に特別の定めがないのに本店所在地又はこれに隣接する地に招集しなかったという違法があるところ、総会に出席した株主数や招集地に異議がとなえられなかった等の事実を考慮に入れても、本件決議に影響を及ぼさなかったともいえず、商法二五一条の規定により本件決議の取消請求を棄却することはできないとした（最判平成五年九月九日）。さらに、株主総会招集通知に営業譲渡の要領の記載を欠く場合の決議に対して、議案に反対の株主が会社に対し株式の買取りを請求することができるようにするためであると解されるところ、このような規定の趣旨に照らせば、本件株主総会の招集手続の前記の違法が重大でないといえないことは明らかであるから、二五一条により本件決議の取消請求を棄却することはできないとした（最判平成七年三月九日）。

判例の多くは、少なくとも「瑕疵の重要性」について検討したうえで、「決議の影響」を検討しているようである。本件判決は、前述したように主に手続違反の実質的な影響の斟酌によって判断しているが、瑕疵の重要性については検討がなされていない。それ故、本件においてもその点について検討されるべきではなかったかと思われる。

瑕疵の重要性という要件に対して、具体的にはいかなる基準によるかという問題がある。多くの学説は、総会の招集または決議の方法に関する法令・定款の規定により株主に保障している利益が、侵害されているかどうかによって決めるべきだとしている（豊崎光衛「株主総会決議取消の訴と裁量棄却」鈴木竹雄他編『商法演習Ⅲ』（昭和三八年）四九—五〇頁、竹内昭夫『判例商法』（昭和五一年）二〇五頁、菱田政宏「判批」法学協会雑誌七五巻四号（昭和五八年）五二一頁、大隅健一郎「株主総会決議取消の訴と裁判所の裁量棄却」『会社法の諸問題〔新版〕』（昭和五八年）二八一頁、岩原紳作「二五一条」上柳克郎・鴻常夫・竹内昭夫編『新版注釈会社法（5）』（平成七年）三七八頁など）。

招集通知は、株主に出席と準備の機会を保障するためであるから、この意味で、本件のX_1やX_2にとっては株主として事前準備が必要であるし、ましてはX_1にとっては本件株主総会で本人自身が関わってくる取締役の選・解任ということなので、尚更議題の書かれた招集通知は事前準備として必要であろう。AはX_1、B及びCをいかなる意味で招集したのか判決理由のなかからでは判明できないが（金融・商事判例二五頁三段目、判例タイムズ七九八号二四五頁四段目）、X_1にとっては取締役の選・解任という利害をもつ重大事項に対して、株主及び取締役として事前準備ができないような、不意打ち的なものである。株主総会の適正な運営というものを確保するという観点から株主総会招集の手続を厳格にしなければならない。もちろん、取締役は何時にても株主総会の決議をもって解任することはできるが（商二五七条一項本文）、そうであっても法的手続きを経た株主総会においてのみ解任されうるし、そうした法定手続を経た株主総会であるなら取締役の解任ということについては当然予想がつくし、予想しなければならないからである（ただし、正当の事由なくして任期満了前に解任したときは、解任によって生じた損害賠償を請求できるので（同条一項但書）、総会決議取消の裁量棄却になってしまうかどうか考えなければならない点ではあるが）。少なくとも、本件では株主という立場から、株主総会に対する事前準備という利益が害されており、株主に保障しようとしている利益が侵害されていると考えられるので、「瑕疵が重要でない」ともいえない。このように考えると、瑕疵の重要性について検討をしていない本件判示には疑問があるし、X_1の利益というものを考慮すべきではなかったのかと考える。

三　次に、商法二五一条のもう一つの要件である「瑕疵が決議に影響を及ぼさない」という点である。本件では、招集通知の欠缺により影響を受ける持分割合がわずかであること、及び手続を履践した場合といえども決議内容が変わったという蓋然性がないこと等を中心的根拠に判示している。

「瑕疵が決議に影響を及ぼさない」という要件に対して多くの学説が、瑕疵と決議の間に因果関係の必要性をもとに、瑕疵が決議の結果に影響を及ぼさなかったことを会社が立証すれば、決議取消請求は棄却されるべきであるとした（松本烝治『日本会社法論』（昭和四年）二七二頁、田中耕太郎『会社法概論・下』（昭和三〇年）三七六頁、石井照久『株主総会の研究』（昭和三三年）二二六頁、竹田省『理論と解釈』（昭和三四年）一二二頁、松田二郎『会社法概論』（昭和四三年）一九九頁、大隅健一郎『全訂会社法論・中』（昭和五八年）六四頁、今井宏「株主総会の決議取消の訴と裁判所の裁量棄却」大阪府大経済研究三八号（昭和四〇年）五頁）。これに対してこの多数説に反対するものは、株主総会の手続の適法性を重要視するので、多数説のように考えると、多数派支配が確立されている場合には決議の成立に関していかなる不適法も許されることになり、株主の総会への出席・質問・意見表明などの権利が害される危険がある、と指摘する。こうなると、株主総会を開く意義は失われてしまいかねない（青竹正一「違法決議の是正と裁量棄却」『会社法演習Ⅱ』（昭和五八年）一〇〇頁、岩原紳作「二五二条」上柳・鴻・竹内編『新版注釈会社法（5）』（平成七年）三七七頁、春田博「本件判例解説」法学セミナー四六三号五一頁）。しかし、瑕疵が決議の結果に事実上影響を及ぼさなかった蓋然性があるだけでは足りず、瑕疵が決議の結果に影響を及ぼさなかったことが明確でなければならないとする説であれば（竹内昭夫『判例商法』（昭和五一年）二〇二—二〇三頁、今井宏「株主総会決議取消の訴と裁量棄却」『株主総会の理論』（昭和六二年）一八七頁）、こうした多数派支配における弊害は防止できるであろう。ではいかなる場合かというと、非株主や代理人資格のない者による議決権行使（彼らの言動が手続を著しく不公正にしたときに取消原因となる等）、票数の数え間違い（議長が投票数の計算間違えをした場合など）と同視できる場合で、違法投票を除いても決議が有効に成立していたと認められる場合のみ、決議の結果に影響がなく、取消事由が存在しなかったとして、取消請求を棄却すべきことになろう（竹田省『理論と解釈』一二二頁、今井宏「株主総会の決議取消の訴と裁判所の裁量棄却」大阪府大経済研究三八号五頁、竹内昭夫『判例商法』二〇二—二〇三頁。同旨、栗山徳子「東京地判昭和六〇年三月二六日評釈」税経通信五六四号（昭和六一年）二五五—二五六頁）。

他方、会議の目的の記載欠缺や招集期間の不足など議事成立手続の瑕疵は、決議の結果に影響がなかったことの立証が原則として不可能といえるため、決議に影響がなかったとして棄却することはできないことになる（菱田政宏「判例批評」法学協会雑誌七五巻四号（昭和三三年）五二一頁、今井宏「株主総会の決議取消の訴と裁判所の裁量棄却」大阪府大経済研究三八号七頁、竹内昭夫『判例商法Ⅰ』二〇二頁、大隅健一郎『会社法の諸問題〔新版〕』二八一頁）。

本件について検討すると、本件は招集通知欠缺により影響を受ける持分割合がわずかであること、及び手続を履践した場合といえども決議内容が変わったという蓋然性がないということから、瑕疵が決議の結果に影響を及ぼさなかったといえないわけではない。しかし、本件は臨時株主総会を開催するにあたっては取締役会決議と招集通知の双方を欠いており、議事成立手続の瑕疵がある。それ故、いくら多数で決議が成立し得たといったとしても、とりわけ臨時株主総会におけるX_1の利益への配慮を無視できないのではなかろうか（春田博「本件判例解説」法学セミナー四六三号五一頁）。まさに本件は多数派支配が確立されていた事例であり、X_1のような利益を無視するようなことになれば、決議の成立に関していかなる不適法も許されることになり、株主の権利が害される危険があり、株主総会を開く意義は失われてしまいかねない。全員出席総会は別としても、法が要求している手続に従った株主総会を開催させるという意味でも、少数株主の利益というものを多数派理論によって押し進めるべきではないと思われる。それ故、「瑕疵が決議に影響を及ぼさない」という要件の以前に、「瑕疵の重要性」をも考慮すべきであったと思われる。そうした理論構成でいくと、「瑕疵の重要性」という点から二五一条の要件をみたさないので、裁量棄却できないことになる。

四　本件は九九・三八％にも招集通知は出されていないし（まったく出されていない）、代表取締役が株主総会を開くとも書いてない。それ故、株主総会自体存在していないのではないかと考える。そうであるなら、本来は総会決議不存在（商二五二条）のはずである。決議不存在は、決議取消事由に相当する場合と同一線上にあるので、決議不存在とすべき場合の下限は決議取消事由に著しく接近し、両者を区別することが困難な場合も少なくない（小島孝「二五二条」上柳・鴻・竹内編『新版注釈会社法（5）』三九八頁）ことは確かである。しかし、本件のようにまったく招集手続きがとられずに行った総会の決議は、本来不存在とすべきではなかったのか。本件が、決議取消や裁量棄却の範囲として考えるにしても、商法二五一条の適用に際し、主として違反事実の決議への影響のみを斟酌した本件判決には疑問がある。以上のことから、本件株主総会を裁量棄却したこの判決には反対である。

（七四巻四号（平成一三年四月））　池島真策

二八　未決定事実の重要性と内部者取引の成否

東京地判平成四年九月二五日刑事六部
平成三年特(ワ)一五〇四号証券取引法違反被告事件、有罪（確定）
判例時報一四三八号一五一頁、判例タイムズ八一四号二三七頁、金融・商事判例九一一号三五頁

【判示事項】

未決定事実であっても重要性をもち、これを用いて株式の売買が行われたときは、内部者取引が成立する。

【参照条文】

平成四年法七三号改正前・証券取引法二〇〇条四号、一九〇条の二第一項・二項（現行二〇〇条六号、一六六条一項・二項）

【事　実】

被告人Xは、東京証券取引所の上場会社である株式会社マクロス（当時は、谷藤工業株式会社と称していた。以下、「マクロス」と呼ぶ。）の専務取締役機械営業本部長であったが、平成二年九月一日の取締役会において、代表取締役社長から、同社の営業活動の中心である商品営業本部所轄の電子機器部門の売上に計上されていた約四〇億円が架空売上であったこと、そのために、予定されていた売掛金の入金がなく当面約三〇億円の営業資金に不足が生ずること、および電子機器部門担当の常務取締役商品営業本部長Yの所在が不明で、今後の営業活動に

も重大な支障が生ずるばかりでなく、事業計画で予定されていた電子機器部門の今後の売上のかなりの部分も架空であることが見込まれることなどの報告を受けた。そこでXは、これにより、経営の不健全さの指標であり、かつ、業績を実態よりも良い状態にあるかのように装うことにもなる多額の架空売上が存在する事実、およびその結果現に営業資金不足を招来している事実、を知るに至り、同社の業務などに関する重要な事実であって投資者の投資判断に著しい影響を及ぼすものであるこれらの事実が公表されれば、同社の株式の価格が下落するものと考えた。かくて、Xは、その前に自己および自己が運用を任されていた妻名義のマクロスの株式を売却して、予想される損失を未然に防ごうと企て、法定の除外事由がないのに、右重要事実の公表前である同年九月三日、Z証券株式会社渋谷支店を介し、妻名義のマクロスの株式一万株の売付けをなし、更に犯意を継続して、翌四日、同様、自己名義の同社の株式一万二〇〇〇株の売付けをなし、もって同社の業務などに関する重要事実の公表がなされる前に、同社の上場株式の売買を行った。

そこで、東京地方検察庁は、Xを証券取引法一九〇条の二（現行一六六条、以下同じ）違反で東京地方裁判所に起訴した。

主位的訴因は、九月一日の取締役会に、同年五月二一日に同社が公表した売上高予想値二三〇億円を、一九〇億円以下に下方修正する報告がなされて承認されたことをもって、同条二項三号に該当する重要事項とするのもであるが、第一次予備的訴因は、同取締役会に、約四〇億円の架空売上の計上とYの失綜に伴う商品営業部門の売上高の大幅減少が確実なことにより、売上高の予想値が二〇七億円以下に減少することが明らかにされ、直近に公表された売上高の予想値の九〇％以下の予想値が新たに算出されたことをもって、同条二項四号に該当する重要事実とするものであり、第二次予備的訴因は、九月一日の取締役会に報告された内容をもって、同条二項四号に該当する重要事実であって投資者の投資判断に著しい影響を及ぼすものとするものである。

【判　旨】

有罪

東京地方裁判所は、主位的訴因および第一次予備訴因を認定せずに、第二次予備的訴因を認定して、被告Xを有罪とした。その判旨は、次の通りである。

一　主位的訴因および第一次予備的訴因について

まず、同号（証券取引法一九〇条の二（現行一六六条）二項三号）の「会社が新たに算出した予想値」の算出主体である「会社」の意義について検討するのに、この点については各会社の業務運営の実態に則して判断すべきであるところ、本件においては……平成二年五月二一日に公表されたマクロスの売上高等の予想値の公表数値はその直前に取締役会に諮られて承認されたことが認められ、この点にかんがみると、修正公表されるべき新たな予想値の算出主体も取締役会であると認めるのが相当である。問題は、弁護人が主張するように、現に修正公表される予想値が取締役会の決議によって最終的に確定されて、初めて新たな予想値が算出されたことになるのか、その段階に至る以前に、取締役会において予想値の修正公表が避けられない事態の報告がなされてそれが承認されればその段階で、同号に言う算出があったと認めてよいかという点である。証券取引法一九〇条の二の立法趣旨は、上場株式の発行者である会社の役員等その会社と一定の関係を有するものに対して、その職務等に関して会社の業務などに関する重要事実を知った場合、その重要事実の公表前にその会社の上場株券などの売買を禁止することによって、証券取引市場の公正性および健全性に対する投資者の信頼を保護しようとするものであって、同条二項三号の解釈も、右の立法趣旨にそってなされなければならない。

そのような観点から考察するとき、取締役会が算出主体である場合においては、その決議によって最終的に公表数値が具体的に確定しなければ、これが算出されたことにはならない、と解したのでは、右の立法趣旨は没却されてしまうことがしばしば生ずることになる。すなわち、このような最終的な数値の決定がなされるまでの間においては、これらの者がその会社の株式を売買することが可能になってしまうからである。

したがって、右の立法趣旨に照らせばこのような解釈はとりえず、取締役会において予想値の修正公表が避けられない事態に立ち至っていることについての報告がなされてそれが承認されたことをもって、同号にいう数値の「算出」がなされたものと解するのが相当である。

……臨時取締役会において報告された内容は、新たな売上高の予想値が二三〇億円から架空売上高の四〇億円を差し引いた一九〇億円になるという趣旨の報告でないのはもちろんのこと、客観的には、売上高についての修正公表が避けられない事態、すなわち売上高の予想値が二〇七億円以下になることが避けられない事態になっているとの趣旨の報告とも直ちに認めがたいというべきである。……したがって臨時取締役会において売上高につき、新たな予想値が一九〇億円になる旨の報告がなされ承認されたことを内容とする主位的訴因も、新たな予想値が明らかに二〇七億円を下回り修正公表が避けられない事態の報告がなされ承認されたことを内容とする第一次予備的訴因も、いずれも証明が十分でないことになる。

二　第二次予備的訴因について

以上に対し、第二次予備的訴因は、証券取引法一九〇条の二第二項四号に該当するというものであるが、年間一六〇億円の売上高が見込まれていた電子機器部門で、八月末約四〇億円の架空売り上げが計上されていて過去の売上実績の少なくとも過半が粉飾されたものであったこと、右の事情に加え、同部門の売上の大半を担っていたYが失綜したこと等から月々予定されていた売上はそのほとんどが架空ではないかと思われるというのであるから、結局同社の主要な営業部門として大きな収益を上げているとされた電子機器部門につき、九月以降の営業をも含めて、売上予想値の大幅な水増しがされていたことになって、経営状態が実際よりもはるかに良いように見せ掛けられ、その結果として株価が実態以上に高く吊り上げられた状態に置かれていたこととなるものといわなければならない。それぱかりか、予定していた約四〇億円の売掛金の入金がなくなったことによって、今後約三〇億円もの資金繰りを必要とするという事態を招いているのであって、公表されていた売上高の予想値に大幅な架空売上が含まれていた事実、及びその結果現に売掛金の入金がなくなり、巨額の資金手当てを必要とする事態を招いた事実は、まさに投資家の投資判断に著しい影響を与える事実といわなければならない。すなわち、この事実は、証券取引法一九〇条の二第二項三号に掲げられた業績の予想値の変化として評価するだけでは到底足りない要素を残しており、かつ同項一号の事実に該当しないことは明らかであるうえ、性質上は二号に類する事実といえるが同号及びその関係法令等を調べても、同号の事実に該当しないものと認められる。加えて、年間の売上高の見込が二三〇ないし二九〇億円で、計上利益の見込が二〇億円というマクロスの会社の規模に照らせば、その事実の重要性においても、投資者の判断に及ぼす影響に著しさにおいても、証券取引法一九〇条の二（現行一六六条）第二項一ないし三号に劣らない事実と認められるから、かかる事実は、同条二項四号に該当するものと解するのが相当である。

【研　究】

判旨が主位的訴因および第一次予備的訴因について述べたところには、疑問があるが、判旨の結論には賛成である。

マクロス事件は、証券取引法一九〇条の二（現行一六六条）が制定されて以来、内部者取引の刑事責任について、最初の正式裁判が行われたものであり、平成四年証券取引法改正前の一九〇条の二（現行一六六条）二項四号の包括条項を用いた点、および未決定事実について重要性を認め内部者取引を構成するものと判示した点で、先例としての価値がある。

一　主位的訴因および第一次予備的訴因について

内部者取引を規制する証券取引法一九〇条の二（現行一六六条）一項本文は、

「次の各号に掲げる者であって、上場会社等の業務等に関する重要事実を当該各号に定めるところにより知ったものは、当該業務等に関する重要事実の公表がされた後でなければ、当該上場会社等の特定有価証券等の売買をしてはならない。（以下略）」

と定めた上で、証券取引法一九〇条の二（現行一六六条）二項三号は、

「当該上場会社等の売上高、計上利益又は純利益について、公表がなされた直近の予想値に比較して当該会社等が新たに算出した予想値又は当該事業年度の決算において差異が生じたこと。」

と規定している。そこで、新たに算出した予想値又は当該事業年度の決算の算出主体である「会社」の意義が問題となる。これは、当該会社の業務執行の実体に則して判断すべきであり、一般的には取締役会であると解され、代表取締役によるワンマン経営の会社では、代表取締役そのもののこともあるし、常務会が事実上業務執行を決定していて、取締役会が法律上業務執行を決定している会社では、常務会であるなど、各々の会社毎に、当時の事情によって具体的に決定されるべきである。

本件判旨も、この「会社」の意義は、①各会社の業務執行の実態に則して判断すべきであるとした上で、②本

件においては、公表された予想値が取締役会に諮られて承認を受けていたことを根拠として、修正公表されるべき新たな予想値の算出主体も取締役会であると判示したが、判旨の①には賛成であるが、判旨の②において、公表された予想値が、公表以前の取締役会に諮られて承認されたことに鑑み（修正発表されるべき）新たな予想値の算出主体も取締役会であると解するのが相当であるとしている点は疑問である。

その理由は、前提となる予想値は公表されたものに限られるが、その発生が業務等に関する重要事実となるための「新たに算出した予想値」は、それが公表されるべきものかどうかとは、当然には何の関係もないことにある。従って判旨は、正確には、「公表された直近の予想値が……取締役会に諮られて承認されたことに鑑み、新たな予想値の算出主体も取締役会であると解するのが相当である。」と判示すべきであった。以下、判旨が、このように判示したものとして、検討を進める。

証券取引法一九〇条の二（現行一六六条）二項三号（以下、単に「三号」と呼ぶ。）にいう「会社」の意義については、会社の業務運営の実体に即して判断すべきであるが、具体的な個々の会社についても、その数字が算出される時点における業務運営の実態に即して判断されるべきであり、このことは、三号の「算出」の意義についても言えることである。

会社が予想値を公表することは、株価及び投資者に重要な影響を及ぼす行為であるから、代表取締役は、自ら公表の内容を決定することができず、必ず取締役会において、公表の内容である予想値と、それを公表することを、決定しなければならず（二六〇条二項参照）、これに違反して、代表取締役が自ら公表した予想値も、三号に言う「公表がされた直近の予想値」であることに変わりがない。

これに対して、三号に言う「会社が新たに算出した予想値」は、必ず公表されるとは限らず、「算出」それ自体は、証券取引法一九〇条の二（現行一六六条。以下、「同条」と呼ぶ。）の立法趣旨に副ってなされるべきであるが、同条は、上場会社の取締役等がその職務に関して会社の業務等に関する重要な重要事実を知った場合に、その重要事実の公表前に、その会社の株券等の売買を禁止することによって、証券取引市場の公正性及び健全性に対する投資者の信頼を確保しようとするものであるから、同条二項一号（以下、「一号」と呼ぶ。）が、「会社等の業務執行を決定する機関が……決定」と定めているのに対して、三号が、単に「会社等が新たに算出した……」と定めていることとの対比から言っても三号の場合は、一号の場合より、柔軟かつ緩やかに解釈することにより、同条の立法趣旨が充分に実現されるようにすべきである。したがって、「算出した」と言うためには、業務執行を決定する機関において報告し了承される必要はなく（必要説＝横畠祐介・逐条解説インサイダー取引規制と罰則一一四頁（一九八九））、単に経理担当者が算出したというだけでは、不充分であるが、その会社の収支計算及び決算見込を担当する事実上の責任者（それは、経理担当取締役や専務取締役の場合が多いと思われる。）迄、報告されたり承認されていれば、充分であると考える（同説、堀本修・内部者取引規制関係省令の解説〔5〕商事法務一一七七号一三頁（一九九六））。

三号に該当する新たな予想値が算出されたときは、その後、それが取締役会に報告され、審議されて承認され、かつそれを公表することが決定されて、公表されるのが実際であると思われるが、「算出」と「公表」迄の間こそ、これを職務上知った内部者が、その会社の株券等を売買して内部者取引をする虞があり、右のように解釈することにより、これを禁止することによって、同条の立法趣旨を達成できる。

判旨②は、取締役会をもって、三号の算出主体としつつも、取締役会において、予想値の修正公表が避けられない事態に立ち至っていることについての報告がなされて、それが承認されたことをもって、三号に言う数値の

「算出」がなされたものと解するのが相当であるとしている。「算出」の主体を取締役会だとする理由について疑問があることは、既に述べたが、仮に取締役会であると解するのが正当だとすれば、この判旨の結論は賛成である。なぜなら、算出主体が三号に言う「差異」が生ずることが避けられない事態に立ち至っていること（未決定事実の発生）について報告を受けて承認してから、「差異」が生じたこと（決定事実の発生）の報告を受けて承認する迄の間こそ、この未決定事実を職務上知った内部者によって、内部者取引が行われる虞がある時期であり、これを禁止することこそ同条の立法趣旨と考えられる（これについては、並木和夫・内部者取引の研究・一九三頁〔一九九六〕参照）。

二　第二次予備的訴因について

証券取引法一九〇条の二（現行一六六条）二項四号は、

「前三号に掲げる事実を除き、当該上場会社等の運営、業務又は財産に関する重要な事実であって、投資者の投資判断に著しい影響を及ぼすもの。」

と規定している。そこで事実の重要性の判断が問題となるが、アメリカにおける内者取引規制においても、事実の重要性の判断が問題となる。

内部者取引規制の先輩国であるアメリカにおける事実の重要性の判断基準は、判例上、原則合意基準と衡量基準とに分かれて発展してしてきたが、実際において最終審となることが多く、実務に重要な影響をもってきた連邦巡回控訴裁判所の判決には、従来から原則合意基準を採るものが多かった。しかし、最近に至って、連邦最高裁判所は、一九八八年のBasic Inc. v. Levinson事件の判決において、衡量基準を採用し、原則合意基準を採らないことを明らかにした他、内部者取引が行われたことをもって、重要性の指標と認めている（並木和夫、前掲書・一七四―一八七頁）。

また、わが国において重要事実の軽微基準を定める、大蔵省の省令「会社関係者等の特定有価証券等の取引規制に関する省令（平元二・三大令一〇）」は、様々な箇所において衡量基準を採用している。

そこで、本件判旨が、第二次訴因に答えて、「年間の売上高の見込が二三〇ないし二九〇億円で、経常利益の見込事実の重要性においても、投資者の判断に及ばず影響の著しさにおいても、証券取引法一九〇条の二（現行一六六条）二項一乃至三号に劣らない事実と認められるから、かかる事実は、同条二項四号に該当する。」として、粉飾の額などと売上高及び経常売上見込額を粉飾額として衡量して重要性を判断したことは、正当であるが、Basic Inc. v. Levinson 事件において、連邦最高裁判所判決が示したように、内部者取引が行われたことをもって、重要性を推定することができるかどうかについても検討すれば、より適切であった。

〔**付記**〕本件についての判例研究としては、堀口亘、金判九一一号四二頁（一九九三）と黒沼悦郎・商事法務一四二〇号三二頁（一九九六）がある。

（七〇巻九号（平成九年九月））　**並木和夫**

二九　保証債務の履行により手形を取得した者に対し信義則上融通手形の抗弁の対抗が認められた事例

大阪地判平成四年一〇月二八日第一〇民事部
平成二年(ワ)第八七〇号、平成二年(ワ)第八七九九号
約束手形請求事件（異議申立）、請求棄却（控訴）
判例タイムズ八一一号一九〇頁

【判示事項】

代位弁済によって信用金庫から手形を取得した者であっても、手形振出人に対して手形金の請求を行うことは、本件の場合、信義則上、手形振出人から金融を得られた者自身が手形金の請求を行う場合と同一視することができ、手形振出人は融通手形の抗弁をもって対抗することができる。

【参照条文】

民法四六四条・同法五〇〇条・同法五〇一条、手形法一七条・同法四七条・同法七七条

【事　実】

A会社は、昭和五六年二月頃に設立されたビニール製品等の製造販売を目的とする株式会社である。A会社の代表取締役Cの実兄Xは、昭和五九年頃からA会社において働くようになり、経理及び事務関係の処理を担当

し、Xは A 会社の役員ではなかったが、同社において「専務」と呼ばれ、金融機関に対する融資の依頼等の折衝はXが中心となって行っていた。しかも、XはA会社がB信用金庫に対する一切の債務について連帯保証をなし、さらにA会社のB信用金庫の債務を担保するために、X所有の土地・建物に極度額合計二億八千万円の根抵当権を設定していた。

昭和六三年三月末頃、A会社の資金繰りが行き詰まり、手形の不渡りを出す恐れが生じたため、A会社の倒産を防ぎ、根抵当権を設定した自己所有の物件を保全するために、Xが中心となってB信用金庫、Y会社、C会社の各代表者らと資金繰りについて協議し、その結果、Y会社ら三者に対して融通手形の振出を継続することによる資金援助の継続を要請するとともに、手形の割引先であったB信用金庫からも手形割引の継続についての同意を得た。

本件各手形は、Y会社が訴外A会社の資金繰りを援助するためにA会社に対して振り出した、いわゆる融通手形であるが、A会社はB信用金庫において本件各手形の割引を受けていた。しかし、平成二年九月五日にA会社は二回目の不渡りを出して事実上倒産したために、A会社のB信用金庫に対する一切の債務につき保証限度額の定めのない連帯保証人であったXは、平成二年九月二五日、本件各手形の買戻義務を含むA会社のB信用金庫に対する債務合計一億二千万円をB信用金庫に対して弁済し、B信用金庫は本件各手形の第一被裏書人欄を抹消した上でXに交付し、Xは本件各手形を取得した。

本件手形判決（大阪地裁平成二年一一月二〇日判決・判例タイムズ七五二号一八一頁）は、XとA会社が実質的に一体とまでは解することはできないとし、融通手形の授受がなされた場合の融通者は被融通者に対する保証人としての実質を有すると解するのが相当であるから、被融通者において融通手形を担保として金融を受けた場合における被担保債務の手形外の保証人と担保に供された融通手形の振出人との関係は、主たる債務者に対する保証人が複数いる場合を類推するのが相当であるとした上で、XがB信用金庫に代位することができる範囲は、民法四六五条、四四二条、四四四条の類推適用によって弁済額の二分の一であるとして、Xの請求を二分の一の限度で認容した。

Xが異議を申し立てたため、通常訴訟に移行した。通常訴訟移行後、XはYに対して本件各手形金の支払を請求したところ、Yは抗弁として、XがA会社の代表取締役Cの実兄であり、かつA会社の経理面における責任者として本件各手形を含む融通手形の振出をY会社に依頼していた者であり、さらにXはA会社のB信用金庫に対する債務につき連帯保証し、Xの土地・建物に債権者をB信用金庫とする極度額二億八千万円の根抵当権を設定していた、という事情からすれば、XはA会社と実質的に一体と見られる関係にあるから、Y会社のA会社に対する融通手形の抗弁の対抗を受けると、主張した。

【判　旨】

請求棄却

「A会社の代表者Cの実兄としての身分関係、A会社の取引銀行で主たる手形割引先であるB信用金庫に対してA会社のために包括な連帯根保証をするとともに、取引の推移に応じて極度額合計三億二千六〇〇万円にのぼる根抵当権を設定してきたという人的物的担保の設定状況、専務と称して対外的な折衝を行い、A会社の資金繰りについて中心的役割を果たしていた等に鑑みれば、XはA会社の共同経営者かそれに近い立場にあったと解し得るのであり、これに加えて、A会社に対する融通手形の振出という形によるY会社の資金援助を要請するについては、Xが中心となって考えた資金計画に基づいてX自身がこれを行っており、これは前記のとおり担保権を設定した自己の所有物件の保全をも目的とした行為であったのであるから、XとA会社は本件各手形の振出に関して密接に経済的利害を共通にするものであるといえる。したがって、Xは代位弁済によってB信用金庫から本件各手形を取得したとはいえ、XからY会社に対して本件各手形の請求を行うことは、信義則上、Y会社から金融の便宜を与えられたA会社自身が本件各手形の請求を行う場合と同視することができ、Y会社は、A会社に対する融通手形の抗弁をもってXに対抗することができるというべきである。」

【研　究】

結論的賛成

一　銀行が手形割引によって所持している手形につき割引依頼人あるいは手形の主債務者に信用の悪化を示す一定の事由が生じた場合には、銀行は与信取引によって投下した資金を遡求権の行使によって回収するのではなく、割引依頼人に対する手形の買戻請求権によって回収するのが通常である。その際、銀行は手形の買戻請求権を確保するために保証人を立てさせ、割引依頼人が手形の買戻に応じられない場合には、保証人に手形を買い戻させることが多い。本件においても、A会社がB信用金庫に対して負担する一切の債務についてXが連帯保証人となり、XはB信用金庫に対する保証債務を履行してB信用金庫から本件各手形を代位取得し、振出人たるYに対して手形金を請求している。

本判決によれば、①XがA会社の共同経営者かそれに近い関係にあったこと、②A会社に対する融通手形の振出という形によるYの資金援助の要請については、Xが中心となって考えた資金計画に基づいてX自身が行っていたこと、③XはA会社の債務につき自己所有の物件に根抵当権を設定しており、YのA会社に対する融通手形の振出依頼による資金繰りはX所有の物件の保全を目的とした行為であったことを根拠として、XとA会社が本件各手形の振出ついて密接に経済的利害を共通にすることを認定することによって、ＸがＢ信用金庫に対して負担する連帯保証債務を履行し、Ｂ信用金庫から本件各手形を代位取得して、ＸがＹに対して手形金を請求する場合を、信義則上、Ａ会社自身がＹに対して手形金を請求する場合と同一視することができると構成し、ＹがＡ会社に対して有する融通手形の抗弁をもってＸの手形金請求に対抗することができると判示して、ＸのＹへの手形金請求を棄却している。

本判決は、その理論構成上、最高裁昭和五二年九月二二日第一小法廷判決（判例時報八九六号九七頁）と同一線上にあるものと評価することができる。最高裁昭和五二年判決の事案の概要は以下の通りである。Ｙ会社はＡ会社に機械の製作を依頼し、その報酬の前渡金として約束手形を振出交付した。Ａ会社は手形をＢ銀行に裏書譲渡した。Ｂ銀行への右手形の裏書は、Ａ会社がＢ銀行から単名のいわゆる親手形によって手形貸付を受けた際に、その債務の担保として差し入れたものである。その後、Ａ会社が倒産したために、ＹＡ間の契約は解除された。そこでＢ銀行は、Ｂ銀行とＡ会社との銀行取引の連帯保証人であり、しかもＡ会社の代表取締役であるX_1およびその娘X_2の預金をＡ会社に対する手形貸付債権でもって相殺したうえで、Ｂ銀行は期限後の無担保裏書で右約束手形をX_1X_2に返還した。Ｙに対するX_1X_2の手形金請求に対して、最高裁判所は次のように判示し、X_1X_2の上告を棄却した。すなわち、「X_1らが訴外Ａ会社の訴外Ｂ銀行に対する借入金債務をその連帯保証人としてＡ会社に代わって返済し、右の債務の担保としてＢ銀行がＡ会社から裏書譲渡を受けていた本件手形をＢ銀行が無担保裏書のうえX_1らに交付したことにより、X_1らが本件約束手形の所持人になったのであるが、Ａ会社はその代表取締役であるX_1が主催するワンマン会社ないしは同族会社であって、Ａ会社とX_1とは密接に経済的利害を共通にするものであり、また、X_2はX_1の三女で、本件約束手形に関する限りX_1とは実質上も経済上も一体とみることができる関係にあるほか、B銀行は当初A会社から債権を回収する方針であったが、Yの申請に基づきB銀行とA会社における本件約束手形の引渡を禁止する旨の仮処分の決定が発せられたため、X_1らにA会社の借入金の返済を求め、X_1X_2らがこれを返済してB銀行から本件約束手形の交付を受けるに至ったものである。このような原審の認定のもとにおいては、本件約束手形のB銀行からX_1らへの裏書は、信義則上、B銀行からA会社への戻裏書と同一に評価すべきであるとし本件約束手形の振出人であるYは、A会社に対抗することができる人的抗弁をもって、善意のB銀行の介在にもかかわらず、X_1X_2らに対しても対抗することができるものとした原審の判断は、正当として是認することができ」ると判示した。

最高裁昭和五二年判決は、X_1とA会社との密接な経済的利害関係を認定し、B銀行からX_1X_2への裏書を、信義則上、B銀行からA会社への戻裏書と同一視することによって、YはA会社に対する人的抗弁をもってX_1らの手形金請求に対抗することができると判示しているが、ここで問題となるのが「B銀行からX_1X_2への裏書を、信義則上、B銀行からA会社への戻裏書と同一に評価する」ということの意味である。この点につき、最高裁昭和五二年判決が、X_1とA会社とを実体的にも同一視しているが故に、B銀行からX_1X_2への裏書をB銀行からA会社へ戻裏書と同一視していると解釈することはできない。なぜなら、X_1X_2とA会社とを実体的にも同一視するためには、A会社の法人格を否認しなければならないからである。法人格の否認の法理について、最高裁は、昭和四四年二月二七日第一小法廷判決（民集二三巻二号五一一頁）において、「法人格が全くの形骸に過ぎない場合、またはそれが法律の適用を回避するために濫用されているが如き場合においては、法人格を否認すべきことが要請される場合を生じる」と判示して、法人格否認の法理の適用基準をかなり明確に示している。しかし、最高裁昭和五二年判決の判決理由からは、①「法人格の形骸化」、②「法人格の濫用」という言葉を見つけ出すことはできず、同判決が法人格否認の法理を採用していると考えることはできないから、それ故に、同判決がX_1X_2とA会社とを実体的にも同一視していると解することもできない。このように考えると、最高裁昭和五二年判決は、むしろX_1X_2とA会社とは法的には別人格であることを前提として、何らかの実質関係によってYとX_1X_2との間に人的抗弁事由が基礎づけられているが故に、B銀行からX_1X_2への裏書を、信義則上、B銀行からA会社への戻裏書と同一視するという構成を採用し、YがA会社に対して有する人的抗弁をもってXの手形金請求に対抗することができると判示することによって、同一の目的を達成しているものと考えられる。

　というのも、最高裁昭和五二年判決の第一審である大阪地裁昭和四八年三月二九日判決（判例時報七〇九号九三頁）も、B銀行からX_1X_2への裏書を、信義則上、B銀行からA会社への戻裏書と同一に評価し、YがA会社に対して有する人的抗弁事由をもってX_1X_2の手形金請求に対抗することができると判示しているが、大阪地裁昭和四八年判決が右のような構成を採用した基礎には「仮にX_1およびX_2が、A会社とは別個の独立した手形上の権利を本件裏書により取得したとしても、その基礎の関係は、保証人としての代位弁済にあり、そしてそれによりX_1X_2が、銀行に代位してその権利を行使できるという法律関係の意味は、銀行の有せし権利の行使自体に重点があるのではなく、代位弁済した保証人がその求償権を満足するため、その手段として債権者の有せし権利を行使できるとの点に求めるべきであり（民法五〇一条参照）、しかもかかる場合銀行の有せし権利とは、通常手形の買戻請求権ないし受戻遡求権を元来の本体とすることも併せ考えると、保証人の求償として、これを主債務者に求めるのは格別、善意の銀行の有せし手形上の権利一般という外形を利用して、主債務者以外、しかも主債務者に対し支払拒絶の抗弁権を有する第三者にまで無制限に――即ち人的抗弁の制限を受けずに――その求償権を及ぼし得るとすることは、前叙制度の趣旨・範囲を逸脱するものとして、衡平の原理からも、これを許容し難い」という事情が存在していることを挙げている。すなわち、大阪地裁昭和四八年判決が、B銀行からX_1X_2の裏書を、信義則上、B銀行からA会社への戻裏書と同一視し、X_1X_2のYに対する手形金請求を棄却したのは、①X_1X_2がA会社の連帯保証人として保証債務を履行したことに基づいて手形をB銀行から代位取得したのであり、②法定代位は主債務者たるA会社に対する弁済者X_1X_2の求償権を満足するために行われるものであるから、③善意の銀行が有した手形上の権利一般という外形を利用して、他主債務者たるA会社に対して人的抗弁事由を有する第三者Yに対して求償権を及ぼしめることは代位制度の趣旨・範囲を逸脱し、衡平の原理に反する、という不都合を排除するための構成であると評価することができる。

このように、最高裁昭和五二年判決および大阪地裁昭和四八年判決が、B銀行からX_1X_2への裏書を、信義則上、B銀行からA会社への戻裏書と同一視するという構成を採用したのは、右のような実質関係が存在していることを考慮した結果である。それ故に、本判決が、Xの手形金請求を、信義則上、A会社の手形金請求と同一視するという構成を採用することによって、YはA会社に対して有する人的抗弁をもってXの手形金請求に対抗することができると判示したことに対しても、右のような実質関係が存在していることを考慮しなければならない。

二　本件においては、YとA会社との間に人的抗弁事由が存在し、かつ、割引依頼人たるA会社のB信用金庫に対する一切の債務についての連帯保証人としてXが保証債務を履行し、B信用金庫から本件各手形を代位取得した場合には、右のような実質関係によってYX間に人的抗弁事由が基礎づけられるのか否かについて検討しなければならない。そして、本件では、YがA会社の資金繰りを援助するために融通手形を振り出しているから、YA間の人的抗弁事由として、いわゆる融通手形の抗弁が問題となっている。したがって、本稿においては、まず初めに㈠融通手形の抗弁の問題について検討し、続いて㈡割引依頼人A会社の連帯保証人としてXが保証債務を履行し、B信用金庫から手形債権を代位取得したことの法的評価の問題について検討することにより、右のような実質関係がYX間に人的抗弁事由を基礎づけるのか否かについて考えてみたい。

㈠　融通手形とは、例えば、AがBをして第三者から金融の融資を受けさせるために、約束手形を振り出すなど、自分（A）の信用を満期まで他人（B）に利用させるために、振出、引受などの手形行為がなされた手形のことを言い、商取引を原因関係として振出等がなされる商業手形に対する言葉である（鈴木竹雄＝前田庸・手形法・小切手法（新版）二六五頁、大隅健一郎「融通手形の抗弁」商法の諸問題四一三頁、大隅健一郎＝河本一郎・注釈手形法・小切手法一九三頁、高窪利一「融通手形」手形法・小切手法講座第二巻一九六頁）。ここでも、本件と同様に、融通手形として約束手形が振り出された場合を想定して考えることにしたい。

およそ人が債務負担という出捐（Zuwendung）をなす場合には、必ずある一定の目的（Zweck）を追求する（Hugo Kreß, Lehrbuch des Allgemeinen Schuldrechts, 1929, S. 35; Hermann Weitnauer, Die abstrakten Verpflichtungen und das Problem des Rechtsgrundes, in: Wertpapierrecht, Bericht über das 8. Gemeinsam Seminar der Juristischen Fakultäten Montpellier und Heidelberg, 1978, S. 24ff. 拙稿「無因債務とその法律上の原因」法学雑誌 tâtonnement（タートンヌマン）第一号五八頁以下）。換言すれば、人はある一定の目的を達成するための手段として債務負担という出捐をなす。この点は手形行為の場合も同様であり、例えば、人が約束手形の振出という無因的債務負担行為をなす場合には、必ずある一定の目的を追求する。この目的が人に出捐を為すに至らしめたものであるから、出捐行為の原因（causa）と呼ばれ、出捐によって追求された間接的な法律効果として、ローマ法以来、贈与原因（causa donandi）、与信原因（causa credendi）、弁済原因（causa solvendi）という三種類が考えられてきた（Harm Peter Westerman, Die causa im französischen und deutschen Zivilrechts, 1967, S. 57; Weitnauer, a. a. O., S. 29)。したがって、人が約束手形の振出という手形行為をなす場合にも、人は必ず右三種類型のうちの何れかの目的＝原因を追求することになる。しかし、約束手形の振出は無因行為であるから（手形法七五条二号）、手形債務負担によって当事者が達成しようとした目的＝原因は手形行為の成立要件から捨象されており、それは手形行為の外部に観念される（Pia Prantl, Die Abstraktheit des Wechsels, 1989, S. 22; Andreas von Tuhr, Zur Lehre von den abstrakten Schuldverträgen nach dem BGB, in:Festschrift zu August Sigmund Schltzes, 1903, S. 31; Werner Flume, Allgemeiner Teil des Bürgerlichen Rechts, BandII, Das Rechtsgeschäft, 3. Aufl., 1979, S. 153. 小橋一郎・手形法・小切手法九頁、木内宜彦「原因関係と手形抗弁（本論）」手形抗弁の理論六〇頁以下）。すなわち、この場合には「何のために手形債務が負担されるのか」という手形授受当事者間の目的の合意（Zweckvereinbarung）は、手形行為の外部において合意される。

融通手形が振り出される場合には、おそらく融通者・被融通者間では手形行為の外部において与信目的が合意されるのであろうが、その内容としては、当該手形を融通目的に利用する旨の合意とともに、一般に、第三者による融資が得られた場合には、支払期日までに被融通者が支払資金を準備して融通者に提供し、被融通者が計算を負担すべきこと、および、融通目的が達成されなかった場合には、速やかに手形を回収し、融通者に返還すべきことが合意される（高窪・前掲一九八頁、野津務「判例融通手形法（二）」民商法雑誌一二巻一号六九頁、鈴木・前掲二六六頁、大隅・前掲四一四頁、今井宏「融通手形の抗弁」商法演習III二二二頁以下）。

約束手形の振出を典型とする無因的債務負担行為の場合には、債権の安固性・確実性や債権者の地位の強化のために当事者間で合意された目的が法技術的にその成立要件から一旦は捨象されるけれども、そこで合意された目的は完全に無視されてしまうことにはならない。すなわち、無因的債務負担行為の成立要件のところで一旦は捨象された目的は、後になって法律上の原因（Rechtsgrund）という形に姿をかえて再び登場する（von Tuhr, a. a. O., S. 31.）。すなわち、当事者間で合意された目的が到達される場合には、手形債務の法律上の原因がもたらされ、手形法一七条本文の人的抗弁は排除される。これに対して、当事者間で合意された目的が到達されない場合には、手形債務の法律上の原因が欠缺し、手形法一七条本文の人的抗弁が基礎づけられる（Wolfgang Zöllner, Wertpapierrecht, 14. Aufl., 1987, S. 31f.; Franz Schnauder, Einreden aus dem Grundverhältnis gegen den ersten Wechsel-und Scheckgläubiger, JZ 1990, S. 1048; Bernd Müller-Christmann/Franz Schnauder, Wertpapierrecht, 1992, S. 34f.）。つまり、無因行為の場合には、当事者間で合意された目的の到達を無視するのではなく、たんに目的の合意（Zweckvereinbarung）および目的の到達（Zweckerreichung）が後回しに（Zurückstellung）されているに過ぎない（Kreß, a. a. O., S. 46）。

したがって、融通手形の振出の場合にも、融通者と被融通者との間で合意された融通目的が到達される場合には、手形債務は法律上の原因を有するものとして、手形法一七条本文の人的抗弁は排除され、債権者たる被融通者は当該手形債権を確定的に保有することができる。これに対して、当事者間で合意された融通目的が到達されない場合、例えば、手形の満期までに被融通者が融通者に対して支払資金を提供しない場合には、手形債務の法律上の原因が欠缺し、当事者間に手形法一七条本文の人的抗弁が基礎づけられる。このように考えて来ると、融通手形であること自体が手形法一七条の人的抗弁事由を構成することにはならない。むしろ、融通者・被融通者間で合意された「融通目的の不達成」が人的抗弁を基礎づけるのであり、従来融通手形の抗弁として考えられてきた問題はすべて手形法一七条の問題として処理することができる（同旨、倉澤康一郎「判例批評」下級審商事判

例評釈（昭和四五年―四九年）五六三頁、木内・前掲一二一頁以下、田辺光政・手形流通の法解釈一四一頁）。

㈡　債務者以外の者が債務者のために弁済する場合には、弁済者は債務者に対して求償権を取得するのが通常である。例えば、保証人が保証債務を履行する場合には、被保証人に対して求償権を取得する（民法四五九条以下）。保証人は弁済をなすにつき正当の利益を有する者であるから、弁済によって当然債権者に代位する（民法五〇〇条）。代位とは、弁済によって既に消滅した債権及びこれに従たる権利を弁済者に対する関係においてはなお存続するものとして、法律上弁済者に移転せしめるものである（岡松參太郎「代位ノ性質」法学志林一〇巻三号九頁、石坂音四郎・日本民法第三編債務第二巻一二七九頁、鳩山秀夫・増訂改版日本債権法（総論）四一九頁、柚木馨・判例債権法総論下巻二六二頁、松阪佐一・民法提要債権総論（第四版）二四〇頁）。したがって、代位の結果、保証人は固有の求償権のほかに債権者が債務者に対して有する権利を有することになる（石坂・前掲一二九九頁、鳩山・前掲四二二頁、松阪・前掲二四〇頁）。民法は求償権の効力を確保するために、この求償権の範囲内において債権者が債務者に対して有していた権利を弁済者に移転するものとしたのだから（石坂・前掲一二七四頁、我妻榮・新訂債権総論二四七頁、柚木・前掲二六八頁、於保不二雄・債権総論（新版）三八四頁、松阪・前掲二四〇頁）、債権者に代位した者は、自己の権利に基づき求償をなしうべき範囲内において、債権の効力および担保として債権者が有した一切の権利を行うことができる（民法五〇一条本文）。それ故に、債権者に代位した者は、債権者が有した一切の権利を行使することができるとしても、それはあくまでも自己が有する求償権の範囲に限定されることに注意しなければならない。

本件では、XはA会社のB信用金庫に対する一切の債務についての連帯保証人となっているから、Y振出の本件各手形にA会社が裏書し、A会社が負担した手形債務を含む銀行取引上の債務についてXが手形外で包括的に民事保証していると考えることができる。したがって、XはA会社がB信用金庫に対して負担する手形の買戻義務のほかに手形の遡求義務に関しても手形外で連帯保証していることになる。そして、Xは割引依頼人たるA会社の連帯保証人として割引人たるB信用金庫に対して保証債務を履行しているから、Xは固有に被保証人たるA会社に対して求償権を取得するとともに、Xは当然B銀行に代位する。これにより、Xは手形上の権利も取得すると解するのが多数説である（大隅＝河本・前掲一四五頁、佐藤庸「手形・小切手の譲渡」手形法小切手法講座第三巻一頁、髙鳥正夫・銀行取引判例百選（新版）一三〇頁、菅原菊志「判例批評」判例時報四一〇号八二頁、林竧「判例批評」ジュリスト五八八号九九頁、落合誠一「判例批評」ジュリスト六九六号一五六頁、伊藤壽英「判例批評」金融・商事判例九一八号四五頁、柴崎暁「判例批評」判例タイムズ八五六号七八頁）。

この場合には、Xの約束手形の振出人Yに対する手形金請求が認められるか否かが問題となる。Xによる本件各手形の取得は法定代位に基づくものであるから、Xの手形債権の行使に関しても、Xが有する求償権の範囲内に制限されることは言うまでもない。一見すると、この場合には、XとYとの間には直接の法律関係が存在しないから、XのYに対する求償権を基礎づける根拠が存在しないようにも見える。しかし、本件では、XはA会社がB信用金庫に対して負担する一切の債務について連帯保証していること、すなわち、A会社がB信用金庫に対して負担する手形の遡求義務について手形外で連帯保証していることに注目しなければならない。

ところで、手形債務者は所持人の遡求権について合同責任を負っているが（手形法四七条一項）、この合同責任とは、各署名が手形金の全額について責任を負い、しかもその一人の支払いによって当該債権者に対しては他の者もすべてその責任を免れる関係をいう（菅原菊志「遡求」手形法・小切手法講座第五巻三九頁）。この合同責任について、ジュネーヴ統一条約英語成文では、jointly and severallyという語を使用し、ドイツ手形法四七条では、Gesamtschuldnerという語を使用しており、いずれも連帯責任を意味するものと解されている。つまり、この合同責任は一種の連帯責任であるから（高窪利一・手形・小切手法通論〔全訂版〕二九〇頁）、その性質に反しない限り、連帯債務に関する民法の規定を準用ないし類推することが可能である（伊沢孝平・手形法・小切手法四六九頁、菅原・前掲「遡求」四〇頁、松岡和生「判例批評」財政経済弘報九七四号七頁）。そうすると、XがA会社の遡求義務について手形外で連帯保証している本件においては、連帯債務者の保証人の求償権について規定した民法四六四条により、XがYに対して手形年金額の求償権を有するか否かが問題となる。民法四六四条は「連帯債務者又ハ不可分債務者ノ一人ノ為ニ保証ヲ為シタル者ハ他ノ債務者ニ対シテ其負担部分ノミニ付キ求償権ヲ有ス」と規定し、保証人は保証した債務者に対しては全額求償することができるとともに、さらに他の債務者に対してもその負担部分についてのみ求償権を有する旨を定めている。すなわち、この規定は保証された連帯債務者が保証人から全額の求償を受けてこれに応じた場合に、他の連帯債務者との間に生ずべき求償関係を簡易に決済するために設けられた便宜的規定であるから（柚木・前掲九三頁、於保・前掲二八一頁、松阪・前掲一八三頁、中川淳・注釈民法（11）債権（2）二八五頁、我妻・前掲四九六頁以下）、保証人が他の連帯債務者に対して求償権を取得するためには、他の連帯債務者が負担部分を有していることが不可欠となる。本件について言えば、A会社の遡求義務の連帯保証人として保証債務を履行したXがYに対して手形金全額の求償権を取得するためには、A会社とともに合同責任を負うYが負担部分を有していることが前提となる。つまり、合同責任としての手形債務について負担部分を観念することができるか否かが問題となる。この点につき、合同責任としての手形債務は負担部分を予定していないという点において、民法上の連帯債務とは異なるということが指摘されている（小橋一郎「手形債務の民事保証と代位」商法論集Ⅲ手形（2）二六五頁、伊沢・前掲四六九頁、菅原・前掲「遡求」三九頁）。しかし、合同責任としての手形債務について負担部分を観念することは否定されていない。手形法四七条三項は「為替手形ノ署名者ニシテ之ヲ受戻シタルモノモ同一ノ権利ヲ有ス」と規定し、遡求義務者の一人が償還する場合には、常に前者に対して再遡求の関係を生ずる旨を規定している。すなわち、ここでは、法律によって合同債務者間の内部関係における負担部分が定められており、手形上の前者の負担部分が手形金全額となり、後者の負担部分が零となるように法定されているのである。この点について、松岡和生教授が指摘されるように、「合同責任としての手形債務につき、一般的に負担部分の観念それ自体が否定されているわけではなく、この場合には手形上の前者の負担部分が手形金の全額となり、後者の負担部分が零となるとみれば足る」のであり、この場合には、「前者はもちろん、後者といえども、たとえその負担部分が零であっても、債権者に対して債務の全額につき独立して履行すべき義務のあることはいうまでもなく、後者はその履行によって前者に対して手形金全額の負担部分に対する求償権を取得する」ことができる（松岡・前掲七頁以下）。

このように合同責任としての手形債務についても負担部分は存在しており、YA間に人的抗弁事由が存在しない通常の場合には、Yの負担部分が手形金全額となり、Aの負担部分が零となるので、民法四六四条により、XはYに対して手形金全額の求償権を取得することになる（松岡・前掲八頁）。Xが連帯保証債務を履行してB信用金庫から本件各手形を代位取得したのは、自己が有する求償権の効力を確保するためであり、この場合には、XはYに対して手形金全額の求償権を有するから、XのYに対する手形金請求を認容することができる。これに対して、YA間に人的抗弁事由が存在する場合には、A会社がXに手形金全額の弁済をしたとしても、A会社はYに対して手形金全額の負担部分の求償権を有することができず、YA間に関する限り、Yの負担部分が零となり、Aの負担部分が手形金全額となるから、民法四六四条により、XはYに対して手形金の求償権を取得することはできない（松岡・前掲八頁）。したがって、この場合には、右事由によってYX間に人的抗弁が基礎づけられるので、XのYに対する手形金請求を認容することはできない。

三　以上のことを踏まえて、本件について検討することにしたい。本件では、YがA会社の資金繰りを援助するために融通手形を振り出し、A会社はこれを割引のためにB信用金庫に裏書譲渡し、B信用金庫はA会社に対して割引金を交付している。それ故に、たとえYA間にいわゆる融通手形の抗弁が基礎づけられるとしても、手形法一七条本文によってB信用金庫はYA間の人的抗弁から切断された手形債権を取得することになる。XはA会社の連帯保証人として保証債務を履行し、B信用金庫から本件各手形を代位取得しているから、B信用金庫が有していた手形所持人としての地位がXに受け継がれている（髙鳥・前掲一三〇頁）。それ故に、Xは被保証人たるA会社の地位とは独立に手形債権を取得することになる。

しかし、XがA会社とは独立にB信用金庫から本件各手形を取得したとしても、そのことから直ちにYがXに対して対抗すべき抗弁事由を有していないということにはならない（倉澤康一郎「判例批評」手形法の判例と論理二一二頁）。つまり、Xが本件各手形を取得すると言っても、それはA会社の民事保証人として連帯保証債務の履行によってB信用金庫から代位取得したのであるから、Xの手形債権の行使についてもあくまで代位の原則に従って行われなければならず、しかも、本件では、YがA会社の資金繰りを援助するために振り出したいわゆる融通手形であることが考慮されなければならない。すなわち、本件各融通手形の振出当事者であるYA間では、通常、当該手形を融通目的に利用する旨の合意とともに、一般に、第三者による融資が得られた場合には、支払期日までに被融通者が支払資金を準備して融通者に提供し、被融通者が計算を負担すべきこと、および、融通目的が達せられなかった場合には、速やかに手形を回収し、融通者に返還すべきことが合意されている。本件では、A会社がB信用金庫から割引金の交付を受けており、第三者による融資が得られた場合に該当するから、A会社はYに対して手形の満期までに手形の支払資金を準備して提供しなければならない。しかし、平成元年九月五日に二回目の手形の不渡りを出してA会社は事実上倒産しているから、手形の支払資金をYに提供することはできない。そのために、YA間で合意された融通目的が不到達に確定し、手形債務の法律上の原因が欠缺するから、YA間には手形法一七条本文の人的抗弁が基礎づけられる。この場合には、A会社がXに手形金の全額を弁済したとしても、A会社はYに対して手形金全額の負担部分の求償権を有することができず、YA間に関する限り、Yの負担部分が零となり、A会社の負担部分が手形金全額となるから、民法四六四条によって、XはYに対して手形金の求償権を取得することはできない（松岡・前掲八頁）。本件各手形をB信用金庫から代位取得したXが手形債権を行使する場合には、代位の原則に従って行われる必要があり、Xが手形債権を取得したのは保証債務の履行による求償権の効力の確保のためであるから、XがYに対して手形金の求償権を有していない以上、右事由によってYX間に手形法一七条本文の人的抗弁が基礎づけられる。したがって、XのYに対する手形金請求を認容することはできない。

本判決が、Xの手形金請求を、信義則上、A会社の手形金請求と同一視することによって、YがA会社に対して有する人的抗弁をもってXの手形金請求に対抗することができるという構成を採用したのも、XがA会社のB信用金庫に対する一切の債務についての連帯保証人として保証債務を履行し、B信用金庫から本件各手形を代位取得したXがYに対して手形金請求をなす場合には、①YA間に人的抗弁事由が存在すること、および、②Xによる本件各手形の取得が民事保証人による弁済による代位であるという二つの事情が、YX間に直接の人的抗弁事由を基礎づけるという民事保証人による弁済による代位の特徴を考慮した結果であるように思われる。

右のような私見に対しては、ＹＡ間の抗弁は手形法一七条本文によってＢ信用金庫のところで切断されている以上、Ｂ信用金庫から本件各手形を代位取得したＸはＢ信用金庫の地位を承継したのだから、ＸがＹに対して手形金請求をする場合にはＹＡ間の人的抗弁の対抗を受ける謂れはない、という批判があるかもしれない。しかし、Ｂ信用金庫の介在によってＹＡ間の人的抗弁が切断されていることと、前者に対する抗弁事由が、何らかの実質関係によって、取得者にとっても固有の抗弁事由となるか否かということとは別個の問題である（倉澤・前掲二一三頁）。すなわち、本件のように、ＹＡ間に原因関係上の抗弁事由が存在する場合には、Ｘの手形金請求に対するＹの抗弁事由にＹＡ間の原因関係上の抗弁事由が持ち込まれることになるが、実はこの点が民事保証人による手形金返還請求権の行使の特色であり、手形保証人の手形上の権利の行使の場合とは異なる点であると言わなければならない（手形法三二条三項参照、松岡・前掲八頁）。

四　従来、下級審判決では、融通手形を銀行から買い戻した連帯保証人Ｘの融通者Ｙに対する手形金請求に関して、融通手形の振出人Ｙの地位は、その実質面から見ると、その金額の範囲内で被融通者Ａ会社に対する保証人的な立場にあるから、被保証人Ａ会社の他の連帯保証人Ｘとの関係では共同保証人の立場と解し、共同保証人間の求償規定に従うべきである、と判示してきた（東京地裁昭和四二年四月二一日判決・金融・商事判例六四号一〇頁、和歌山地裁妙寺支部昭和四六年一二月一六日判決・判例時報六五七号八六頁、東京地裁昭和五一年七月一六日判決・判例時報八四〇号一〇八頁、大阪地裁平成二年一一月二〇日判決・判例タイムズ七五二号一八一頁）。

しかし、この考え方（共同保証類推説）に対しては、融通手形の振出人Ｙは経済的地位が保証人に類似しているとはいえ、Ｙが常に保証の意思を有しているかは定かではない、と批判することができる（河本一郎「融通手形の当事者の法律関係」民商法雑誌七四巻三号五一一頁）。かりに、融通者Ｙが保証の意思を有していたとしても、Ｘ

とYとの間に共同保証関係が成立するためには、YB間では保証の趣旨でYが手形債務を負担する旨を合意しなければならない。さらに、共同保証とは、同一の主たる債務について数人が保証債務を負担することであるから（鳩山・前掲三二一頁、我妻・前掲五〇二頁、柚木・前掲九六頁、於保・前掲二八四頁、松坂・前掲一八五頁）、YX間に共同保証関係を認めるためには、YB間の被担保債務とBX間の被担保債務とは同一のものでなければならない。この場合の被担保債務とは、AB間の遡求義務と手形買戻義務の双方あるいはそのいずれかであると解される。共同保証類推説の立場では、これらの債務を被担保債務として保証の趣旨でYが手形債務を負担することになるが、その他、融通手形が振り出される場合には、振出当事者間では融通手形の振出依託契約が締結されており、当該融通手形が割引のために裏書される場合には、裏書当事者間では手形割引契約が締結されているから、共同保証類推説の立場では、三つの法律関係が錯綜することになり、従来の融通手形についての解釈に比べて、その法律構成が複雑になると言わざるを得ない。さらに、共同保証人類推説の立場を子細に検討すれば、その法律構成に対して根本的な疑問を生ぜしめる場合が存在する。その一例を挙げれば、YがAB間の手形買戻義務を被担保債務として保証の趣旨で手形債務を負担したという場合である。従来、手形割引の法的性質に関して、いわゆる国対三菱銀行事件（第一審＝京都地裁昭和三二年一二月一一日判決・下民集八巻一二号二三〇二頁、第二審＝大阪高裁昭和三七年二月二八日判決・高民集一五巻五号三〇九頁）を契機として、手形割引が売買か消費貸借かをめぐって激しく争われ、その結果、昭和三七年八月六日に全国銀行協会連合会による銀行取引約定書ひな型が制定され、手形割引を売買とみる前提のもとに、割引手形の買戻請求権について詳細な規定が置かれた。銀行取引約定書によれば、割引依頼人の手形買戻義務は、①割引依頼人とその保証人の倒産ないし信用悪化の場合には当然にまたは銀行の請求によって割引手形全部について（五条）、②手形主債務者の倒産ないし信用悪化のさいはその者が主債務者となっている手形について当然に（六条一項）、③割引手形について債権保全のために必要とする相当の事由が生じた場合には、銀行の請求によって初めて発生する（六条二項）。共同保証類推説の立場では、ＹＢ間において、Ｙが将来発生するＡ会社の手形買戻義務を被担保債務として保証の趣旨で手形債務を負担する旨が合意されている。したがって、手形の満期までに約定書で定められた前記①②③の事由が起こる場合には、割引依頼人Ａ会社の手形買戻義務が発生し、ＹＢ間で合意された保証目的（担保目的）が到達されるから、手形債務の法律上の原因がもたらされ、ＹＢ間には手形法一七条本文の人的抗弁は排除される。これに対して、手形の満期までに前記①②③の事由が起こらない場合には、手形割引依頼人の買戻義務が発生せず、ＹＢ間で合意された保証目的（担保目的）が不到達に確定するから、手形債務の法律上の原因が欠缺し、ＹＢ間に手形法一七条本文の人的抗弁が基礎づけられる。この場合には、共同保証人類推説の立場では、ＹはＸの手形金請求を拒絶することができることになるが、この結論は融通手形についての従来の解釈とは全く正反対の解釈になってしまう。この点は、共同保証類推説がその法律構成について根本的な問題を内含していることを如実に示す一例であるように思われる。

五　私見の立場を要約すれば、ＸはＡ会社のＢ信用金庫に対する一切の債務についての連帯保証人として保証債務を履行して、Ｂ信用金庫から本件各手形を代位取得しているから、Ｘは手形上の権利をＢ信用金庫から承継取得している。しかし、Ｙの抗弁の問題としては、①本件各手形がＡ会社の資金繰りを援助するためにＹが振り出した融通手形であるということ、および②Ｘによる手形債権の取得は、民事保証債務の履行による求償権の効力を確保するためのものであるという二つの事情が考慮されなければならない。すなわち、本件では、Ａ会社がＹに対して手形の満期までに手形の支払資金を提供することができなかったために、ＹＡ間で合意された融通目的が不到達に確定するから、手形債務の法律上の原因が欠缺し、ＹＡ間には手形法一七条本文の人的抗弁が基礎づけられる。この場合には、合同責任としての手形債務について、ＹＡ間に関する限り、Ｙの負担部分が零となり、Ａ会社の負担部分が手形金全額となるから、民法四六四条により、ＸはＹに対して手形金の求償権を有することはできない。本件において、Ｘが本件各手形債権を取得したのは保証債務の履行による求償権の効力の確保のためであるが、ＸがＹに対して手形金の求償権を有していないから、右事由によってＹＸ間には手形法一七条本文の人的抗弁が基礎づけられるので、ＸのＹに対する手形金請求を認容することはできない。

（七一巻二号（平成一〇年二月））　渋谷光義

三〇　いわゆる小会社の監査役に第三者に対する責任を認めた事例

東京地判平成四年一一月二七日
平成二年(ワ)第二五六六号損害賠償請求事件（確定）
判例時報一四六六号一四六頁、金融法務事情一三六五号四三頁

【判示事項】

被告は監査役として代表取締役の計算書類等の粉飾の事実を暴く機会を与えられたのにもかかわらず、会社の会計監査を真摯に行わず、右に計算書類について説明を何ら求めることもなく、右の不正経理を見過ごし、結果的に会社の本決算書中の貸借対照表等の計算書類が会社の財産・損益状況を正しく示していないのにそれを放置した事実等を総合し、また、被告が弁護士であって、監査役に就任した以上一般人に比して監査役の職務をより一層真摯になすべきことが期待される職責にあることをも斟酌すると、監査役として重大な任務懈怠があり、任務懈怠につき悪意または重過失があるといわざるを得ない。

【参照条文】

商法二八〇条・二六六条ノ三第一項

【事　実】

訴外A会社は昭和五九年八月、資本金五〇〇万円で設立されたが、昭和六一年四月、増資されて資本金二〇〇〇万円となった、土木・建築の企画、設計、施工及び管理並びに宅地建物取引業等を目的とする会社であり、「株式会社の監査等に関する商法の特例に関する法律」でいうところの資本の額が一億円以下、負債の合計金額が二〇〇億円未満のいわゆる小会社である。被告Y_1はA会社の代表取締役であり、被告Y_2は監査役、Y_3は取締役である。なお、Y_2は弁護士業務を営む者であり、Y_3はその妻である。

原告X株式会社は、昭和六二年一一月ころから、神奈川県川崎市中原区新丸子にマンション建築の計画を立て、昭和六三年一〇月ころまでに同所に土地を購入し、昭和六三年一二月二六日、A会社とマンション新築工事に関する請負契約を締結した。X会社は大手建築業者社員の紹介でA会社を知ったが、A会社と初めての取引でもあり、念のため、A会社に本件工事を間違いなく完成させるだけの力量があるか否かの信用調査を東京都住宅局に出向く等して行った。その結果、A会社の最新の二期から四期までの業務成績（昭和五九年一〇月一日から六二年九月三〇日まで。A会社の決算期は毎年九月末日であるが、昭和六三年九月末日決算期の分は手に入らなかった。）を入手し、その結果、その収入はほとんどが不動産売上で請負工事の年間受注件数は一・二件ということが判明した。そこで、X会社（担当者・専務取締役）は右疑問点をA会社担当者に申し述べたところ、A会社企画設計室長B、工務主任Cらは「現在施行中の現場は三か所ある」「アイは弁護士であるY_2の、ケイはY_1の頭文字をとったものである」「弁護士のY_2が監査役で利益率は悪いが赤字を出していないから大丈夫です」旨述べ、かつ、現場を何か所か見せた。X会社はA会社社員の言動を信用し、A会社には本件工事を完成させるだけの力量があると信じて本件契約を締結した。

X会社は、平成元年一月二〇日ころ、A会社に対し本件契約に基づく請負代金の一部五〇〇〇万円を支払った。A会社は遅くとも昭和六三年一〇月ころには既に経営が相当程度逼迫しており、本件金員受領時（平成元年一月）では負債の総額が約二〇億円に達して資金に窮する状態となり、A会社が本件工事を遂行、完成ができない状態となる可能性が十分あったのにもかかわらず、あえて本件工事に着工し、本件金員を受領した。A会社は平成元年一月二〇日ころ、本件工事に着工して一部の杭打ち作業をしたが、同年三月末ごろ、負債総額約二〇億円で倒産し、その頃本件工事を放棄するに至った。そこで、Xは倒産、本件工事放棄によってX会社は別の請負業者に本件工事を依頼せざるをえなくなり、建物完成が大幅に遅延したばかりでなく、右杭打ち工事をしたA会社の下請会社に対して直接工事代金一〇〇〇万円を支払うなど工事費用も大幅に上回る結果となり、本件金員の回収も不能になったとして、$Y_1$$Y_2$$Y_3$に対し、商法二六六条ノ三および二八〇条に基づき支払った請負代金の一部と同額の五〇〇〇万円の損害賠償を請求して訴を提起した。

なお、以上の事実のほか、判決は、Y_1が昭和六三年一一月二二日作成の昭和六二年一〇月一日から昭和六三年九月三〇日までのA会社第五期決算報告書中の貸借対照表に虚偽の記載をしてA会社に利益があるように粉飾決算し、A会社の信用状態を良好であるように装ったこと、Y_3は会社から報酬を受け取った形跡はなく、いわゆる名目的取締役であること、Y_2はY_1の一〇年来の友人で、Y_1から決算書類を見せられて報告を受ける機会があったが、その際、決算報告書等の会計帳簿について何らの説明を求めることもなく、当時のA会社の経理担当者を信用し、この規模の会社では帳簿に基づいてできていれば十分と一人納得して決算報告書にゴム印と判を押したこと、Y_2が昭和六二年一一月ころ弁護士事務所を移転したビルはそれ以前はA会社の本店があったこと、Y_2はA会社あるいはY_1との間にしばしば高額の貸し借りがあった、等の事実が認定されている。

【判　旨】

一部認容、一部棄却。（紙幅の関係上、評釈で取り扱う監査役の責任に関する部分のみ引用する。）

「Y_2は訴外会社の監査役として、計算書類たる貸借対照表・損益計算書・営業報告書等の案件及びその附属明細書などを中心に善管注意義務をもって会計監査を行う義務があると解せられる（商法特例法二二条参照）。

前記認定のとおりY_1は相当以前から粉飾決算をしていた疑いが極めて濃厚であると推認され、A会社は遅くとも昭和六三年一〇月ころには二〇億円を越える負債があり既に経営が相当程度逼迫しておったのにもかかわらず、Y_1は、本決算書の貸借対照表に前記のような虚偽の記載をして利益があるように粉飾し、A会社の信用状態を良好であるかのように装ったが、Y_2は、監査役としてY_1の右粉飾の事実を暴く機会を与えられたのにもかかわらず、A会社の会計監査を真摯に行わず、右計算書類について説明を何ら求めることもなく、右の不正経理を見過ごし、結果的にA会社の本決算書中の貸借対照表等の計算書類がA会社の財産・損益状況を正しく示していないのにそれを放置した。

右事実に前記第四の一、7に認定の各事実（Y_2がY_1と共同してA会社を経営していた事実までは認められないものの、Y_1とY_2の単なる友人関係を越えた特殊な関係が推認される。）を総合し、Y_2が弁護士であって、監査役に就任した以上一般人に比して監査役の職務を一層真摯になすべきことが期待される職責にあることをも斟酌すると、Y_2には、監査役として重大な任務懈怠があり、任務懈怠につき悪意または重過失があるといわざるを得ない。（本決算書中の貸借対照表をみると資産の九五パーセント強が流動資産であり、負債の一〇〇パーセントが流動負債であって、負債が資本金の一四五倍に当たること等が判り、弁護士がこれを真面目に検討すればA会社が健全な経営を営んでいる会社かどうか相当の疑問を抱いたものと推測される。本決算書以前の決算期における決算書についても弁護士がこれを真面目に検討すれば同様な疑問を抱いたものと推認できる。Y_2が監査役就任した動機・理由、報酬の有無等はその責任には直接関係ないといわざるを得ない。）

X会社の被った…損害とY_1及びY_2の任務懈怠行為との間には…それぞれ相当因果関係があるのは明らかというべきであるから、右両被告は商法二六六条ノ三、二八〇条に基づき右損害を賠償すべき義務がある。（なお、…X会社は本決算書中の貸借対照表そのものを信頼して本件契約を締結したものではないから、Y_1やY_2に商法二六六条ノ三第二項に基づく責任は認め難い。）」

【研　究】

判決の結論及び理由に疑問がある。

一　昨今、さまざまな企業不祥事が露呈し、新聞紙上に取り上げられている。企業が取引その他でその取引相手等の利害関係者に損害を与えた場合、それ自体には脆弱な財産しか有しない会社が多く見られるために、法人格否認の法理や取締役の対第三者責任を規定する商法二六六条ノ三などにより救済を与えることがこれまでも行われてきたが、その責任が取締役にとどまらず、不正行為を見逃した監査役にもあると見られるような事例であれば、被害者救済の見地からは監査役の責任もあわせて認めて保護を厚くしていこうとの態度は、首肯し、納得することができるようにも思われる。このことを裏付けるように、監査役の対第三者責任を争う判例は、戦前にはほとんど見られず、また昭和二五年改正により監査役の権限が会計監査に限定されたのに照応してか、昭和四〇年代以前は同じく先例となりそうにものは数件しかないとの状況であったのに、昭和四九年改正の前後からその数は急増するに至っている。しかしながら、このように判例数は増加したものの、監査役の責任を正面から肯定した例は非常に少ない。

そのような状況にあって、当該判例は名目的取締役の責任は否定したものの、代表取締役と監査役に責任を負わせた。取締役については、これまでも多くの先例があり、学説も争いがあるところであるが、当該事例は判例・通説を前提とするかぎり、大旨問題がないといえよう。これに対し、いわゆる小会社の監査役に対第三者責任を負わせるとの結論を導き出した判例は、これが初めてであり、本稿では監査役の責任に焦点を絞って論じてみたいと考える。

二　監査役の対第三者責任に関する学問的研究は未だ多くのものが見られず、また小会社における問題について詳述しているものは更に少ない（林光佑「小会社における監査役の第三者に対する責任について―判例の分析を通して―」現代株式会社法の課題（北沢先生還暦記念）四八九頁以下、丸山秀平「『小会社』の監査役の法的地位および対第三者責任」現代企業法の理論と実務（高窪先生還暦記念）二〇八頁以下、森光雄「小会社の監査役の第三者に対する責任」松阪政経研究一四巻一号八五頁以下等参照）。しかし、商法二八〇条は同法二六六条ノ三を準用しているため、二六六条ノ三の法的性質論や解釈は比較的広範囲に監査役の責任を考察するに当たっても援用することができるように思う。特に法的性質の点では、取締役の責任に関しては、二六六条ノ三を不法行為に関する規定の特則と解して加害行為についての取締役の悪意・重過失を考慮することは可能であろうが、監査役が監査を行わなかったこと――すなわち取締役では監視義務違反がこれに当たる――による責任は法定責任説をとって、監査役の職務懈怠と結びつける方が説明が容易であろう。

監査役の第三者に対する責任を認める規定の沿革を遡れば、当該規定の定型は明治四四年改正法の一八九条に当たる。すなわちこれは、取締役の任務懈怠による会社に対する責任を規定する同法一七七条一項と、取締役の法令定款違反行為に基づく対第三者責任を規定する同条二項の規定を準用するものである。その後、それらの規定は昭和一三年改正で二八〇条、二六六条一項・二項にそれぞれ引き継がれ、二五年改正では対第三者責任に関する二六六条ノ三が取締役の任務懈怠について現行法のように独立し、監査役に関する二八〇条もこれを準用するようになった。この流れを見るかぎりにおいては、要件は昭和二五年改正で「法令定款違反行為」から「任務懈怠」に変わるものの、本質的には変更は見られないと考えるべきであると思われる。しかし、昭和二五年には取締役会制度の導入と当該機関の業務監査権行使を前提に監査役の権限が会計監査に限定されるに至ったものの、昭和三九年から四〇年にかけての企業の大型倒産・粉飾決算事件に鑑み、昭和四九年改正では会社の種類を三種類に分け、それに見合った監査役の権限を割り当て、小会社を除いては監査役は二五年改正前と同じ業務監査権限までも有するに至ったことや、大会社においては会計監査人の商法監査を併用することで更に監査の実をあげることが目論みられたことが注目に値する変遷といえるであろう。また、大会社における監査の充実をねらって、昭和五六年改正が複数監査役・常勤監査役制度を入れたり、平成五年改正が社外監査役制度・監査役会制度の法定を行ったことも忘れてはならない（また、会社一般においては監査役の任期の延長を規定した。）。

当該判例はいわゆる小会社の監査役の責任を問題としているので、当該事例の研究を行うには会社区分による監査役権限に手を加えた昭和四九年改正後の小会社の事例を考察すると共に、昭和二五年から同改正に至るまでの会計監査権限しか持たなかった監査役の責任に関する判例もまた参考になる。したがって、この見地からこの間における判例を見てみると、以下のようになる。

まず、監査役に責任ありとした例として前述のように当該事例の他は、東京地判昭和四二年九月三〇日（判時五一一号六九頁）および新潟地長岡支判昭和四四年一一月七日（判時三七四号五頁）がみられ、前者は取締役の専断行為を助長したことを特に問題とし、後者は重大な過失による職務懈怠であるとしている（なお、近年、監査役の責任を認めた例として、他に佐賀地判昭和六一年七月一八日判時一二三二号一一四頁および東京地判平成八年三月二八日判時一五八四号一三九頁があるが、これらは小会社の事例ではない。）。

これに対し、責任を否定する例は非常に多い。広島地判昭和三六年八月三〇日（下民一二巻八号二一一六頁）、東京地判昭和五三年八月二四日（判タ三七二号一四一頁、昭和四九年改正前の事例——以下、単に改正前と記す）は会計監査権限しか持たない監査役に取締役の業務執行を監督することに対する責任を追及することはできないとする。同じく、東京地判昭和五五年一一月二六日（判時一〇一一号一一三頁、改正前）は契約締結の相当性の事前監査義務はないとしたほか、小会社が問題となった例として、東京高判昭和五六年七月一六日（判タ四五二号一六一頁）は約束手形の振出、東京地判昭和五六年一一月二七日（判タ四六三号一三三頁）は放漫経営から倒産に至った会社経営、東京地判平成二年一月三一日（金商八五八号二八頁）は監査時以前の詐害的勧誘活動による倒産、京都地判平成四年二月五日（判時一四三六号一一五頁）は商品の仕入れや支払見込みのない手形の振出について、監査義務は当該監査役にはないことを理由に責任を認めない。また、監査役に悪意・重過失がないとするもの（東京地判昭和六三年九月二七日判時一三五三号七二頁）、あるいは任務懈怠はなかったとは言えないが、職務違反と損害の間に因果関係がないとしたもの（東京高判昭和四六年四月三〇日下民二二巻三＝四号五四五頁、東京高判昭和五一年三月三一日判タ三三九号二八〇頁—改正前、新潟地判昭和五二年一二月二六日下民三二巻五＝八巻四九三頁、神戸地判昭和六二年五月二七日判タ六六一号二四〇頁）がある。

三　以上の判例の状況から、問題点を挙げるならば、まず、(1)当該事例において監査役は任務を懈怠したといえるのかという問題、次に(2)悪意または重過失があると評価できるのかという問題、そして最後に(3)損害との因果関係が問題となり得る。これらを順次検討することとする。

(1)　いわゆる監査特例法によって、小会社の監査役の権限は会計監査に職務権限を有するものに過ぎないとされた（同法二二条）。そのため、帳簿・書類の閲覧、報告の請求、業務・財産の状況の調査、子会社に対する報告請求並びに業務財産調査の権限も会計に関するものに限られる。業務監査権限がないため、取締役会への出席権、招集権、違法行為の差止請求権、各種訴権なども認められない（同法二五条）。また、会社・取締役間の訴訟の会社代表権もない（同法二五条）。更に、監査報告書は提出されなければならず、報告書は計算書類と共に定時総会の一週間前から五年間本店に備え置かねばならないとされたが（同法二三条三項四項）、特に記載事項は特に法定されていない（同法二五条で商法二八一条ノ三の適用除外を定める。）。したがって、多くの判例がまず監査役の任務懈怠がなかったとしているのである。

当該事例の監査役は、決算書類を見せられて報告を受ける機会があったが、その際、決算報告書等の会計帳簿についてなんら説明を求めることもなく、経理担当者を信用し、この規模の会社では帳簿に基づいてできていれば十分と一人納得して決算報告書にゴム印と判を押したという事実等によれば、どのように考えても会計監査義務を尽くしたとは言えないと考えられる。

なお、前述の東京地判昭和四二年九月三〇日判決および新潟地判昭和四四年一一月七日判決は会社を倒産に追い込んだ取締役を適宜監査しなかったことを問題としている。この前者の判例を支持し、「本件において、監査役は取締役の業務執行を監督すべき任務は負わないけれども、監査役も会社に対し善管注意義務を負っているから（商法二八〇条・二五四条）、会社の帳簿・書類の閲覧を強く求め、更に会社の業務財産の調査をすべき義務があり、また他の取締役に会計報告を求め、計算書類の作成・提出を求めて調査していたならば、代表取締役Y_1の手形乱発行為を事前に防止し得たかもしれない。あるいはその行為の拡大を阻止し得たかもしれない。」とする説もある（加美・金商三九三号八頁）。しかしながら、監査役が手形乱発等を防止しようと思えば、会計監査権限のみでは不十分であり、業務監査権限が必要であって、それにもかかわらず監査役がそこまでの責任を負うとすることは、監査役に酷になろう。したがって、当該監査役が職務に反したかの点は会計監査に限局して考えればたりると考える。

(2)　また、悪意はないとしても重過失があるという点でも、当該事例は、先程の事情を勘案すればそれのみによっても重大な過失を冒していると評価すべきであろう。また、判決が触れているように、弁護士の資格を有する監査役は能力的にも一般人を上回るものと考えられるのが一般ではあるが、判決の「一般人に比して監査役の職務を一層真摯になすことが期待されている」という点を注意義務を要するものとしたと考えるならば（近藤・商事法務一四二九号三五頁、同・一三八三号四頁、森・前掲九三頁はそのように解している。）疑問が残る。すなわち、監査役として尽くすべき義務にはその能力の有無により軽重はなく、弁護士であってもより高度の注意を払う必要はないが、前述のように一般人であっても重過失と評価し得る当該事例においては、監査役の重過失を認定するのはより容易であると解することはできるように思われる。また、判決は、Y_1とY_2は「単なる友人を越えた関係が推認される」とするが、たとえばY_2はY_3の夫であり、しばしばA会社やY_1に多額の資金を貸しつけていた等の点は、Y_2が会社の事実上の取締役であるというような場合ではないならば、監査役として尽くさねばならない職務の範囲と注意義務の程度においては何の影響も及ぼさないものと考える。

(3)　しかしながら、最後に、第三者が被った損害との因果関係が検討されなければならない。

当該判例は、原告が会社の企画設計室長や工務主任らの「会社名はアイは弁護士であるY_2の頭文字をとったものである」「弁護士が監査役だから大丈夫だ」等の言葉を信じて取引に入ったことなども引き合いに出しており、倒産を阻止すべき義務があったと主張している。しかし、前述した他の判例も示すとおり、監査役が真摯の会計監査を行っていた場合にも業務監査権限のない監査役に倒産が防止できたとは到底思えない。また、もし加美教授の述べるように監査役に防止義務があることを前提としても、Y_1の粉飾決算（当該判決は第二期ないし第四期決算のころから粉飾決算が行われていた疑いが極めて濃厚とするが、第五期の粉飾決算のみを事実認定しているので、ここでは第五期の粉飾決算のみを問題とする）が行われた時点で、すでに会社は財政状態がすでに破綻状態にあった場合には、監査役はなす術さえもなかったであろう（因果関係に関して同様の疑問を呈する当該判例の評釈としては、前田修志・ジュリ一〇八八号一二〇頁以下、河野泰義・判タ八五二号一九九頁がある。）。判例は単に相当因果関係があると指摘するのみでなく、その結論を導くのであれば原因と結果を明示し、納得のゆく理由を示すべきであった。

なお、商法二八〇条第二項は、監査役が監査報告書に記載すべき重要なる事項につき虚偽の記載をなした場合に商法二六六条ノ三第二項を準用する。すなわち、この場合監査役は過失責任が負うが、過失の挙証責任は監査役側に転換されている。このような場合に監査役の責任を認めた判例としては、大判昭和八年二月一四日（民集一二巻五号四二三頁）があり、これは「何等の調査をなさず右不実の財産目録貸借対照表の記載を真実なりとしてこれに盲判を押捺したる事実」を認定し、当時の商法一八八条（一七七条を準用）に照らして判断を行ったものである。前述のように監査報告書の記載事項は法定されていないものの、小会社の監査役も監査報告書を提出する義務を負う。粉飾決算を見過ごし、計算書類等が会社の財産・損益状況を適正に示していると記載することなどは、虚偽記載に当たるであろう（龍田・会社判例百選〔第四版〕一二二頁以下）。しかしながら、原告は監査報告書の過った記載を被った損害の直接の原因と考えて当該請求を行っているのではない。当該判決は、粉飾決算が明らかとされる第五期の決算書類「そのものを信頼して本契約を締結したものではないから、…商法二六六条ノ三第二項に基づく責任は認めがたい」としていることをみても、監査役の監査報告書の虚偽記載と損害との間に因果関係は見いだせないと考える。

四　以上を検討し、私見としては、現行法の解釈では責任は否定されるべきであり、当該判決の結論・理由づけに反対であるとの結論に達するのであるが、これは小会社の監査役には業務監査権限が与えられていないということに基づいている。

しかし、立法論として考えてみると、財産の脆弱な小規模会社においては取締役と連帯して監査役も対第三者責任を負担することがなければ、役員の専横不当な会社経営により第三者が損害を被ることになるという問題点が考慮されるべきであろう。監査役の職務は株主の利益を保護することであり、第三者保護を直接目的としたものではなく、小規模会社には所有と経営の分離が徹底していない会社がほとんどである実態を考えれば、その点でも対第三者責任を負担させることには限界があるとの指摘もなされている（林・前掲五〇七頁。丸山・前掲二二一頁以下。）。確かに資本規模の小さい会社ではその活動の影響力はそれに比例し少ないかもしれないことは肯定できるものの、当該事例が問題点をあらためて浮き彫りにしているように、少数の経営者に会社経営がすべて握られている小規模会社では、かえってチェック機能を果たす第三者的役割が必要であり、監査役に業務監査を含めた全面的な監査を果たすことができる制度が期待されるべきではないのだろうか。

以上引用したほかに、当該判例の解説として、春田・法セミ四六八号六一頁、野口・NBL五三一号五二頁以下がある。

鈴　木　千佳子

三一　代表取締役のある有限会社の平取締役が取締役の名称を使用して締結した契約につき、表見代表取締役の規定に基づき会社の責任が認められた事例

東京地判平成五年一月二八日
平成二年(ワ)第一一九九号土地所有権移転登記抹消登記手続請求事件（確定）
判例タイムズ八三九号二四六頁、金融・商事判例九三八号四三頁

【判示事項】

代表取締役が選任されている有限会社において、平取締役が取締役の名称を使用して会社所有の土地の売買契約を締結した場合、有限会社法三二条によって準用される商法二六二条の類推適用により、会社は善意の買受人に対して右契約に基づく責任を免れない。

【参照条文】

有限会社法二七条・三二条、商法二六二条

【事　実】

原告X会社は、土木建築の売買・仲介・斡旋等を目的とする有限会社であり、その代表取締役の死亡後は、取

締役であるAがX会社を運営していた。本件土地は、昭和六一年五月二八日頃にAの交渉によりX会社が買い受け、同年六月一四日所有権移転登記を受けたものである。一方、Aは、かねてからの知り合いであったBに対し、X会社への参加を持ちかけ、運転資金を出して欲しい旨依頼し、Bもこれを了承した。Aは、昭和六一年五月三一日にBをX会社の代表取締役に就任させ、同年七月一九日にその旨の登記を経由した。代表取締役に就任したBは、自らX会社の代表取締役印・本件土地の権利証等を保管していたが、中国生まれのBは日本語の読み書きができず、病気がちでもあったため、専ら取締役であるAが実際の業務執行にあたり、BはAにこれを任せていた。しかし、昭和六二年頃からAとBは仲たがいの状態となり、AはX会社の業務執行をしなくなり、X会社は事実上活動を停止していた。

平成元年四月頃、Aは、かねてからの知人であるCに対して、本件土地を買ってくれるよう申し込んだところ、Cは、内縁の妻である被告Y名義で買い受けることを了承したため、同年六月一三日頃、Bの承諾を得ることなく、X会社の取締役として、Cとの間で売主をX会社・買主をYとする本件売買契約を締結した。その際、Aは、かつて自己がX会社の業務執行をしていた際にBの了承を得て何枚かまとめて作成用意しておいた、売主欄にX会社取締役Aとの記名があり代表取締役印が押捺されていた売買契約書用紙の一枚をそのまま使用し、これに所定の事項を記入し、本件土地の売買契約書を作成した。本件売買契約締結の当時、Cは、AがX会社の取締役であることを知っており、Aに本件土地を売却する権限があるものと信じて買い受けたものであり、他に代表取締役が選任登記されていることは知らなかった。CはAに売買代金を支払い、同年七月二九日X会社からYへの所有権移転登記がなされた。その後、本件土地は転売され、それに伴い所有権移転登記もなされた。

X会社は、本件売買契約は代表権のない取締役によるものであるとして、Y及びその転得者に対して登記抹消手続を求めて本訴を提起した。これに対して、Yは、①Aは有限会社法二七条によりX会社の代表権を有していた、②Aに代表権がなかったとしても、Aは取締役の名称を使用して本件売買契約を締結したのであるから、有限会社法三二条によって準用される商法二六二条によりX会社は責任を免れない、③仮にそうでないとしても、BはAに本件売買契約を締結する代理権を与えていた、④Aに代理権がなかったとしても、民法一〇九条または一一〇条によりX会社は責任を免れないと主張した。本判決は、①の主張は斥けた上で、②の主張につき次のように判示した。

【判　旨】

請求棄却

「AはX会社の取締役であり、本件売買契約にあたり、X会社の取締役として、かつ、取締役の名称を使用表示して、これをなしたものであって、買受人たるCも、Aが取締役であることから本件土地をX会社のために売却する権限があるものと信じて買い受けたものであるから、そうすると、X会社は、有限会社法三二条によって準用される商法二六二条の類推適用により、買受人Cに対し、本件売買契約による責任を免れることはできないものというべきである。けだし、有限会社においては、数人の取締役があるときでもその各自が取締役という資格において単独で会社を代表する権限を有するのが法律上の原則であり（有限会社法二七条）、取締役に加えられた代表権の制限を知らなかった善意の第三者は保護されるべきであるからである。」

【研　究】

判旨に反対。

一　本判決は、数人の取締役の中から代表取締役が選任されている有限会社において、代表権のない取締役が取締役の名称を使用してなした取引につき、有限会社法三二条によって準用される商法二六二条の類推適用を認めたものである。従来このような争点を取り扱った判例はないが、学説上はこれを肯定する見解が散見され（服部榮三「機関」『経営法学全集3企業組織』一一六頁、山口幸五郎『新版注釈会社法⒁』二六一頁、服部榮三＝加藤勝郎『有限会社法全訳』一二〇頁）、本判決もこの見解に従ったものということができる（中村信男「本件判批」判例タイムズ八六一号四三頁以下・高橋英治「本件判批」商事法務一四三六号八六頁以下も、商法二六二条の適用ないし類推適用を支持する）。しかし、本判決は、その理由として、取締役が各自単独で代表権を有するのを原則とする（有二七条二項）有限会社においては、善意の第三者を保護する必要があるということを説示するにすぎない。しかし、法は、数人の取締役の中から特に代表取締役を選任することを認め（有二七条三項）、かつそれを登記事項としているのであるから（有一三条二項五号）、取締役の名称を使用して取引を行った者に代表権がなかったからといって、直ちに商法二六二条の適用が可能となるわけではない。商法二六二条の適用要件としては、禁反言の原則または権利外観理論に基づき、①取締役が代表権の存在を窺わせる名称（表見的名称）を使用して代表行為を行ったこと（外観の存在）、②表見的名称の使用につき会社の明示または黙示の許諾があること（外観作出に対する会社の帰責性）、③その者に代表権がないことにつき第三者が善意かつ無重過失であること（第三者の信頼）の三つが必要であると一般に解されているため、同条を適用するためには、この三要件を具備しているかが吟味されなければならない。しかし、本判決においては、相手方たるCの善意は認定されているものの、取締役の名称はあたかも当然に表見的名称にあたるかのようであり、会社の帰責性については全く言及されていない。また、本判決においては、いかなる点において商法二六二条の類推適用なのかということも明らかではない。推測するに、本判決は商法二六二条は代表権の存在を窺わせる名称としていわゆる役付取締役の肩書を念頭においているが、取締役なる名称は役付取締役の肩書ではないため、同条を直接適用することができないと考えたからではないかと思われる（中村・前掲四五頁・四七頁、高橋・前掲八七頁）。しかし、同条に掲げる表見的名称は例示列挙であるから、有限会社においては取締役なる名称それ自体が代表権の存在を窺わせる名称にあたるといえるのであれば、同条の直接適用となるはずであるし、取締役なる名称が同条の予定する表見的名称にあたるといえないのであれば、同条適用の不可欠な要件を欠く以上、類推適用さえできないはずである。結局のところ、本判決の問題点は、取締役の各自代表原則の下では、なぜ代表権のない取締役が単なる取締役という名称を使用して取引を行っただけで表見代表取締役の規定の適用ないし類推適用が可能となるのかという点に集約される。

二　そもそも、表見代表取締役に関する商法二六二条は、昭和一三年改正によって新設された規定である。当時の株式会社法においては、現行有限会社法におけるのと同様の取締役制度が採用されていた。すなわち、取締役は原則として各自単独で代表権を有するものとされ、例外的に、定款もしくは株主総会決議をもって、または定款の規定に基づき取締役の互選をもって代表取締役を定めることができるものとされていた（昭和一三年商法二六一条一項・二項）。そして、特に代表取締役が選任された場合には、他の取締役は代表権を有しなくなるため、免責的登記事項として、代表取締役の氏名を登記すべきことが要求された（同一八八条二項十号）。したがって、商法一二条により、登記後は会社はこれをもって善意の第三者にも対抗できることになる。ところが、取締役の一人を代表取締役として登記しておく一方で、他の取締役には社長・副社長・専務取締役等の名称を附しておき、これらの名称を有する取締役が会社を代表して法律行為を行い、後日問題となると、代表取締役は一人であるという登記簿の謄本を提出して会社の責任を回避しようとする弊害が現れた。そこで、このような弊害を防止し、取引の安全を図るために規定されたのが、商法二六二条である（奥野健一ほか『株式会社法釈義』一七三頁）。

このように、商法二六二条は取締役の各自代表原則を背景として規定されたものであるため、同条における表見的名称につき次のように理解する見解がある。すなわち、社長・副社長・専務取締役といった役付取締役の肩書は、それ自体としては会社内部の職制上の名称にすぎず、代表権と必然的な関係を有するものではないが、取締役の各自代表原則と結合することによって初めて代表権の存在を窺わせる外観を形成しえたのであり、この場合においてはむしろ取締役なる名称こそが表見的名称の中核をなすものであったと評価される（酒巻俊雄「表見代表取締役規定の法的基礎」法律のひろば一八巻五号二〇頁・二一頁）。この見解によれば、有限会社においては、取締役なる名称のみをもって表見的名称を構成すると解する余地もあるかもしれない。

なるほど、取締役の各自代表原則の下では、取締役なる名称そのものが代表権の存在を窺わせるから、第三者が代表権ありと信ずるのも無理からぬところであるし、そのような法制度の下においてこそ商法二六二条の合理性が認められるという点についても首肯しうるところである。しかし、取締役なる名称がそれに対する信頼を法的に保護するに値する外観であるかといえば、これを否定的に解しなければならない。取締役なる名称に対する信頼が法的に保護されるべきものと解することは、代表権のない取締役の存在を認め、かつそれを登記によって公示させ、商法一二条による保護を与えたことと明らかに矛盾する。すなわち、同じ取締役という名称に対して、一方で代表権を伴うとは限らないということを法的に担保し、他方で代表権の存在を窺わせる名称としてそれに対する信頼を法的に保護するに足る外観とすることは両立しえない。また、商法二六二条は取締役に代表権がない場合の規定であるから、そこに掲記された役付取締役の地位が単なる会社内部の職制上の地位にすぎず、代表権と必然的な関係を有しないことはむしろ当然であり、ただその名称が取引通念上代表権の存在を窺わせるものであり、それに対する信頼を法的に保護するに値するものであるからこそ、登記に優越する外観と認めることができるのである。したがって、商法二六二条は、役付取締役は代表権を有することが多いという会社の実情に鑑み、単なる会社内部の職制上の名称にすぎない役付取締役の肩書をもって登記に優越する代表権の外観と位置づけることによって、これに対する信頼を保護したものと解するほかはない（奥野ほか・前掲一七四頁）。このことは、同条の文理解釈からも自明というべきである。

これに対して、株式会社において単なる使用人に常務取締役等の名称が附されている場合にも、商法二六二条の類推適用により会社の責任を肯定するのが判例（最判昭和三五・一〇・一四民集一四巻一二号二四九九頁）・多数説であることに鑑みれば、有限会社において使用人に取締役なる名称を使用させている場合にも同条の類推適用が認められるはずであるから、有限会社においては取締役という名称だけで表見的名称を構成すると解する見解がある（中村・前掲四五頁）。しかし、類推適用の場面から直接適用の場合を帰結することは本末転倒であるといわざるをえない。

したがって、取締役なる名称は表見的名称にあたらないといわなければならない。

三　百歩譲って、有限会社においては取締役なる名称のみをもって表見的名称を構成するとしても、それはその地位にふさわしい名称を付与しただけのことであって、適法に選任された取締役に対して取締役なる名称を使用させることは何ら法的に非難されるべきものではないから、会社に帰責性ありということもできない。もし代表権のない取締役に取締役なる名称を付与したことをもって直ちに会社に帰責性ありというのであれば、会社は善意の第三者に対して常に責任を負わなければならないことになるから、本判決の表現からもその印象を受けるように、代表権の制限の第三者に対する対抗不能の問題（有三二条・商七八条二項・民五四条）と何ら異なるところがないことになってしまう。しかし、代表権の制限の善意の第三者に対する対抗不能は、取締役に代表権があることを前提とした上で、それに対する制限が登記事項とされていないことに由来するものであるのに対して、表見代表取締役制度は、代表取締役が登記事項であることを前提とした上で、代表権のない取締役の行為に関するものであって、全く次元を異にするものである。

そこで、この場合における会社の帰責性の有無のメルクマールとして、民法一〇九条の要件を援用する見解がある。すなわち、同条においては、代理権授与の表示を撤回しても、具体的な代理行為が行われる前に白紙委任状等授権表示と認めるべき証書を回収するなどしてその外形を事実上除去しない限り、表見代理の成立を阻止できないと解されるところ、本件においては、Bの了承を得て代表取締役印の押捺されている売買契約書用紙が作成されており、BはAと仲たがいの状態になってからもそれを回収しなかったのであるから、名称付与に相当する会社の帰責事由があると認めることができるとする（中村・前掲四六頁）。しかし、このような事情により、土地の売買契約につき個人法的な代理権の授与の表示があったと認めることはできても、社団法的な包括的代表権の授与の表示があったということはできない。商法二六二条は民法一〇九条の特則と位置づけられるものであるが、商法二六二条が社団法的な権限としての包括的な代表権の授与の表示として予定しているものは、まさに一定の名称の付与にほかならない。すなわち、商法二六二条は、一定の名称が附された場合に限定して外観の定型化を図り、もって外観信頼保護を画一的に取り扱うものであるから、会社の帰責性も表見的名称の付与について要求されなければならず、会社の帰責性の有無につき名称付与以外の事情を斟酌することは同条の解釈を逸脱するものというべきである（安倍正三「共同代表と表見代表」松田判事在職四十年記念『会社と訴訟・上』三五五頁）。

よって、本件においては、商法二六二条によって処理することはできない。

四　思うに、有限会社においては取締役なる名称のみをもって表見的名称を構成するものとし、会社の帰責性についても名称付与以外の事情を斟酌することによって、商法二六二条による解決を図ろうとする見解は、代表権のない取締役の行為に関する善意者保護はすべて同条によって図られなければならず、民法上の表見代理が成立する余地はないと考えるからではあるまいか。そのため、同条の要件を緩和し、その適用範囲を拡大しようとするものと思われる。民法上の表見代理においては第三者の善意かつ無過失が要求されるのに対して、商法二六二条においては第三者の善意かつ無重過失で足りると解されているため、第三者の主観的要件が緩和されている点において第三者保護に厚く、また要件が定型化されているため、会社の責任を追及するには商法二六二条によるほうが第三者にとっては有利であると思われるが、同条は合理的な利害調整の所産であるから、取引の安全を理由としていたずらにその適用範囲が拡大されてよいというものではない。まして、同条は、商業登記の積極的公示力を規定した商法一二条の例外規定と位置づけられるものであり、しかもその適用の効果として、善意の第三者に対する関係において社団法的な権限としての包括的な代表権を擬制するものであるから（この点につき、商法四二条によれば、表見支配人は善意の第三者との関係においては裁判外の行為につき支配人と同一の権限を有するものとみなされるが、商法二六二条においては、その文言は異なるものの、その適用範囲が営業に関する一切の裁判外の行為に及ぶこと及び商法四二条と同趣旨の規定であることに鑑みれば、その適用の効果は商法四二条の場合と同様であると解してよい）、その要件が画一的に定型化されるのはやむをえない。これに対して、代表権のない取締役に対して代表取締役から個人法的な代理権が授与されることはありうるのであるから、商法一二条・二六二条とは無関係に民法上の表見代理も成立しうる。したがって、商法二六二条の適用が否定されても、包括的または個別的な代理権の授与の有無及び民法上の表見代理の成否を問題とする余地があり、本件においては、まさにこの問題として処理されるべきものであったと考える。この点については、Yも、本件土地の売買契約に関するAの代理権の存在及び民法一〇九条ないし一一〇条に基づく表見代理の成立を予備的に主張していたところである（もっとも、後述するように、本件においてその適用が問題となりうるのは、代理権踰越の場合に関する民法一一〇条ではなく、代理権消滅後に関する民法一一二条であったと思われる）。

そこで、本件について検討してみると、本判決は、BはAにX会社の業務執行権を包括的に与えていたというYの主張に対して、「BとAとが仲たがいの状態になった後もなおAにX会社の業務執行権限が包括的に与えられていたものとは認め難い」と判示していることに鑑みれば（なお、仮にAが包括的な業務執行権を有していたとしても、代表権がなければ対外的な法律行為の効果は会社に帰属しないのであるから、Aの業務執行権の有無の判断は無意味である）、代理権は本人と代理人の信頼関係を基礎とするものであるから、おそらくAに対する何らかの代理権の授与も否定されることになろう。しかし、AはBの了解を得て予め売買契約書用紙を作成・用意しており、本件契約においてもこの売買契約書用紙が使用されているが、BはAと仲たがいの状態になってからもこれを回収しなかったのであるから、Cに対して本件土地の売却に関する代理権授与の表示があったとみることができる。また、仲たがいの状態になるまではBはAに業務執行を任せきりにしていたのであるから、Aに授与されていた包括的な代理権が仲たがいによって消滅したとみることもできる。したがって、民法一〇九条または一一二条に基づく表見代理の成立を認めることは可能であったように思われる。

このように、本判決は商法二六二条の要件及び民法上の表見代理との関係を再検討する上で非常に興味深いものであるが、本判決の見解を支持することはできない。

来住野　究

三二　新株の発行が会社支配を目的とするもので著しく不公正なものであるとして無効とされた事例

神戸地判平成五年二月二四日
平成二年(ワ)第一一六号新株発行無効請求事件
判例時報一四六二号一五一頁、判例タイムズ八二四号二三二頁

【判示事項】

自らの会社における持株比率を上昇させ、もっぱら自己の会社支配をゆるぎなくする目的でなされた新株発行が、相手方株主の事実上知り得ない官報への公告によって実質上右公告義務に違反してなされたときは、株主による新株発行差止請求をする機会を奪ったもので、著しく不公正な方法による新株発行にあたり、また当該新株発行により新株を引受けた者が現在もその株式を所有しているときは、新株発行を無効と認めるのが相当である。

【参照条文】

商法二八〇条の一〇、二八〇条の三の二

【事　実】

本件は、被告Y会社の株主と主張する原告X_1交通株式会社、同社代表取締役X_2らが、Y会社の行った新株発行は、Y会社代表取締役等である「A一族」によるY会社支配を目的として行った著しく不公正な方法によるものであるとしてその新株発行の無効を請求したものである。

ところで被告Y会社は昭和十六年に設立された貸切霊柩自動車事業を営む会社である。X_2は昭和二十五年三月から同社前代表取締役Iに頼まれその経営に携わるようになり、昭和三十八年四月にIが死亡して後、同社の代表取締役にX_2の姉Aが、監査役にX_2が就任したが、Aは経営一切をX_2に任せきりにしており、X_2が実質上の代表取締役として会社業務を統括してきた。また原告X_1会社は昭和三十七年以降X_2がその経営に当たっており、K市内において被告Y会社と同様に貸切霊柩自動車事業を営む株式会社であり、X_1Y両会社はK市内を東西に二分し、X_1会社がその東側、Y会社が西側を地盤として営業を行っていた。

Y会社は経営基盤を強化するため、昭和四十五年九月一日（第一回新株発行）および昭和五十二年八月十二日（第二回新株発行）に新株発行を行い、これら新株はX_1会社、X_2自身およびX_2の計算において後述するG等他人の名義で引き受けられ（この他人名義により引き受けられた株式は総計一八〇〇〇株）、この他人名義によって引き受けられた株式はその後X_3（X_2の長女の婿でX_1会社の監査役）に六〇〇〇株、X_4（X_2の次女の婿でX_1会社の取締役）に四〇〇〇株、X_5（X_2の三女の婿で同じくX_1会社の取締役）に八〇〇〇株譲渡されたが、Y会社においては株主名簿が作成されておらず、Y会社はその譲渡の一部について承認せず、株主の地位確認の訴訟が起きている部分もある（なお、これらX_2～X_5をX_2一族と呼ぶ）。そして昭和五十五年ごろからAの娘婿であるEがY会社の経営に実質的に携わるようになったことから、X_2はY会社の経営から次第に遠ざかるようになり、それに伴ってY会社はX_2

の姉である訴外A（同社代表取締役）、Aの長女訴外B（取締役）、その夫である同社監査役訴外C、次女訴外D（取締役）、その夫訴外E（取締役）、三女訴外F（取締役）、四女訴外G（取締役）およびその夫訴外H（取締役）らA一族がその経営に当たっていった。

その後平成元年五月ころからX_2、A一族はX_1、Y両会社の支配権を巡って深刻な対立状態に陥った。そしてY会社は平成元年七月二十三日の取締役会決議で同年八月二十四日を払込期日とする本件新株発行決議をなし、翌八月二十五日に発行された二万九二〇〇株の新株はその新株引受の申し込みをなしていたA一族のものとなったのであるが、本件新株発行は、Y会社の支配を巡ってX_2一族と対立しているA一族がその持株比率を逆転させることを目的として行ったものである。

すなわちY会社の定款によれば、株主は新株引受権を有するが、取締役会の決議によってこれを排除することができることとされており、AらはY会社取締役がA一族によって独占されていることを利用して、Y会社取締役会決議において本件新株発行を公募によって行うこと、また本件新株発行をX_2一族が閲覧する可能性のない官報に公告することとし、その結果X_2一族にはまったく知らされないまま新株が発行されたものであり、結局本件新株発行によってX_2一族とA一族との持株比率は逆転することとなったのである。そしてA一族の主張によれば六六・七二％、裁判所の認定によると五〇・五六％の株式を所有することとなったA一族は臨時株主総会を開き、X_2を監査役から解任する等の決議をなした。

そこでX_2等は、①本件新株発行はY会社の七五％以上の株式を有するX_2一族の持株比率を逆転することを目的としてA一族が計画したものであり、②Y会社はX_2一族に新株申し込みの機会を与えないため官報への公告という手段を用いたものであり、商法二八〇条の三の二に実質的に違反しているものである、として、本件新株発行の無効を求めた。

これに対してY会社は、X_3、X_4、X_5の株主資格を争い、また、本件新株発行は、Y会社代表者らが賃借し、Y会社事務所となっていた建物の敷地である土地の買入資金を調達する目的で行われたものである等の反論をしている。

【判　旨】

裁判所はX_3、X_4、X_5の株主資格を認めた上で、本件新株発行について、Y会社は土地を買い入れる資金調達の目的のために行われたものであり、正当な資金調達目的が存在したと主張するが、「Y会社は、たまたま、土地購入の申出があったことから、X_2一族が本件新株発行の不公正さを追及してくるのに対し、その矛先をかわすための手段として、…本件土地買入資金確保のための新株発行を装っているに過ぎないことが認められる」として、Y会社の正当な資金調達目的が存在したとの主張を避け、「Y会社（A一族）は、X_2一族のY会社株式持株比率を低下させ、A一族のY会社株式持株比率を上昇させて、A一族がY会社の企業支配を揺るぎなくする目的で本件新株発行を行った」のであり、「従って、X_2ら（X_2一族）は、本件新株発行前であれば、本件新株発行は著しく不公正な方法によるものとしてその差止請求（商法二八〇条の一〇）が認められた事案である」が、「Y会社（A一族）は、本件新株発行を全株主に通知することは容易であるのに、X_2一族に新株引受申込の機会を与えず、A一族で新株全部を独占して引き受け、X_2一族の持株比率の低下を図る目的を達成する手段として、X_2一族が事実上知ることの不可能な官報への公告を行い、形式上は商法二八〇条の三の二が規定している新株発行事項公示の要件を整えた」が、「Y会社（A一族）は、商法二八〇条の三の二の規定を潜脱し、実質上右新株発行についての通知公告義務に違反して、X_2ら（X_2一族）から、本件新株発行前に新株発行差止請求をする機会を奪い、著しく不公正な方法による新株発行を行ったのである」とした上で、「本件新株発行では、新株を引き受けた者はいずれもA一族であり、これらの者が現在も本件新株を所有しているのであるから、善意の第三者は未だ生じておらず、本件新株発行が無効であるか否かを判断するに際しては、取引の安全を考慮する必要は少ない」として、「本件新株発行は著しく不公正な方法によるものとして、新株発行差止請求（商法二八〇条の一〇）が認められる事案であること、本件新株発行は、商法二八〇条の三の二所定の通知公告義務に実質上違反しており、原告ら（X_2一族）の新株発行差止請求権を侵害する方法によっていること、本件新株発行が無効であるか否かを判断するに際しては、取引の安全を考慮する必要は少ないことに照らせば、本件新株発行は著しく不公正な方法によるものとして、無効と認めるのが相当である」とした。

【研　究】

結論に賛成。ただし理論構成には検討の余地がある。

一　商法二八〇条の一〇によれば、著しく不公正な新株発行がなされようとするときに株主はこれの差止を請求することが出来る。

いかなる場合が「著しく不公正」であるかについて法の定めはないが、会社に具体的な資金調達の必要がないにも関わらず、取締役が自派の株主の持株比率を引き上げて勢力を強化するために、第三者割当増資を行うことは割当自由の濫用であり新株の不公正発行となる（近藤・新版注釈（七）三四六頁など）とされており、支配権の強化・獲得の目的のみで新株発行が行われる場合が不公正発行に当たることについては異論がない（塩田・私法判例リマークス一九九五（下）一一一頁）。

判例は会社の支配権を巡って争いがあるときに新株発行が無効となるかどうかの判断基準としていわゆる「主

要目的理論」をとり、新株発行が事実上支配権を巡る争いに決着をつけるものであっても、取締役会が新株発行を行うに至った種々の動機のうち、不当な目的を達成するという動機が他の動機よりも優先し、それが主要な主観的要素であると認められる場合にその新株発行は不公正発行に当たり、会社に資金需要がある限り合理性を疑わしめる特段の事情のない限り不公正発行とはならない（大阪地堺支昭四八・一一・二九判時七三一号八五頁など）とする。

学説においては、会社に資金需要がある限り支配権の争いに事実上決着をつけることになっても割当先は重要でないとするもの（河本・第七版二六三頁など）も有力であるが、株主の支配関係上の利益を保護するために割当自由の原則が制限を受けるとする見解もある（服部・商事二八七号四六頁）。そして学説上も基本的には主要目的理論が採られていると言ってよいが（とりわけ吉本・判タ六五八号三九頁）、さらにその判断基準の客観化、緻密化が図られている（洲崎・民商九四巻五号五六一頁以下、同六号七二一頁以下、松井・法協一一四巻四号四一四頁以下、同六号六七一頁以下など）。

いずれにせよ支配権をめぐる対立がある場合に新株発行の「不公正さ」は原則として会社の資金需要との相関関係において判断されており、本件判決もこれによったものである。

二　著しく不公正な方法による新株発行が差止の対象（商法二八〇条の一〇）となることはともかく無効原因となるかについては、学説上争いがある。

通説的見解は、不公正発行自体は無効原因とならないとする（大隈＝今井・（中）〔第三版〕六六四頁）。新株発行の効力が生じた後は取引安全の考慮が必要であることや、また、新株発行無効の訴の制度は、会社ないし株主全体の利益に関わる瑕疵について定めているものであって、株主個人に不利益を生じるにすぎない場合の救済手段としては不都合である（近藤・前掲三四七頁）ことなどを理由とする。新株発行に関する動機・目的や会社内部の手続上に問題があっても、それは、外部のものには容易に知りえないことからも、通説的見解には相当の理由がある（塩田・前掲一一一頁）とされる。

これに対して、不公正発行という実質的瑕疵は無効原因となるとする見解も近時有力である。

この無効説は、

①不公正発行のような場合には、その株式が流通していることはまれで新株を無効としても取引の安全を害するおそれは少ない上に、不公正発行であることについて悪意である者の下にある場合や、一部が不公正発行に当る場合にはその部分だけを無効とすれば足りる（鈴木・商法研究Ⅲ・二二七頁、同二三四頁、洲崎・前掲七四一頁）として、取引安全との調和を求め、相対的に考察する見解と、

②経営支配等会社組織に影響を及ぼすような目的のために新株発行を行った場合は、会社の資金調達目的のために認められている新株発行の制度目的に違反し（坂田・現代会社法（第三版）五四七頁）、また既存株主の支配関係上の利益を考慮すべきである（坂本・判批金商六九八号五一頁）として一律無効とする見解とに分れる。

三　判例においては、「代表取締役が株主総会における多数者の地位を維持もしくは獲得するため、その権限を濫用して自己に味方する者のみに新株を割り当て、引き受けさせたとしても…一たん発行された以上、取引の安全の重要性に鑑みると、右理由をもってしては新株の発行を無効とすべき」ではないとして有効と解した例（釧路地裁昭和三八・二・二六商事一一八号一〇頁）と、「当該新株発行が、専ら…新株発行を行う代表取締役などによる会社支配のためにのみ行われた例外的な場合で、かつ、新株発行を無効としても株式取引の安全を害さない特別の事情のあるときには、従来の株主の利益を保護するために、有効な取締役会の新株発行決議のないことは、

新株発行無効の理由となると解するのが相当である」（大阪高判平三・九・二〇判時一四一〇号一一〇頁、なお本誌七〇巻八号一五三頁鈴木評釈参照）として、「特別事情」の存在と取締役会決議の不存在を理由として、無効となりうることを認める例があった。

これに対し、最判平六・七・一四判決（判時一五一二号一七八頁）は、「新株発行は、株式会社の組織に関するものであるとはいえ、会社の業務執行に準じて取り扱われるものであるから、右会社を代表する権限のある取締役が新株を発行した以上、たとい、新株発行に関する有効な取締役会の決議がなくても、右新株の発行が有効であることは、当裁判所の判例（最判昭三六・三・三一民集一五・三・六四五頁）の示すところである。この理は、新株が著しく不公正な方法により発行された場合であっても、異なるところがないものというべきである。また、発行された新株がその会社の取締役の地位にある者にとって引き受けられ、その者が現に保有していること、あるいは新株の発行した会社が小規模で閉鎖的な会社であることなど、原判示の事情は、右の結論に影響を及ぼすものではない。けだし、新株の発行が会社と取引関係に立つ第三者を含めて広い範囲の法律関係に影響を及ぼす可能性があることにかんがみれば、その効力を画一的に判断する必要があり、右のような事情の有無によってこれを個々の事案ごとに判断することは相当でないからである」として、不公正発行の場合に「特別の事情」すなわち、発行された新株が引き受けた取締役によって現に保有されていようと、さらに、発行会社が小規模閉鎖会社であろうと、一切の事情とは無関係に有効であると判示した。

同じく不公正とはいいながら、この平成六年判決は、手続的瑕疵を問題とするものであるが、これにより判例の立場は固まったと思われる。

しかし、新株の不公正発行の場合に、株式が発行された以上一切の事情を考慮することなくこれを有効とすることにはとうてい賛成しえない。新株発行の公示、差止等の新株の不公正発行に対する事前の救済策は十全に機能しているとは必ずしもしえないにもかかわらず事後的な救済として無効を認めないとすると、取締役としてはとにかく発行してしまえば勝ちということにもなるが、このような結果が妥当とは思えない（洲崎・前掲七四〇頁）からである。

四　ところで、本件判決は、

①本件新株発行は不公正発行として差止の対象となりうるものであったが、

②被告Y会社は商法二八〇条の三の二の公示義務の規定を潜脱し、実質的に同条に違反し株主の差止権を侵害してなされたもので著しく不公正な方法によるものであり、

③本件事案の下では取引の安全を考慮する必要はないのであるから、

本件新株発行は無効となる、としたものである。

まず第①の点について、Y会社は本件新株発行は土地の購入資金を調達するものであって、正当な資金調達目的が存すると主張しているが、この点に関し、判旨は、Y会社は本件新株引受金がなくともきわめて容易に換価しうる資産を有しており、当該土地購入資金調達のために新株発行をする必要性があったとは認められないとし、さらに、当該土地購入の必要性についても、資金調達の必要性を装うためになされたと認定している。資金調達目的があったかどうか、言いかえるならば会社にそれだけの資金需要があるかどうかは経営判断の問題であり、裁判所が認定する筋のものではないとも考えられる。この点疑問なしとしないが、後述するとおり「閉鎖的」会社において、株主は支配権をめぐって重大な利害関係を有していることから、資金需要をめぐる取締役の経営判断も一定の制約が課せられうると考える。

そして本件においては、支配をめぐる争いがあったことは疑いないのであるから、閉鎖的会社であったことにかんがみ、資金調達をめぐって新株発行をせざるを得ない特別な正当化事由がない限り、不公正発行として差止（ひいては無効）となるべき新株発行であるといえる。

次に第②の点について、本件では、公告はなされているが、株主に対する通知はなく、原告らが本件新株発行についてこれを知ることは事実上不可能であって、したがって、原告らが本件新株発行を差し止める機会を奪われたとされている。

通知・公告義務違反が無効原因となるかについては争いがあり、通知・公告が全くなされなかった場合はともかく、一部の株主に対する通知・公告がなされなかったことは無効原因とはならないとする学説（近藤・前掲三四七頁）もあるが、これに対して、通知・公告がなされなかったときに、不公正発行を無効とするのであればともかく、これを無効と解さないときは、持株比率の減少という不利益を被った株主に対する救済策がないことから事前の差止が重要だとして、公示義務違反は重大な瑕疵として無効原因となるとする学説（田中（誠）・三全訂（下）一〇一〇頁）もある。

最高裁は新株発行事項の公示を欠くことは、新株発行差止請求をしたとしても差止事由がないためこれが許容されないと認められる場合でない限り、新株発行無効事由となる、として、公示義務違反が新株発行事由となることとした（最判平九・一・二八民集五一・一・七一）。これによれば、本件が公示義務に違反すると考えるならばこのことをもって直ちに新株発行無効となると解することが可能となる。

本件で原告らが官報を閲覧する可能性がないという認定がどのような趣旨でなされたかは不明であるが（丸山・本件判批金商九三四号四六頁）、官報を閲覧する可能性がなかったことによって、「実質的」に公示義務に違反することから、そのことをもって新株発行を無効とする趣旨に読めなくはない（小林・本件判批私法判例リマークス一九九四（下）一一八頁）。しかし本件においては、Y会社はその定款に公告の方法として官報によるものとしており、Y会社はそれに従って官報による公告をしたのであって、たとえ形式的にせよ適法な通知・公告がなされたのであるから、これをもって、通知・公告を欠くとするのは無理であろう。判決はおそらく、不公正発行の「不公正さ」を判断する一徴表として、「実質的」公示義務違反との認定をしたものと思われる（丸山・前掲四七頁、小林・前掲一一八頁）。

いずれにせよ不公正発行がなされる場合には、それがしばしば通知・公告の欠缺と結びついていることに注意が必要であり（丸山・前掲四七頁）、この点、不公正発行自体を問題とするのは困難であるから、不公正発行が他の何らかの徴表と結びついたとき、たとえば通知・公告の欠缺と結びついたときに、これとの関連で新株発行無効原因とすればよいとする考えもある（洲崎・前掲七四〇頁）。

もっとも官報による公告が実効性を有していないことは否定しえず、立法的解決が必要であるとする指摘するもの（浜田・商事一一九一号一九頁）もある。とりわけ小規模、閉鎖的会社においては、株主の会社に対して有する利害関係は、会社支配の側面での利害関係もきわめて重要であり、むしろ、会社支配を巡る対立が直接的に経済的利害関係とも結びついていると言ってもよいのであるから、株主が新株発行に参加する機会を保証するため、各株主への通知を義務づけるべきとすることも考えられる。しかし、そもそも閉鎖的会社においては株主が誰であるかについての紛争すら生じる可能性が大であって（小林・前掲一一八頁）、これに通知義務を課したときに、新たな紛争の種ともなりかねない。

従って閉鎖的会社に通知を義務づけるべきとの立場はとりえず、もっぱら会社支配権の獲得・転覆を目的とする本件のような新株発行においては、通知公告違反を問題とすることなく「不公正」を理由として直ちに無効をもたらすと考えるべきである。

第③の点について、本件判決は取引の安全を考慮すべき必要性がないことをもって、新株発行無効を基礎づけうるとする。

取引の安全との関係で新株発行無効が限定的に解されるべきである、とする多くの見解がある。内部的手続の欠缺や、新株発行を行った取締役の主観的目的いかんをもって、直ちに新株発行が無効となるとするのは確かに問題であって、新株発行においても取引安全との調和の要請を無視しえないのは当然であり、何らかの利害調整がなされるべきであることは論を待たない。

新株発行の差止は株主の個人的利益が侵害されるおそれある場合になし得るものであるが、新株発行無効は、株主の個人的利益を救済するための制度ではないとして、新株発行は全体として無効となるか否かを決すべきであるとする見解もあるが（近藤・前掲三四七頁）、だからといって株主に重大な利害が及ぶ場合に、これを無視しうるとは考えられない。そこで発行された新株が悪意者もしくは新株発行当初の株主にとどまっている等（当初の株主であっても保護されるべき「善意者」でありうる）取引安全を害しない範囲で無効にする（鈴木・前掲二二三頁）との見解にも十分な理由があると思われる。

もっともこの点に関し、先述した最高裁平成六年判決は新株発行を前提として会社の対外的関係が新たに形成されることを理由に、取引安全とはまったく無関係に、たとえ閉鎖会社であっても、また、新株式を取得した株主にその株式がとどまっていようとも不公正発行は無効とならないものとしている（ただし、新株発行における債権者保護から直ちに新株発行の画一的判断の必要性を導くことに対する疑問を呈するものとして、山本・田中追悼三七二頁参照）。

新株発行を取引安全との関係でのみとらえるならば、不公正発行の場合に限らず、内部的手続の欠缺等の場合であっても、取引安全を害しない範囲での一部無効、相対的無効の構成を採ることも考えられるが（山下・会社百選（第五版）一五四頁）、最高裁のいうとおり、新株発行によって会社の新たな外観、新たな対外的法律関係が形成されることは否定できないのであるから、もっぱら取引安全との関係でのみその効力が決せられるべきでないのはその通りである。しかし、だからといって、不公正発行の場合に、一切の事情を考慮に入れることなく、無効とならないとするのは、行きすぎである。

ところで平成二年改正によって株式譲渡制度の定款規定を持つ閉鎖的会社においては株主の新株引受権が法定されるなど、閉鎖的会社においては、株主が有する支配的利益に関しても法的保護が与えられるべきとするのが現在の商法の立場であるとするならば（小林・前掲一一九頁参照）、これを譲渡制限の定款を有する会社に限定すべきかどうかは別に検討するとして、少なくとも「閉鎖的」会社に関しては、株主の会社支配をめぐる利益に関しては、従来とは異なった価値判断をする余地があるともいえよう。そこで閉鎖性を有する会社においては（なお洲崎・前掲七三〇頁は株式が一般に流通していない会社においては持株比率維持の要請を優先させるべきであるとする）、株主の会社支配をめぐる利害関係に大きな影響を及ぼすような新株発行について、これがもっぱら会社支配の転覆等を目的とする「不公正発行」の場合には、この不公正をもって無効原因となりうると解することが可能ではなかろうか。

五　事前の差止であれば、新たなる法律関係が形成される以前であるから、比較的重大な影響を及ぼさないのに対し、事後的な無効による救済は、新たに形成された法律関係を覆すこととなるのであるから、差止原因以上に無効原因が制限されるべきであるのは当然である。本件では、本件新株発行は、①不公正な新株発行であって、②実質的に通知・公告義務に違反し、③取引の安全を害しないことをもって新株発行の無効を根拠づけている。これは、差止原因としての不公正に加えて、無効原因となるためには、②、③の要件が付加的に要求される趣旨であるようにも思われる。ただ、これらの付加的な条件は「不公正さ」を判断するに当たっての一徴表と考えるべきであって、これらが独立の（付加的）要件として要求されているものと考えるべきではない。

会社支配をめぐる利害関係は、これが単なる抽象的な利益であるのではなく、株主の経済的利益の側面においても株主にとって大きな意味を有するものである。とりわけ閉鎖的会社においては営業活動の結果獲得された利益を配当という形ではなく、たとえば役員報酬のような形で還元してしまうなど、大規模公開会社とはまったく異なる様相を示すことも多く、したがって会社支配をめぐる紛争は既存株主の単なる抽象的な会社支配権のみならず、その経済的利害関係にも大きく影響を及ぼし、その結果株主に回復すべからざる重大な損害を及ぼすようなこととすらありうる。

本件についていえば、資金需要がなく、必要性もない新株発行がなされ、このことによって会社支配関係の転覆が謀られているのであるから、このこと自体をもって無効原因とすれば足りる。

ただし、差止原因としての「不公正」と無効原因としての「不公正」にはその程度において一定の差異が存在しうることは否めない。もし無効原因としての不公正が差止原因としての不公正以上に制限的に解されるべきものであるとすると、差止原因としてすでに「著しい」不公正が要求されているのに、それ以上いかなる要件を設けるべきであろうか。

この点、さらなる検討を要するが、とりあえず、会社の「閉鎖性」をもって一つの判断基準とすべきであると考える。閉鎖的会社においては、もっぱら支配権の転覆を目的とする不公正な新株発行はそのことをもってただ単に差止原因となるばかりでなく、無効原因とされるべきである。

（七一巻九号（平成一〇年九月））　豊岳信昭

三三　株主総会における着席位置と株主平等の原則

高松高判平成五年七月二〇日
平成四年(ネ)一〇六号損害賠償請求控訴事件
判例時報一五〇一号一四八頁

【判示事項】

原発反対派株主が喧騒をもって株主総会の議事進行を妨害するなどの恐れがあったことを理由として会社が従業員株主を株主席前方に着席させた措置は、株主総会の議事運営を円滑に進行させるためのやむを得ない方策であって、合理的な理由による株主間の差別的取扱いであり、会場設営に関する裁量権の濫用・逸脱はない。

【参照条文】

商法二三七条ノ四

【事　実】

Xらは、電力会社Yの原発反対派の株主であるが、株主総会の会場に開門と同時に入場したところ、会場内の最前列から第四列までの株主席には、既に別ルートで入場した約七〇名の従業員株主が着席していたため、第五列以降に着席せざるを得なかった。そこで、Xらは、Y社による株主平等原則に反する取扱いによって、精神的損害を被ったとして、不法行為を理由に各自（原審では六名、控訴審では二名）慰謝料一〇万円（控訴審では、開会前夜の宿泊料一、〇〇〇円を損害として追加）を請求した。これに対し、Y社は、Xらを含む原発反対派株主が株主総会において議長の指揮命令に従わず、議長席に詰め寄ったりなどして議事進行に支障を来す恐れがあったため、従業員株主に前方座席に着席するよう協力を求めたものであって違法ではないと反論した。

原判決（高松地判平成四年三月一六日）は、Y社が抱いていた総会の円滑な運営に対する危惧については適宜な警備の強化などによって対応できる面もあることが想定されるのに、Y社にはその配慮をした形跡がない上、議事進行の具体的な進行・終了状況に照らすと、従業員株主とそうでない株主らとの間の差別的取扱いには、その必要性・妥当性に疑問が残るとして、Y社の対応を否定的に評価した。しかし、Xらは第五列目ないし第七列目に着席し、随意に質問や動議の提出などをしており、指名等についてY社から差別的な取扱いを受けたり、その他株主権の行使に関して具体的不利益を受けたことを認めることができないとして、Y社の着席措置が適切を欠いたものであって、Xらの法的利益を侵害して不法行為を構成するほどのものとはいえないとして、本件慰謝料請求を棄却した。

本判決は、Y社は、従前多数の原発反対派から大声で抗議を受け、ときには深夜数時間にわたって社内ビルの一部を占拠され、機動隊の出動を要請せざるをえなかったことがあり、他の電力会社においても株主総会が原発反対派の反原発活動によって混乱したことがあり、本件総会前にも、反原発派株主からY社に対し一〇〇〇項目を超える原発関係の事前質問状が送付されるなど、本件総会についても反原発運動に利用する動きがみられたとの事実認定をもとに、以下のとおり判示して、Xらの控訴を棄却した。

【判　旨】

一般に、株主総会の招集者は、各株主がその権利である質問や動議の提出を円滑にできるように、また、株主総会の議事が円滑に進行するように、会場の設営を行うべき責務があり、この目的のため、株主の受付・入場の方法や会場での株主の着席位置などを定める権限を有する。したがってこれら株主の会場設営に関する事項は、株主総会の招集者の裁量によって決定されることになるが、右目的に反して右裁量権を濫用し、あるいはこれを逸脱して、株主間において公平を失し、合理的な理由のない差別が生じた場合には、それは株主平等の原則に違反し、ときには違法性を帯びるものというべきである。

そこで、右見地に立って、本件をみるに、前記認定事項によれば、被控訴人は従前多数の原発反対派の者たちから大声で抗議を受け、ときには深夜の数時間にわたって社内ビルの一部を占拠され、機動隊の出動を要請せざるを得なかったことがあり、また、他の電力会社においても、株主総会が原発反対派株主の反原発運動によって混乱したことがあり、本件総会前にも、原発反対派株主から被控訴人に対し一〇〇〇項目を超える原発関係の事前質問状が送付されるなど本件総会についても原発反対派株主による反原発運動に利用の動きがみられたのであるから、本件総会の運営について、原発反対派株主が喧騒をもって議事進行を妨害したり、あるいは、議長席や役員席を取り囲んだり、占拠されたりするおそれが十分予想されたものといわざるを得ない。

そうすると、被控訴人が、社員株主に対し事前に受け付け開始時刻を知らせ、右受付開始前に通用門から社員株主を前記別館に入れ、午前八時の受付開始と同時に本件総会会場に入場させて、株主席前方に着席させた措置は、株主総会議事運営を円滑に進行させるためのやむをえない方策であって、合理的な理由による株主間の差別的取扱であり、株主総会の会場設営に関する裁量権の濫用・逸脱はなかったものというべきである。しかも、被控訴人の右措置にかかわらず、被控訴人らは本件総会において、実際に質問ないし動議の提出をしており、その株主権の行使につき実質的な不利益を受けていなかったというべきである。

【研　究】

一　本件は、会社が社員株主を優先的に株主総会会場の前方に着席させたことが、株主平等の原則に違反し、不法行為にあたるとして、会社に対し慰謝料の支払いを求めた事件である。いわゆる四国電力事件である。本判決は、株主の権利行使に関しては具体的に不利益を被ってはいないとして、Xら（控訴人）の控訴を棄却した。このような問題に関する判例がなく、はじめて判示したものである。

二　不法行為の成立には、権利侵害ないし利益の侵害が必要である（森島昭夫『不法行為法講義』一頁）。そこで、まず、権利の侵害についての点であるが、出席株主はどの席にも自由に着席できるのであり、株主は誰であれ、他の株主を排除して特定の座席を確保する権利はない（三枝一雄「社員株主による株主総会会場の前方席の先占と株主平等の原則」金融・商事判例九〇四号三二頁。同旨、末永敏和「株主平等原則」法学教室一七二号二四頁）、と考えられる。株主は自己の株主権行使の場として、株主総会に出席し当然に自己の権利を行使できるが、会場の特定の席を確保する権利までは認められがたい。それ故、次の検討事項としては利益の侵害という点になる。

三　この点について、控訴人は、以下のように主張した。すなわち「被控訴人の（右）入場開始時刻の通知、入場入口、待機場所、受付時間に関する一般株主と社員株主との差別的取扱は、控訴人らが従前から主張している総会会場内での着席位置に関する差別的取扱とあいまって、株主平等の原則に抵触し、不法行為を構成する」としている。

そこで、まず総会の設営者の権限について検討する。この点について原審（高松地判平成四年三月一六日）では、「株主総会の会場の設営や議事進行等にあたる者は、各株主がその権利である発問や動議の提出を円滑にできるように、会場の設営等も含めた配慮によってこれを行うべき責務があり、この目的のために着席位置等を定める権限を有するものというべきである」、としている。本件控訴審では、「株主総会の招集者は、各株主がその権利である発問や動議の提出を円滑にできるように、また、株主総会の議事が円滑に進行するように、会場の設営を行うべき責務があり、この目的のため、株主の受付・入場の方法や会場内での株主の着席位置等を定める権限を有する」、としている。原審及び控訴審は、設営者に広く設営権限をもたせている。

株主総会は、取締役会がその招集を決定するのが原則である（商二三一条）。そして、取締役会が総会開催の日時・場所・議題などを決定し、会日の二週間前までに、会議の目的たる事項を記載した招集通知を発することになる。これに沿って、通常会社が株主総会の設営を行うことになるが、いかなる範囲の設営権限をもつのかが問題となる。つまり、その設営権限の中に、株主の着席位置の指定権限が含まれるかということである。学説は、実効性や公平な取扱いの点で問題が残るということより、会社が株主の着席位置を指定することはできないという説がある（吉田昂「質疑応答・一株運動と株主総会の運営」商事法務五七六号四頁）。また、会社側に着席位置の指定権限はなく、出席株主は原則としてどの席にも自由に着席できるとした上で、株主には株主総会の座席を自由に選択しうる利益がある、という説もある（末永敏和「四国電力事件最高裁判決の検討」商事法務一四四三号五頁、同「株主総会での着席位置と株主平等原則」法律時報六九巻八号五七頁）。

反対に、会社に都合の良い決議の招来を策するような積極的なものであってはならないとしながらも、一般株主に対してその正当な権利行使を可能にする限り会社のやり方を非難することはできない、という見解がある（鈴木竹雄「株主総会の設営と株主平等の原則」商事法務一二八九号三頁）。更に、多数株主の会場での入場開始とともに予期しない混乱に備えて、会議開始前からも会社側では、株主の着席についての誘導、整理などを含めて適切な措置をとる必要があり、その趣旨において、株主の着席位置等を定める権限が認められる、という説もある（加美和照「会社が従業員株主らを他の株主よりも先に株主総会の会場に入場させたことにより株主が希望する席に座る機会を失ったとしても右株主の法的利益が侵害されたということはできないとされた事例」判例時報一六一二号二一四頁）。また、役員の身体的安全を保護するなどの合理的な範囲では、会社の裁量権が認められるとする見解もある（弥永真生「一株運動と会社法」ジュリスト一〇五〇号一一〇—一一一頁）。この他にも、株主総会に限らず、およそ多数の者からなる会議をスムーズに進行させようとする以上、会議の主催者に一定の会議体運営上の裁量権が与えられのは当然であるとした上で、個々の総会の状況に応じた臨機の措置は可能でなければならないとする説もある（上村達男「総会会場前の社員株主の前方着席と不法行為」ジュリスト一一一三号九七—九八頁）。

会社の規模や株主数により、設営の方法などは異なる。株主の規模が多ければ、総会がより円滑に進められるよう入場方法や着席位置などの適切な措置が図られる必要がある。勿論、わずかな株主しかいない会社には、設営の必要性がないというのではなく、およそ会議体というものを開く以上、その会議体の議事が円滑に進行するように会場の設営を行うべきであり、その範囲で会場設営者に裁量権を認める必要性がある。より多数の構成員を有している場合には、よりスムーズになるよう秩序をもたせることになるが、いわゆる「荒れる総会」に関しては、出席株主の持込品検査ないし制限をする必要もあろう（森本滋「二三七条ノ四」上柳・鴻・竹内編『新版注釈会社法(5)　株式会社の機関(1)』一六六—一六七頁参照）。更には、株主の着席位置を指定する必要性は当然であろう。多数株主の会場での入場開始とともに予期しない混乱に備えて、会議開始前からも会社側では、株主の着席についての誘導、整理などを含めて適切な措置をとる必要があり、その趣旨において、株主の着席位置等を定める権限が認められるべきである（加美和照・前掲・判例時報一六一二号二一四頁）。仮に株主は株主総会の座席を自由に選択しうるといっても、株主総会における議事の進行の円滑化あるいは総会の混乱防止という目的が優先されるのではないだろうか（あるいは、座席選択の自由が制限される）。このように会場設営者には、一定の設営権限をもつことになろう。

しかし、会場設営者が議事進行という目的のために一定の設営権限をもつとしても、はたして本件のような方法が適切であったかということが問題となる。原審では、被告が社員株主とそうでない株主らとの間に行った本件差別的取扱いには、その必要性、妥当性に疑問が残るといわざるをえない、としている。また、控訴審では、本件の総会運営について、あらかじめ混乱することが十分予測されたものであるから、本件のような差別的な取扱いは株主総会の議事運営を円滑に進行させるためのやむを得ない方策であって、合理的な理由による株主間の差別的取扱いであり、株主総会の会場設営に関する裁量権の濫用・逸脱はなかった、としている（この判断に賛成なものとして、北沢正啓『会社法〔第四版〕』三一六頁）。更に、最高裁（平成八年一一月一二日判決）では、「株主総会の議事進行の妨害等の事態が発生するおそれがあると考えたことについては、やむを得ない面もあったということができるが、そのおそれのあることをもって、被上告会社が従業員株主らを他の株主よりも先に会場に入場させて株主席の前方に着席させる措置をとることの合理的な理由に当たるものと解することはできず、被上告会社の右措置は、適切なものではなかったといわざるを得ない」、としている。控訴審のみ、合理的な理由による株主間の差別的取扱いであり、株主総会の会場設営に関する裁量権の濫用・逸脱はなかったとしているが、果してそのように考えられるだろうか。

確かに、以前より多数の原発反対派の者による抗議行動や本件総会に対して非常に多くの事前質問状が送付されてきたり、他の電力会社の株主総会でも混乱したという経緯などからすれば、本件総会においても、原発反対派株主が喧騒をもって議事進行を妨害したり、あるいは、議長席や役員席を取り囲んだり、占拠されたりする恐れが十分予測できたかもしれない。だが、そのような場合には、役員側の席と株主の席との距離を置くあるいは段差を設ける、会場にあらかじめガードマンや、場合によっては警察力によって会場内の秩序をもたせておく必要があり得よう。本件ばかりでなく、多くの会社でも行われていることであろうが、株主総会開会前に社員株主に対して株主側の席の前方に着席させ、役員や議長に対して心理的・物理的圧迫を防がしている。しかし、株主総会が混乱する恐れがある場合でも、物理的な圧迫に対しては会場の設営方法の工夫（例えばロープを張るなど）、さらにはガードマンや警察力によって防ぐべきだし、くじ引き等一定の合理的な基準をもった方法による着席位置の決定などという措置を講じるなどして、より株主間の公平性を保つ努力をすべきである。本件では、やむを得ない方策であるというが、社員株主を使用しなくても、議事進行や混乱の防止という目的達成は代替的な措置により、はかれるのではないか。また、株主総会の最中には、議長の議事整理権・秩序維持権・退場命令などの権限（二三七条ノ四）を行使すればよい。

従業員として会社役員の指揮命令下にある社員株主に対する議事進行の要請、例えば、社員株主に対し総会での議長の発言に対しては一斉に拍手をし、賛成の声を発する等の行為は、他の一般株主の発言を事実上押さえる役割を果たすことになり、その株主としての自由な質問、動議の提出、議決権の行使など株主としての自由な権利行使を妨げ、会社に同調するよう事実上強制するものであり、取締役などの説明義務違反（商法二三七条ノ三）、決議方法の法令違反ないし著しい不公正（商二四七条一項）の問題をも引き起こしかねないともいえる（三枝一雄・前掲・金融・商事判例九〇四号三四頁）。判例においても、暴行強迫をもって株主の発言又は議決権の行為を妨げて決議を成立させた場合は決議の方法が著しく不公正な場合にあたる（大決昭和四年一二月一六日）としているものがある（上柳・鴻・竹内編『新版注釈会社法(5)　株式会社の機関(1)』三二二頁）。それ故、会社は株主に対してより公平な取扱いをすると共に、株主として自由な権利行使を妨げないようにしなければならない。

以上の点から、各株主がその権利である発問や動議の提出を円滑にできるよう、会社に株主総会の設営権限を認めるとしても、合理的な理由の下に適切な設営権限を行使しなければならないと考える。すなわち、会社の都合の良い決議の招来を策する為に行うのではなく、各株主がその権利である発問や動議の提出を円滑にできるようにするために設営権限を行使しなければならない。しかし、本件のように「発問や動議の提出を円滑にできるようにするために」という大義名分により、「同じ」株主なのに不平等に扱われてしまう。それ故、その目的のために株主を差別的取扱いをするときには、「同じ」株主として公平に取り扱うために、機会の均等という点も配慮されなければならない。その上での差別的取扱いであるならば、設営者の裁量の範囲と考える。本件の場合は、各株主がその権利である発問や動議の提出を円滑にできるようにするためという目的があったが、「同じ」株主として公平に取り扱うための「機会の均等」という点を考慮した等といったような合理的な基準による座席指定というものではない。それ故、設営方法の適切性という観点より問題があるといえよう。

四　このように、会社側の株主に対する扱いという点において適切性という観点がかけているが、その不平等な取扱いにより、その株主らは実際に自己の権利を行使できず、不利益を被ったかをみてみる。

控訴審によれば、「控訴人らを含む原発反対派株主らは多数回、議長から指名を受け、原発反対の立場から質問したり動議を提出するなどした」としている。このことから、控訴人に対しての不平等な取扱いにより、議長の指名が受けられなかった、あるいは質問や動議の提出ができなかったという実質的な不利益を受けていなかったというべきであり、不法行為は成立しないであろう。それ故、結論としては、本件判旨に賛成である。

（七二巻二号（平成一一年二月））　池島真策

三四　従業員の会社に対する貸付金の先取特権性の有無

浦和地判平成五年八月一六日
平成四年(ワ)一四二一号優先破産債権確定請求事件
判例時報一四八二号一五九頁、判例タイムズ八三九号二五七頁

【判示事項】

従業員の会社に対する貸付金は、従前の雇傭関係の維持、継続のためとの企図があり、自由な判断での任意性がなければ、会社と使用人間の雇傭関係に基づいて生じた債権であり、会社の総財産の上に先取特権を有する。

【参照条文】

商法二九五条

【事　実】

事件発端当時すでに五〇歳を過ぎていた原告Xは、病気のため二、三カ月休職した後、A株式会社に復職を申し出たところ、A会社の訴外B部長から、高齢者のパートの退職勧奨をしている状態なので、そのままでは復職できないといわれ、復職の条件として、三〇〇万円程度の金員を社内預金名目でA会社に預け入れるように求められた。原告Xは、銀行預金を中途解約して、平成二年六月二二日ころ三五〇万円をA会社に交付した。A会社

は、平成三年一月一一日に破産宣告を受け、被告Yが破産管財人に選任された。

原告Xの主張によれば、本件金員は、A会社への復職を条件としてA会社に預け入れ貸与したものであるから、A会社とXとの間の雇用関係に基づいてなされており、先取特権が認められる。従って、Xは、その確認を求めて本訴に及んだ。

被告Y破産管財人の主張によれば、Xは、労働の対価として破産会社から受け取るべき給与・賞与等を預け入れたものではなく、金融機関に預け入れていた定期預金を払い戻して任意にA会社に預け入れたものである。さらに、その預け入れが、上司の指示に基づくものであったとしても、雇用関係との結び付きは希薄なものであり、一般的な貸付債権に過ぎないとして、Yは、Xの主張を争った。

【判　旨】

Xの請求を認容。

「民法は、雇人と雇主との経済的社会的地位の格差を考慮して、雇人の給料債権を保護するという社会政策的配慮から、三〇六条二号、三〇八条において、右給料債権（最終六か月分）について、雇主の総財産の上に先取特権を認めて、給料生活者の賃金保護を図っているが、商法二九五条は、さらに、会社が破綻した場合に使用人を保護するための、給料債権に限定することなく、会社と使用人との間の雇傭関係に基づいて生じた債権について、広く会社の総財産の上に使用人の先取り特権を認めている。そして、このような同条の趣旨に鑑みるならば、同条にいう『雇傭関係ニ基ヅ』いたものかどうかの判断も、経済的社会的な会社と使用人の力関係を基本にして、当該債権の発生が雇用関係に与えた影響の程度、それが真に使用人の自由な意志に基づく契約により発生したものかどうか等の観点から総合的に判断するのが妥当であると解される。」原告（X）の本件社内預金名目の「金員の交付は、原告（X）の自由な判断で任意にこれを行ったものということはできない。」「本件貸付金は、雇傭契約に基づく労働の対価である給与等ほど直接的な法的結び付きはないものの、雇傭関係を単にその発生の契機とするに止まらず、……従前の雇傭関係の維持、継続を図るために右金員交付がなされたことからみても、雇傭関係と密接に結び付く形で本件貸付金の授受がなされたものということができるから、右は、商法二九五条一項所定の雇傭関係に基づいて生じた債権に該当するものと解するのが相当である。したがって、原告（X）は、同条に基づいて、破産財団たる破産会社の財産について、一般先取特権を取得したものということができるから、……破産事件において、原告（X）が破産債権として届け出た本件貸付金について、一般の優先権ある債権としてこれを有するものというべきである。」

【評　釈】

判旨結論に賛成。判旨理由不充分。

一　会社使用人の先取特権に関する現行商法二九五条は、昭和一三年の商法改正に際して新設されたものである。立法立案関係者である松本烝治博士による「商法改正要綱解説」によれば、「第百四十五」として、「株式会社ノ使用人ノ身元保証金其他雇傭関係ニ基キ会社ニ対シテ有スル債権ニ付テハ其者ハ会社ノ財産ノ上ニ一般ノ先取特権ヲ有スルモノトスルコト」が挙げられ、その説明として、「現行法上は株式会社の使用人の会社に対する債権に付て特別規定はなく、雇人の給料の先取特権に関する一般規定の保護あるに止まつて居る（民法三〇六条三号、三〇九条参照――筆者注――昭和一三年当時の民法）。然るに大規模の株式会社に於ける使用人対会社関係は屢社会問題を起すのであつて、使用人の雇傭関係に基きて会社に対して有する債権は通常の会社債権者の債権に比して優先的待遇を与ふべきものである。何となれば後者については債権者は必要と認むれば担保を徴するの自由を有するが、使用人の債権に付ては多くの場合に於て此の如き自由を有しないからである。仍つて本要綱は之に付き会社財産の上に一般の先取特権を認めたのである。」と記述されている（松本烝治「商法改正要綱解説」私法論文集〔続編〕復刻版一三〇頁〈平成元年〉）。この記述で重要なのは、使用人は、その債権について担保を設定して優先的地位を獲得する自由を有していないとの指摘である。

商法二九五条立法当時の他の解説によれば、「会社の使用人が会社に対して有する給料債権に付ては現在民法第三百九条、第三百六条第三号の規定（筆者注――昭和一三年当時の民法――）があるけれども、これだけでは尚其の保護が不充分であるからと云ふので、広く雇傭契約に基づき生ずる債権全般に付先取特権を与え被傭者の保護を徹底すべきものとし、本条が設けられたのである（要綱一四五）。退職賜金の如きものも勿論本条の保護を受ける。本条に付ては尚四百四十八条第二項を参照せられたい。」と説明されている（奥野健一ほか六名・株式会社法釈義二一四頁、二一五頁〈昭和一四年〉）。この説明で注目すべき点は、「会社ト使用人トノ間ノ雇傭関係ニ基キ生ジタル債権」の例として「退職賜金」が挙げられ、商法二九五条一項で例示された「身元保証金ノ返還ヲ目的トスル債権」とは別の具体例が示されたこと、及び、商法四四八条に言及されていることである。なお、商法二九五条立法当時の司法省の解説によれば、「現行法制上会社ノ使用人ハ其ノ会社ニ対スル債権中給料ニ付テノミ民法第三百六条第三号及第三百九条（筆者注――昭和一三年当時の民法――）ノ先取特権ヲ有スルニ過ギズシテ其ノ余ノ債権ニ付全ク一般債権者ト同様ノ取扱ヲ受クルハ保護ニ缺クルトコロアルモノト謂ハザルベカラズ仍テ本条ヲ新設シテ其ノ不備ヲ補修シタリ」と説明されているが（司法省民事局編纂・商法中改正法律案理由書〈総則会社〉一六二頁〈昭和一三年〉）、その内容は、前出の要綱解説や立法解説の内容の域を出てはいない。

昭和一三年商法改正当時の商法二九五条に関する他の解説によれば、「株式会社と雇傭関係にある所の使用人、従業員、労働者が、いろ〳〵な意味で会社に対して債権を持って居る。或は『身元保証金ノ返還ヲ目的トスル債権』を持つて居ろうし、或は又給料の債権を持つて居ろうし、或は会社に対して預金をして居るやうな場合に於て」、機を見るに敏な取引先や大口債権者は続々資金を回収してしまうのに、使用人、従業員、労働者等が自己の債権を満足に行使できないおそれがあるので、社会政策的な見地から商法二九五条が設けられたと説明される（田中耕太郎・改正商法及有限会社法概説二〇一頁〈昭和一四年〉）。この解説で注目されるのは、使用人、従業員、労働者の会社に対する「預金」が、「会社ト使用人ノ間ノ雇傭関係ニ基キ生ジタル債権」に含まれるように解される論述がなされていることである。

二　会社と従業員との間の社内預金契約による任意的な預金の返還請求権が商法二九五条の債権に該当するか否かについては、肯定説と否定説が対立している（中馬義直・注解会社法二九五条注四〈六巻四〇七頁〉）。余裕金を会社以外の者へ貸付けた場合との利益衡量からすると、「任意性が認められるかぎり（その認定は慎重になさるべきである）」商法二九五条の適用対象外との見解（森本滋・新版注解会社法二九五条注五〈九巻二六一頁〉）が、妥当と考えられる。本件においては、判旨事実認定によれば、「任意性」が否定されているので、判旨結論は妥当であると考えられる。

しかし、商法二九五条立法当時の諸議論を踏まえて考えると、条文にいう「雇傭関係ニ基キ生ジタル債権」の点に関して、それをどちらかといえば厳重に解するものと拡張的に解するものがあるように考えられる。前出の田中耕太郎博士の解説は、従業員の会社への預金を含めて解されるので、拡張的であるけれども、それ以外の説明では、退職金が例として挙げられるなど、あまり拡張的ではないと思われる。本件判旨は、「雇傭関係ニ基キ生ジタル債権」の理解につき、種々の観点から「総合的に判断するのが相当である」と明言しているので、解釈としては、拡張的な方向にあるものと解される。そうとすれば、拡張解釈の理由が必要となる。しかし、その点で、判旨の理由づけは一応はなされているものの不充分であると解される。

本件は、破産手続上の紛争である。現行の破産手続では、厳格な平等主義が採用されている。しかし、そのことが、債権者間の実質的公平を害し、かえって、事案処理に妥当性を欠く結末になることが指摘されている（河野玄逸「破産手続の絶対的平等主義見直しの提言」銀行法務21五四一号一頁）。会社更正手続にかかわる会社更正法二二九条但書や特別清算手続にかかわる商法四四八条一項但書のもとでは、債権者の多数決と裁判所の関与によって実質的公平を図る柔軟運用が可能となっている（河野・前掲銀行法務21五四一号一頁）。従って、そのような柔軟運用が予定されていない破産手続においては、何らか工夫が必要となる。そこで登場する一つの方策が、商法二九五条の「雇傭関係ニ基キ生ジタル債権」についての柔軟な拡張的理解であると考えられる。それ故、判旨としては、右のような破産手続制度上の根本を踏まえて、自己を雇傭する会社相手に担保権を設定することなど思いもよらない状況にあるような経済的弱者の保護を説くならば、さらに説得力は増大したものと考えられる。

その他に、企業において労働力を提供する従業員について、社会の安定と国民生活の持続的繁栄を確保する観点から、あらゆる方面より手厚い対応のなされていることが、商法二九五条における拡張的解釈を許容する風土と解される。会社従業員といえども、金銭の貸借については、自己責任を自覚して行動する独立の当事者として、会社との関係でつき離した対応をすることも、将来的には一つのあるべき選択なのかもしれない。しかし、現状においては、そこまで割り切った結末を受け入れているものとも思われない。

商法八四二条七号によれば、「雇傭契約ニ因リテ生ジタル船長其他ノ船員ノ債権」につき、運送賃に先取特権が認められている。ここでいう債権とは、「船員の給料その他の報酬請求権・傷病手当請求権など雇傭契約上の債権に限る。」と解されている（田村治美・体系海商法二九二頁〈平成八年〉）。

なお、本件については、判例評釈として、「判旨に賛成。但し若干検討すべき点がある。」とされる青木英夫・金融・商事判例九四九号四三頁以下と、判旨妥当とされる田村詩子・商事法務一四七〇号一〇九頁以下がある。

（七一巻八号（平成一〇年八月））　加藤　修

三五　損失補塡と取締役の会社に対する責任

東京地判平五年九月一六日民八部
平成四年(ワ)五七八三号取締役員損失補塡責任追及事件、棄却（控訴）
判例時報一四六九号二五頁、判例タイムズ八二七号三九頁、金融・商事判例九二八号一六頁、金融法務事情一三六八号三七頁

【判示事項】

一　損失補塡を行った取締役の行為は、経営判断上裁量の範囲を逸脱するものとは言えない。

二　証券会社による損失補塡は、平成三年法律九六号による改正前の証券取引法に違反しない。

三　顧客との取引関係を維持・拡大する目的で一部の顧客に損失補塡を行ったことは、不公正な取引方法に当たり、独占禁止法一九条に違反する。

【参照条文】

商法二五四条・二五四条ノ三・二六六条一項五号・平成三年法律九六号改正前証券取引法五〇条一項三号、独占禁止法二条九項・一九条・昭和五七年公取委告示一五号不公正な取引方法九項

【事　実】

訴外甲会社は、大正一四年一一月二七日に設立された株式会社で、その営業目的は、有価証券の売買、その媒

介、取次および代理、有価証券の引受および売出しなどであり、被告Y1らは、平成二年三月当時、いずれも、甲会社の代表取締役の地位にあった。

訴外乙会社は、甲会社の大口顧客であり、甲会社は、昭和四八年三月から、乙会社と有価証券の売買などによる資金運用の取引を継続し、また乙会社の証券発行に際しては、主幹事証券会社の地位にあって、引受手数料など、Yら主張の手数料収入を得ていた。

乙会社は、平成元年四月、訴外丙信託銀行との間で、乙会社を委託者、丙信託銀行を受託社とし、期間を平成二年三月までとする特定金銭信託契約を締結して、一〇億円を信託し、これに基づき丙信託銀行が甲会社のための取引口座を開設して、有価証券の売買による乙会社のための資金運用が開始された。この特定金銭信託契約に基づく勘定を利用した取引（特金勘定取引）においては、乙会社は投資顧問会社との間で投資顧問契約を締結しておらず、甲会社から有価証券の売買に関する情報の提供を受けて、丙信託銀行に対して売買の指図をし、この指図に基づいて丙信託銀行が甲会社に有価証券の売買を発注するという関係にあった（いわゆる営業特金）。平成元年末頃、乙会社のための特金勘定口座には、約二億七千万円の損失が生じていた。

平成元年一二月二六日、大蔵省証券局は、社団法人日本証券業協会に対し、「証券会社の営業姿勢の適正化及び証券事故の未然防止について」と題する局長通達を行い、またその趣旨を徹底させるための業務課長連絡を行った。

その内容は、証券会社の大口顧客に対する損失補塡は、一般投資者の証券取引についての公平感や証券市場に対する信頼感を損なうものであり、証券取引の公平性や証券市場の透明性確保の観点から、証券会社の営業姿勢の適正化が強く要求されるとしたうえ、証券会社に対し、法令上の禁止行為である損失保証による勧誘や、特別の利益提供による勧誘はもちろんのこと、事後的な損失の補塡や特別の利益提供も厳にこれを慎むことを求めるとともに、特金勘定取引については、原則として顧客と投資顧問業者との間に投資顧問契約が結ばれるものとすること、具体的には、顧客が投資顧問契約を締結していることを確認するか、あるいは、顧客との間で運用に当たり売買一任勘定取引、利回り保証、特別の利益提供などの行為は行わない旨の書面を取り交わすかの処置をとって取引を開始し、または継続することを求めるものであった。

甲会社を初め各証券会社では、この通達の主眼は早急に営業特金の解消を求める点にあると理解し、株式市場が急落する状況下で顧客との関係を良好に維持しつつ営業特金の解消をすすめていくためには、損失補塡もやむを得ないという考え方が大勢を占めるようになった。

甲会社では、専務取締役で管理部門の最高責任者であったY_1が担当者となって、営業特金の総点検を行うこととし、平成二年一月から二月にかけて、各営業部店の担当者が顧客との間で、営業特金解消のための交渉を開始した。

その過程で顧客から運用実績に対する不満と営業特金の解消による評価損の発生について、苦情が寄せられたため、各営業部店長が、調査して、損失補塡が必要と判断したものについて、同年三月上旬、Y_1に報告がなされた。

同月一三日、Y_1が出席して、甲会社の専務会が開催された。専務会では、Y_1から、乙ほかの顧客に生じた損失について総額約一六一億円の損失の補塡をすることが提案され、了承された。

甲会社は、平成二年三月一四日、乙にルクセンブルク証券取引所に上場の丙会社ワラント（一ワラント額面五千ドル）一、二二五ワラントを代金合計六一万二、五〇〇ドル（当時の為替相場で九、一二六万二、五〇〇円）で売り、同日、直ちに乙は甲に代金合計三〇四万七、一八七・五ドル（同四億五、二八一万二、〇六三円。ただし、国内取引税一三五万八、四三六円を含む）で売戻した。この結果、丙は三億六、〇一九万一、一二七円の利益を得、これによって、営業特金の運用による損失が補塡された。

そこで、平成四年三月四日、甲会社の株主であるXが、甲会社に対して、Y_1等の損失補塡による損害賠償責任を追及する訴訟の提起を請求したが、甲会社が訴を提起しないので、同年四月一〇日、Y_1等の責任を追及する代表訴訟を提起したのが、本件であり、Xは、(1)本件損失補塡は、取締役の善管注意義務（商法二五四条三項、民法六四四条）、忠実義務（商法二五四条の三）に違反すること、(2)本件損失補塡は、改正前証券取引法五〇条一項三号・四号に違反すること、(3)本件損失補塡は独占禁止法一九条に違反すること、および(4)被告らには商法二六六条一項五号により、この法令違反行為によって会社が被った損害として、損失補塡額に相当する三億六千万円の損害賠償の賠償責任があること、の四点を主張した。

これに対して、Y_1等は、(1)本件損失補塡は、経営上の判断によるものであるから、Y_1等に取締役としての善管注意義務・忠実義務違反は存在しないこと、(2)平成三年改正前の証券取引法は、顧客に損失が生じた後にこれを補塡する事後的な損失補塡を禁じていなかったこと、(3)損失補塡により乙との取引関係を維持し、拡大を図ることが長期的には甲の利益になると判断して損失補塡を行ったが、独占禁止法において禁止されるのは損失補塡自体ではなく、損失補塡により競争者の顧客を自己と取引するように誘引することであること、および(4)損失補塡により、甲会社は乙との取引を維持するという利益を得ており、約三億六千万円の損失補塡額自体を甲会社が被った損害とみることはできないこと、の四点を主張した。

【判　旨】

請棄却求

一　善管注意義務・忠実義務違反について

取締役は会社の運営に関し善良な管理者の注意をもって忠実にその任務を果たすべきものであるが、企業の経営に関する判断は、不確実かつ流動的で、複雑多様な諸要素を対象にした専門的、予測的、政策的な判断能力を必要とする総合的判断であるから、その裁量の幅は、おのずと広いものとなり、取締役の経営判断が結果的に会社に損失をもたらしたとしても、それだけで、取締役が必要な注意を怠ったと断定することはできない。会社は株主総会で選任された取締役に経営を委ねて利益を追求しようとするのであるから、適法に選任された取締役が、その権限の範囲で会社のために最良であると判断した場合には、基本的にはその判断を尊重して結果を受容すべきであり、このように考えることによって、初めて、取締役を萎縮させることなく、経営に専念させることができ、その結果、会社は利益を得ることが期待できるのである。

このような経営判断の性質に照らすと、取締役の経営判断の当否が問題となった場合、取締役であればそのときどのような経営判断をすべきであったかをまず考えたうえ、これとの対比によって実際に行われた取締役の判断の当否を決定することは相当ではない。むしろ裁判所としては、実際に行われた取締役の経営判断そのものを対象として、その前提となった事実の認識について不注意な誤りがなかったかどうか、また、その事実に基づく意思決定の過程が通常の企業人として著しく不合理なものでなかったかという観点から審査を行うべきであり、その結果、前提となった事実認識に不注意な誤りがあり、又は意思決定の過程が著しく不合理であったと認められる場合には、取締役の経営判断は、許容される裁量の範囲を逸脱したものとなり、取締役の善管注意義務又は忠実義務に違反するものとなると解するのが相当である。……被告等がY_1の提案に基づいて本件損失補塡を実施することとした経営判断は、その前提となった事実の認識に不注意な誤りがあるということはできず、またその意思決定の過程についても、損失補塡のほかに採り得る手段がなかったかどうか、損失を補塡するとしても三億六千万円という巨額のものとせざるを得なかったかどうかなど、その合理性に疑問の余地が残らないわけではないものの、甲会社と乙会社との従来の取引関係、営業特金という形態での資金運用の実情とその解消への動き、平成二年以降の株式市況の急落など、当時の諸状況に照らすと、これが著しく不合理で許容される裁量の範囲を逸脱したものであるとまでいうことはできない。したがってY_1等が本件損失補塡を決定したことをもって、取締役の善管注意義務又は忠実義務に違反する行為であったということはできない。

二　証券取引法違反について

本件損失補塡がされた当時施行されていた平成三年改正前の証券取引法では、五〇条一項三号、四号が、有価証券の売買などの取引について、証券会社が顧客に対して損失の全部又は一部を負担することを約して勧誘する行為をしてはならないものとし、勧誘に際しての損失保証を禁止していたが、顧客に損失が生じた後その損失を補塡する行為については、これを禁止する規定はなかった。その後、平成三年同法改正により、初めてこれが禁止されることになった（五〇条の二第一項二号・三号）……。したがって、平成三年の証券取引法改正前は、損失保証の実行に当たらない事後的損失補塡については、明文上これを禁止する規定は存在しなかったのであるから、本件補塡は同法に違反するものではない。

三　独占禁止法違反について

本件損失補塡は、顧客との取引関係を維持し、又は拡大する目的で一部の顧客に対して行ったものであるから、正常な商慣習に照らして不当な利益をもって競争者の顧客を自己と取引するように誘引するものであって、不公正は取引方法（昭和五七年公正取引委員会告示一五号）の九項（不当な利益による顧客勧誘）に該当し、独占禁止法一九条に違反する。

四　損害額の算定について

損失補塡が、独占禁止法上問題とされるのは、損失補塡を行うことにより競争者の顧客を自己と取引するように誘引した場合であって、損失補塡を行うことそれ自体が独占禁止法一九条に違反するものではないし、また同条に違反する行為については、……刑事罰の対象とはされていないことから明らかなとおり、その違法性は行為自体を無価値なものとするほど強いものではない。したがって、不当な利益による顧客誘引行為によって会社が被った損害を認定するに当たっては、競争者の顧客を自己と取引するように誘引するに際して一定の支出をしたことが会社に対してどのような損害を与えたかという観点から、支出額のみならず、その行為によって会社に生じた利益をも総合考慮してこれを行うのが相当である（この点で、例えば贈賄行為については、それが会社の利益になったとして、その支出は公序良俗に反し許されないものであって、支出額が直ちに会社の損害額となるべきであるのとは異なる）。……したがって、これらの事実を考慮すると、本件損失補塡額が独占禁止法に違反するものであっても、会社との関係においては、これによってXが主張する損害が生じたと認めるに足りない。

【研　究】

本判決には反対である。本件においては、取締役の注意義務（商二五四条三項・民六四四条）違反の損害賠償責任（商二六六条一項五号）が、認められるべきである。

本判決は、平成三年改正前の証券取引法五〇条一項三号・四号の下で損失補塡をした証券会社の取締役の責任についての初の判決である。

　本判決は、まず、注意義務・忠実義務違反について、検討し、経営判断の原則の適用に関して注意義務又は忠実義務違反の行為ではなかったとした上で、法令（証券取引法および独占禁止法）違反について検討しているが、この説述の順序および構成は正当でなく、本件については、まず証券取引法および独占禁止法違反について検討して、その違反がないときに、注意義務を定めた民法六四四条という法令違反の有無を検討すべきであった（同旨＝上村達男・後掲③三—四頁、中村和彦・後掲⑧七五頁、河内隆・後掲④三六頁）。

　被告Y_1等の行為は、改正前の証券取引法五〇条一項三号・四号に違反しないので、同条違反の責任はなく、改正前の証券取引法五八条一項に違反するが、過失がないので、同条違反の責任もなく、また独占禁止法一九条に違反するが、これについても過失がないので、同条違反の責任がなく、商法二六六条一項五号にいう「法令」の中には商法二五四条三項によって適用される民法六四四条が含まれることを前提として、被告Y_1等の行為が注意義務違反に当たるかどうかを検討するに際して、経営判断の原則の適用が問題となるが、被告Y_1の行為は、「企業人としての合理的な選択の範囲を外れた（福岡高判昭和五五年一〇月八日・高民三三巻四号三四一頁）」、「企業経営者として明らかに合理性を欠いた（大阪高判昭和六一・一一・二五・判時一二二九号一四四頁）」、「著しく不合理で許容される裁量の範囲を逸脱した（本件判決）」、「その状況の下で適当であると合理的に信じた（reasonably believe to be appropriate under the circumstances [ALI, Principles of Corporate Governance, § 4.01 (c) (2)]）」ものとはいえないものとして、経営判断の原則の適用を否定し、注意義務違反の責任を認めるべきであると考える。

一　本件請求の原因と商法二六六一項五号

　本件請求は、商法二六六条一項五号による損害賠償の請求である。同号については、第一に、同号でいう「法令」中には、具体的な義務を定めた規定のほかに、商法二五四条三項により適用される民法六四四条、二五四条ノ三のような抽象的かつ一般的な義務を定めた規定が含まれるか否かが問題となるが、同号は、具体的な義務を定めた規定に制限しておらず、またそのように解すべき理由もないので、抽象的かつ一般的な義務を定めた規定をも含むものと理解されるべきであり、ただ、特別の義務を定めた規定の違反については、過失の有無が問題となり（後述）、二五四条三項、民法六四四条および商法二五四条ノ三が同号の「法令」中に含まれるとした判旨は正当である。

第二に、同号違反は、故意・過失を必要とするかどうかが問題となるが、商法の損害賠償責任は故意・過失を必要とするのが原則であり、無過失責任と理解されるのは、そう理解すべき特別の理由がある場合（商二六六条一項一号・三号四号）に限定するのが相当であるので、同号違反は、故意または過失を要件とすると理解される。本件で問題となる証券取引法や独占禁止法の規定は、極めて技術的で、高度の法解釈が要求されるので、故意・過失も、違反行為そのものの認識についてだけでなく、違法性の認識についても検討される必要があり、相当な注意をもってしても違法であることを認識できなかったときは、違法行為そのものを認識していても過失が無いものと言うべきである。本判決は、被告の行為が独占禁止法一九条に違反することを認めつつ、損益相殺の法理により、責任を否定したが、当時被告Y_1等が、同条に違反する事実を認識してはいたが、同条に違反することを認識できなかったとすれば、故意または過失がないために責任がないものと理解するのが正当であるから、判決は、その点を明らかにすべきであった（近藤光男・後掲⑥五一頁、同旨＝神崎克郎・後掲⑤七六頁）。

二　証券取引法違反について

本件判決は、「本件損失補塡がされた当時施行されていた平成三年改正前の証券取引法では、五〇条一項三号・四号が、有価証券の売買などの取引について、証券会社が顧客に対して損失の全部又は一部を負担することを約して勧誘する行為をしてはならないものとし、勧誘に際しての損失保証を禁止していたが、顧客に損失が生じた後その損失を補塡する行為については、これを禁止する規定は存在しなかった。その後、平成三年同法改正により、初めてこれが禁止されることになった（五〇条の二第一項二号・三号）……。したがって、平成三年の証券取引法改正前は、損失保証の実行に当たらない事後的損失補塡については、明文上これを禁止する規定は存在しなかったのであるから、本件補塡は同法に違反するものではない。」と述べているが、この説示部分は、正当である。

有価証券は、典型的には、資本証券としてリスクを有している事業に投資した者の権利を表彰しているものであるから、有価証券市場に損失保証が成された無リスクの資金が流入することは、公正かつ妥当な価格形成を歪めることにつながるので、本件当時禁止されていた。事後の損失補塡は、一任勘定取引の存在を必ずしも前提とするものではなく、また、すでになされた投資判断による価格形成の公正さに影響するところはないが、有価証券の取引市場は、本来的にリスクマネーの導入により、経済活動を促進する市場であって、そこで取引される有価証券の価格自体が保証されているものではなく、そのときどきの経済情勢等を反映して、価格が形成されるかぎり、相場が変動すること自体が常態である。相場変動に起因する有価証券取引による損失を事後に補塡するする行為は、このような有価証券市場の本来的な性質を見落とし、その存在自体を否定するものであって、明らかに有価証券の取引市場における公正な取引慣行の形成を損なう行為である（神田秀樹監修・注解証券取六〇九―一一（一九九七））。証券投資は、投資者が自己の判断と責任において行うべきものであり、この「自己責任の原則」は、証券取引の基本である。投資者の損失を事後に補塡する行為は、この原則を否定し歪めるものであって、証券市場の基本を揺るがす。さらに、損失補塡は、一般投資者の証券取引の結果生ずる損益を不公平とするものであって、それが発覚すれば、一般投資者の間に、証券取引の不公平感を生ぜさせ、証券市場の公正性に対する投資者の信頼を損なうものである。

現に、平成元年秋に、大手証券会社がした一〇〇億円を超える損失補塡が公になって証券取引の公正性と平等性に対する不信感が一般投資者のあいだで生じたことは、周知のとおりである。

大蔵省証券局は、平成元年一二月二六日、「証券会社の営業姿勢の適正化及び証券事故の未然防止について」と題する通達（蔵省二二五〇号）を発して、証券会社に対し、「法令上の禁止行為である損失保証の勧誘……は勿論のこと、事後的な損失の補塡……も厳にこれを慎むこと」を要請し、日本証券業協会は、同日、公正慣習規則である協会員の投資勧誘、顧客管理等に関する規則を改正し、その八条で「協会員は、損失保証による勧誘……を行わないことはもとより、事後的な損失の補塡……も厳にこれを慎むものとし、取引の公正性の確保につとめるものとする」ことを定めて、会員である証券会社に対して、損失補塡をしないよう、強く要請した。この結果、損失補塡が明文規定で禁止されていなかった本件当時にあっても、それを証券会社が行うことは、当時の証券取引法五八条一号（現行一五七条一号）によって禁止される「有価証券の売買その他の取引……について、不正の手段……をすること」に当たるものというべきである（昭和六三年の同法改正により一九〇条ノ二・一九〇条ノ三の規定が設けられて、インサイダー取引が明文で禁止される以前にも、インサイダー取引は、当時の五八条一号に当たるものとして禁止されていたと理解するのが有力説であった）。このように、被告の行為は、法令違反に当たるが、このことは、当時の証券業界において理解されておらず、学界においても殆ど論ぜられていなかったので、被告Y_1等が相当の注意を用いたとしても、同条違反に当たることを認識できたと理解することはできないので、被告

Y_1等には過失がなく、証券取引法違反による損害賠償責任は生じないものと理解するのが正当である（同旨＝近藤光男後掲⑥一九七頁、神崎克郎後掲⑤七五頁）。

三　独占禁止法違反について

本判決は、「本件損失補塡は、顧客との取引関係を維持し、又は拡大する目的で一部の顧客に対して行ったものであるから正常な商慣習に照らして不当な利益をもって競争者の顧客を自己と取引するように誘引するものであって、不公正な取引方法（昭和五七年公正取引委員会告示一五号）の九項（不当な利益による顧客勧誘）に該当し、独占禁止法一九条に違反する。」と述べる。

独占禁止法第一九条は、「事業者は、不公正な取引方法を用いてはならない。」と規定し、昭和五七年公正取引委員会告示一五号九項は、「正常な商慣習に照らして不当な利益をもって、競争者の顧客を自己と取引するように誘引すること。」と規定している。この告示によれば、「競争者の顧客を自己と取引するよう誘引すること」が、独占禁止法第一九条に違反するための一要件とされている。

しかし、本件事実を見る限りでは、「競争者の顧客を自己と取引するよう誘引したかどうかは、明らかではない。本件訴訟は民事訴訟であって、しかも本件損失補塡が独占禁止法第一九条に違反することは、被告Y_1等が自白している。そこで、本件判旨が、本件損失補塡が独占禁止法第一九条に違反するとしたことは、正当である。しかし、本件当時、損失補塡が、独占禁止法一九条に違反することを、被告Y_1等が相当の注意を用いたとすれば知ることができたどうかは、問題であり、判決は、さらにこの点について審理すべきであり、その結果、相当の注意を用いても認識できなかったとすれば、被告Y_1等には過失がないから、証券取引法違反による損害賠償責任は生じないものと理解される（同旨＝近藤光男後掲⑥一九七頁、神崎克郎後掲⑤七五頁）。

四　注意義務違反について

被告Y_1等に具体的な義務を定めた法令違反による責任がないとすれば、最後に抽象的かつ一般的な義務を定めた商法二五四条三項・民法六四四条および商法二五四条ノ三の規定違反の責任が問題となる。

本件は、被告Y_1等が専ら会社の利益のためになした行為であって、自己または第三者のためになした行為でもなく、また会社と自己の利益は相反する行為でもないから、忠実義務違反の事実はなく、残るのは、注意義務違反の行為である。

注意義務違反の責任についてでは、アメリカにおいて経営判断の原則（Business Judgment Rule）が判例によって、発展し、本判決もこの法理を援用して、取締役の注意義務の違反について、「裁判所として、実際に行われた取締役の経営判断そのものを対象として、その前提となった事実の認識について不注意な誤りがなかったかどうか、また、その事実に基づく意思決定の過程が通常の企業人として著しく不合理なものでなかったかという観点から審査を行うべきであ（る）。」と述べた上で、「損失補塡のほかに採り得る手段がなかったかどうか、損失を補塡するとしても三億六千万円という巨額のものとせざるを得なかったかどうかなど、その合理性に疑問の余地が残らないわけではないものの、甲会社と乙との従来の取引関係、営業特金という形態での資金運用の実情とその解消への動き、平成二年以降の株式市況の急落など、当時の諸状況に照らすと、これが著しく不合理で許容される裁量の範囲を逸脱したものであるとまでいうことはできない。したがってY_1らが本件損失補塡を決定したことをもって、取締役の善管注意義務又は忠実義務に違反する行為であったということはできない。」と述べている。

アメリカにおいて、取締役の地位は、古来から信託の受託者に仮託されてきたため、その責任も、信託受託者とのアナロジーにより、無過失責任に近い厳格責任（strict liability）を負うものとされてきた。

一九世紀半に至り、放任思想ないし無干渉思想（laissez-faire）が優勢となり、各人が全力を挙げて自己の個人的利益を追求する結果として、最大限の社会的利益がもたらされると考えられ、このような個人の企業心と活動の自由を放任し、これに無闇に干渉しないことが、当時の政治・社会哲学の基礎とされていた。したがって、法律による抑制は、ある場合には必要悪と考えられていたとはいえ、本質的にいって、経済組織に混乱をもたらすものとされた。

そこで、経済的活動の担い手である会社取締役を厳格責任から解き放すことが要請されるようになり、司法抑制という形で、取締役の責任が軽減され、過失責任主義が採られるようになった。これがアメリカの経営判断の原則の発展の歴史である（並木和夫、アメリカにおける経営上の判断の原則、会社法・証券取引法の研究一〇四頁以下〔一九九一〕参照）。

その後、アメリカにおいて、経営判断の原則は、企業買収などにも適用されるようになったが、それまでの過程において、①取締役がどのような手段を講じた上で判断を下せば、その注意義務を履行したことになるかが明らかにされ、②その一環として「信頼の権利」が認められたことが、アメリカにおける「経営判断の原則」の功績である。

現在アメリカにおける「経営判断の原則」は、アメリカ法律協会（A. L. I.）が作成した「コーポレート・ガヴァナンスの原則（Principles of Corporate Governance）において纏められており、§4.01は、「取締役及び役員の経営判断の原則」と題し、その(a)項で、「取締役又は役員は、会社に対して誠実に、会社の利益に合致すると信ずるのが相当な方法で、かつ通常の慎重な者が同様の地位において類似の状況の下で尽くすことが相当な注意をもって、その職務を遂行する義務を負う。」と規定した上で、同項(2)と(b)項において、「信頼の権利」について規定し、(c)項は、「取締役又は役員が、誠実に経営判断をなしたとされるのは、以下の場合である。」と規定した上で、(2)号は、「当該状況の下において取締役または役員が、適切であると信ずるのが相当と判断される範囲において、当該事項について情報を入手している場合である。」と規定し、(3)号は、「会社の最善の利益であると信ずるのが相当な場合である。」と規定しているが、§4.01項(c)号が規定する内容、即ち、意思決定に際して収集すべき情報の相当性と意思決定の相当性の二点は、わが国における取締役の意思決定に際しても、参考となる。

わが国において、いわゆる「経営判断の原則」を採用したものとされる判決としては、昭和四二年大阪地裁判決（大阪地判昭四二・四・二〇判時四八四号六四頁）、昭和五五年福岡高裁判決（福岡高判昭和五五・一〇・八高民三三巻四号三四一頁）、六一年大阪高裁判決（大阪高判昭和六一・一一・二五判事一二二九号一四四頁）、などが挙げられるが、五五年福岡高裁判決が、「企業は本来自己の責任と危険においてその経営を維持しなければならないものであるから、親会社の取締役が新たな融資を与えることなくそのまま推移すれば倒産必至の経営不振に陥った子会社に、危険ではあるが事業の好転を期待できるとして新たな融資を維持した場合において、たとえ会社再建が失敗に終わりその結果融資を与えた大部分の債権を回収できなかったとしても、右取締役の行為が親会社のために出たものであり、かつ融資の継続か打切りかを決定するに当たり企業人としての合理的な選択の範囲内をはずれたものでない限り、これをもって直ちに忠実義務に違反するものとはいえないと解すべきである。」、と述べ、また六一年大阪高裁判決が、「会社は営利の追求を目的とする企業であり、その危険と責任において、経営を遂行し、企業の存続発展を図っていかなければならず、取締役が会社の経営方針や政策を決定するに当たっては相当な冒険を伴うことは当然であり、その企業人としての経験や見識とこれに基づく合理的計算とにより、会社のために経営上当然予想される程度の政策を実施したものの、奏功しなかった場合に、そのことだけから直ちに会社に対する任務懈怠があるとしてその法的責任を追及することは、企業経営の実態にそぐわないことはいうまでもなく、通常の企業経営者として明らかに合理性を欠いたと認められる場合に、はじめて右法的責任を追及することができるものといわなければならない。」と述べたことは、経営判断を行うにあたっては、情報の収拾と判断の相当性が必要であることを述べたものである。

アメリカにおいて、経営判断の原則は、取締役が会社の最善の利益になると信ずるのが相当であると考えて、誠実に行った結果が、会社に不測の損害をもたらしたときに、取締役の注意義務（duty of care）違反の有無を判断するに当たって用いられるものであって、経営判断に当たり、①詐欺、②利益相反、または③法令違反があるときは適用されず、さらに、④経営判断の誤りが重大な過失に当たる程度のときにも、適用されない（Clark, Corporate Law, at 124［1986］）。

このことは、わが国においても妥当すると考えられ、経営判断の原則を適用するに当たっては、取締役が十分な情報を収集した上で合理的な判断をし、しかも、法令違反または忠実義務違反がないことが必要であり、重大な過失がある経営判断または合理的な裁量の範囲を超えた判断は、経営判断の原則によって責任が否定されるべきではない。福岡高裁判決（福岡高判昭和五五・一〇・八高民三三巻四号三四一頁）が、「企業人としての合理的な選択をはずれたものでない限り……」と述べたり、大阪地裁判決（大阪地判昭和四二・四・二〇判時四八四号六四頁）が、「通常の経営者として明らかに合理性を欠いたと認められる場合に……」と述べているのは、いずれも経営判断が重過失によるときは、経営判断の原則の適用は認められないことを判示したものというべきである。

本判決が、「取締役がその権限の範囲で……判断した場合は、基本的にはその判断を尊重して結果を受容すべきであり」とか「通常の企業人として著しく不合理でなかったかという観点から審査を行うべきであり、……」と述べているのも、同じ意味であると理解される。

本判決は、本件三億六千万円余の損失補塡について、「当時の諸状況に照らすと、これが著しく不合理で許容される裁量の範囲を逸脱したものであるとまでいうことはできない。」として、被告Y_1等の注意義務の違反を否定したが、これは正当ではない。

既に述べたように、平成元年一二月二六日に大蔵省証券局は、損失補塡が証券取引の公正性に関する信頼を損なうことを理由として、厳に慎むべきことを証券会社に要請しており、同日に日本証券業協会も公正慣行規則を改めて、損失補塡を厳に慎むことを証券会社に要請していたのであって、被告Y_1等は、証券会社の取締役として、損失補塡が、自己責任の原則という証券取引の基本に違反しており、既にある証券会社による一〇〇億円を超える損失補塡の事実が公になっていて、一般投資者の証券取引に対する信頼感が失われつつあったことを認識すべきである（神崎克郎、後掲⑩一九頁）。わが国で最大の証券会社の取締役である被告Y_1等としては、証券取引法によって禁止されていなくとも、この大蔵省証券局通達および公正慣行規則を遵守して、厳に損失補塡を慎むべきであり、それが取締役の会社に対する注意義務であったと理解すべきであり、当時損失補塡をすることは、本判旨が述べるように、「その権限の範囲」を超えたものであり、本判決が述べる「著しく不合理であり、許容される裁量の範囲を逸脱したもの」として、経営判断の原則が適用されないというべきである。したがって、本判決の論旨によっても、被告Y_1等の注意義務違反が認められる。

五　損害額の算定について

取締役の行為が注意義務に違反する（法令違反）として、会社に対する責任が認められるためには、その行為によって会社に損害が生じていなければならない。しかし、その行為が他方で会社に利益をもたらしているときは、損益相殺が問題となる。

本判決は、本件損失補塡の違法性は、行為自体を無価値とするほど強いものではないことを理由として、損益相殺を考慮した結果、会社との関係においては原告X主張の損害が認められないとして、被告Y_1等の責任を否定した。

筆者は、事後の損失補塡は、本件損失補塡行為の違法性は強く、損失補塡のための支出は会社の損害となると理解する。その根拠は、被告Y_1等には、損失補塡をすることが許されておらず、損失補塡を正当とする理由がなかったことにある。

学説上、本件のような場合に、損益相殺が認められるかどうかについては、見解が分かれており、「違法または違法に準ずる行為によって生じた利益については損益相殺に供すべきではない。」としてこれを否定する見解（田中誠二、金融・証券不祥事と商法学の基礎理論・商事法務一二六五号八頁（一九九一））と、取締役が、損害賠償をなした場合に、損益相殺を行わないと、違法行為によって得られた利益が会社に認めることになって、妥当でないとしてこれを肯定する見解（島袋鉄男、後掲⑦、これを引用する土田亨、後掲⑨一三三頁）があるが、この肯定説は、損益計算制度の趣旨を誤解するものであって、これを支持することはできない。すなわち、鳩山秀夫博士は、損益相殺について「賠償者ノ代位ト同一ノ思想ニ基ケル制度ニ損益相殺又ハ損得相殺ト言フモノアリ。……損益相殺ニアリテハ始メヨリ利益ノ額ヲ損害ノ額ヨリ差引キ其残余ノミヲ賠償スルコトヲ要スルナリ。故ニ損益相殺ノ問題ハ損害賠償ノ範囲ノ問題ナリ。如何ナル利益ハ之ヲ差引クベキカノ問題ハ如何ナル損害ハ之ヲ賠償スルコトヲ要スルカノ問題ト其性質ヲ同ジウスル困難ナル問題ナリ。損害ノ原因タル事実ト相当因果関係ヲ有スル利益ノミヲ差引クベキモノト考フ（鳩山秀夫、増訂新版日本債権法〔総論〕一〇五―一〇六頁〔一九三〇〕）。」と述べてこれを定義しており、その後の学説はこれを承継している。

判例は（三井鉱山事件の控訴審判決〔東高判平成元年七・三・金判八二六号三頁＝控訴審判決：最大判平成五・九・九・判タ八三一号七八頁〕）、被告が取得した債権についての損益相殺について、「当該違法行為と相当因果関係のある利益であるとともに、商法の右規定の趣旨及び当事者間の衡平の観念に照らし、当該違法行為による会社の損害を直接に填補する目的ないし機能を有する利益であることを要する」と判示している。

否定説・肯定説のいずれを採ろうとも、本判決は、損益相殺を認めるに当って、本件損失補塡行為によって会社が得た利益の額を具体的に認定しておらず、また本件損失補塡行為と会社が得た額との間の相当因果関係の存在も、これを認定していないので、本判決が、支出額とそれによって得られた利益を損益相殺し、会社に損害は生じていない、としたことには、賛成できない。

〔付記〕　本件の控訴審判決は、東京高等裁判所平成七年九月二六日判決（判時一五四九号一一頁）であり、原審と同様に、取締役の行為の違法性を問題とするものであって、その結論は原審判決と同じであるが、原審判決は、独占禁止法違反の損失補塡が、同法一九条に違反するものとした上で、会社との関係においては、これによって損害が生じたとは認められないとして取締役の責任を否定したのに対して、控訴審判決は、同条は競争者の利益を保護することを意図した規定であって、同条違反の行為により損害を蒙るのは、当該会社ではなく、競争者であるから、同条違反が当然に商法二六六条一項五号の法令違反に含まれると解するのは相当でない、として、取締役の責任を否定している。

本件判決に対する、判例批評としては、①長谷川俊明・金財一九九三・一〇・四（一九九四）、②青沼潔・判タ八五二・一九二（一九九四）、③上村達男・商事法務八五九・七二（一九九四）、④河内隆史・金判九三一・三三（一九九四）、⑤神崎克郎・金法一三九六・七二（一九九四）、⑥近藤光男・判例評論四二三・四六（一九九四）、⑦島袋鉄男・私法判例

リマークス一九九四年〔下〕一一二、⑧中村一彦・判タ八五九・七二（一九九四）、⑨土田亮・ジュリ一〇九六・一三三（一九九六）、などの判例批評があり、本件判決の事案に触れるものとしては、⑩神崎克郎・損失補塡の再発防止・資本市場七三・一六（一九九一）、⑪春田博・広場一一・一三（一九九一）、⑫上村達男・証券会社の損失補塡・ジュリ一〇三〇・二三（一九九三）、等があり（順不同）、このうち、本件判決に明らかに反対する判例批評としては、③、④、⑦、⑧の判例批評が挙げられ、③は、本件損失補塡は損失保証の実行行為とみるのが自然である、と説き、④は、判断内容が不合理であれば免責されるべきではない、と説き、⑦は、損失補塡は、旧証券取引法五八条（現行一五七条）違反である、と説き、⑧は、本判決は、あまりにも会社の営利性を重視する理論であって、独禁法を軽視している、と指摘する。

（七一巻一〇号（平成一〇年一〇月））　並　木　和　夫

三六　傷害保険契約における重複保険契約の告知・通知義務違反の効力

東京高判平成五年九月二八日
平成三年(ネ)第二六二七号保険金請求事件
判例時報一四七九号一四〇頁、判例タイムズ八四八号二九〇頁

【判示事項】

傷害保険契約を引き受けた保険会社は、約款に定められた者が、重複保険の不告知または不通知が契約解除事由となることを認識し、または重過失により右の点を認識せずに、重複保険の存在を事前に告知せず、または事後に通知しなかった場合に限り、さらに、その不告知ないし不通知が不正な保険金取得の目的に出た場合をはじめ、事案の全体を眺めて、不告知ないし不通知を理由として保険契約を解除することが、保険会社による解除権の濫用とならないと認められる場合に限って、解除権を有効に行使することができる。

【参照条文】

商法六七八条、六四五条二項、傷害保険普通保険約款一〇条、一二条、一六条、傷害保険契約法（新設）試案（一九九五年確定版）六八三条の六

【事　実】

一　X（原告、被控訴人）は、昭和六三年六月一五日、B保険会社との間で、Xおよびその家族（日本語をほとんど理解できない妹のAを含む）を被保険者とする保険期間五年、死亡保険金額一二五万円の積立型・家族傷害保険契約を締結し（第一契約）、その翌日、Xは妹AとともにY保険会社（被告、控訴人）と面談の上、Aを保険契約者・被保険者とし、Xを受取人とする保険期間一年、死亡保険金額五〇〇〇万円の普通傷害保険契約を締結した（本件傷害保険契約）。また、同年八月六日には、AとB保険会社との間で、Aを被保険者とする保険期間四日間、死亡保険金額二〇〇〇万円の国内旅行傷害保険契約が締結されている（第二契約）。

二　同年八月八日、XとAは氏名不詳の男性（後述の「第三の男」）とともに三人で大阪へ向かい、大阪の某ホテルに宿泊していたが、Aは翌九日、何者かに頸を絞められて死亡した。

三　そこで、XはYに対し死亡保険金五〇〇〇万円を請求したが、Yは、Aが本件契約の申込にあたり、第一契約の存在を告げなかったことは約款一〇条の告知義務に違反するとして本件契約を解除し（第一解除）、また、本件契約締結後に重複保険契約を締結するときはあらかじめ保険者の承認の裏書を請求しなければならないにもかかわらず、Aがこれをせずに第二契約を締結したのは約款一二条、一六条の通知義務に違反するとして本件契約を解除する（第二解除）と主張した。

四　これに対して、Xは、①第一、第二契約は、Bの保険外務員が無断で契約申込書を作成したものであって無効である、②第一解除は、他保険契約の告知義務を定めた約款一〇条は商法六四四条に由来するものであって、同条にいう「重要ナル事実」には他保険契約締結の事実は含まれないから、右約款一〇条の「知っている事実」には他保険契約締結の事実は含まれない、右約款一〇条は、保険契約者または被保険者において不告知について特に非難されるべき特別な事情の存在する場合（例えば不法な保険金取得の目的を有する場合）に保険者に解除権を認めたものである、また、本件保険事故は他人の犯罪による死亡であり、Xの不告知と保険事故発生との間に因果関係がないので、商法六四五条二項但書により解除権は発生しない、③第二解除は、Aは他保険通知義務を定めた約款一二条、一六条を知らなかった、商法は傷害保険について何ら規定していないから、右条項を適用するには合理的理由が必要である、告知義務違反の場合と同様、不通知と保険事故発生との間には因果関係がない、などと主張した。

五　第一審判決（東京地判平成三年七月二五日判時一四〇三号一〇八頁――評釈、中西正明・商法（保険・海商法）判例百選〔第二版〕（平五）一二八頁以下、山本哲生・ジュリスト一〇四五号（平六）一二八頁以下、宮島司・法学研究七〇巻七号（平九）一二五頁以下）は、第一契約、第二契約はいずれも成立したものとしたが、告知・通知義務を定めた約款の趣旨および解除の効果との均衡ならびにそれらについての一般への周知徹底状況を考えると、「保険契約者または被保険者が、悪意または重大なる過失により告知・通知を怠っただけではなく、その不告知・不通知が不正な保険金取得の目的に出たなど、不告知・不通知を理由として保険契約を解除することが社会通念上公平かつ妥当と解される場合に限って解除することができると解するのが相当である」とし、保険者の解除権を制限する解釈を採った。その結果、Xには告知・通知義務違反につき悪意または重過失があるが、本件第一、第二契約はいずれも「ごく日常的な内容のもの」であるから、各々についての不告知、不通知を理由にして契約を解除することは社会通念上公平かつ妥当とはいえない、として、Yのなした第一、第二解除の効力を否定し、Xの請求を認容。

六　Yから控訴。仮に不告知ないし不通知を理由とする保険契約の解除が社会通念上衡平かつ妥当と解される場合に限って許されるとしても、Xは、Y担当者の拒否を圧してまで本件契約を締結し、また、右契約締結にあたり、担当者から告知義務・通知義務の存在及びその違反の場合の効果を説明されているのに、その前日に締結された第一契約の存在を告げず、さらには、第二契約の締結もわずか二か月後のことであって、Xはこれらを知り尽くした上で右各義務に違反したこと、Xは、日本語ができずかつ地理に不案内のAをホテルに一人残して去っており、保険事故の発生を抑止しなかった上、新幹線に同乗した男性の同行者（「第三の男」）の存在等を明らかにしないのであって、保険の善意契約性に著しくもとり、このようなXに対しては、解除をすることが許されるべきであるなどと主張した。

【判旨】

原判決取り消し、被控訴人Xの請求棄却。

一「約款が、保険契約者等に対して、傷害保険の締結に際して他の保険契約締結の有無について事前の告知義務を課し、さらに事後の他の傷害保険契約を締結し、またはその存在を知ったときの通知義務を定めた趣旨は、本件の傷害保険が定額給付型の傷害保険であって、保険事故が生じたときは、その具体的な損害額とは無関係に約束された保険金を給付するものであり、その本質は条件付きの金銭給付契約である（このため、商法六三一条から六三四条までの規定の適用を受けない。）ことに由来するものと解される。すなわち、本件傷害保険の保険事故は急激・偶然・外来の事故による傷害又はその結果としての死亡又は後遺障害であって、その発生率が少ないため、病死も保険事故とする生命保険に比して保険料は低額であり、支払われた保険料と保険事故が起きた場合の保険金との乖離が非常に大きいことから、重複保険による保険金額の総額がその被保険者の年齢、性別、職業、保険の目的等に照らして不相当に高額になる場合には保険事故を招致して保険金を取得しようとする危険が高いという経験則に基づき、保険者としては、このような重複保険の成立を回避ないし抑制するため、当該保険契約締結の前後に重複保険に関する情報を開示させ、道徳的危険の強いものかどうかを見極めて、当該保険契約を締結しなかったり、解除するために、これらの告知義務、通知義務が設けられているものと考えられる。

他方、各種保険の開発、普及及び保険会社による宣伝ないし勧誘等により、一般にさまざまな保険事故を対象とする保険に加入する機会が増大し、その結果特に傷害保険の分野（生命保険の特約事項としての傷害保険を含む。）においては、同一人を被保険者とする同一の保険事故に関する複数の保険契約に競合して加入することが珍しくない。このような状況のもとで、保険契約上重複保険の告知、通知義務が定められ、その懈怠が契約の解除という重大な結果をもたらすものとされているのに、一般公衆には重複保険及びその不告知、不通知がそれほど重大なものと意識されているとはみられない。特に、後に他社と重複保険契約を締結した場合には、その旨を従前の保険会社に通知し、保険証券に裏書きを求めることは保険契約者にとって負担であるのみならず、これらの手順を知っている保険契約者は少ないものと推測される。それにもかかわらず、保険約款が、その各条項についての契約当事者の知、不知を問わず、特段の意思表示がない限り当然に契約内容となって当事者を拘束するいわゆる附合契約とされていることからすると、約款の規定があるからといって直ちにその契約上の効果をすべて無条件に認めることは、一般の保険契約者に対して、社会通念に照らし相当性を欠く不利益を与えるものであって当を得ないものと解される。保険契約の解除は、保険事故が生じた後においてもすることができるところ（約款一〇条四項、一六条四項、保険事故発生後の解除が解除の大多数の場合と思われる。）、保険事故発生前の保険契約の解除の場合は、保険契約者は、重複保険の事実を告知した上で新たに保険契約を締結する等の途が残されているのに比し、保険事故発生後の保険契約の解除の場合は、保険契約者はそのような手段を講ずることができず、特に不利益を与えるものである。

そこで、右告知・通知義務の存在理由と右保険契約解除による不利益を考量し、保険会社は、約款に定められた者において重複保険の不告知又は不通知が契約解除事由となることを認識した上で、又は重過失により右の点を認識せずに、重複保険の存在を事前に告知せず、又は事後に通知しなかった場合に限り（なお、事後の通知義務違反の場合は、約款上明示の定めはないが、事前の告知義務の場合との均衡や事後通知の負担を考慮して「故意又は重過失」を要件とすべきである。）、さらに、その不告知ないし不通知が不正な保険金取得の目的に出た場合をはじめ、事案の全体を眺めて、不告知ないし不通知を理由として保険契約を解除することが、保険会社による解除権の濫用とならないと認められる場合に限ってその効力を認めるのが相当である。」

二　「そこで、まず本件傷害保険契約締結の際の状況について検討すると、……（中略）……本件傷害保険契約の締結交渉、Y担当者との契約締結に関する打合せ、申込書の作成、重複保険存在の有無の確認等は、すべてXがこれを行い、Aは形式上保険契約者となったにすぎないのであって、実質的にはYはAの代理人と同視するすこ《ママ》とができ、Xは〔Yは？〕、信義則上、Xの行為をもってAの行為と見なし得るというべきである。そして、本件傷害保険契約締結の前日である六月一五日に第一契約が締結されていることも総合すれば、Xは、本件傷害保険契約締結にあたり重複保険の不告知が契約解除事由となることを知った上で、故意または重過失により第一保険の存在を告知しなかったものと認めるのが相当であり、前判示のとおり、Yは第一解除をすることができるものというべきである。」

三　（さらに、判旨は、Yの右解除権の行使が濫用に当たるかどうかを検討し、①Xは、Yの担当者に対し本件傷害保険契約の締結をいわば無理強いし、また、右契約締結時に担当者から告知義務の説明を受けたにもかかわらず、前日に締結した第一契約の存在を告げず、また、わずか二か月後に第二契約を締結しており、Xは告知・通知義務の存在およびその違反の効果を知った上で右の各義務に違反したことは明らかであること、②Xは、約款二〇条に定める保険事故発生後の三〇日以内の通知・説明義務を負うが、信義則上、右期間経過後も保険金不払事由になるかどうかを問わずYに対して同様の義務を負うというべきであるが、Xは本件保険事故の発生状況や犯人の特定に関する重要な事項についてYに説明を怠っていること、③Xは、日本語ができずかつ地理に不案内のAをホテルに一人残して立ち去り、このことを隠蔽するため、姪のCと事前に連絡をしていたと虚偽の事実を述べ、また、Cを犯人と吹聴して、殺害犯人の特定を混乱させたこと、を挙げ、）「以上認定の本件傷害保険契約締結の経緯、新幹線同乗者存在の事実（注――XA兄弟とともに大阪に向かった氏名不詳の「第三の男」の存在を指す）の隠蔽等を総合すると、Yの第一解除は解除権の濫用とならないというべきである。」

四　「Xは、右告知義務違反と本件の保険事故発生との間に因果関係がないから、商法六四五条二項ただし書により、契約解除権は発生しないと主張する。しかし、約款には右ただし書の規定と同旨の規定が存在しないことや、前示のとおり道徳的危険防止の観点から告知義務又は通知義務違反の場合はYは契約を解除することができる旨の規定が設けられたことから、右約款の規定は、告知義務違反等があれば、保険事故発生との間の因果関係の有無を問わず解除権が発生する趣旨であることが明らかであり、右約款により商法六四五条二項ただし書きの規定の適用を排除したものと認めるべきであるから、Xの右主張には理由がない。」

五　「してみれば、Yの第一解除の抗弁は理由があり、その余の点を判断するまでもなく、Xの本訴請求は理由がない。」

【研　究】

一　傷害保険契約は、被保険者が急激かつ偶然な外来の事故によって身体に障害をこうむったときに保険金を支払うことを目的とする保険である。本件で問題となった「普通傷害保険契約」は、支払われるべき保険金額が傷害の程度に応じてあらかじめ約定されている定額給付型の傷害保険に属する。

現行商法は、損害保険契約（商法六二九条）および生命保険契約（商法六七三条）の二つを典型的保険契約として定めているが、定額給付型の傷害保険は、ほんらい定額給付を内容とする点で損害保険契約と本質を異にし、他方、生命保険契約と同じく定額保険契約ではあるが、人の生死ではなく、傷害を保険事故とする点で生命保険契約とも区別される。要するに、本件傷害保険契約は、現行商法が典型契約として予定している損害保険契約・生命保険契約のいずれにも当てはまらない無名保険契約である（いわゆる「第三分野」）。

新保険業法は、傷害保険に関する事業免許を、生命保険業免許および損害保険業免許のいずれの内容にも含ましめて、保険行政に法的根拠を明確にあたえたけれども（保険業法三条四項二号、同条五項二号）、傷害保険契約法の立法が実現していない現在においては、傷害保険の契約法的な規整は、約款の合理的解釈および――特に公序にかかわる問題については――損害保険または生命保険に関する商法の類推適用によるほかない。

二　この点、冒頭にも述べたように本件傷害保険契約は定額給付型であり、また、問題となったのが傷害の直後の結果として被保険者が死亡したときに支払われる死亡保険給付であったという点で、生命保険契約についての規定または法理が類推されるべき事案である（この点、本件一審判決は、本件契約を「損害保険」とみる基本的誤解を犯したようである）。要するに、告知義務については、生命保険契約に関する六七八条の類推を問題とすべき筋合いとなる。

ただし本件で争われたのは、告知義務といっても、重複保険の告知・通知義務違反の有無である。現行の傷害保険普通約款によれば、保険契約者または被保険者（これらの者の代理人を含む）が、契約締結時に他保険契約締結の事案を告知し、また、契約締結後に他保険契約を締結したときにはその事実を通知して保険者の承認を請求すべき旨を規定しており（同約款一二条）、保険者が他保険契約の存在を知った場合には承認請求があったと否とを問わず契約を解除して（同一八条）、他保険契約が締結された時以降に生じた事故による傷害について保険金の支払を免責される（同一二条）ものとしている。

そこで、右の約款が商法に定める告知義務の枠内に納まるものであるか否か、すなわち約款に掲げる「他保険契約締結の事実」が商法六七八条にいわゆる「重要ナル事実」にあたりうるかが問題となる。もしこれにあたりうるものとすれば、右約款はたかだか保険法上の告知義務を確認・明確化したにすぎないことになり、反対に、これが否定されるならば、約款によって法定の告知義務に上乗せまたは拡大することが許容されるかという別の問題が生じてくるからである（なお、特に通知義務は契約締結後にのみ問題になるものであるから、契約締結時に問題となる告知義務とは異質であることは明らかである。ただ本件控訴審判決では告知義務違反による解除がXの請求棄却の決め手になっているので、以下ではもっぱら告知義務についてみていくことにする）。

この点はそもそも告知義務の本質をいかに捉えるかに関わる。従来の通説によれば、告知義務は、経済制度としての保険制度を維持するために保険者をして合理的な危険選択を可能にすることを目的ないし存在理由とするものであると捉えられてきた（野津務・新保険契約法論（昭四〇）二二一頁以下）。このように客観的な不良危険の排除をもって告知義務の本質であるとすれば、告知義務の対象たる重要事項は危険測定に直接かかわる事項に限定されるはずである。そして他保険契約締結の事実そのものによって保険事故発生の確率が増加するということはほんらいありえないのだから、他保険契約締結の事実は告知・通知義務の対象とはなりえない、すなわち「重要ナル事実」にはあたらない、と解することになろう。

右の論理は、保険制度と保険契約とは、経済的実体とその法形式の関係にあって同じ経済＝法現象を視点を変えてみたものであり、告知義務が保険者に対して危険選択のチャンスを保障するということ——マクロ的・経済的な保険団体における公正——と、射倖契約たる保険契約当事者間の衡平をはかるということ——ミクロ的・契約法的な契約当事者間の衡平——とは、双方矛盾なく告知義務の根拠となりうるという近時の有力説（倉澤康一郎・保険契約法の現代的課題（昭五三）二九頁、西島梅治・保険法〔新版〕（平七）四九頁）からも是認される。というのは、不良危険の混入は保険団体の公正を害し、契約当事者間の衡平に反するけれども、他保険契約締結の事実は保険事故発生の確率を左右する不良危険ではないものと解されるからである。

これに対して、告知義務の本質を保険契約の善意契約性ないし射倖契約性に求める少数説の立場においては、答えは微妙にならざるをえない。このうち、契約法理にウェイトを置きつつこれを危険測定の技術論と結び付けるヨリ近代的な立場（大森忠夫・保険法（昭和三二年）一一九頁）は別として、ここでいう「善意」(good fatith)を契約当事者間の衡平をまもるべしという素朴な倫理のあらわれとして捉えれば、保険金不正取得の企図等の純主観的な要素は反倫理的なものとして告知義務の対象となしうることになるからである（この点の指摘として、倉澤・前掲三二頁参照）。

この点、気になるのは、Yは控訴理由においてXの不審な行動を列挙して保険契約の「善意契約性」を強調しており、それにどれほど影響されたかは明らかではないにせよ、本件判旨もまたXの不審な行動をあれこれと認定したうえ、結論的に原審判決をくつがえしていることである。これをみると、判旨を理論づけようとする試みは、しょせん前代の遺物たる素朴な善意契約論を見出すだけに終わるのではないかとの疑いさえもたれる。

三　しかしながら、前述の通説または有力説に立ちつつも、他保険契約締結の告知義務が「危険測定」に関わる「重要事実」にあたり、法に定める――真正な――告知義務であると説く考え方がある（中西正明・傷害保険契約の法理（平四）九四―九五頁、竹濱修「被保険者の道徳危険と危険の増加」近大法学三五間一・二号（昭六二）九〇頁、笹本幸祐「他保険契約の告知・通知義務の再検討」関西大学法学論集四四巻三号（平成六年）二五八頁）。この立場によれば、現行約款実務は、政策論的な歯止め（後述）は別問題として、原則的にこれを是認することができる。というのも、前記の通説および有力説のロジックは、いずれも「他保険契約の締結の事実は保険事故発生とは無関係であり、危険測定上の重要事実ではない」という前提を置いている。そこで、この命題をつき崩して「他保険契約ありとの事実は、道徳危険がそこにあるという徴表であり、道徳危険もまた危険測定に関わる重要事実である」という命題に置き換えることができれば、告知義務の本質論を動かさずに結論を逆転させることができるからである。

本件判旨も指摘するように、定額給付型の傷害保険が重複して多数締結されているケースでは、いわゆる道徳危険（moral hazard――人為危険――岩崎稜・私法判例リマークス1990一九八頁）の誘発が懸念される。特に、同じく定額保険であっても、人の生命に係る生命保険に比べ、傷害保険の方が自傷行為により故意の事故招致等がおこなわれやすいという事情はその懼れを倍加させる。しかしこのような道徳危険――本件で疑われているのはありていにいってしまえば、Xと「第三者の男」が保険金殺人を犯した、すなわち故意に事故を招致したということ――を保険者が訴訟において証明することは必ずしも容易ではない。そこで右約款は、故意の事故招致が疑われるがそれが証明できないとき、保険者が重複保険の告知・通知義務の懈怠という保険契約者の手続的不備をつかまえて、一挙に保険金請求をはねつける目的のもとに定められている。つまり、これが訴訟において果たす機能は、実質的に保険契約者や保険金受取人の故意・害意を擬制する点にあることから、いわば保険者の最期の砦あるいは「伝家の宝刀」（藤田友敬・商事判例研究昭和六一年度（平六）九八頁）であるとさえいわれる。

右の約款の機能を直視し、約款が防止しようとする「道徳危険」といわれるものを煎じ詰めていくと、結局は詐欺、動機の不法の問題に行き着かざるをえない。そうだとすると、右の見解が危険測定に加えようとする事柄の実体は、当事者の不正な保険金取得の企図にほかならないのであって、これが重要事実であるとして告知を求めたとしても、正直に答える期待可能性などは限りなくゼロに近いのだから、制度論としてナンセンスになりはしないだろうか。

もちろん、前記の立場は「悪意・重過失により他保険加入の事実を伏せた」ことを不正な企図のシルシとして捉えるわけであり、不正な企図そのものを告知せよと主張しているわけではない。

しかし問題の約款があたかも灰色を一足飛びにクロにする（約款違反と保険事故発生に因果関係はない、〔判旨〕四）、あるいは「疑わしきを罰する」がごとき機能を有し、保険者の出方によっては、シロすなわちなんら故意の事故招致等の疑いがないときにさえ、保険者が右約款を楯にとって契約を解除し、保険金の支払いを拒むという事態が生じないとも限らない。他方、不正な保険金取得の手段として損害保険が重複して締結されることがあるからといって、重複して傷害保険契約が締結された場合は常に必ず不正な企図があるとはいえない。そこで、前記の立場においても、約款の額面どおりの保険者による解除を認めず、保険金の請求が「不正請求である疑いがある場合（重要な事項に関する説明義務の違反がある場合を含む）には保険者は解除により保険金支払義務を免れることができる」との修正を加えるに至っている（中西正明「本件判批」判例評論四三一号（判例時報一五〇九号）

（平六）七二頁、同・損害保険判例百選〔第二版〕（平八）一八九頁）。そうであれば結局は「重要事実」の範囲は不正な企図の線まで縮小すべきことになり、前記の不合理を生じさせることになるのではないか。

五　さて、右の「真正告知義務」説のほか、現在の大方の学説および判例においても大なり小なり保険者の解除権行使の要件に絞りをかける試みがなされている（近時に至るまでの学説・判例については、中西正明「傷害保険契約における他保険契約の告知義務」大阪学院大学法学研究二一巻＝二号（平七）四七頁以下、洲崎博史「他保険契約の告知義務・通知義務」民商法雑誌一一四巻四＝五号（平八）六二六頁以下、船越隆司・実定法秩序と証明責任（平八）八六五頁以下を参照）。

ただ見逃しえないことのひとつは、その大勢が、約款上の他保険契約締結の告知義務が、法に上乗せして創設されたいわば「不真性の告知義務」であるという立場を前提としており、「法律に抵触するところはまったくない」（石田満・保険契約法の論理と現実（平七）七七―七八頁）などとは言い難いことである。附合契約たる保険契約において、法定の告知義務を過重することは片面的強行性に反するおそれがあるからである（倉澤・前掲三五頁参照）。殊に道徳危険防止のためとはいえ、大多数の保険消費者の地位を不安定な地位におき、しかも、少なくとも現状を見る限り、判例・学説ともに限定解釈の方向さえ帰一するところを知らない約款の効力は、疑われても仕方がないといえるだろう。

また、仮にこれを有効と解したとしても、その妥当性が問題となる。この点、本件判旨は保険契約者の約款についての「悪意重過失」を問題としたうえで、「事案の全体を眺めて、不告知・不通知を理由として解除権を行使することが権利の濫用とならないと認められる場合」に限定して保険者の解除権行使を適法とする基準をうちだしており、この判旨のフォーミュラについてもその政策論的妥当性が議論されるところである（洲崎・前掲六五七―六五九頁、竹濱修「本件判批」ほうむ三八号（平六）四一頁以下）。

しかしながら、附合契約たる保険約款自体について「悪意重過失」を問題とすることが理論的に可能であるかとの疑問があり（もともと附合契約論は相手方の約款内容についての知不知を問わないための理論構成――白地商慣習法説――に腐心してきたのではなかったのか）、悪意・重過失の対象が単に「約款に告知・通知義務条項が存在すること」であるとすれば、保険契約者がうっかり他の保険加入の事実を告知、通知し忘れるといった軽微な手続ミスによって義務違反を問われることにもなりかねない。

これに対しては「悪意・重過失を解除権行使の要件とするのは、不意打ちの防止のためであり、かりに約款を知っていたのならそれをまもらない方が悪い」という一般論がもちだされるかもしれない。だがそれはまさしく一般論であって、重複保険の告知義務については当てはまらない。というのも、いま問題になっているのは、「約款に定めてある告知義務条項は額面通りでは広すぎるから、ほんらいの狙いとする故意の事故招致に対象を絞り込むにはどのようにすればよいか」という話である。にもかかわらず、その解決として、約款の内容いかんと直接関係をもたない約款に対する認識可能性を問題にするのはいかにも無力ではないか。いかに約款が周知徹底されたとしても、約款をよく読んだ者ほど事故招致の可能性が高いなどとはいえないし、反対に詐欺漢が告知条項を知らないこともあり得るからである。

六　さらにいえば、抽象的に一審と本件控訴審の判旨のフォーミュラをくらべてみると「社会通念上公平かつ妥当」（一審）、「権利濫用にあたらない」（本件控訴審）という両者の相違点は明らかであるとはいいがたい。結論的に一審がXの請求認容、控訴審が請求棄却という逆転判決になった原因が、これらの判断基準のあいまいさにあることは容易に想像がつくけれども（笹本・前掲二五四頁）、しかし本件控訴審判決が権利濫用にあたらない例として「不正な保険金取得の目的に出た場合」を例示していることや、「公平妥当」「権利濫用にあたらない」といった基準を前述の約款の目的に沿うようにもっと具体化して「不正な保険金取得の目的があること」に求めうることからすれば、結局、一審ではそのような事情が認定されず、控訴審ではそれが認められた、という単なる事実認定の差が両者の結論の差としてあらわれたものとおもわれる。そもそも、本件判旨が「事案の全体を眺め」てYの解除権行使が濫用にあたらない理由として列挙する事実をみると、Xによる不正企図または事故招致を証明する間接事実にスライドしうるものばかりではないのだろうか。要するに、「権利濫用」という一見曖昧な判旨の言い廻しとは別に、実のところは、それ自体によって保険契約の無効が認定され（山下友信「傷害保険契約と他保険契約の告知義務・通知義務」文研論集一〇〇号（平四）一八八頁）、あるいは免責があたえられるべき事実を裏から認定した点に本件の特殊性があるといえるとおもう。

（七一巻六号（平成一〇年六月））　高田晴仁

三七　代表取締役が退任した前代表取締役の名でした小切手振出は有効であるが、会社債務を根保証した前代表取締役の責任は退任後に生じた会社債務には及ばないとされた事例

京都地判平成五年一〇月二五日
平成四年(ワ)二五四三号保証債務請求事件
判例時報一四九一号一二七頁

【判示事項】

一　個人会社の代表取締役が、退任した前代表取締役の名でした小切手振出は有効であり、会社は振出人としての支払義務を負う。

二　個人会社の代表取締役が、会社の債務につき根保証したとしても、右保証責任は退任後に生じた会社債務には及ばない。

【参照条文】

民法四四六条、一条二項

【事　実】

Y_1は、観光土産品の制作、販売を営んでいた訴外A有限会社代表取締役Y_2からの申し入れで、共同で仕事をすることになり、平成三年五月二八日、A会社の代表取締役に就任し、同年六月三日、その旨の登記を了した。ところが、Y_2は、代表者印、金庫の鍵や帳簿などをY_1に引き渡さず、会社の運営と実権は、従前どおり、Y_2一人が掌握し、Y_1は名目上の代表者で、退任するまで報酬や月給を貰ったことはなかった。

平成三年六月頃、Y_1は、Y_2から、会社の運営資金として、X社から五〇万円を借受けるため保証してくれといわれ、同年七月一一日、代表取締役の個人保証として、手形貸付取引約定書の連帯保証人欄に署名押印し、印鑑証明を渡して、連帯保証した。スタンプ印、印章は、Y_2が所持していたので、Y_2が押印した。そして、右五〇万円借入の公正証書作成委任状にも署名した。その際、Y_2も別途に保証契約を締結した。

Y_1は、右の連帯保証に当たり、X会社の営業管理係の職員から、A会社の資産はどのくらいかと聞かれ、Y_2に尋ねたところ、Y_2において五〇〇万円くらいと答えた。そこで、右職員が、その金額を前示取引約定書に記載した。Y_1は当時、これが貸付の枠で、根保証するとは思いもしていなかった。

その後、Y_1は、Y_2との間が険悪となり、平成三年九月二四日、A会社の代表取締役を辞任し、その際、Y_1は、Y_2に対し、X会社の担当者に今後は責任を負わない旨を伝えるように依頼した。そして、Y_1の退任後は、Y_2が代表取締役となったが、X会社担当職員は、Y_2からY_1が退任した旨告げられ、その退任登記後であるのに、Y_2に、Y_1を代表取締役とする本件各小切手の振出による、Y_1の就任前からの小切手貸付の書換、あるいは新規に借入を要求し、Y_2は、Y_1の名義で、額面金額合計四〇〇万円の小切手四通を振出し、X会社に交付した。

そこで、X会社は、Y_1およびY_2に対して、右保証契約に基づき、四〇〇万円の支払を請求して、本件訴訟を提起した。そして、Y_2は、請求原因事実を争わず、自白したものとみなされたが、Y_1は、本件小切手は、Y_1の退任後にA会社の代表取締役に就任したY_2が、Y_1の代表者名義を冒用して振出したもので、偽造小切手であると主張し、また、本件根保証契約は要素の錯誤により無効であり、かつ、Xは、Y_1の辞任を知っており、保証意思の確認を怠っていることなどから、本件連帯保証債務の請求は信義則に反し許されない、と抗弁した。

【判　旨】

一　本件小切手の記載上、本件小切手の振出人は訴外A会社である。そして、本件小切手振出当時、被告Y_2がA会社の代表取締役であって、A会社の小切手振出に関する権限を有していたことは、当事者間に争いがない。Y_2が右権限に基づいて本件各小切手の振出に当り現代表取締役を表示するに代えて前代表取締役被告Y_1を使用したものであると認められるから、A会社は、Y_1の承諾の有無に関わらず本件各小切手の振出人としてその小切手金支払いの義務を負う（最判昭和六一・一二・二判時一二二六号一二七頁参照）。

二　(1)　Y_1は、手形貸付取引約定書に署名押印したのは、平成三年七月一一日のA会社がX会社から借入れた金五〇万円の手形貸付債務を連帯保証するものであると信じたことによるものである。これが限度額を五〇〇万円とする根保証（連帯保証）であるとは知らなかったもので、それは後に判明した。このように認められる。

そして、保証が五〇万円の単純な連帯保証か、金五〇〇万円を限度とする根連帯保証であるかは法律行為の内容、性質に関する重要な部分に関するものである。だから、Y_1に要素の錯誤があり、本件根保証契約は無効であるといわなければならない。

(2)　元来、個人会社の代表取締役が会社の個人根保証をする場合は、自己が代表取締役であった期間までに生じた会社債務を保証する趣旨であり、特段の事情がない限り、その退任登記後に生じた会社債務についてまで保証するものではないというべきである。

たとえ、その根保証条項にそのような定めがないとしても、継続的保証である代表取締役の根保証の性質等に照らし、信義則上このように解するのが相当である。

X会社が、Y_1の代表取締役退任登記後に新代表取締役であるY_2がした本件各小切手債権につき、手残り手形貸付取引約定書上の連帯根保証を利用して、Y_1に保証債務の履行の請求をするのは、信義則上許されないというべきである。

三　以上のとおり、X会社の本訴請求のうち、Y_2に対する請求理由があるからこれを認容し、Y_1に対する請求は失当としてこれを棄却する。

【評　釈】

判旨に賛成

一　まず、本件のような場合において、本件小切手が偽造といえるか否かが問題となる。本件小切手は、Y_1がA会社の代表取締役を退任した後において、後任のY_2が、Y_1の承諾なしに、Y_1の代表者名義を冒用して振出したものといえるからである。

しかし、一般に、手形行為をなす場合において、自己を表示するために他人の名称を用いた場合に、その者には、手形行為者として当然に手形上の責任が認められるべきであることは、判例・学説の認めるところである。それは手形債務の内容を決定する問題ではなく、誰が手形行為者かを決定するための記載に関するものであるから、手形の文言性を問題にする必要はないからである（最判昭和四三年一二月一二日民集二二巻一三号二九六三頁、岩原紳作「他人の氏名による署名」手形小切手判例百選（第五版）七頁）。

なお、下級審の判例には、妻が夫の営業を手伝っていた場合において、夫が妻の名義で手形を振出した場合に、手形行為の名義人と現実の行為者とが同一経営体に属する場合のうち、名義人が経営主で行為者が被使用人である場合とか、名義人と行為者とが共同経営主である場合などは、両者の間に記名押印代行の関係（機関関係）を認むべきである、とするものもあるが（名古屋地判昭和四七年七月八日判例時報六八二号七七頁）、むしろ、これも夫が自己を表すものとして妻の名称を利用したものであり、したがって夫自身の手形行為が成立していた、とみるべきであろう。また、会社に代表権を有する者が数人いる場合に、会社のために手形行為をなすに当たり使用すべき名義がそのうちの一人の名義（たとえば、社長）に限られているときでも、他の代表者も当然に右の特定された名義を用いて手形行為をなしうるとする判例（東京地判昭和三七年六月二五日金融法務三一四号四頁）もある。

そして、本件の如く、退任した代表取締役の名義をその承諾なしに使用して、後任の代表取締役が手形を振出した場合において、判例・通説は、会社は、当該手形行為の当時、前任者が代表取締役でなかったことを理由として手形上の責任を免れることはできないとして、その有効なことを認めている（判例として、東京地判昭和三二・二・二七下級民集八巻三六三頁、京都地判昭和三九・五・二五判時三七八号二五頁、本判決の引用する最判昭和六一・一二・一九判時一二二六号一二七頁等、学説としては、大隈健一郎「法人の手形行為」手形法・小切手法口座(1)二一六頁、髙鳥正夫「会社の手形行為」伊沢還暦記念論文集三八頁、大隈＝河本・注釈手形小切手法八〇頁）。本件においても、適法な代表権の認められるY_2が、自己を表示する名称として旧代表者名義を用いて振出したものである以上、本件小切手の振出人はA会社であり、その小切手上の責任はA会社が負うのであって、Y_1にその責任の及ぶことはないとすれば（Y_1の名称を、Y_2が無断で使用したことの当否はともかく）本件判旨が、本件小切手の偽造を否定していることも当然と考えられる。

二　(1)　次に、本件においては、Y_1は、X会社との間に、連帯根保証契約をしており、Y_1の退任後に発生した会社債務についても、Y_1は保証責任を負うのか否かが問題となる。本判旨の引用する、本件手形貸付約定書には、「保証人は、債務者が第一条に規定する取引によって貴方に対し負担する一切の債務を保証し、債務者と連帯して履行する責任を負い、その履行についてはこの契約に従います。」（これは、全国銀行協会連合会の定める銀行取引約定書ひな型末尾第一項にほぼ等しい。）との記載がなされていたからである。

しかし、一般に、そのような連帯根保証は、無期限かつ金額無限度であることから、保証責任が無限大に拡大し、保証人にとって過酷なものとなるおそれがある。そこで、判例・学説は、そのような保証契約も有効としつつ、その効力は、表現通りの無限定なものではなく、保証契約を締結するに至った事情、当該取引の業界における一般的慣行、債権者・債務者の経営規模、その後の取引の具体的態様、経過、債権者が取引に当たって債権確保のために用いた注意の程度、債権者・主債務者・保証人の主観的事情等、一切の事情を斟酌して、信義則を適用し、合理的な限界のあることを認め、保証人の責任を合理的な範囲内に制限する必要のあることを認めている（後藤勇「継続的保証における保証責任の限界」判タ四四五号一六頁、東京地判平成二・七・二三判時一三八六号一二一頁）。たとえば、判例は、保証期間の定めがない場合には、保証契約後相当の期間を経過したときは、保証人が一方的に解約しうることを認め（通常解約権）（ここで相当な期間とは、一般に一年ないし二年）（大判昭和七・一二・一七民集一一巻二三三四頁）、また相当な期間が経過しなくても特別な事情があれば保証人は解約できるとし（特別解約権）、特別な事情が認められた場合としては、主債務者の資産状態が悪化した場合（大判昭和一四・四・一二民集一八巻三五〇頁）、主債務者または保証人の地位に重大な変化を生じた場合（大判昭和一六・五・二三民集二〇巻六三七頁)、保証人の主債務者に対する信頼が害されるに至った場合(最判昭和三九・一二・一八民集一八巻一〇号二一七九頁)などがあり、さらには、代表取締役であるために保証して、それを辞任した場合(前掲昭和六一・一二・一九、東京地判平成三・七・三一金法一三一〇号二八頁)なども、これに該当する場合といえるであろう。また、保証責任額につき一定の限度が定まっている場合にも、特別解約権が成立することを認めている判例もある(大判昭和九・六・八判決全集一巻三三九頁)(その他の判例の詳細については、後藤・前掲一五頁)。

そして、学説も、そのような保証契約の効力は、表現通りの無限定なものではなく、取引慣行と信義則に照らし、各場合の具体的な事情を考慮して、契約の内容に合理的な制限を加え、保証債務の範囲を各場合に即してその限界を認むべきである、としている(我妻榮・新訂債権総論四七〇頁、鈴木禄弥=山本豊・新注釈民法⒄四七四頁、西原寛一・金融法一六四頁、後藤・前掲一五頁)。

(2) ところで、本件根連帯保証契約においては、期限の定めはなされていないが、元本極度額は五〇〇万円とされている。しかし、本判旨の認定するところによれば、これは、Y_1が、五〇万円の手形貸付債務を連帯保証するものであると信じ、これが限度額を五〇〇万円とする根保証(連帯保証)とは知らなかったもので、手形貸付取引約定書の五〇〇万円の記載は、X会社の担当職員からA会社の資産価値を聞かれ、Y_2が答えた額を右担当職員が記入したものというのであって、その限りにおいては、五〇〇万円の記載については、Y_1の意思とは無関係のところにおいてなされたものといえよう。しかし、Y_1は、当時それが根保証の極度額を示すものとは知らなかったというのであるから、約定書上に五〇〇万円の記載がなされているのを知った後においても、Y_1は、なお五〇万円の単純な連帯保証をしたに過ぎないと信じていたものと思われ、その点について重過失もなかったと考えられる。そうとすれば、判旨のいうように、保証が五〇万円の単純な連帯保証か、五〇〇万円を限度とする根連帯保証かは、法律行為の内容、性質に関する重要な部分に関するものであり、本判旨が、Y_1に要素の錯誤があり、本権根連帯保証契約は無効（民九五条）であるとしている点についても、妥当と解される。そして、本契約が無効である以上、Y_1の解約の如何を問題とする余地はないことになる。

(3)　なお、本判旨は、更に、本約定の根連帯保証が、期限の定めの無いものであったことから、「元来個人会社の代表取締役が会社の個人根保証をする場合は、自己が代表取締役であった期間までに生じた会社債務を保証する趣旨であり、特段の事情がない限り、その退任登記後に生じた会社債務についてまで保証するものではないというべきである。たとえ、その根保証条項にそのような定めがないとしても、継続的保証である代表取締役の根保証の性質等に照らし、信義則上このように解するのが相当である。」とし、前掲最高裁昭和六一年一二月一九日判決、東京地裁平成三年七月三一日判決と同趣旨を述べている。

そうとすると、期限の定めのない根保証をしながら、一定期間中の債務のみを保証するという結果を認めることになる。たとえば、代表取締役（社長）の個人資産を前提にした保証であった場合に、その退任によって当然にその後に生じた債務につき保証責任を免れるとすれば、実務上、不合理の生じることがあろう（鈴木正和「退任社長の包括根保証責任」判タ七八四号七二頁）。しかし、本件においては、手残り手形貸付取引契約書上の根連帯保証を利用して、代表取締役退任後のY_1に保証債務の履行の請求をしたのであり、X会社がY_1の退任したことを知りながらも、Y_1を代表取締役とする小切手を振出させていたことなどの事情からすれば、判旨が、Y_1の解約の有無を問題とせずに、X会社がY_1に保証債務の履行の請求をするのは信義則上許されない、としている点も肯定できる。

なお、判旨は、「X会社担当職員は、Y_2からY_1が退任した旨告げられ、その退任登記後であるのに……」とし、

Y_1が保証責任を免れる時点を、X会社が悪意となったときとも、退任登記を終えたときともいっているようであるが、この点につき、田沢元章・本件判評ジュリ一一〇八号一〇八頁は、退任登記前に退任の事実について債権者が悪意となった場合には、悪意となった時点以後の債務について責任を負わないと解してよいであろう（商一二条）とされるが、たとえば、会社の債務が巨額となることを予想して退任した代表取締役Y_2に、そのことを知らされないで依頼されてY_1が名目的代表取締役となり、会社の債務について根連帯保証をし、Y_1が予想もしなかったような巨額な債務を負担するに至って辞任した後に、再びY_2が代表取締役となり、Y_2が、Y_1に無断でY_1の名義を使用して、更に巨額な債務を負担したような場合には、必ずしもその債権者Xが、Y_1の辞任につき悪意でなかったとしても、やはり、信義則上、Y_1は、辞任以後は、その責任を免れうるのではないかと考えられる（なお、会社の手形振出責任を考えるにあたって、その振出署名をした代表取締役の登記の有無は問題とならない、とする見解もある（山本爲三郎「判批」金判七九七号五一頁）。

(4)　しかし、本件においては、Y_1の錯誤による本件根連帯保証契約の無効が認定されているのであるから、さらに、X会社の信義則違反を云々（Y_1の、X会社の請求は信義則に反するとの抗弁にも答えようとしたのであろうが）する必要はなかったものと考えられる。

以上、いずれにしても、本判旨に賛成する次第である。

（七二巻五号（平成一一年五月））　近藤龍司

三八　株券の取得に重大な過失があるとして善意取得が認められなかった事例

東京高判平成五年一一月一六日
平成四年(ネ)第三五六四号、第三五六七号
所有権移転登記抹消登記手続等請求控訴事件、控訴棄却
原審・浦和地判平成四年九月八日昭和六三年(ワ)第一三四六号
金融・商事判例九四九号二一頁

【判示事項】

譲渡制限のある株式を買い受けるにあたっては、譲渡について承認を受けられるか否かの確実な見通しを得るために、それまでの株式の譲渡の有無や取締役会の承認の可能性について、発行会社や名義書換手続をした最後の取得者に照会するなどの調査をする必要があり、加えて、株券上に不自然な記載が認められ、譲渡対象となる株式数が発行済株式総数の半数を超える大量で、その売却を持ちかけてきた者が信用のおける会社等とはいえない事情の存する本件においては、一層慎重な調査をすべきであったのにこれを行わず、発行会社の資産内容を調査しただけで株券を取得したことには重大な過失がある。

【参照条文】

商法二二九条、小切手法二一条

【事　実】

Aは、大手石油会社の役員を勤めたあと、訴外B会社を設立して、その経営に携わっており、B会社の株式その他かなりの資産を有していた。Aの有する土地・建物の登記済権利証、実印及び株券（以下、「本件株券」とする）は、Aの妻X_1（原告・被控訴人）が預り保管していた。Aには昭和五三年ころから老人性痴呆の症状が見られるようになり、昭和六一年ころにはその症状が顕著となり、家人の手には負えなくなってきたので、X_1は、昭和六一年一一月、東京都小平市内の病院にAを入院させた。Aの入院後は、X_1、X_1の子Y_1（被告・控訴人）とY_1の子Y_2（被告・控訴人）が一緒に暮らしていた。ところが昭和六二年一一月三日の夕食時、X_1が、何げなく、Aに万一のことがあって、財産相続でも開始すると、相続税の負担に難渋する、という趣旨のことを口走ったところ、Y_2はX_1に対し、いきなりみかんを投げつけ、両手首をつかんで畳の上に押し倒すなどの挙に出た。X_1は、Y_2の異常な様相に身の危険を感じ直ちに外に出た。翌日、Y_1らの留守を見計って、家に戻ってみると、室内が荒らされ、X_1が風呂敷に包んで保管していた株券類はことごとく消え失せていた。そこでX_1は、このままではAの財産が散逸してしまうことをおそれ、その保全のため法的手段に訴えることを決意した。そしてX_1は、弁護士の助言に従い、浦和家庭裁判所に対し、Aについて禁治産宣告の申立てをするとともに、審判前の保全処分としての財産管理者の選任の申立てをし、その審判によってX_1が財産管理者に選任されたので、その資格において本件株券の返還を求める訴えを起こしたところ、原審係属中（昭和六四年一月二日）にAが死亡し、Aのその余の相続人（X_2ないしX_5）がX_1に参加した。

本件訴訟提起時において本件株券はY_1及びY_2が占有していた。その後、本件株券はY_1らから訴外C・D及びE会社を経て、平成元年二月二八日Y_3（控訴人）に占有が移転された。このうちC・Dは、本件株券をY_1らから預かったにすぎないものと認められている。そしてC・DからE会社への占有移転及びE会社からY_3への占有移転が売買等の譲渡によるものであるかどうかは不明である。本件株券に関わる株式の譲渡を受け、本件株券を交付されたY_3は本件株券につき訴訟引受をなした。

なお本件株券の表面にはすべて「譲渡制限　当会社の株式の譲渡には取締役会の承認を要する」との記載があること、株券の裏面は名義書換手続を経た株主の登録年月日、取得者氏名（名義書換をした株主名）、会社印及び株券台帳との契印の欄になっているところ、ここには譲渡人である「E会社」の名称は全く顕れていないこと、それればかりか、右「取得者氏名」欄の最終の記載は「Y_2」、その前の記載は「Y_1」となっているが、「登録年月日」の記載はなく、「会社印」欄には各本人のものと思われる印鑑による印影が顕出されており、正規の名義書換手続を経たものでないことは一見して明白である。また本件株券に係わる株式は、いわゆる非上場のものであって、流通性に乏しく、その市場価格も形成されていないこと、本件の株券に係わる株式数はB会社の発行済株式総数の二分の一を超えるものであった。

第一審において、Y_3は善意取得を主張したが、第一審判決（浦和地判平成四年九月八日）はY_3の重過失を認定して、善意取得を否定した。

Y_3は控訴し、譲渡制限株式で、かつ取締役会の承認がない場合でも、譲渡契約当事者間では譲渡の効力があるし、株券を所持している者は、適法な所持人であると推定されるのであるから、法的に最後の取得者への照会を必要とすることにはならない。また、非上場で、流通性に乏しく、市場価格が形成されていないこと、また、株式数が、発行済株式総数の二分の一を超えていることも、それだけでは、背後に重大な事情がありうることを推測させるものではないから、上記の照会を行わなかったからといってY_3に重過失があるとはいえないと主張した。

【判　旨】

控訴棄却

「……譲渡制限のある株式の場合、これを買い受けても、譲渡が承認されなければ会社との間では株主となることができないのであり、また、承認の見込みの薄い株式の場合には、これを転売するのに一般の株式に比して障害があることは否定できない。そうであれば、譲渡制限のある株式を買い受けるときには、その譲渡について承認を受けられるか否かの確実な見通しを得ようとするのが通常であって、そのような見通しを得ようとすれば、当該株式のそれまでの流通経路をたどり、その間の株式の譲渡の有無と取締役会の承認の可能性について情報を得るため、少なくとも発行会社や株券に記載されている最後の取得者（名義書換手続をした株主）に照会するなどの調査をする必要があることは、見やすい道理である。そして、本件の場合は、原判決の指摘するとおり、株券の記載からみて正規の名義書換手続を経ていない疑いのある者が株券に記載されてあるなど株券の記載それ自体に不自然な点があるほか、譲渡の対象となる株式の数が発行済株式の総数の半数を超えるという大量の株式の取引であって、前記の調査の必要性が高かったことは否めないところであるが、そのうえに、原判決挙示の証拠によれば、その株式を売ろうとして持ちかけてきた者が信用のおける会社等であるといえない状況があったといわざるを得ないから、上記の点の調査は、単なる譲渡制限のある株式を買い受ける場合よりも更に慎重であるべきであったのである。ところが、……Y_3が本件の株券を買い受けるに当たって調査した内容は、発行会社であ

欠いたまま株券の占有のみに頼る取引をした点に、重大な過失を認めざるを得ないものである。」

るに当たっても、上記の調査をしなかったものと認められる。したがってE会社及びY_3には、上記の点の調査を

ないものと認められるのであり、また、B会社の前常勤監査役の陳述書によれば、E会社が本件の株券を取得す

るB会社の資産内容のみで、単に取引の相手方が株券を占有しているかどうかについて注意を払っていたにすぎ

【研　究】

判旨結論には賛成するが、理論構成に疑問がある。

一　本件は、譲渡制限付株式の善意取得につき重過失を認めたはじめての判決である。本件株券は、身内の者によって盗まれており、株券の取得者が証券業者や金融業者ではない（宅地開発、ホテル経営等を営業目的とする会社であり、投機目的の株式売買なども頻繁に行っていた）者である点にも特徴がある。

株式会社にあっては、他人の資本を集めてそれを自己資本に転化する。すなわち、経済的には経営外の資本でありながら、株式を通じての出資という過程を経ることによって、それを法律的には経営内のものにしてしまう。こうすることによって、借入金のように、弁済期における返還請求ということがなくなる。また、構成員全員が有限責任しか負担しない以上、会社債務の担保財産は会社財産しかない。したがって、出資の払戻しを伴う社員の退社という制度は、右の会社財産の確保の要請に反するので認められない。このように、株式を通じて集められた資本は、出資者に返還することを要しないがゆえに、企業にとってはきわめて好都合な資本である。しかし、出資者たる株主側からすれば、返還を受けられないということは、資金回収の面からみた場合、はなはだ不都合であるため、株式会社に出資することを一般大衆に期待することはできないことになる。そこで、法は、株式の譲渡による換金の方法を株主に保障している（河本一郎・現代会社法［新訂第七版］四、五頁）。つまり株式

会社にあっては、投下資本の回収の方法は、株式の譲渡による対価の入手以外にはない。したがって、株式の譲渡が円滑に行われることが制度的に保障されていることが必要となる。その具体的表現が、株券の交付による譲渡方法であり、またその占有のもたらす権利推定的および免責的効力であるが、善意取得の効力もまたその重要なあらわれである（河本・前掲一二九頁）。

善意取得の要件は、①有効な株券の存在、②譲渡人が無権利者であること、③譲渡契約に基づき株券の占有を取得したこと、④譲渡人の無権利につき譲受人が善意・無重過失であることの四つである。これらの要件のうち、本件は重過失が問題となっている事例である（譲渡契約による譲渡かどうかも不明であるが、その点については本評釈では立ち入らない）。譲渡制限付株式に関するものではないが本件以前に盗取された株券の善意取得について重過失が認められた裁判例には以下のものがある。

(1) 金融業者が記名株式を譲渡担保として顧客に貸付を行う場合、取引の場において金融常識に照らし、一見疑わしい外観的事実があるか、一応不審の念を抱くのが相当と思われる事情が存するにもかかわらず、その疑惑不審を解消するに足る相当の調査をしなかったもの（大阪地判昭和三〇年一一月二五日下民集六巻一一号二四二九頁）。

(2) 初対面で未知の顧客から証券業者が株券を買い受けるにあたり、取引当時の客観的な状勢の下においてその実質的資格の有無が疑わしいにもかかわらず、事故株通知の調査や発行会社への問い合わせ等を全くせず、一部は店頭で仕切売買し、他は取引所を通じて委託売却し、取引と同時に現金を受け渡したもの（名古屋地判昭和三四年九月三〇日判時二〇八号五五頁）。

(3) 上場株券を貸金の譲渡担保として取得するに際し、債務者の代理人と称する者が身元の定かではない者であり、しかも委任状は本人の架空の夫名義で作成されており、株式の所有者の自称夫が本人に無断で持ち出したものであることを聞きながら、代理権限の有無を本人に確認することをせず、また、名義書換代理人である信託銀行の証券代行部に事故届の有無の問い合わせもせず、漫然と取引したもの（東京地判昭和四五年一月二九日金法五七九号三一頁）。

(4)　上場株券を担保に融資を申し込んだ者が、原告の代理人もしくは使者であることを充分窺わせ、また自己のために融資を受け、自らその質権設定者となって株券を質入れするなど、矛盾した行動をとっているにもかかわらず、真実の権利者か否かにつき何ら積極的に調査しなかったもの（大阪地判昭和四五年一〇月二一日判時六二八号八〇頁）。

(5)　多数の有名銘柄で枚数も多く、名義人も個人のほか証券会社等多数にのぼる株券につき、一見の客から期日の切迫した手形を落とす金が必要なので、担保にするか、あるいは譲渡するか方法を問わないので取り急ぎ換金してほしいと金融を求められた金融業者につき、かかる株券の譲渡等による処分は極めて異常な状態であるというべきで、金融業者の常識として、その者が株券につき権利者であるか等に関し相当な疑念を解消するべく有効な措置を講じていないもの（大阪高判昭和五七年二月二五日高民集三五巻一号七頁）。

本件以降には、裁判例が一つあるが、やはり譲渡制限付株式に関するものではない。

(6)　時価五〇〇〇万円以上する株券が三〇〇〇万円の手形割引の担保に入っているが不渡りになる可能性があって、支払期限をすぎると債権者に全部取られることになるので、それよりは誰かに買い取ってもらうことを望んでいるという説明をうけて、初対面の者から株券を購入したが、この説明では担保権設定者に何らの利点もなく、取引当日も担保権者が同行しないなど不正常な取引であるという疑いを生じさせる事由があるのに、売主の素性等に何ら留意しなかったもの（大阪地判平成九年七月三一日金判一〇三五号五〇頁）。

これらの裁判例はいずれも、上場株券を未知の者から取得した場合に関するものである。したがって本件のような譲渡制限付株式の場合と重過失の内容が同じであると考えてよいかは、後に検討することとする。株券の取得者については、(2)が証券業者、(1)(5)が金融業者、(3)(4)(6)は金融業者とも思われるが判例集からは不明であり（王子田誠〔本件判批〕法律のひろば四八巻一二号七三、七四頁は、(3)(4)を金融業者としている）、三つに分かれている。

学説上、重過失とは取引上必要とされる注意義務を著しく欠くことである。重過失の有無の確定は個別的に判断する外ないが、とくに疑うべき事情がない限り積極的に調査する義務はないと解されている（鈴木竹雄＝竹内昭夫・会社法〔第三版〕一六六頁）。前記の事案は、いずれも疑うべき事情があると判断されているので、重過失の内容は学説の考え方と同じように思われる。しかしながら本当に同じ判断によっているのだろうか。

(3)の事案については、極めて疑わしい状態の下に漫然と取引したと判断しているため、学説における重過失の場合にあたるが、この判決の捉え方は人によって異なる。まず信頼性のある既知の顧客が、株券を持参して取引の申込をした場合には、顧客の形式的資格の有無だけを調べれば十分だが、信頼性のない未知の顧客の場合は、それだけでは不十分で、実質的な資格が疑わしくないときでも、身許確認や事故通知の調査等を怠ると重過失になるという厳しい判断をしているとする見解がある（大武泰南〔判批〕別冊ジュリスト一〇〇号二六頁）。このように解すると判例は、見知らぬ者から取得する場合とそうでない場合とで区別すべきであると考えていることになる。しかしながら証券会社の店頭で株券の売付けにくる者が未知の者であるときには、その者が無権利者であることが通常であるというような経験法則が一般にあろうとは思えない（河本一郎・新版注釈会社法（４）一四〇頁）。

また従来は、事故株の通知さえすれば、あとは顧客の態度に信頼して買い受けすれば重過失はないというのが、判例の態度であったが、証券業者に、可能な範囲で万全の措置をとるべき一般的注意義務があるとして、例示的に事故株通知の調査をも含むいくつかの通常とるべき措置を列挙しているとする見解がある（高窪利一「事故株券通知書と証券業者の注意義務」商事法務一九二号二七四頁）。事故株券通知に関しては、急激な売買取引量の増加によって実質的な対応が不可能に近い状況になったため、昭和四六年に全面的に廃止されたが、この見解は、証券業者等については重過失の認定を弾力的に取り扱うものと考えているのであろうか。(1)(5)の事案では、株券の取得者は証券業者ではなく金融業者であるが、判決は、金融業者の常識につき言及しており、やはり通常よりも注意義務を重く考えているように思われる。学説の中にも、専門家ないし金融業者のもとで不自然な取引が行われるとき、重過失を認定する等の弾力的な取扱をすべきであるとする見解がある（森本滋・会社法［第二版］一四九頁）。

いままでみてきたように裁判例における判断は学説の考え方と一致しているわけではない。未知の者とそうでない者とで区別したり、証券業者等の場合とそうでない場合とを区別して判断しているように思われる。このように善意取得につき重過失があるかどうかの認定基準は、場合によって異なるものなのだろうか。異なるかどうかを検討するにあたり、株券の流通を保障するには、譲渡方法の簡易・明確化と善意取得の二つの面において捉えることができるため、両者の規定の変遷を次にみることとする。

二　昭和一三年改正

商法二〇五条一項「記名株式ノ譲渡ハ株券ノ裏書ニ依リテ之ヲ為スコトヲ得但シ定款ニ別段ノ定アルトキハ此ノ

限ニ在ラス」
商法二二九条一項「小切手法第二十一条ノ規定ハ株券ニ之ヲ準用ス」
二項「株主名簿ニ記載アル株主ノ為シタル裏書ガ真正ナラザル場合ニ於テ会社ニ就キ調査ヲ為サバ其ノ真偽ヲ判別スルコトヲ得ベカリシモノナルトキハ前項ノ規定ヲ適用セズ」

従来は、白紙委任状付記名株式譲渡が商慣習法となっていた（田中耕太郎・改正商法及有限会社法概説一五三頁）。その場合、委任状は真正なものでなければならず、最初の名義人が任意に株を第三者に交付したのでなければ善意取得は認められず、盗難等の場合は、善意取得とならない不都合があった。そこで昭和一三年改正は、記名株式の流通を円滑ならしめるため裏書制度を認めた。しかしながら裏書譲渡の場合、名義書換に際して、名義株主の届出印と裏書印との印鑑照合を必要としたため、善意取得は依然として制限されていた。

昭和二五年改正

商法二〇五条一項「記名株式ノ譲渡ハ株券ノ裏書ニ依リ又ハ株券及之ニ株主トシテ表示セラレタル者ノ署名アル譲渡ヲ証スル書面ニ依リテ之ヲ為ス」
商法二二九条一項「小切手法第二十一条ノ規定ハ株券ガ無記名式ノモノナルトキ又ハ記名式ノモノニシテ其ノ所持人ガ第二百五条第二項若ハ第三項ノ規定ニ依リ権利ヲ証明スルトキニ之ヲ準用ス」
二項　削除

この改正では株式譲渡の方法として、裏書による譲渡又は譲渡証書による譲渡のうちいずれをも自由にえらぶことができると同時に、必ずそのいずれかによることを要するものと解することになった（大隅健一郎＝大森忠夫・逐条改正会社法解説一二〇頁）。そして記名株式は、法律上当然の指図証券性を認められた。商法二二九条二認がなく譲り受けるについて特別の意思表示があったか否か等を調査することが必要であり、これを怠ることは、重大な過失となると考えるため、株券が盗まれた場合は、盗んだ者からその株券を、取締役会の承認がなく譲り受けた者は、株式を善意取得することはないと解する（味村治・改正株式会社法二三頁）。この見解は、取締役会の承認がなければ株式は移転しないとするのが、当事者の通常の意思であるということを前提としている。したがって譲渡人が無権利者であることにつき重過失があるかどうかを考えるのではなく、取締役会の承認の有無を確かめなかったことが重過失の内容となる。

また取締役会の承認は譲受人からも請求することができると考える立場をとるならば、株券が盗取されたものであっても、当事者間においては株式を善意取得し、その取得が承認されれば会社に対し名義書換を請求することができると解される（大隅健一郎＝今井宏・会社法論上〔第三版〕四九一頁）。

本件は平成二年改正前のものであるが、平成二年改正により譲受人からの譲渡承認請求が明文で規定された。改正前も譲受人から譲渡承認請求できるものと解する立場（龍田節「譲渡制限株式の譲渡」法学論叢九四巻三・四号一一四頁）が通説であったが、明文で規定されることにより、絶対説や相対説の善意取得を制限して考える説は、とれなくなった。これらの説によれば株券が盗難にあった場合は、善意取得が認められず、重過失の内容が閉鎖社会の特殊性ゆえに変容したことになる。そもそも定款による譲渡制限は、好ましくない者が株主となることを防ぐ制度であり、株式を安全に保持するためのものでない（龍田節・会社法〔第五版〕二一八・二一九頁）ことに鑑みれば、改正前であっても株券が盗難等にあった場合に善意取得は、認められるものと考える。**二**でみたように株式の譲渡方法が一つになり、善意取得が場合によって制限されるということもなくなったのであるし、株式を安全に保持するという点は、株券の不所持制度によって担保されている。したがって閉鎖会社の株券であるからといって、いままでの事案と異なった判断をする必要はなく、本件においても判旨では付加的理由のように扱われている、「株式を売ろうとして持ちかけてきた者が信用のおける会社等であるとはいえない状況があった」ということが重過失を認める理由になっていると考える。判旨が最初に言及している譲渡制限株式であることや株券裏面の不自然な記載、譲渡対象株式となる株式数が発行済株式総数の半数を超える大量であることが、疑わしい事情があることを補強するために使われているのであればよいが、重過失の内容を変容させるものとしてあげているのであれば、その理論構成をとることはできない。私見によれば、本件は譲渡制限付株式の善意取得につき重過失を判断するにあたっては、譲渡制限のない株式と同様に解すればよいのであって、閉鎖会社における特殊性を考慮することは必要ないことを明らかにしたものであると考える。

（七一巻一一号（平成一〇年一一月））　藤田祥子

裁判年月日索引

	裁判年月日	裁判所（判例集）	評釈者	頁
1	平成元年1月17日	東京地裁（判例時報1304号135頁，金融・商事判例819号28頁）	倉沢康一郎	1
2	平成元年2月2日	東京地裁（判例時報1341号152頁）	八島　宏平	10
3	平成元年2月3日	京都地裁（判例時報1325号140頁）	近藤　龍司	20
4	平成元年4月27日	大阪高裁（判例時報1332号130頁，判例タイムズ709号238頁）	黄　清渓	31
5	平成元年6月27日	東京地裁（金融・商事判例840号33頁）	廣瀬理恵子	42
6	平成元年8月22日	東京地裁（金融・商事判例844号16頁）	池島　真策	56
7	平成元年8月24日	東京地裁（判例時報1331号136頁）	島原　宏明	72
8	平成元年10月27日	大阪高裁（金融・商事判例835号19頁，判例タイムズ712号226頁，金融法務事情1244号27頁）	山本爲三郎	82
9	平成2年2月28日	大阪地裁（金融・商事判例848号13頁，判例時報1365号130頁，判例タイムズ737号219頁）	山本爲三郎	92
10	平成2年3月28日	東京地裁（判例時報1353号119頁，判例タイムズ733号221頁，金融・商事判例852号15頁）	来住野　究	104
11	平成2年4月24日	東京地裁（金融・商事判例862号27頁）	黄　清渓	126
12	平成2年5月22日	福岡地裁（判例時報1375号132頁）	宮島　司	138
13	平成2年7月19日	大阪高裁（判例時報1377号123頁）	池島　真策	151
14	平成2年10月30日	名古屋高裁（金融・商事判例925号9頁，訴務月報37巻3号586頁）	肥塚　肇雄	160
15	平成2年11月29日	東京高裁（判例時報1374号112頁，金融法務事情1292号28頁，商事法務1250号1629頁）	鈴木千佳子	182
16	平成3年2月19日	長崎地裁（判例時報1393号138頁，金融法務事情1282号24頁）	南隅　基秀	193
17	平成3年3月6日	東京高裁（金融・商事判例874号23頁，金融法務事情1299号24頁）	加藤　修	216

	裁判年月日	裁判所（判例集）	評釈者	頁
18	平成3年4月25日	山口地裁（判例タイムズ760号241頁）……	島原　宏明…	224
19	平成3年6月10日	高松高裁（金融・商事判例881号27頁）……	高田　晴仁…	241
20	平成3年7月25日	東京地裁（判例時報1403号108頁，判例タイムズ779号262頁）……	宮島　　司…	256
21	平成3年8月28日	東京高裁（金融法務事情1318号21頁）……	高田　晴仁…	270
22	平成3年9月19日	東京高裁（高民集44巻3号160頁，判例時報1407号115頁）……	鈴木　達次…	287
23	平成3年9月20日	大阪高裁（判例時報1410号110頁，判例タイムズ767号224頁）……	鈴木千佳子…	305
24	平成3年10月29日	東京地裁（金融法務事情1321号23頁，金融・商事判例898号29頁）……	並木　和夫…	320
25	平成4年2月13日	東京地裁（判例時報1427号137頁）……	倉沢康一郎…	339
26	平成4年2月27日	京都地裁（判例時報1429号133頁，労働判例617号78頁）……	山本爲三郎…	346
27	平成4年6月29日	高松高裁（金融・商事判例912号23頁，判例タイムズ798号244頁）……	池島　真策…	358
28	平成4年9月25日	東京地裁（判例時報1438号151頁，判例タイムズ814号237頁，金融・商事判例911号35頁）……	並木　和夫…	371
29	平成4年10月28日	大阪地裁（判例タイムズ811号190頁）……	渋谷　光義…	381
30	平成4年11月27日	東京地裁（判例時報1466号146頁，金融法務事情1365号43頁）……	鈴木千佳子…	402
31	平成5年1月28日	東京地裁（判例タイムズ839号246頁，金融・商事判例938号43頁）……	来住野　究…	414
32	平成5年2月24日	神戸地裁（判例時報1462号151頁，判例タイムズ824号232頁）……	豊岳　信昭…	424
33	平成5年7月20日	高松高裁（判例時報1501号148頁）……	池島　真策…	439
34	平成5年8月16日	浦和地裁（判例時報1482号159頁，判例タイムズ839号257頁）……	加藤　　修…	449
35	平成5年9月16日	東京地裁（判例時報1469号25頁，判例タイムズ827号39頁，金融・商事判例928号16頁，金融法務事情1368号37頁）……	並木　和夫…	456

	裁判年月日	裁判所（判例集）	評釈者	頁
36	平成５年９月28日	東京高裁（判例時報1479号140頁，判例タイムズ848号290頁）	高田　晴仁	476
37	平成５年10月25日	京都地裁（判例時報1491号127頁）	近藤　龍司	491
38	平成５年11月16日	東京高裁（金融・商事判例949号21頁）	藤田　祥子	500

条 文 索 引

商 法

商法特例法

有限会社法

手　形　法

小切手法

証券取引法

傷害保険普通保険約款

傷害保険契約法（1995年確定法）

自動車損害賠償保証法

民　法

民事訴訟法

独占禁止法

昭和57年公取委告示15号 不公正な取引方法

跋

学問的価値の高い研究成果であつてそれが公表せられないために世に知られず、そのためにこれが学問的に利用せられずして、そのまま忘れられるものは少なくないであろう。又たとえ公表せられたものであつても、口頭で発表せられたために広く伝わらない場合があり、印刷公表せられた場合にも、新聞あるいは学術誌等に断続して載せられた場合は、後日それ等をまとめて通読することに不便がある。これ等の諸点を考えるならば、学術的研究の成果は、これを一本にまとめて出版することが、それを周知せしめる点からも又これを利用せしめる点からも最善の方法であることは明かである。この度法学研究会において法学部専任者の研究でかつて機関誌「法学研究」および「教養論叢」その他に発表せられたもの、又は未発表の研究成果で、学問的価値の高いもの、または、既刊のもので学問的価値が高く今日入手困難のものなどを法学研究会叢書あるいは同別冊として逐次刊行することにした。これによつて、われわれの研究が世に知られ、多少でも学問の発達に寄与することができるならば、本叢書刊行の目的は達せられるわけである。

昭和三十四年六月三十日

慶應義塾大学法学研究会

〈評釈者紹介〉

加藤　　修	慶應義塾大学法学部教授
宮島　　司	慶應義塾大学法学部教授
並木　和夫	慶應義塾大学法学部教授
山本爲三郎	慶應義塾大学法学部教授
鈴木千佳子	慶應義塾大学法学部教授
島原　宏明	慶應義塾大学法学部教授
高田　晴仁	慶應義塾大学法学部助教授
倉沢康一郎	慶應義塾大学名誉教授
近藤　龍司	元桐蔭横浜大学法学部教授
黄　　清渓	拓殖大学商学部教授
豊岳　信昭	中央大学法学部教授
南隅　基秀	東海大学法科大学院教授
肥塚　肇雄	香川大学法学部助教授
鈴木　達次	桐蔭横浜大学法科大学院助教授
八島　宏平	損害保険料率算出機構損害調査部損調第三グループリーダー
池島　真策	名古屋商科大学会計ファイナンス学部助教授
来住野　究	信州大学大学院法曹法務研究科助教授
藤田　祥子	拓殖大学商学部専任講師
廣瀬理恵子	元星稜女子短期大学専任講師
渋谷　光義	愛媛大学法文学部助教授

慶應義塾大学法学研究会叢書　74

下級審商事判例評釈
平成元年—五年

2006年2月20日　初版第1刷発行

編著者———慶應義塾大学商法研究会
発行者———慶應義塾大学法学研究会
代表者　坂原正夫
〒108-8345　東京都港区三田 2-15-45
TEL　03-3453-4511
発売所———慶應義塾大学出版会株式会社
〒108-8346　東京都港区三田 2-19-30
TEL　03-3451-3584　FAX　03-3451-3122
装　丁———廣田清子
印刷・製本——三松堂印刷株式会社
カバー印刷——株式会社太平印刷社

Printed in Japan　ISBN4-7664-1217-6

慶應義塾大学法学研究会叢書

18 未完の革命
—工業化とマルクス主義の動態
A. B. ウラム著/奈良和重訳 1500円

20 出訴期限規則略史
—明治実刑法の係累譜
内池慶四郎著 2000円

21 神戸寅次郎著作集(上・下)
慶應義塾大学法学研究会編 上2000円/下2500円

26 近代日本政治史の展開
中村菊男著 1500円

27 The Basic Structure of Australian Air Law
栗林忠男著 3000円

34 下級審商事判例評釈
(昭和30年〜39年)
慶應義塾大学商法研究会編著 3000円

38 強制執行法関係論文集
ゲルハルト・リュケ著/石川明訳 2400円

42 下級審商事判例評釈
(昭和45年〜49年)
慶應義塾大学商法研究会編著 8300円

45 下級審商事判例評釈
(昭和40〜44年)
慶應義塾大学商法研究会編著 5800円

46 憲法と民事手続法
K.H.シュワーブ・P.ゴットファルト・M.フォルコンマー・P.アレンス著/石川明・出口雅久編訳 4500円

47 大都市圏の拡大と地域変動
—神奈川県横須賀市の事例
十時嚴周編著 8600円

48 十九世紀米国における電気事業規制の展開
藤原淳一郎著 4500円

49 仮の権利保護をめぐる諸問題
—労働仮処分・出版差止仮処分を中心として
石川　明著 3300円

51 政治権力研究の理論的課題
霜野寿亮著 6200円

53 ソヴィエト政治の歴史と構造
—中澤精次郎論文集
慶應義塾大学法学研究会編 7400円

54 民事訴訟における判断力の研究
坂原正夫著 8000円

56 21世紀における法の課題と法学の使命
〈法学部法律学科開設100年記念〉
国際シンポジウム委員会編 5500円

57 イデオロギー批判のプロフィール
—批判的合理主義からポストモダニズムまで
奈良和重著 8600円

58 下級審商事判例評釈
(昭和50年〜54年)
慶應義塾大学商法研究会編著 8400円

59 下級審商事判例評釈
(昭和55年〜59年)
慶應義塾大学商法研究会編著 8000円

60 神戸寅次郎　民法講義
津田利治・内池慶四郎編著 6600円

61 国家と権力の経済理論
田中　宏著 2700円

62 アメリカ合衆国大統領選挙の研究
太田俊太郎著 6300円

63 法律学における体系思考と体系概念
—価値判断法学とトピク法学の懸け橋
C-W. カナリス著/木村弘之亮代表訳 4000円

64 内部者取引の研究
並木和夫著 3600円

65 The Methodological Foundations of the Study of Politics
根岸　毅著 3000円

66 横槍　民法總論
津田利治著 2500円

67 帝大新人会研究
中村勝範編 7100円

68 下級審商事判例評釈
(昭和60〜63年)
慶應義塾大学商法研究会編著 6500円

70 ジンバブウェの政治力学
井上一明著 5400円

71 ドイツ強制抵当権の法構造
—「債務者保護」のプロイセン法理の確立
斎藤和夫著 8100円

72 会社法以前
慶應義塾大学商法研究会編 8200円

73 Victims and Criminal Justice: Asian Perspective
太田達也編 5400円

表示価格は刊行時の本体価格(税別)です。欠番は品切。

慶應義塾大学出版会
〒108-8346　東京都港区三田2-19-30
Tel 03-3451-3584/Fax 03-3451-3122
郵便振替口座 00190-8-155497